西北大学"双一流"建设项目
(First-class Universities and Academic Programs of Northwest University)
考古学陕西省重点学科建设项目
考古学与文化遗产学学科建设陕西省特色学科建设项目
陕西省普通高等学校优势学科建设项目
资 助 出 版

# 西部考古

## 第 20 辑

文化遗产研究与保护技术教育部重点实验室
西北大学丝绸之路文化遗产保护与考古学研究中心　编
边疆考古与中国文化认同协同创新中心
西北大学唐仲英文化遗产研究与保护技术实验室

科学出版社
北　京

## 内 容 简 介

《西部考古》(第20辑)是在西北大学"211工程"经费资助下,西北大学文化遗产研究与保护技术教育部重点实验室、西北大学丝绸之路文化遗产保护与考古学研究中心、边疆考古与中国文化认同协同创新中心和西北大学唐仲英文化遗产研究与保护技术实验室联合编著的学术半年刊,收录考古调查、发掘报告及研究论文等共计20篇,以中国西部地区为立足点,面向全国,内容涉及考古学、文物学、丝绸之路与中外文化交流、科技考古与文物保护等多个方面。

本书适合于从事我国西部地区历史考古、文化遗产研究和文物保护的专家学者以及大专院校相关专业的师生参考、阅读。

---

**图书在版编目(CIP)数据**

西部考古. 第20辑 / 文化遗产研究与保护技术教育部重点实验室等编. —北京:科学出版社,2020.12
ISBN 978-7-03-067137-0

I. ①西… Ⅱ. ①文… Ⅲ. ①考古-西北地区-文集 Ⅳ. ①K872.400.4-53

中国版本图书馆 CIP 数据核字(2020)第 243196 号

---

责任编辑:孙 莉 王 蕾 / 责任校对:邹慧卿
责任印制:肖 兴 / 封面设计:张 放 / 书名题字:罗 丰

*科学出版社* 出版
北京东黄城根北街 16 号
邮政编码:100717
http://www.sciencep.com

**中国科学院印刷厂** 印刷
科学出版社发行 各地新华书店经销

\*

2020 年 12 月第 一 版　开本:889×1194 1/16
2020 年 12 月第一次印刷　印张:22
字数:634 000

**定价:198.00 元**
(如有印装质量问题,我社负责调换)

# 《西部考古》编辑委员会

顾　问：（以姓氏笔画为序）

　　　　王占奎　张天恩　张宏彦　张建林　罗　丰

　　　　赵　荣　赵志军　铁付德　菅谷文则（日本）

　　　　葛承雍　焦南峰

主　任：段清波

委　员：（以姓氏笔画为序）

　　　　马　健　王丽琴　冈林孝作（日本）　冉万里

　　　　刘军民　孙满利　陈洪海　钱耀鹏　徐卫民

　　　　梁　云　蒂姆·威廉姆斯（英国）　傅稻镰（英国）

　　　　温　睿

主　编：冉万里

编　辑：李雨生　孙　凤　张译丹　巩妙音

# 目 录

## 考古调查与发掘

陕西旬邑县史前时期遗址考古调查 ……………………………… 西北大学文化遗产学院 （1）
漆水河下游先秦时期遗址考古调查简报 ………………………… 西北大学文化遗产学院 （21）
青海省共和县那亥烈古城调查简报 ……… 西北大学文化遗产学院　青海省文物考古研究所 （39）

## 史前与周秦汉唐考古研究

半拉山红山文化遗址相关遗迹性质分析 ………………………………… 孟庆旭　孙婷婷 （49）
"陶寺遗址"与"尧都平阳"的考古学观察——关于中国古代文明起源问题的探讨 … 卫　斯 （59）
新疆公元前2700—前800年的素纹陶 …………………………………………… 王　博 （77）
新疆伊吾拜其尔墓地年代分期及相关问题探讨 ………………………………… 马迎霞 （105）
关中地区商周时期偏洞室墓初探 ………………………………………… 李鑫叶　豆海锋 （116）
新疆伊犁河谷早期铁器时代玻璃珠饰研究 ……………………………………… 张　弛 （133）
重庆出土两晋以前青铜器概述 …………………………………………………… 方　刚 （145）
2019年三国两晋南北朝考古发现与研究述评 …………………………………… 郭晓涛 （158）
都兰热水墓群考古发现、研究的回顾与反思 …………………………………… 韩建华 （171）
唐代鎏金发钗研究 ………………………………………………………………… 王洋洋 （186）

## 丝绸之路与中外文化交流

藤座、束帛藤座与筌蹄——一种坐具从图像到实物的传播与演变 …………… 冉万里 （198）
佛教考古研究中的"中心环节缺失"现象——以敦煌和四川的唐代瑞像为例 ……………
　　　　　　　　　　　　　　　　　　　　　　　　　　　　　　… 于　春　宋　瑞 （262）

## 科技考古与文物保护

怎样处理制陶技术考古学中的十种关系 ………………………………………… 李文杰 （277）
周原遗址制陶工艺的初步考察 …………………………………………………… 曾　丽 （294）
宝鸡郭家崖秦国墓地（北区）出土人骨研究 ……………………………………………
　　　　　　　　　　赵东月　李　钊　田亚岐　王　颢　穆艾嘉　景雅琴　李翰隆 （307）

辽宁盖州玄贞观大殿彩画病害调查及保护对策研究 …… 刘 成 徐兴彬 贺 源 孟 丽（319）

明代晚期御器厂生产的部限与钦限探究 …………………………… 赵文正 温 睿（329）

《西部考古》征稿启事 ………………………………………………………………（336）

# CONTENTS

## Archaeological Investigation and Excavation

Archaeological Investigation of Prehistoric Sites in Xunyi County, Shaanxi Province
　　·················································School of Cultural Heritage, Northwest University（20）

A Brief Report of Archaeological Survey about the Pre-Qin Period Sites in Lower Reaches of the
　　Qishui River·······················School of Cultural Heritage, Northwest University（38）

A Brief Report of Archeological Survery at Nahailie City Site in Gonghe County, Qinghai Province
　　·················································School of Cultural Heritage, Northwest University
　　　　　　　　　　　　Qinghai Institute of Cultural Relics and Archaeology（48）

## Prehistoric and Archaeological Study of Zhou, Qin, Han and Tang Dynasties

Analysis on the Nature of Relics Related to Hongshan Cultural Relics in Banlashan
　　······················································································ Meng Qingxu, Sun Tingting（57）

Archaeological Observation of "Taosi Site" and "YaoDu Pingyang" : Discuss the Question
　　of the Origin of Chinese Ancient Civilization ·································· Wei Si（75）

Plain-grain Pottery from 2700BC to 800BC in Xinjiang··············································Wang Bo（104）

Study on Chronology and Relative Questions of Baiqier Cemetery, Xinjiang············Ma Yingxia（115）

A Preliminary Study on the Partial Cave Chamber Tombs of the Shang and Zhou Dynasties in
　　Guanzhong Area ······································· Li Xinye, Dou Haifeng（132）

Glass Beads of Early Iron Age in Ili River Valley, Xinjiang··············································Zhang Chi（143）

The Summary of Bronze Ware Before Jin Dynasty Excavated in Chongqing············ Fang Gang（157）

Review the Archaeological Discoveries and Researches about the Three Kingdoms, the Western
　　and Eastern Jin, Southern and Northern Dynasties in 2019························· Guo Xiaotao（170）

Review and Reflection on the Archaeological Discovery and Research of Dulan Reshui Tomb Group
　　·············································································································· Han Jianhua（185）

The Research of the Gilding Hairpins of theTang Dynasty ·································· Wang Yangyang（197）

## Research on the Silk Road and Sino-foreign Cultural Exchanges

Tengzuo, Shubotengzuo and Quanti: the Spread and Evolution of a Kind of Seat from Image to Object
　　·············································································································· Ran Wanli（260）

The Phenomenon of "Lack of Central Link" in the Study of Buddhist Archaeology: Take the
　　Tang Dynasty Statues of Dunhuang and Sichuan as an Example ············ Yu Chun, Song Rui （275）

## Research on Scientific Archaeolgy and Cultural Relics Protection

How to Deal with Ten Relationships in Archaeological Techniques of Ceramics ············Li Wenjie （292）
A Preliminary Study on the Pottery Making Technology of Zhouyuan Site··················· Zeng Li （306）
Analysis of the Human Skeletons of the Qin Dynasty from Guojiaya Graveyard (North District)
　　in Baoji·····Zhao Dongyue, Li Zhao, Tian Yaqi, Wang Hao, Mu Aijia, Jing Yaqin, Li Hanlong （318）
Research on the Disease Investigation and Protection Countermeasures of the Color Paintings in the
　　Main Temple Hall of Xuanzhen Taoist Temple, Liaoning Province
　　·············································································· Liu Cheng, Xu Xingbin, He Yuan, Meng Li （327）
The Transformation of the Order Mode "Buxian" and "Qinxian" for the Imperial Kiln in the
　　Late Ming Dynasty ································································ Zhao Wenzheng, Wen Rui （335）

# 考古调查与发掘

## 陕西旬邑县史前时期遗址考古调查

西北大学文化遗产学院

**内容摘要**：为进一步厘清泾河流域先秦时期文化遗存的分布，深入开展"'古豳地'考古调查发掘与研究"项目，2013年，西北大学文化遗产学院对陕西省旬邑县先秦时期遗址进行了专题调查。此次共调查史前时期遗址13处，新发现畔子堡子底和园子墙两处遗址，进一步丰富了南坡头等遗址的年代与文化内涵信息。旬邑县史前遗址的年代主要集中在仰韶文化中期，文化面貌与关中地区主体文化基本保持一致，但也具有一定的地方性特征。

**关键词**：旬邑县；史前时期；考古调查

旬邑县史前时期遗存丰富，20世纪30年代以来的多次调查都有史前时期遗存发现。1938年，石璋如先生对泾河流域进行了考古调查，发现了旬邑县坪坊遗址[1]。1959年，中国科学院考古研究所渭水考古调查发掘队发现了崔家河遗址[2]。1978年，咸阳地区文管会等对崔家河遗址又进行了两次调查[3]。1981年至1985年，全国第二次文物普查[4]详细调查了旬邑县上百处遗址，其中史前时期遗址达30余处。2004年4—7月，西北大学文化遗产与考古学研究中心对旬邑县下魏洛遗址进行了发掘，同时还考查了旬邑县境内的其他几处遗址，在辣子壕、坪坊、三家庄、崔家河等遗址发现仰韶文化遗存[5]。2007年6月—2011年12月，全国第三次文物普查[6]考察了旬邑县170余处遗址，其中史前遗址有40余处。

为进一步厘清泾河流域先秦时期文化遗存的分布而深入开展的"'古豳地'考古调查发掘与研究"项目，以及解决学生实习问题，2013年11月，西北大学文化遗产学院对陕西省旬邑县境内的先秦时期遗址进行了专题调查。本次共调查先秦时期遗址31处，其中史前时期遗址13处。由于篇幅限制，本文仅简要报道此次调查的史前时期遗存。此次调查所获史前时期遗存丰富，为全面了解旬邑县史前时期遗存的分布及其文化特征，以及泾河流域史前时期遗存的发展脉络均提供了重要的实物资料。

## 一、地理环境

旬邑县位于陕北高原与关中平原的交界处，东接黄陵、耀州，西邻彬县，南连淳化，北接甘肃正宁，是泾河流域重要的交通要道。

旬邑县地处渭北高原的南部边缘，地貌主要有山地、塬两大类。山地主要集中在旬邑县东北部和北中部，东北部山地为子午岭伸向西南的余脉，海拔1300—1885米，北中部的黄土低山主要为黄土戴帽的石质山，海拔1000—1600米。黄土台塬则占据了旬邑县西南部和中部的广大地区，坡度平缓，周边沟壑密布，海拔1000—1400米。黄土台塬与土石山地之间的过渡地带是梁、峁丘陵地貌，地表倾斜，多为阶梯状的分水岭和浅水马鞍。此外，在黄土台塬区较大河流的下游还分布着一定数量的河谷平原，地面平整，海拔较低。旬邑县内地势自东北向西南倾斜，形成东北向西南延伸的长条形，长65千米，平均宽约25千米，总面积为1787平方千米。

县内河流均为渭水水系，绝大多数属泾河支流。四郎河、红崖河、百子沟、三水河四条河流自东北向西南流经旬邑县，将塬分割成大小不同的区块。三水河是全县最大的河流，发源于石门山的三条小河第家河、蚂蚁沟、苍儿沟，最后汇入泾河。旬邑县西南部的黄土台塬，地形平缓，河流密集，土地肥沃，是先秦遗址的集中分布区。

## 二、各遗址调查概况

旬邑县史前时期遗址大都分布在三水河和百子沟中间的台塬上，且多在河流附近。第家河、蚂蚁沟、三水河交汇的河谷平原附近，就集中发现了焦家河、崔家河和崔东三处遗址（图一）。此次对旬邑县境内13处史前时期遗址进行调查，采集到较为丰富的遗物资料。13处遗址均发现仰韶时期的遗存，其中4处遗址还发现了龙山时期的遗存。现对诸遗址调查情况介绍如下[7]。

（一）焦家河遗址

位于城关镇焦家河村北侧，三水河西岸二级台地上。遗址呈长方形，南北约300、东西约400米，面积约12万平方米。在村东北台塬边缘地带集中发现近十座陶窑，可能为制陶作坊区。周边也发现多处灰坑等遗迹，局部有深3米的灰土堆积。采集陶片以泥质红陶和夹砂红陶为主，器形有盆、罐、瓶、钵等。

陶盆　2件。13XJJ：1，口沿，泥质红陶，通体磨光，近平沿，圆唇。残高5.8厘米（图二，1）。13XJJ：2，口沿，泥质红陶，通体磨光，折沿，圆唇，唇、腹部饰有黑色彩绘。残高5.1厘米（图二，2）。

陶瓶　1件。13XJJ：3，小口瓶口沿，泥质红陶，重唇敛口，内唇向上微凸，与外唇相连，口部侧壁向下斜收，颈部饰斜向绳纹。残高4厘米（图二，3）。

陶钵　1件。13XJJ：5，泥质红陶，敛口，圆唇，鼓腹，素面。残高4.5厘米（图二，5）。

陶罐　7件。13XJJ：6，口沿，夹砂红陶，折沿，圆唇，上腹部饰斜向绳纹。残高5.3厘米（图二，6）。13XJJ：8，口沿，夹砂红陶，圆唇，铁轨式口沿，腹部饰斜向绳纹。残高7.4厘米（图二，8）。13XJJ：9，口沿，夹砂红陶，平沿，圆唇，腹部外饰斜向绳纹。残高11厘米（图二，9）。13XJJ：10，口沿，夹砂红陶，折沿，方唇，腹部外饰斜向绳纹，塑有一鋬。残高9.8厘米（图二，10）。13XJJ：7，罐底，夹砂灰陶，腹部饰横向绳纹，平底。残高6.9厘米（图二，7）。

图一　调查所见旬邑县境内史前遗址分布图

13XJJ：11，罐底，夹砂红陶，腹部饰横向绳纹，并贴塑一周附加泥条，平底。残高12厘米（图二，11）。13XJJ：12，罐底，夹砂红陶，腹部饰斜向绳纹，平底。残高7.5厘米（图二，12）。

陶环　1件。13XJJ：4，泥质灰陶，横剖面近方形。剖面边长0.8、残长6.8厘米（图二，4）。

（二）崔家河遗址

崔家河遗址位于城关镇崔家河村东南取土场西侧，邻近民房。遗址近长方形，南北约200、东西约300米，面积6万平方米左右。遗址断面发现有灰坑、墓葬和陶窑等遗迹。采集到少量泥质红陶、夹砂红陶及夹砂灰陶片，器形主要有瓶、钵、盆、罐等，纹饰以绳纹为主。

陶钵　4件。均为泥质磨光红陶钵口沿。13XCJ：1，口微敛，素面，圆唇。残高5.2厘米（图三，1）。13XCJ：2，口微敛，素面，尖圆唇。残高5.5厘米（图三，2）。13XCJ：3，直口，尖圆唇，口沿外饰宽3厘米的黑色宽带纹彩绘。残高6.3厘米（图三，3）。13XCJ：4，直口微敛，尖圆唇，口沿外饰黑色半圆形彩绘。残高6.7厘米（图三，4）。

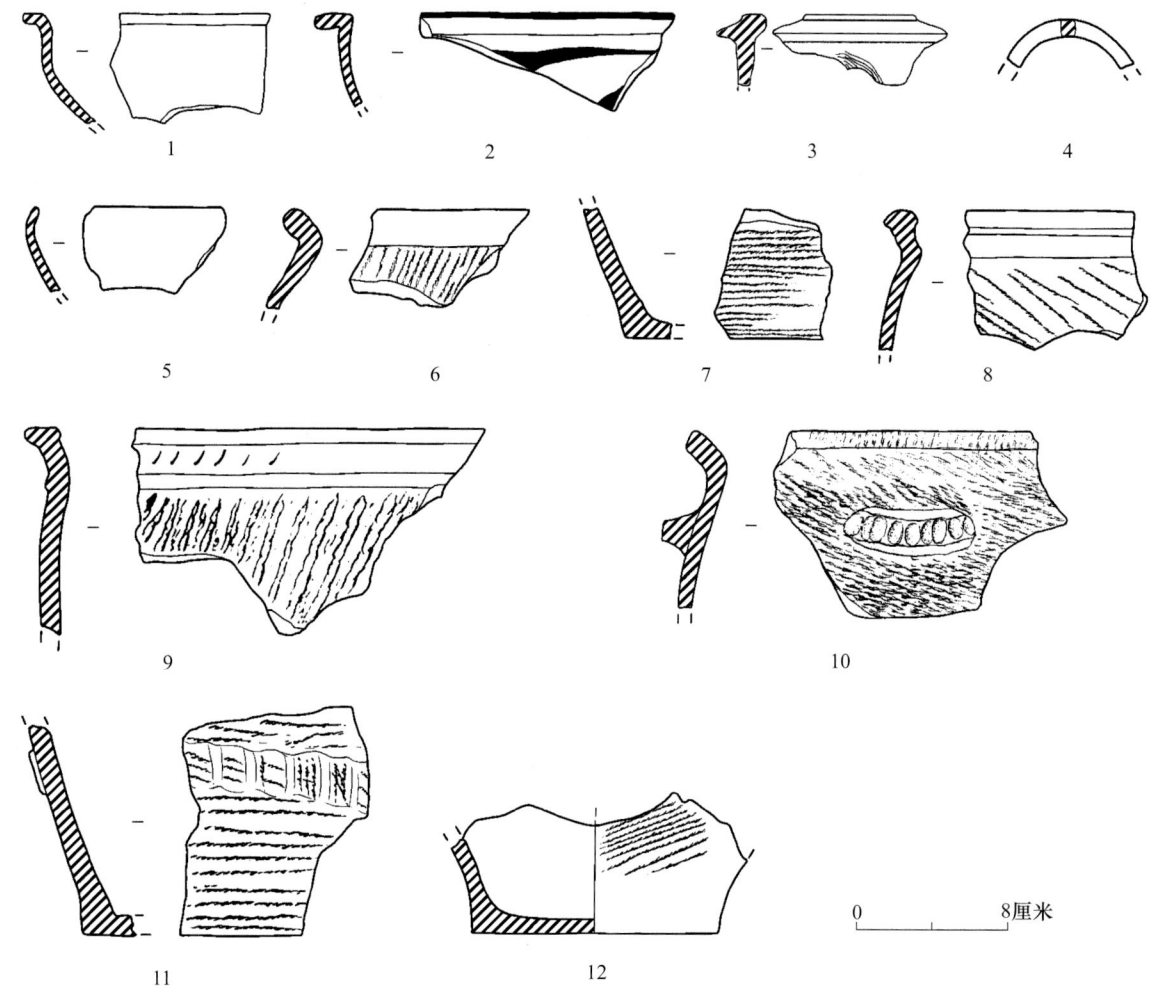

图二 焦家河遗址采集遗物
1、2. 陶盆（13XJJ：1、13XJJ：2） 3. 陶瓶（13XJJ：3） 4. 陶环（13XJJ：4） 5. 陶钵（13XJJ：5）
6—12. 陶罐（13XJJ：6—13XJJ：12）

陶盆 3件。均为泥质红陶盆口沿。13XCJ：5，侈口，方唇，口沿外饰一周黑色带状彩绘，腹部有刻划痕迹。残高6.4厘米（图三，5）。13XCJ：6，折沿，圆唇，沿、唇和腹部外均饰黑色几何形彩绘。残高4.9厘米（图三，6）。13XCJ：7，折沿，圆唇，沿、唇和腹部外饰黑色几何形彩绘。残高5.4厘米（图三，7）。

陶罐 3件。13XCJ：8，口沿，夹砂红陶，敛口，平沿，沿外起一周凸棱，腹部饰斜向绳纹。残高3.6厘米（图三，8）。13XCJ：9，口沿，夹砂红陶，卷沿，方唇，唇部有一道凸棱，腹部饰斜向绳纹。残高5.8厘米（图三，9）。13XCJ：10，口沿，夹砂红陶，折沿，方唇，唇部有一道凸棱，腹部饰斜向绳纹。残高8.6厘米（图三，10）。

陶缸 1件。13XCJ：11，口沿，夹砂灰陶，叠唇，直口，腹部饰斜向绳纹。残高9.8厘米（图三，11）。

陶器座 1件。13XCJ：12，夹砂灰陶，平底，腹部饰绳纹，有2个椭圆形小孔。残高9厘米（图三，12）。

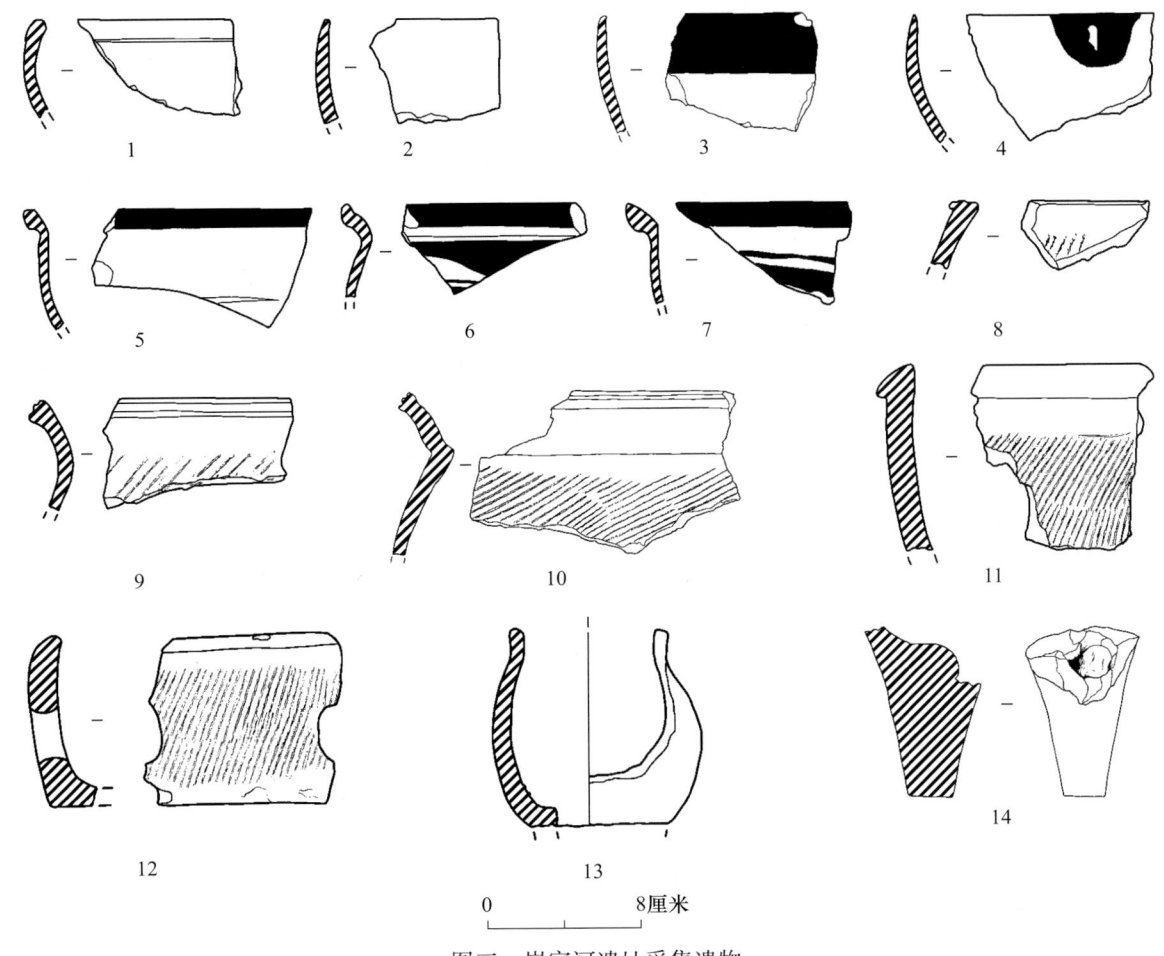

图三　崔家河遗址采集遗物

1—4. 陶钵（13XCJ：1—13XCJ：4）　5—7. 陶盆（13XCJ：5—13XCJ：7）　8—10. 陶罐（13XCJ：8—13XCJ：10）　11. 陶缸（13XCJ：11）　12. 陶器座（13XCJ：12）　13、14. 陶瓶（13XCJ：13、13XCJ：14）

陶瓶　2件。13XCJ：13，瓶口，泥质红陶，葫芦形口，素面。残高10.4厘米（图三，13）。13XCJ：14，尖底瓶底，泥质红陶，素面。残高9厘米（图三，14）。

调查中发现陶窑1座（编号Y1），由于地处取土场附近，面临被破坏的风险，遂对其进行了清理。陶窑仅存火膛底，形状为椭圆形，弧壁，平底，坑壁烧土厚5、窑底烧土厚7、深32厘米。火膛内填土为灰色，土质疏松，夹杂少量料姜石块、骨骼。采集陶器标本5件。

陶罐　4件。13XCJY1：1，口沿，泥质红陶，直口，圆唇，口沿下饰三周凹弦纹。残高4.4厘米（图四，1）。13XCJY1：3，罐底，夹砂红陶，平底。残高3.2厘米（图四，3）。13XCJY1：4，罐底，夹砂红陶，平底。残高3厘米（图四，4）。13XCJY1：5，罐底，夹砂红陶，平底。残高5.2厘米（图四，5）。

陶盆　1件。13XCJY1：2，口沿，泥质灰陶，卷沿，圆唇，素面。残高8厘米（图四，2）。

（三）崔东遗址

位于城关镇崔家河村东北台塬上，三水河东岸台地。遗址呈长方形，南北长约300、东西宽约200米，面积近6万平方米。遗址现已被修整成梯田，断面堆积厚度为1—2米。遗址多处断面发现有墓葬，采集到少量陶片。

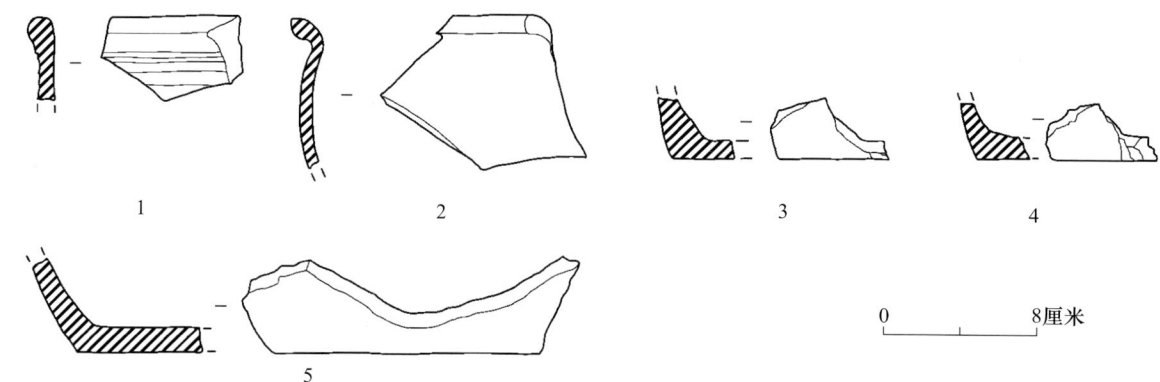

**图四 崔家河遗址陶窑采集遗物**
1、3—5. 陶罐（13XCJY1∶1、13XCJY1∶3—13XCJY1∶5） 2. 陶盆（13XCJY1∶2）

陶盆　1件。13XCD∶1，口沿，泥质红陶，折沿，圆唇，口沿和腹部外饰黑色几何形彩绘。残高9厘米（图五，1）。

陶罐　7件。13XCD∶2，口沿，夹砂红陶，折沿，方唇，颈部戳刺圆窝，腹部饰斜向绳纹。残高8.8厘米（图五，2）。13XCD∶3，口沿，夹砂红陶，铁轨式口沿，腹部饰斜向绳纹。残高7.4厘米（图五，3）。13XCD∶4，口沿，夹砂红陶，铁轨式口沿，腹部饰斜向绳纹。残高5.4厘米（图五，4）。13XCD∶5，口沿，夹砂红陶，圆唇，腹部饰斜向绳纹。残高8厘米（图五，5）。

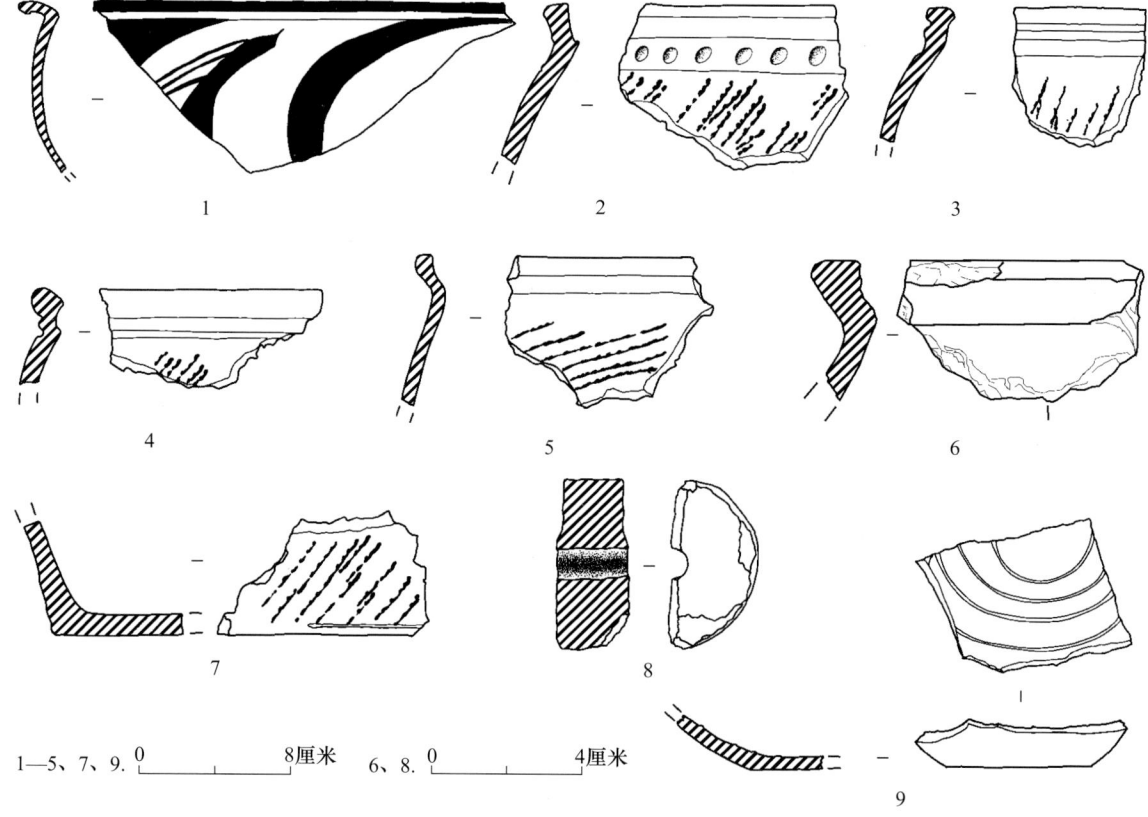

**图五 崔东遗址采集遗物**
1. 陶盆（13XCD∶1） 2—7、9. 陶罐（13XCD∶2—13XCD∶7、13XCD∶9） 8. 陶纺轮（13XCD∶8）

13XCD：6，口沿，夹砂灰陶，平沿，束颈。残高3.8厘米（图五，6）。13XCD：7，罐底，夹砂红陶，平底，腹部饰斜向绳纹。残高6厘米（图五，7）。13XCD：9，罐底，泥质红陶，内底有四圈凹槽。残高2厘米（图五，9）。

陶纺轮　1件。13XCD：8，残，直径4.5、厚2厘米（图五，8）。

（四）畔子园子墙遗址

位于太村镇畔子村小学南侧台地上，采集到少量泥质红陶和夹砂红陶残片。

陶钵　2件。13XPY：1，口沿，泥质红陶，圆唇，素面。残高7.5厘米（图六，1）。13XPY：2，口沿，泥质红陶，圆唇，素面。残高9.4厘米（图六，2）。

陶罐　2件。13XPY：3，口沿，夹砂红陶，折沿，尖圆唇，外壁有烟炱痕迹。残高5.5厘米（图六，3）。13XPY：4，口沿，夹砂红陶，折沿，方唇，腹部饰斜向绳纹。残高5.3厘米（图六，4）。

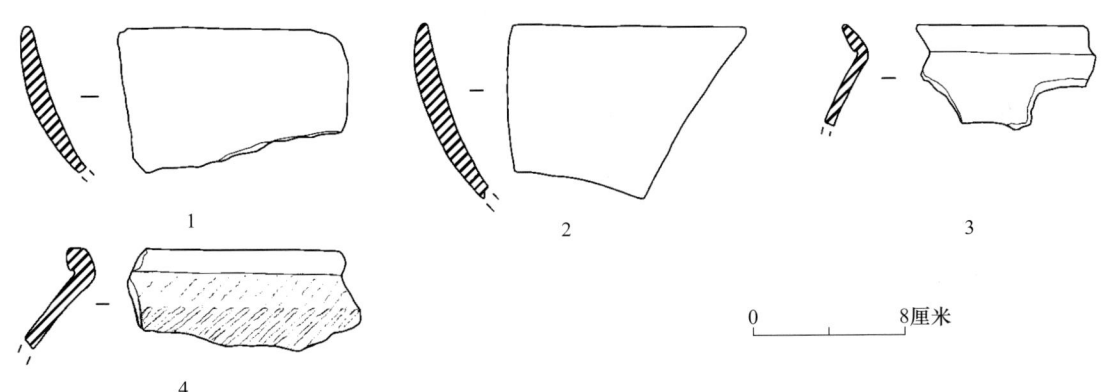

图六　畔子园子墙遗址采集遗物
1、2. 陶钵（13XPY：1、13XPY：2）　3、4. 陶罐（13XPY：3、13XPY：4）

（五）畔子堡子底遗址

位于畔子村东南沟底台地上，遗址面积较小，约1500平方米。在核桃林断面上发现大量灰土层，采集到少量陶片。

陶罂　1件。13XPB：1，口沿，夹砂红陶，侈口，圆唇，敛颈，腹部饰两周弦纹和斜向绳纹。残高6.5厘米（图七，1）。

陶缸　1件。13XPB：2，口沿，夹砂红陶，直口，平沿，腹部饰斜向绳纹。残高5.8厘米（图七，2）。

陶罐　3件。13XPB：3，口沿，夹砂红陶，侈沿，圆唇，口沿外刻划直线纹，腹部外饰横向绳纹。残高6.4厘米（图七，3）。13XPB：4，罐底，平底，泥质红陶，颜色偏橘红。残高2.3厘米（图七，4）。13XPB：5，罐底，平底，夹砂红陶，腹部饰竖向绳纹。残高4.4厘米（图七，5）。

（六）留东遗址

位于城关镇留东村东北50米，未发现地层堆积，遗址面积不详，在平整的土地中发现大量陶片。

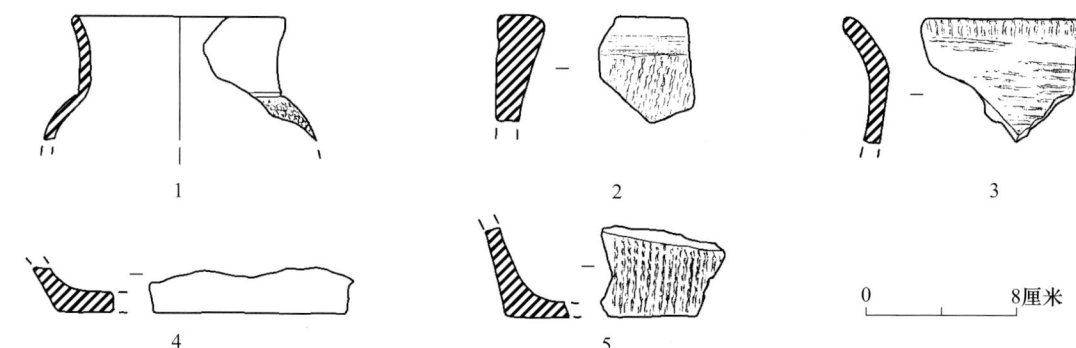

图七 畔子堡子底遗址采集遗物
1. 陶罌（13XPB：1） 2. 陶缸（13XPB：2） 3—5. 陶罐（13XPB：3—13XPB：5）

陶钵 3件。13XLD：1，口沿，泥质红陶，口微敛，素面磨光，器表有烟炱痕迹。残高5厘米（图八，1）。13XLD：2，口沿，泥质红陶，口微敛，口沿外饰黑色宽带纹彩绘。残高5.7厘米（图八，2）。13XLD：3，口沿，泥质红陶，敛口，素面磨光。残高4.7厘米（图八，3）。

陶瓶 1件。13XLD：4，尖底瓶底，泥质红陶，尖底，素面磨光，内部可见泥条盘筑痕迹。残高9.5厘米（图八，4）。

陶盆 3件。13XLD：5，口沿，泥质红陶，侈口，圆唇，素面。残高5.1厘米（图八，5）。13XLD：6，口沿，泥质红陶，卷沿，圆唇，素面。残高2.1厘米（图八，6）。13XLD：7，口沿，泥质灰陶，卷沿，圆唇，素面。残高1.8厘米（图八，7）。

陶罐 3件。13XLD：8，口沿，夹砂红陶，侈口，方唇，唇部有一道凸棱。残高3.1厘米（图八，8）。13XLD：9，口沿，夹砂灰陶，侈口，方唇，唇部有一道凹槽。残高3.4厘米（图八，9）。13XLD：10，口沿，夹砂红陶，直口，唇部有一道凹槽，口沿外侧有两周凹弦纹，其下饰斜向绳纹。残高3.2厘米（图八，10）。

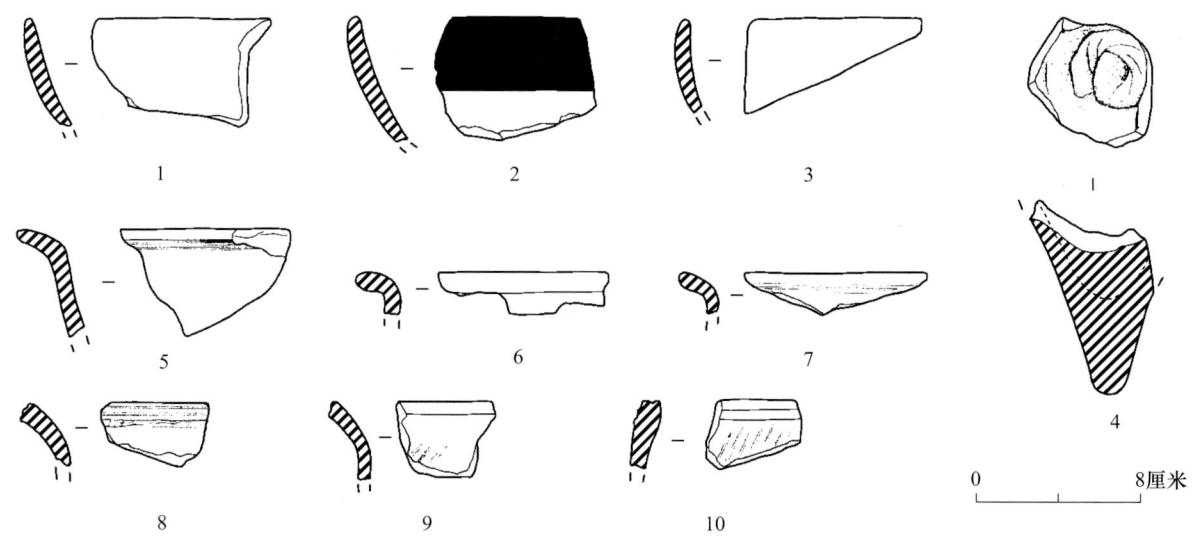

图八 留东遗址采集遗物
1—3. 陶钵（13XLD：1—13XLD：3） 4. 陶瓶（13XLD：4） 5—7. 陶盆（13XLD：5—13XLD：7）
8—10. 陶罐（13XLD：8—13XLD：10）

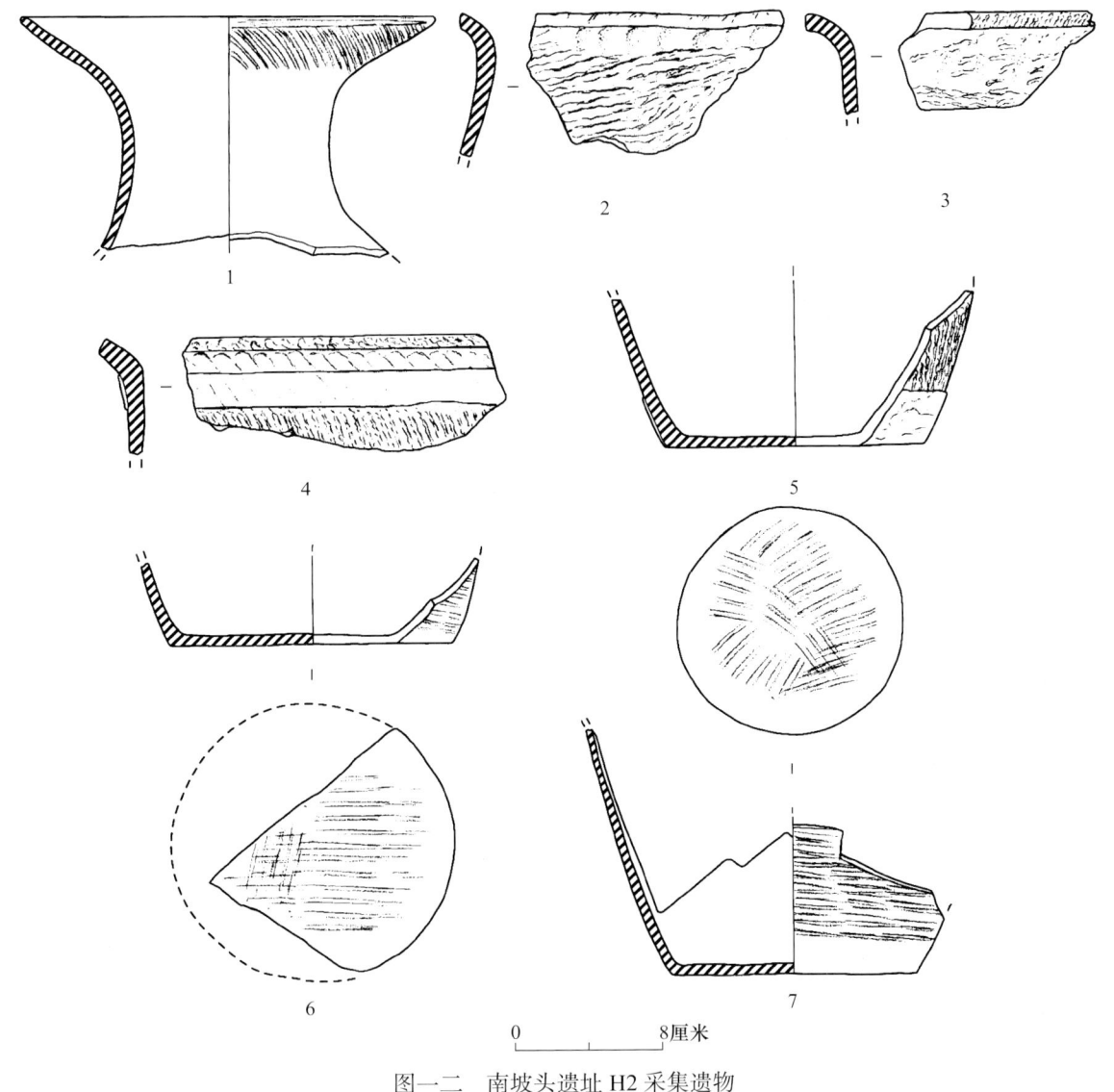

图一二 南坡头遗址 H2 采集遗物
1. 陶瓶（13XNPH2：1） 2—7. 陶罐（13XNPH2：2—13XNPH2：7）

陶瓮 2件。13XPF：1，口沿，泥质灰陶，折沿，圆唇，鼓腹，素面磨光。残高7.6厘米（图一三，1）。13XPF：13，口沿，泥质红陶，敛口，圆唇，素面。残高4.7厘米（图一三，13）。

陶盆 3件。13XPF：2，口沿，泥质红陶，颜色偏橘红，折沿，圆唇，素面。残高6厘米（图一三，2）。13XPF：3，口沿，泥质红陶，颜色偏橘红，叠唇，素面。残高5.4厘米（图一三，3）。13XPF：10，口沿，泥质红陶，平沿，圆唇，素面。残高3厘米（图一三，10）。

陶罐 6件。13XPF：4，口沿，夹砂红陶，铁轨式口沿，腹部饰斜向绳纹。残高12.5厘米（图一三，4）。13XPF：5，口沿，夹砂红陶，铁轨式口沿，腹部饰斜向粗绳纹。残高8.5厘米（图一三，5）。13XPF：6，口沿，夹砂红陶，侈沿，圆唇，腹部饰横向绳纹，口下贴塑纵向附加泥条。残高6.6厘米（图一三，6）。13XPF：7，口沿，夹砂灰陶，平沿，方唇，腹部饰斜向绳纹。残高6.4厘米（图一三，7）。13XPF：9，口沿，夹砂灰陶，折沿，圆唇，素面。残高2.6厘米（图一三，9）。13XPF：8，罐底，夹砂红陶，平底，腹部饰斜向绳纹。残高4.3厘米（图一三，8）。

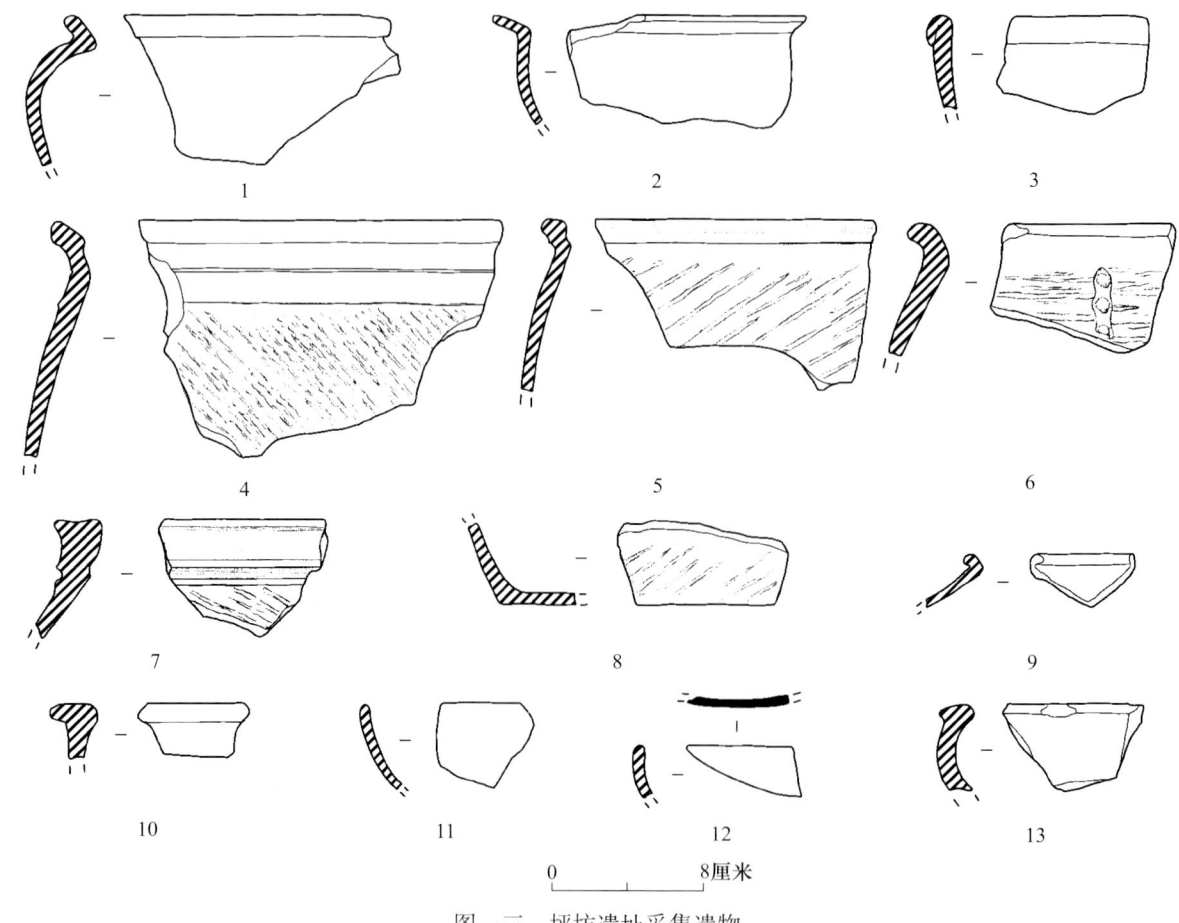

图一三　坪坊遗址采集遗物

1、13. 陶瓮（13XPF：1、13XPF：13）　2、3、10. 陶盆（13XPF：2、13XPF：3、13XPF：10）　4—9. 陶罐（13XPF：4—13XPF：9）　11、12. 陶钵（13XPF：11、13XPF：12）

陶钵　2件。13XPF：11，口沿，泥质红陶，直口，圆唇，素面。残高4.5厘米（图一三，11）。13XPF：12，口沿，泥质红陶，口微敛，唇部饰黑色彩绘。残高2.8厘米（图一三，12）。

（十）金泉遗址

位于太村镇文家村后堡子村东北侧沟边台地，遗址呈长方形，南北约100、东西约300米，面积约3万平方米。在沿沟边石子路台地断面上采集到少量陶片。

陶钵　3件。13XJQ：1，口沿，泥质红陶，口微敛，素面磨光。残高7.5厘米（图一四，1）。13XJQ：2，口沿，泥质红陶，敛口，深腹，素面磨光。残高8.7厘米（图一四，2）。13XJQ：3，口沿，泥质红陶，口微敛，素面磨光。残高8.7厘米（图一四，3）。

陶罐　5件。13XJQ：6，口沿，泥质灰陶，侈口，敛颈，鼓腹。残高7.6厘米（图一四，6）。13XJQ：7，口沿，夹砂灰陶，花边口沿，侈口，腹部饰粗绳纹。残高7.1厘米（图一四，7）。13XJQ：8，口沿，夹砂灰陶，侈口，圆唇。残高4.4厘米（图一四，8）。13XJQ：4，罐底，夹砂红陶，平底，腹部饰绳纹。残高2.8厘米（图一四，4）。13XJQ：5，罐底，夹砂红陶，平底。残高5.4厘米（图一四，5）。

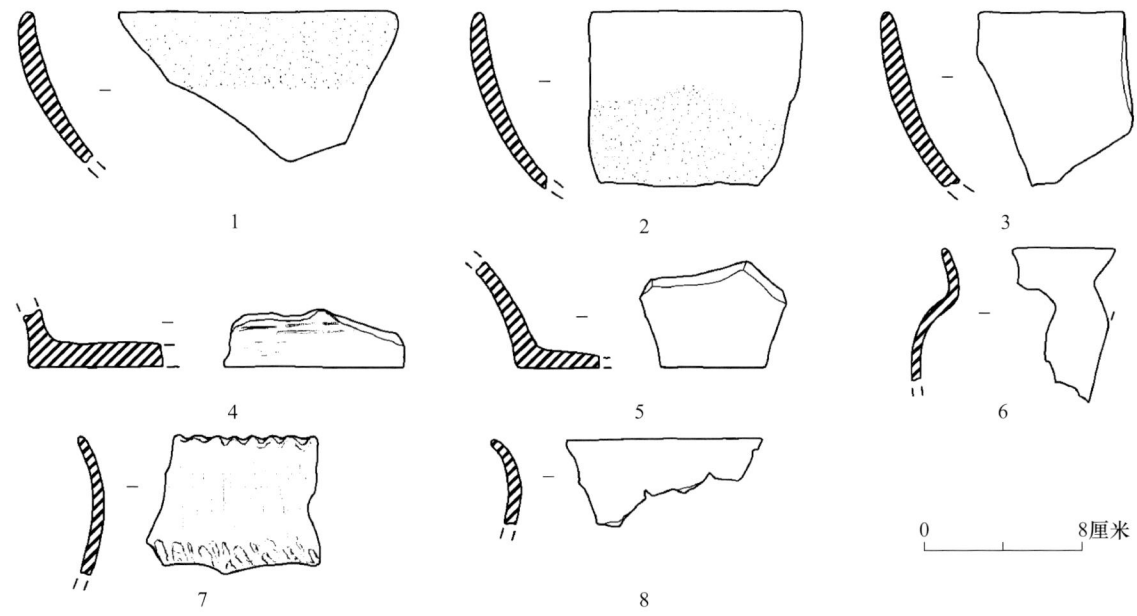

图一四　金泉遗址采集遗物

1—3. 陶钵（13XJQ：1—13XJQ：3）　4—8. 陶罐（13XJQ：4—13XJQ：8）

（十一）白虎峪遗址

位于太村镇白虎峪村一组西南，公路从遗址中部穿过，在断面上发现大量陶片。遗址呈长方形，南北约300、东西约100米，面积4.5万平方米左右。堆积一般厚1—2米。采集到的陶片以泥质红陶和泥质灰陶为主，器形主要有盆、罐、钵等。

陶罐　4件。13XBH：1，口沿，夹砂红陶，铁轨式口沿，口沿下有一周凹弦纹，腹部饰斜向绳纹。残高6.6厘米（图一五，1）。13XBH：2，口沿，夹砂灰陶，侈口，尖圆唇，腹部饰斜向绳纹。残高7.6厘米（图一五，2）。13XBH：4，口沿，夹砂灰陶，折沿，圆唇，腹部饰斜向绳纹。

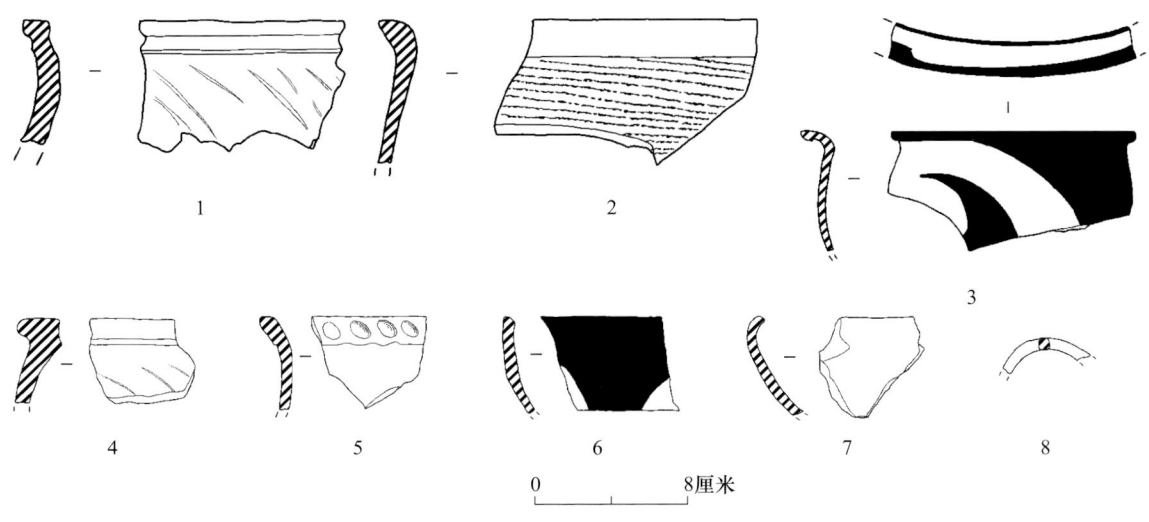

图一五　白虎峪遗址采集遗物

1、2、4、5. 陶罐（13XBH：1、13XBH：2、13XBH：4、13XBH：5）　3. 陶盆（13XBH：3）　6、7. 陶钵（13XBH：6、13XBH：7）　8. 陶环（13XBH：8）

残高 4.5 厘米（图一五，4）。13XBH：5，口沿，夹砂红陶，侈口，圆唇，口沿外侧饰一周戳印纹。残高 4.9 厘米（图一五，5）。

陶盆　1 件。13XBH：3，口沿，泥质红陶，折沿，圆唇，口沿、腹部饰黑色弧边三角纹。残高 6.4 厘米（图一五，3）。

陶钵　2 件。13XBH：6，口沿，泥质红陶，尖圆唇，口微敛，口沿外饰黑色彩绘。残高 5 厘米（图一五，6）。13XBH：7，口沿，泥质红陶，圆唇，敛口，素面。残高 5.4 厘米（图一五，7）。

陶环　1 件。13XBH：8，残断，泥质灰陶，素面磨光，截面呈圆形。宽 0.6 厘米（图一五，8）。

## （十二）上皇楼遗址

位于张洪镇上皇楼北侧沟边，沟底煤场公路穿过遗址，遗址呈长方形，南北约 80、东西约 300 米，面积 2.4 万平方米左右。在断面采集夹砂红陶罐、钵、瓶等残片。

陶罐　4 件。13XSH：1，口沿，夹砂红陶，铁轨式口沿，腹部饰斜向粗绳纹。残高 10 厘米（图一六，1）。13XSH：2，口沿，夹砂红陶，折沿，方唇，腹部饰斜向粗绳纹。残高 6.4 厘米（图一六，2）。13XSH：3，口沿，夹砂灰陶，平沿，圆唇，素面。残高 2.5 厘米（图一六，3）。13XSH：7，罐底，夹砂红陶，平底，腹部饰斜向绳纹。残高 14 厘米（图一六，7）。

陶钵　2 件。13XSH：4，口沿，泥质红陶，侈口，圆唇，素面。残高 5.4 厘米（图一六，4）。13XSH：5，口沿，泥质红陶，微侈口，圆唇，素面。残高 3.4 厘米（图一六，5）。

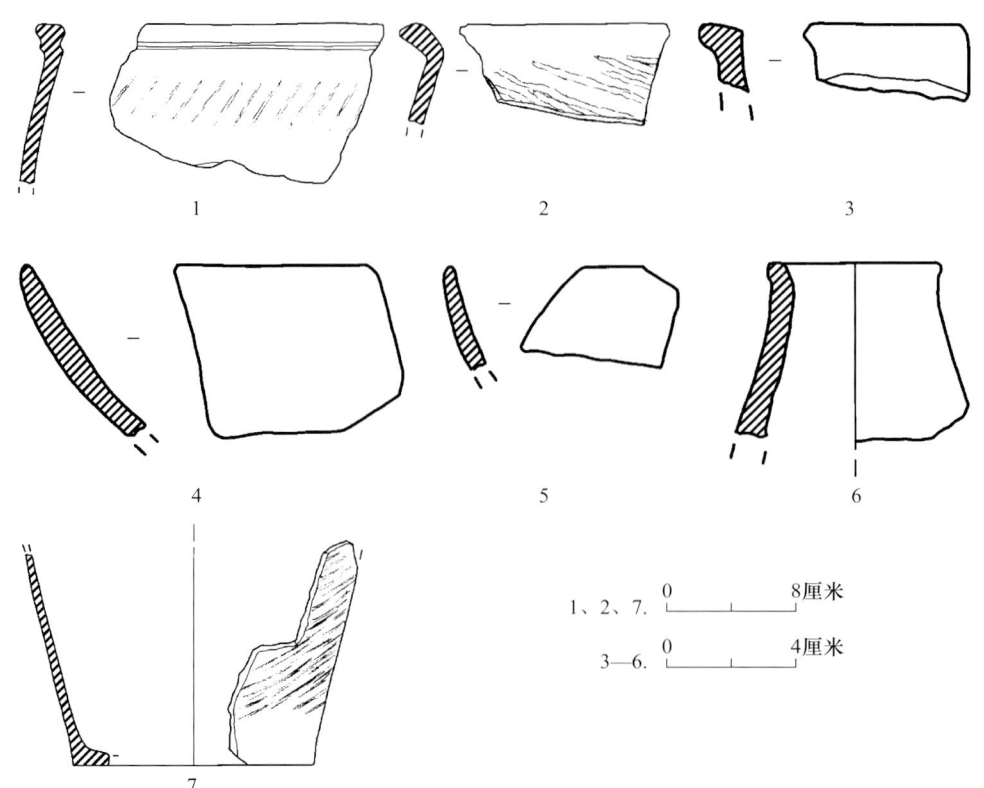

图一六　上皇楼遗址采集遗物

1—3、7. 陶罐（13XSH：1—13XSH：3、13XSH：7）　4、5. 陶钵（13XSH：4、13XSH：5）　6. 陶瓶（13XSH：6）

陶瓶 1件。13XSH：6，口沿，泥质红陶，葫芦形口，侈口，圆唇，素面。残高5.6厘米（图一六，6）。

### （十三）上西头遗址

位于原底乡上西头村西500米，西侧临沟。遗址呈长方形，南北约500、东西约300米，面积约15万平方米。发现少量陶片，器形有瓮、罐、钵、盆、缸等。

陶钵 1件。13XSX：1，口沿，泥质红陶，口微敛，素面，口沿内侧有一道凸棱。残高8.4厘米（图一七，1）。

陶盆 1件。13XSX：2，口沿，泥质红陶，侈口，素面。残高5.6厘米（图一七，2）。

陶瓮 1件。13XSX：3，口沿，夹砂红陶，敛口，圆唇，素面。残高7.6厘米（图一七，3）。

陶器盖 1件。13XSX：4，夹砂灰陶，仅存器纽，平顶圆形把手，戳刺一周圆窝。残高2.4厘米（图一七，4）。

陶罐 1件。13XSX：5，罐底，夹砂红陶，平底，腹部饰斜向绳纹。残高6厘米（图一七，5）。

陶缸 4件。13XSX：6，口沿，泥质红陶，敛口，叠唇，素面。残高6.1厘米（图一七，6）。13XSX：7，口沿，夹砂红陶，口微敛，叠唇，素面，口沿下有烟炱痕迹。残高4.8厘米（图一七，7）。13XSX：8，口沿，夹砂红陶，口微敛，叠唇，素面。残高4.8厘米（图一七，8）。13XSX：9，口沿，夹砂红陶，叠唇，素面。残高5.7厘米（图一七，9）。

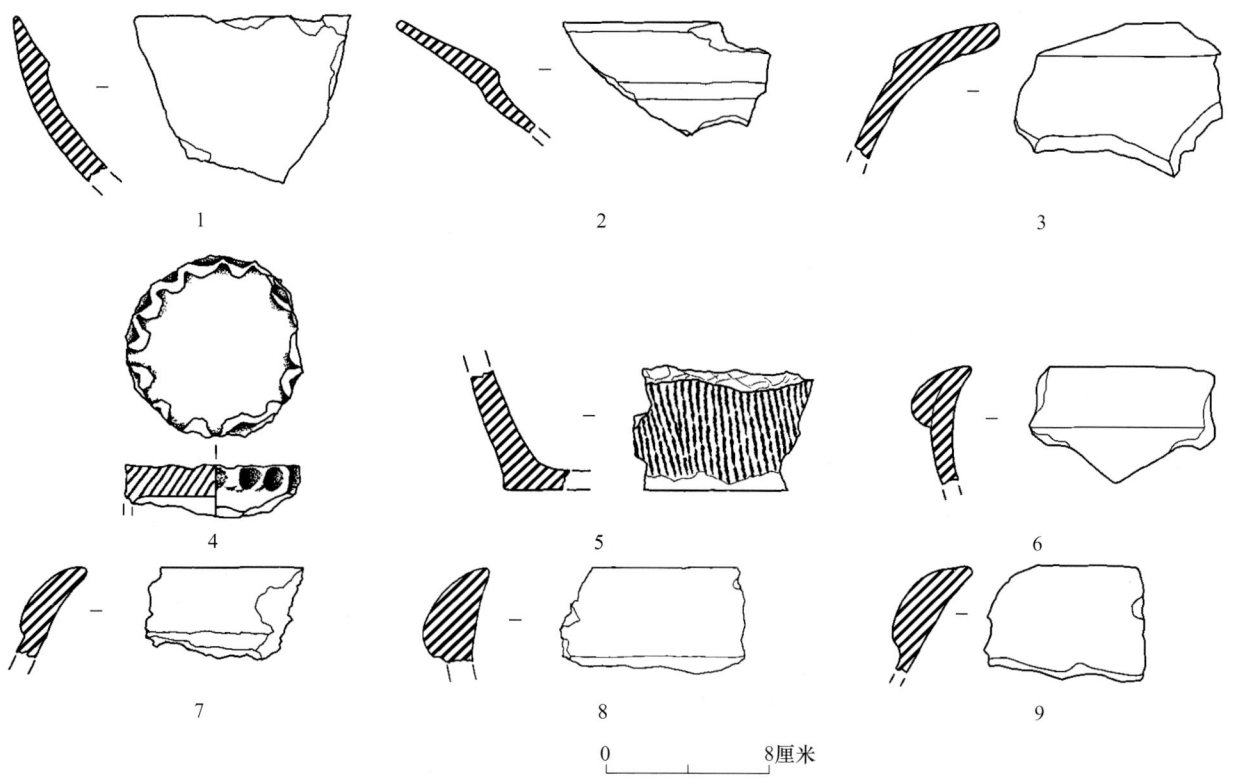

图一七 上西头遗址采集遗物

1. 陶钵（13XSX：1） 2. 陶盆（13XSX：2） 3. 陶瓮（13XSX：3） 4. 陶器盖（13XSX：4） 5. 陶罐（13XSX：5） 6—9. 陶缸（13XSX：6—13XSX：9）

# 三、各遗址的年代及相关认识

旬邑县地理位置特殊，是泾河流域重要的交通要道。该地河流密集，土壤肥沃，是先秦时期的人群集中分布区。从本次调查采集遗存来看，13 处史前遗址中均发现有仰韶时期遗存，典型器物组合为瓶、盆、罐和钵，陶质以夹砂红陶、泥质红陶和夹砂灰陶为主。其中 4 处遗址还发现龙山时期遗存，分别是金泉遗址、南坡头遗址、畔子堡子底遗址和上西头遗址，典型器物是喇叭口篮纹罐、附加堆纹罐、花边口沿罐等。从遗址分布来看，此次调查所见仰韶时期遗址主要分布于河流附近，龙山时期遗址距河流相对较远。

焦家河遗址发现的重唇口小口尖底瓶（图二，3）与水北遗址[8]出土尖底瓶（H88∶1）形制相似，年代应为仰韶文化中期。带鋬陶罐（图二，10）与水北遗址出土陶罐（H7∶3）形制相似，年代应为仰韶文化晚期。焦家河遗址整体年代应为仰韶文化中期到晚期。

崔家河遗址发现的葫芦口小口尖底瓶（图三，13）与鱼化寨遗址[9]出土尖底瓶（T0716③∶10）形制相似，陶钵装饰的黑色宽带纹彩绘（图三，3）与鱼化寨出土陶钵（T0816③∶8）相似，陶罐唇部有一条凸棱（图三，8、9），与鱼化寨出土陶罐（T0816⑩∶6）形制相似。崔家河遗址年代应为仰韶文化早期。

崔东遗址发现弧线、弧边三角纹盆（图五，1），铁轨式口沿罐（图五，3、4）与水北遗址典型铁轨式口沿罐（H23∶2）形制相近，其年代应为仰韶文化中期。

留东遗址发现的宽带纹彩绘钵口沿（图八，2）与鱼化寨出土陶钵（T0816③∶8）形制相似，陶罐唇部有一道凸棱（图八，8），与鱼化寨出土陶罐（T0816⑩∶6）形制相似，遗址年代应为仰韶文化早期。

北门坡遗址发现重唇口小口尖底瓶（图九，12）与水北遗址出土尖底瓶（H88∶1）形制相似，遗址年代应为仰韶文化中期。

南坡头遗址发现有喇叭口小口尖底瓶（图一〇，1、2）和带鋬的陶钵（图一〇，10），属于仰韶文化半坡晚期类型的典型器。还采集到部分庙底沟二期的陶片。南坡头 H1 采集宽折沿盆陶片（图一一，4、5），与鱼化寨遗址出土陶盆（H211∶10）形制相似，属于半坡晚期类型。南坡头 H2 采集的陶片均为庙底沟二期陶片，篮纹喇叭口瓶（图一二，1）与下魏洛遗址[10]陶瓶（H14∶6）形制相似。综上所述，南坡头遗址年代应为仰韶文化晚期至庙底沟二期。

坪坊遗址发现的铁轨式口沿罐（图一三，4、5、7）与水北遗址典型铁轨式口沿罐（H23∶2）形态相近，遗址年代应为仰韶文化中期。

白虎峪遗址发现陶片的弧边三角纹盆（图一五，3）、铁轨式口沿罐（图一五，1）与水北遗址典型铁轨式口沿罐（H23∶2）形态相近，遗址年代应为仰韶文化中期。

上皇楼遗址发现的葫芦口小口尖底瓶（图一六，6）与鱼化寨遗址出土尖底瓶（T0716③∶10）形制相似，铁轨式口沿罐（图一六，1）与水北遗址典型铁轨式口沿罐（H23∶2）形态相近，遗址年代应属于仰韶文化早中期。

上西头遗址发现叠唇缸（图一七，6—9）是庙底沟类型的典型器物，还发现一些庙底沟二期陶片，遗址年代应为仰韶文化中期至庙底沟二期。

畔子园子墙遗址由于发现遗存较少，具体年代断定有一定困难。仅2件泥质红陶钵口沿，2件夹砂红陶罐口沿，依据陶质陶色来看，年代可能为仰韶文化早期。金泉遗址采集标本较少，发现1件花边口沿罐（图一四，7），与下魏洛遗址陶罐（F6T：10）形制相似；畔子堡子底遗址发现1件高领侈口斝（图七，1），与下魏洛遗址陶斝（F2：18）形制相似，这两处遗址的年代应为仰韶文化至客省庄二期。

通过对旬邑县境内史前时期遗址的调查，我们对部分遗址有了进一步的认识。以往文物普查工作根据采集遗存，认为南坡头遗址属于龙山时期，上皇楼遗址属于仰韶中期，白虎峪遗址属于仰韶早期。本次调查南坡头遗址采集遗物有仰韶文化晚期、庙底沟二期陶片，南坡头H2为纯粹的庙底沟二期遗存。南坡头遗址年代应为仰韶文化晚期到庙底沟二期。上皇楼遗址还发现了葫芦口小口尖底瓶，遗址年代应为仰韶文化早中期。白虎峪遗址新发现了铁轨式口沿罐，遗址整体年代应为仰韶早期到中期。

本次调查的13处史前遗址年代主要集中在仰韶文化中期，从陶器上来看，陶质陶色、器物组合与关中地区较为接近，但不见关中地区泥质褐陶和黑陶，器类中也未见关中地区常见的碗、盘。而关中地区则不见本区的平折沿罐、敛口窄平沿缸。这种现象一方面与泾河中游地区相对独立的发展有关，另一方面也与泾河中上游文化交流有关[11]。综上所述，此次对旬邑县境内史前时期遗址的考古调查，进一步厘清了泾河流域先秦时期文化遗存的分布，为以后的研究提供了重要的实物资料。

调　　查：王　振　豆海锋　刘　斌
执　　笔：童雪琴　王　振
　　　　　豆海锋　刘　斌

## 注　释

[1] 引自翟霖林：《试析泾水中游地区仰韶文化》，《文博》2013年第8期。
[2] 中国社会科学院考古研究所渭水考古调查发掘队：《渭水流域仰韶文化遗址调查》，《考古》1991年第1期。
[3] 咸阳地区文管会、旬邑县文化馆：《陕西旬邑县崔家河遗址调查记》，《考古与文物》1984年第4期。
[4] 国家文物局主编：《中国文物地图集·陕西分册》，西安地图出版社，1998年，第412—418页。
[5] 西北大学文化遗产与考古学研究中心、陕西省考古研究所：《旬邑下魏洛》，科学出版社，2006年。
[6] 陕西省文物局：《陕西第三次全国文物普查丛书·咸阳卷·旬邑文物》，陕西旅游出版社，2012年，第6—36页。
[7] 为便于对采集遗物的描述，对诸遗址名称进行了编号，将调查的年份、所在地区加遗址名称以数字与拼音缩写结合的方式表示，如"13XCJ"表示2013年调查的"旬邑崔家河遗址"。
[8] 翟霖林：《试论水北遗址仰韶文化遗存的分期》，《考古与文物》2011年第6期。
[9] 西安市文物保护考古研究院：《西安鱼化寨》，科学出版社，2017年，第31—34、62、63页。
[10] 西北大学文化遗产与考古学研究中心、陕西省考古研究所：《旬邑下魏洛》，科学出版社，2006年，第40—62页。
[11] 李红雄：《试论泾河上游地区新石器时代文化》，《考古与文物》1988年第3期。

# Archaeological Investigation of Prehistoric Sites in Xunyi County, Shaanxi Province

School of Cultural Heritage, Northwest University

**Abstract:** In order to further clarify the distribution of cultural relics in the Jinghe River Basin in the pre-Qin period, the project of "archaeological investigation, excavation and research of the ancient Bin area" was carried out. In 2013, the School of Cultural Heritage, Northwest University conducted a special investigation on the sites in the pre-Qin period in Xunyi County, Shaanxi Province. In this survey, 13 prehistoric sites were investigated, and two sites, Panzi Baozidi and Yuanziqiang, were newly discovered, further enriching the information on the age and cultural connotation of the sites on the Nanpotou. The prehistoric sites of Xunyi county are mainly concentrated in the middle of Yangshao culture, and their cultural features are basically consistent with the main culture of Guanzhong area, but they also have certain local characteristics.

**Keywords:** Xunyi County, Prehistoric Period, Archaeological Investigation

# 漆水河下游先秦时期遗址考古调查简报

西北大学文化遗产学院

**内容摘要**：为了深入了解漆水河与泾河中游地区的文化关系，2018年春季，西北大学文化遗产学院对漆水河下游地区多处先秦时期遗址进行了考古调查。调查发现有新石器时代仰韶文化、庙底沟二期文化、客省庄文化，晚商及两周时期遗存。漆水河流域先秦时期遗存的调查与研究，对区域文化演进特征及其与周边地区文化间的关系探索具有重要意义。

**关键词**：漆水河；先秦时期；考古调查；周文化

为了推进周文化起源研究的深入开展，2018年3月，西北大学文化遗产学院师生对陕西省武功县漆水河下游先秦时期遗址进行了田野调查。本次调查主要是对以往已经发现的遗址进行复查，借此了解区域内先秦时期诸遗存的文化面貌，探索漆水河流域所见商周时期遗存与泾河中游地区的文化联系。本次工作先后对漆水河下游沿岸的20余处古遗址进行了调查，发现有窑址、墓葬、灰坑等遗迹，采集到丰富的陶器、瓷器、石器、骨器等遗物（图一）。以下对此次调查所见先秦时期遗址的地理环境、主要收获及相关问题进行简要报道。

## 一、地理位置与环境特征

漆水河又称漆水，其源出麟游县庙湾，东流折向南，经麟游、永寿、乾县、扶风诸县，至武功县白石滩注入渭河[1]。漆水河长151千米，在武功县主要有漳河、漠峪河等支流。漳河，又称漳水，现称后河，发源于凤翔县北老爷岭，经岐山、扶风县，流入武功镇南汇入漆水河，全长约100千米；漠峪河发源于永寿县麻亭岭，自乾县流入武功县境，于武功镇东北汇入漆水河。

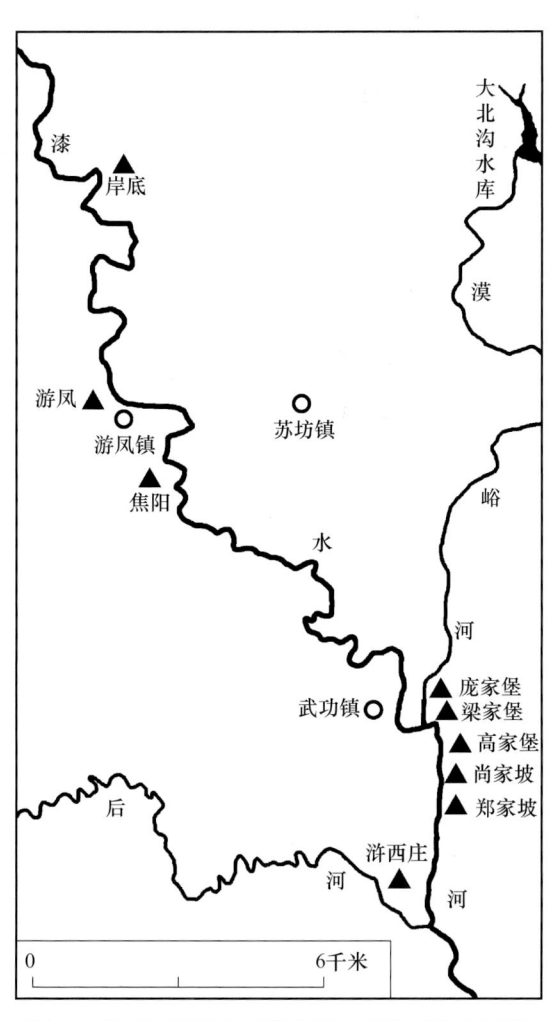

图一　调查所见武功县境内漆水河流域先秦时期遗址分布图

武功县地处陕西省关中平原腹地西部，漆水河下游。其位于咸阳市辖西南，东邻兴平，西毗杨陵、扶风，南隔渭河与周至相望，北与乾县接壤，地理位置优越。该地区处于黄土高原与渭河谷地接壤地带，河流纵横，各塬面及河谷阶地基本宽阔平坦，略有起伏，地形整体自北向南呈阶梯状跌落。境内北部为黄土高原南缘，南部为渭河谷地，地貌形态分别由山前洪积扇前缘洼地、黄土台原、河谷冲积阶地及河漫滩三种类型构成，总体地势西北高、东南低。境内属于暖温带半湿润大陆性季风气候，四季分明，光照充足。在优越的自然环境下，自古以来就有先民在此繁衍生息，创造了丰富的物质文化遗存。漆水河流域被学者推定为周人所居之邰地[2]，周人先祖曾活动于这一带。该流域曾发现有多处重要的先秦时期遗址，其中如赵家来、浒西庄[3]、郑家坡[4]、岸底[5]、黄家河[6]等遗址都经过科学考古发掘，并于此进行过多次考古调查工作[7]。该地区所见考古遗存为揭示区域文化演进及早期人群变迁等问题提供了十分重要的历史学信息。

## 二、各遗址调查收获

此次调查以漆水河沿岸的武功、游凤、苏坊三镇所见遗址为重点，现对调查的9处先秦时期遗址介绍如下[8]。

（一）游凤遗址

遗址位于游凤镇游凤村东北、漆水河西岸的二级台地上，遗址面积约70万平方米。以往对该遗址进行过调查，对其文化内涵已有一定的了解[9]。该遗址地势平坦，在台地东侧断面可见大量文化层分布，部分断面可见3—4米厚的灰层堆积，包含遗物丰富。在距村北约400米的田间断面上发现一处窑址，其大部已被破坏，仅残留窑室烧结部分，残高约113、残宽约103厘米。该遗址采集遗物主要为陶器，另见石杵及少量动物骨骼。陶器主要以泥质陶为多，多见泥质红陶，泥质灰陶次之，夹砂陶较少，所见均为夹砂红陶。纹饰有绳纹、弦纹等。可辨器形有钵、罐、盆等。以下按器物特征将采集遗物划分为两组，分别介绍如下。

1. 第1组

所见陶器主要为红陶，夹砂陶与泥质陶所占比重相当。彩陶多见，夹砂陶多施细绳纹、弦纹。器形主要有盆、钵、罐等。

陶钵　2件。泥质红陶，弧腹。2018WYF：6，口沿残片，微敛口，圆唇，素面抹光，唇部饰黑彩。残高5厘米（图二，1）。2018WYF：49，口沿残片，敛口，叠唇，素面。残高5.8厘米（图二，4）。

陶盆　4件。据器表有无饰彩可划分为二型。

A型　2件。未见饰彩，均为泥质红陶，素面。2018WYF：16，口沿残片，微敛口，卷沿，尖圆唇。残高5.4厘米（图二，2）。2018WYF：12，口沿残片，直口，卷沿，叠唇，弧腹。残高5.2厘米（图二，3）。

B型　2件。唇部及器身饰黑彩，均为泥质红陶。2018WYF：1，口沿残片，敛口，斜沿，方底，器壁施篮纹，近底部一周抹光，内底施交错篮纹。残高3.2厘米（图五，2）。2018WAD：68，残罐底，泥质灰陶，平底，器表施篮纹，外壁与罐底可见拼接痕迹。残高4.6厘米（图五，4）。2018WAD：150，残罐底，泥质灰陶，斜腹，小平底，素面，内壁可见泥条盘筑与拍印痕迹。残高13厘米（图五，8）。

乙类　4件。小型罐。据有无器耳划分为二型。

A型　3件。带耳罐。2018WAD：100，夹砂灰褐陶，侈口，斜沿，方唇，束颈，鼓腹，唇沿与腹部间有一桥形耳，器耳面施绳纹，颈下腹部亦施绳纹。残高11.6、口径14厘米（图五，1）。2018WAD：25，口沿残片，夹砂灰陶，侈口，斜沿，尖圆唇，弧腹微鼓，沿下至腹中部附一桥形耳，口沿下有两周戳印纹，腹部施篮纹。残高9厘米（图四，3）。2018WAD：131，口沿残片，泥质灰陶，侈口，尖唇，沿下至腹部间有一桥形耳，器表素面抹光。残高8.4厘米（图五，10）。

B型　1件。无耳罐。2018WAD：106，口沿残片，夹砂红陶，侈口，折沿，唇部施按压花边，沿下施横向篮纹。残高5.6厘米（图五，3）。

陶瓮　1件。2018WAD：81，口沿残片，器胎较厚，泥质灰陶，敛口，厚唇，直腹，素面，上腹部有一周压印绳纹和戳印纹。残高15.2厘米（图四，5）。

陶盆　3件。2018WAD：157，盆底，泥质灰褐陶，器腹斜收，平底，腹部施篮纹。残高11、底径14厘米（图四，1）。2018WAD：79，刻槽盆底，夹砂灰陶，平底，外壁较粗糙，与底部有拼接痕迹，内壁有数条纵向刻槽，器表施绳纹。残高3.4厘米（图四，7）。2018WAD：41，口沿残片，泥质灰陶，直口，宽平折沿，圆唇，弧腹，素面抹光。残高5.1厘米（图四，12）。

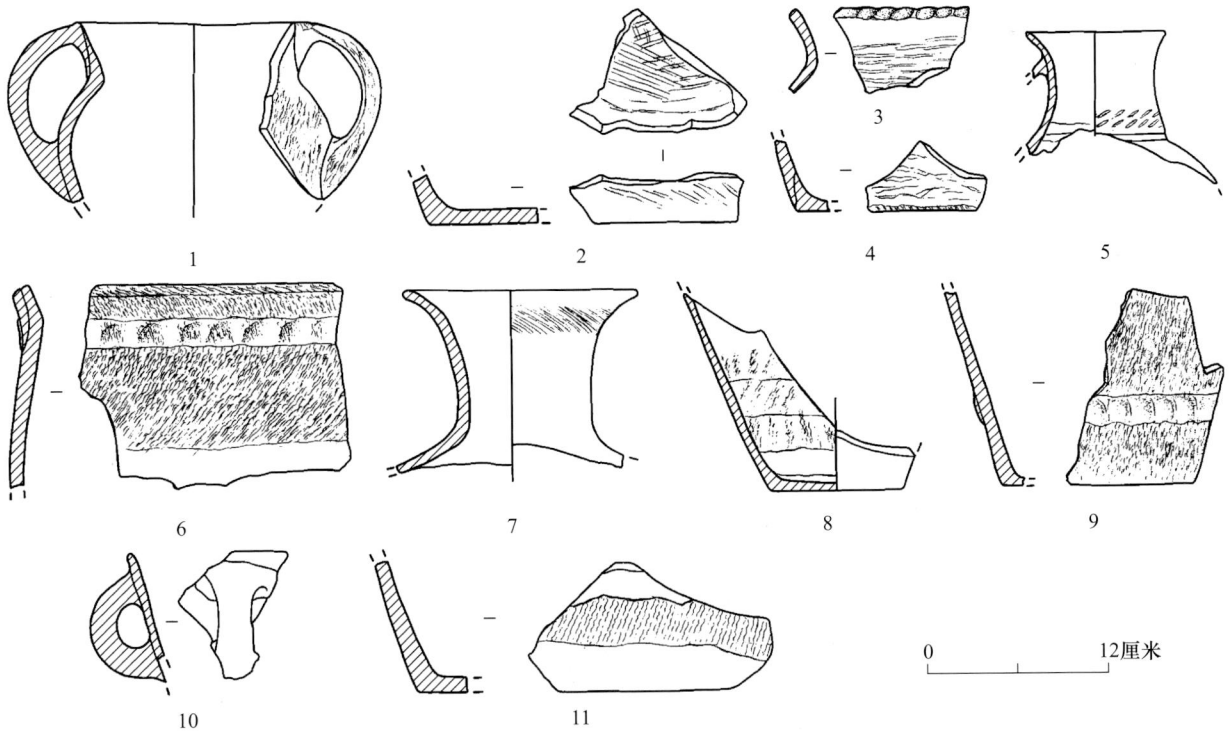

图五　岸底遗址采集遗物（第2组）

1—4、6、8—11. 陶罐（2018WAD：100、2018WAD：72、2018WAD：106、2018WAD：68、2018WAD：77、2018WAD：150、2018WAD：55、2018WAD：131、2018WAD：67）　5、7. 陶壶（2018WAD：76、2018WAD：75）

陶壶　2件。2018WAD：76，口沿残片，泥质灰陶，侈口，尖唇，长颈，圆肩，颈部有一残桥形耳，素面磨光，颈部下缘有两周戳刺纹。残高10、口径8.4厘米（图五，5）。2018WAD：75，口沿残片，泥质灰陶，喇叭状口，长颈，尖圆唇，肩残，素面磨光，口沿下施一周篮纹。残高12、口径13.8厘米（图五，7）。

陶鼎　2件。2018WAD：82，残鼎足，夹砂灰陶，正、侧面皆近倒梯形，上端略宽于下端，足根残，足外面见两条凹槽，凹槽两侧施斜向戳印纹。残高8、宽4.2—6厘米（图四，6）。2018WAD：98，残鼎足，夹砂灰陶，柱状足，截面近矩形，足底略残，足外侧施绳纹。残高7.4厘米（图四，11）。

陶鬶　1件。2018WAD：83，残鬶足，泥质灰陶，锥状足尖，素面。残高7.6厘米（图四，15）。

陶器盖　1件。2018WAD：84，泥质灰陶，盖身残，仅存盖纽，盖纽呈帽顶状，中空，下部内收，顶部有一小孔，素面。残高5厘米（图四，14）。

### 3. 第3组

本组所见陶器以夹砂灰陶为主，亦见少量泥质灰陶。纹饰主要有绳纹、附加堆纹和弦纹。器形主要有鬲、甗、盆、罐、瓮等，另有少量石器和骨角器。

所见陶鬲数量最多，主要为联裆鬲，以夹砂灰陶为多，纹饰多为绳纹、弦纹。据采集所见器物残损形态，分为鬲口沿及鬲足两类。

陶鬲口沿　9件。据口部形态可划分为二型。

A型　1件。侈口，卷沿。2018WAD：1，口沿残片，夹砂灰陶，尖圆唇，束颈，弧腹，器表颈部以下施绳纹，口部绳纹抹平。残高7厘米（图六，1）。

B型　8件。侈口，折沿。2018WAD：3，夹砂灰黑陶，平折沿，沿上有内外两周凹弦纹，方唇，束颈，斜弧腹，颈部以下施绳纹，口部抹光，颈上有两道弦纹。残高7.6厘米（图六，2）。2018WAD：42，夹砂灰陶，圆唇，束颈，器腹施绳纹。残高6.2厘米（图六，3）。2018WAD：4，夹砂灰陶，斜方唇，束颈，弧肩，弧腹，肩部以下施绳纹。残高5.2厘米（图六，4）。2018WAD：92，夹砂灰陶，圆唇，沿下施绳纹。残高3.2厘米（图六，5）。2018WAD：8，夹砂灰陶，方唇，口沿外侧及唇部均施绳纹。残高3.6厘米（图六，6）。2018WAD：5，夹砂灰陶，圆唇，束颈，素面。残高4.5厘米（图六，7）。2018WAD：104，夹砂红褐陶，尖圆唇，沿下施绳纹。残高4.2厘米（图六，8）。2018WAD：127，夹砂灰陶，尖唇，束颈，颈下施绳纹。残高4.2厘米（图六，9）。

陶鬲足　5件。据足部形态可划分为二型。

A型　3件。锥状实足根。2018WAD：13，夹砂灰陶，足尖残，器表施绳纹。残高5厘米（图六，12）。2018WAD：14，夹砂灰褐陶，弧裆，足根残，器表施粗绳纹。残高5.4厘米（图六，13）。2018WAD：94，夹砂灰褐陶，足尖残，器表施绳纹。残高5厘米（图六，25）。

B型　2件。柱状实足根。2018WAD：10，夹砂灰陶，足根残，器表施粗绳纹。残高4.6厘米（图六，11）。2018WAD：95，夹砂灰陶，器表满施绳纹。残高8.4厘米（图六，24）。

另见陶瘪裆鬲残片。2018WAD：9，夹砂灰陶，上部口沿残，束颈，颈部外施一周压印附加堆纹，斜弧腹，瘪裆，袋足，器表施粗绳纹。残高11.4厘米（图六，10）。

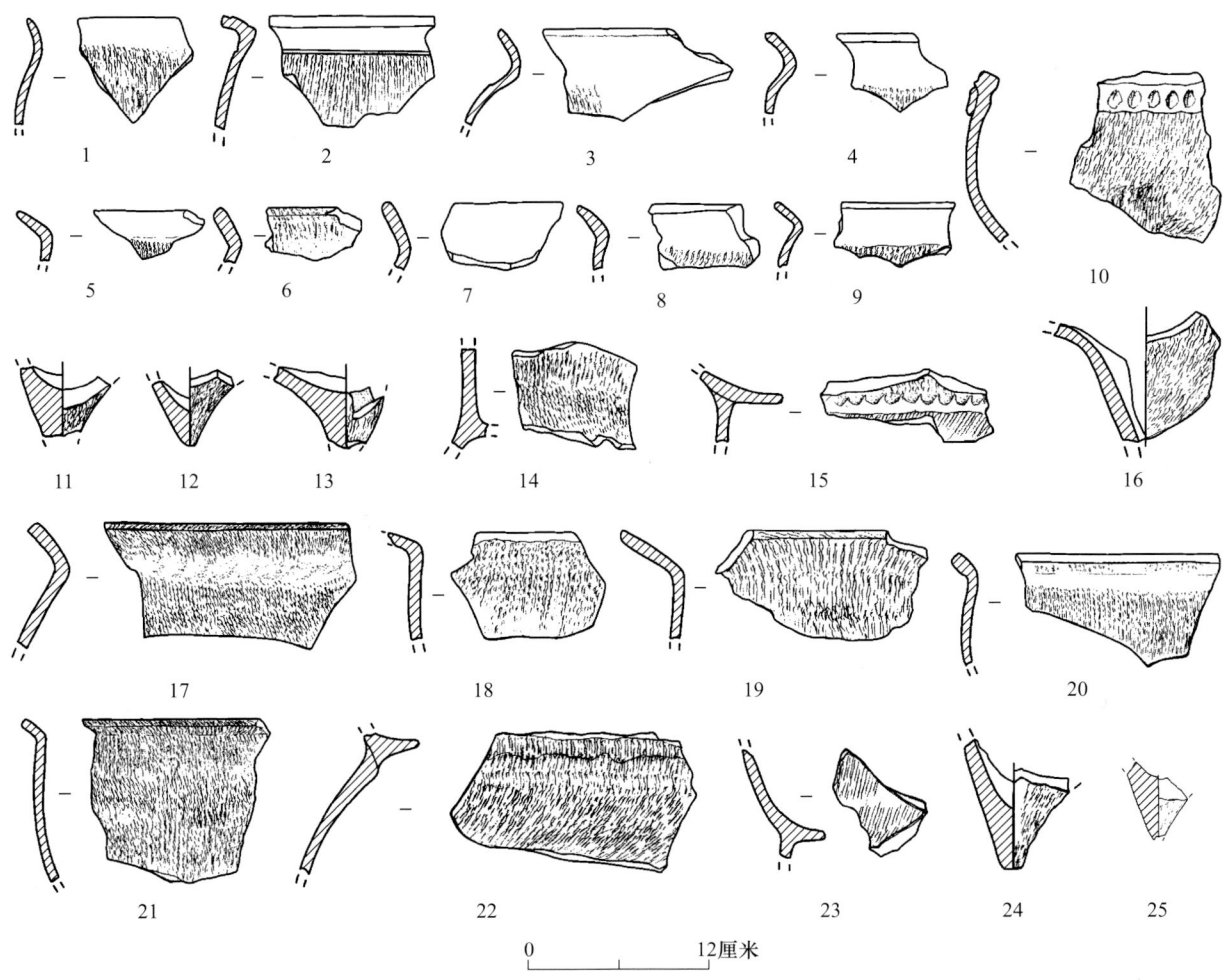

图六 岸底遗址采集遗物(第3组)

1—13、24、25. 陶鬲(2018WAD∶1、2018WAD∶3、2018WAD∶42、2018WAD∶4、2018WAD∶92、2018WAD∶8、2018WAD∶5、2018WAD∶104、2018WAD∶127、2018WAD∶9、2018WAD∶10、2018WAD∶13、2018WAD∶14、2018WAD∶95、2018WAD∶94) 14—23. 陶甗(2018WAD∶19、2018WAD∶17、2018WAD∶12、2018WAD∶101、2018WAD∶2、2018WAD∶16、2018WAD∶18、2018WAD∶15、2018WAD∶96、2018WAD∶97)

陶甗发现数量较多,均为夹砂陶,器表多见绳纹。据采集所见器物残损形态,分为甗盆、甗腰、甗足三类。

陶甗盆　5件。侈口,折沿,弧腹。2018WAD∶101,夹砂灰陶,方唇,束颈,器表施绳纹。残高8.2厘米(图六,17)。2018WAD∶2,夹砂灰褐陶,唇部残,束颈,器表施绳纹。残高7厘米(图六,18)。2018WAD∶16,夹粗砂红褐陶,方唇,束颈,器表施粗绳纹,口沿内侧有轮制痕迹。残高7厘米(图六,19)。2018WAD∶18,夹砂褐陶,圆方唇,口沿下施绳纹,口沿下一周抹光。残高7.4厘米(图六,20)。2018WAD∶15,夹砂红褐陶,方唇,器表施绳纹。残高10.8厘米(图六,21)。

陶甗腰　4件。2018WAD∶17,夹砂灰陶,斜腹,宽腰格,器表施绳纹,束腰处施一周按压堆纹。残高4.6厘米(图六,15)。2018WAD∶19,夹砂灰陶,斜腹,腰格残,器表施绳纹。残高6.6厘米(图六,14)。2018WAD∶96,夹砂褐陶,甗盆斜收,腰格较宽,器表施斜绳纹。残高9厘米(图六,22)。2018WAD∶97,夹砂灰褐陶,腰格略窄,器表施绳纹。残高7厘米(图六,23)。

陶甗足　1件。2018WAD∶12,夹砂灰黑陶,联裆,袋足,器表施粗绳纹。残高8.4厘米

（图六，16）。

陶盆  2件。均为口沿残片。2018WAD：50，泥质灰陶，侈口，卷沿，圆唇，鼓肩，腹部斜收，素面。残高8.4厘米（图七，15）。2018WAD：80，泥质黑灰陶，侈口，卷沿，方唇，直腹，素面，口沿内侧近口处一周抹光，口沿下施两道凹弦纹。残高7.2厘米（图七，16）。

陶罐  7件。据采集器物残损形态，可划分为二型。

A型  5件。折肩罐。侈口，矮领，束颈，尖唇或尖圆唇。2018WAD：31，泥质灰黑陶，折沿，素面磨光。残高7厘米（图七，2）。2018WAD：51，泥质灰陶，肩下施弦断绳纹。残高7厘米（图七，5）。2018WAD：52，泥质灰陶，下腹部施绳纹。残高8.6厘米（图七，6）。2018WAD：49，泥质灰陶，折沿，肩下施绳纹。残高9.2厘米（图七，7）。2018WAD：53，泥质灰陶，胎体较薄，肩部施弦断绳纹。残高12.7厘米（图七，12）。

B型  2件。罐底。斜腹，平底，器表施绳纹。2018WAD：56，夹砂灰陶，底部施交错绳纹。残高4、底径10厘米（图七，10）。2018WAD：74，泥质红陶，底残，器表施交错绳纹，器底有绳纹。残高9.8厘米（图七，11）。

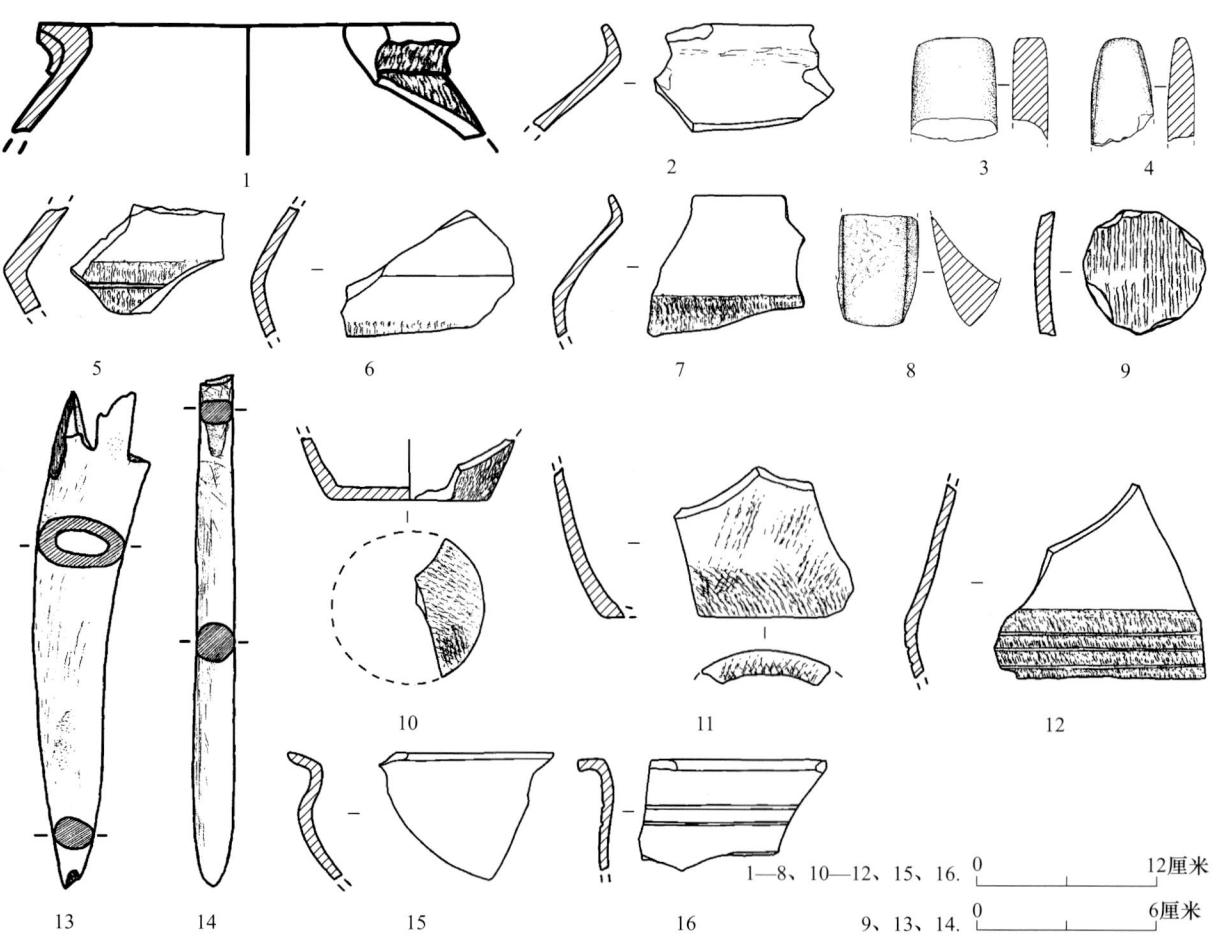

图七  岸底遗址采集遗物（第3组）

1. 陶瓮（2018WAD：180） 2、5—7、10—12. 陶罐（2018WAD：31、2018WAD：51、2018WAD：52、2018WAD：49、2018WAD：56、2018WAD：74、2018WAD：53） 3、4. 石斧（2018WAD：87、2018WAD：86） 8. 石锤斧（2018WAD：185） 9. 圆陶片（2018WAD：184） 13. 骨锥（2018WAD：89） 14. 角笋（2018WAD：88） 15、16. 陶盆（2018WAD：50、2018WAD：80）

陶瓮　1件。2018WAD：180，口沿残片，泥质灰陶，微敛口，平折沿，方唇，唇下附加一周泥条，器表施绳纹。残高7.6、口径20.8厘米（图七，1）。

圆陶片　1件。2018WAD：184，泥质灰陶，近圆饼状，边缘略经打制，器表施细绳纹。直径4厘米（图七，9）。

石斧　2件。2018WAD：87，黑色砂岩，平面长方形，残半，器表经打磨修平，侧边经修直，器表磨制平整。残长6.7、宽5.6、厚2.4厘米（图七，3）。2018WAD：86，黑色砂岩，磨制，平面近长条形，顶端圆弧，刃端残，两侧斜直，器表打磨光滑。残长7、宽4、厚1.7厘米（图七，4）。

石锤斧　1件。2018WAD：185，灰色砂岩，顶端宽而刃部扁，顶略残，两面磨制成弧状刃，中部有钻孔痕，器表磨制光滑。残长7.2、宽5、厚3.5厘米（图七，8）。

角笄　1件。2018WAD：88，兽角制作，器体较细长，顶端截面较扁方，底端截面较圆，呈尖锥状，通体打磨光滑。残长17、直径1.3厘米（图七，14）。

骨锥　1件。2018WAD：89，动物肢骨制作，尖锥状，器体中空，顶端残，底端打磨呈尖锥状，尖部略残，器表磨光。残长16.5、直径1.3—3厘米（图七，13）。

（三）焦阳遗址

遗址位于游凤镇焦阳村南、漆水河西岸的二级台地上。该遗址地势西高东低，面积约4.5万平方米。遗址采集遗物主要为陶器，还采集到少量动物骨骼及石器。所见陶器主要为灰陶，另有极少量的红、黑陶等，泥质陶为多，夹砂陶少见。以绳纹为主，亦见篮纹、弦纹、方格纹、刻划目纹、云纹等（图八，17—21）。可辨器形有鬲、甗、罐、钵、盆等。按器物特征可将采集遗物划分为三组。

## 1. 第1组

该组所见陶器较少，主要为红陶，器形见有钵。

陶钵　1件。2018WJY：7，口沿残片，泥质红陶，敛口，圆唇，弧腹，素面。残高5.4厘米（图八，4）。

## 2. 第2组

该组所见陶器主要为灰陶，以夹砂灰陶为多，泥质灰陶亦占一定数量。纹饰主要见有篮纹。器形主要有盆、罐。

陶盆　2件。2018WJY：22，口沿残片，泥质灰陶，直口，宽平沿，方唇加厚，器身施竖向篮纹，近口部抹光。残高5.4厘米（图八，3）。2018WJY：23，口沿残片，泥质灰陶，直口，平沿，圆方唇，唇沿加厚，斜腹，素面。残高4.8厘米（图八，13）。

陶罐　4件。2018WJY：8，泥质灰陶，喇叭状口，长颈，弧腹，素面，颈内部有轮制痕迹。残高9.7、颈部直径7厘米（图八，7）。2018WJY：36，口沿残片，泥质灰陶，敛口，窄沿，尖唇，素面。残高5.6厘米（图八，14）。2018WJY：39，泥质灰陶，敛口，折肩，器表施数周细弦纹。残高2.1厘米（图八，23）。2018WJY：29，残罐底，泥质灰陶，斜腹，平底，器表施数周弦纹。残高6.8厘米（图八，16）。

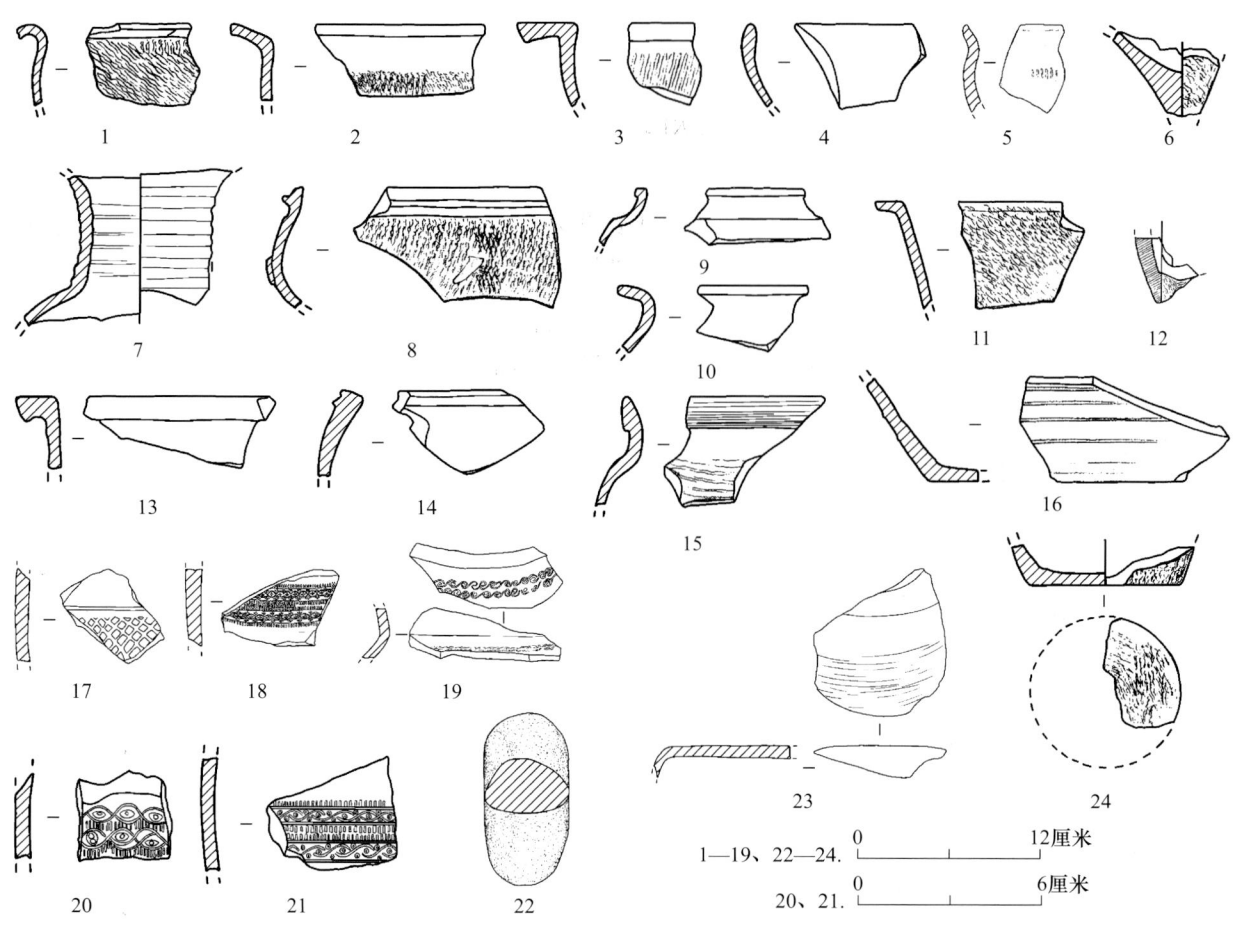

图八 焦阳遗址采集遗物

1、2、6、12. 陶鬲（2018WJY：1、2018WJY：4、2018WJY：6、2018WJY：3） 3、5、13. 陶盆（2018WJY：22、2018WJY：13、2018WJY：23） 4、8. 陶钵（2018WJY：7、2018WJY：25） 7、9、10、14—16、23、24. 陶罐（2018WJY：8、2018WJY：24、2018WJY：17、2018WJY：36、2018WJY：27、2018WJY：29、2018WJY：39、2018WJY：35）
11. 陶甗（2018WJY：5） 17—21. 饰纹陶片（2018WJY：42—2018WJY：44、2018WJY：46、2018WJY：45）
22. 石磨棒（2018WJY：47）

### 3. 第3组

该组所见陶器主要为灰陶，夹砂灰陶数量较多，其次为泥质灰陶。纹饰主要为绳纹、方格纹、弦纹、云纹等，其中所见目纹、变体目纹、卷云纹等较为特殊（图八，17—21）。器形主要有鬲、甗、盆、罐等，另见有石磨棒。

陶鬲 4件。2018WJY：1，口沿残片，夹砂红陶，侈口，卷沿，方唇，束颈，弧腹，器表施斜绳纹。残高5.4厘米（图八，1）。2018WJY：4，口沿残片，夹砂灰褐陶，侈口，斜沿，方唇，沿下施绳纹。残高5厘米（图八，2）。2018WJY：6，鬲足，夹砂灰褐陶，足根残，足部施粗绳纹。残高5.6厘米（图八，6）。2018WJY：3，鬲足，夹砂灰陶，锥状足，器表施绳纹。残高4.3厘米（图八，12）。

陶甗 1件。2018WJY：5，甗盆，夹砂褐陶，敞口，窄折沿近平，方唇，腹部斜收，器表施斜向细绳纹。残高7.1厘米（图八，11）。

陶盆 1件。2018WJY：13，口沿残片，泥质灰陶，侈口，沿微卷，圆唇，弧腹，器表有一道竖向绳纹。残高5.7厘米（图八，5）。

陶罐　4件。2018WJY：24，口沿残片，泥质灰黑陶，微敛口，方唇，唇部加厚，矮领，圆折肩，素面。残高3.8厘米（图八，9）。2018WJY：17，口沿残片，泥质灰陶，侈口，卷沿，圆唇，素面。残高4.4厘米（图八，10）。2018WJY：27，口沿残片，泥质灰陶，微侈口，卷沿，尖唇，唇部加厚，弧腹，沿部有轮制痕迹，颈下施横篮纹。残高7.1厘米（图八，15）。2018WJY：35，残罐底，泥质灰陶，斜腹，平底，器表施绳纹，罐底有交错绳纹。残高2.6、底径10厘米（图八，24）。

陶钵　1件。2018WJY：25，口沿残片，泥质灰陶，敛口，尖圆唇，沿下有一周凸棱，腹部略鼓，器表施绳纹。残高7.6厘米（图八，8）。

石磨棒　1件。2018WJY：47，青灰色砂岩，近梭形，两侧较平直，两端圆钝，一面平整并有纵向磨痕，器表磨制较光滑。长11.4、宽5.5、厚3.6厘米（图八，22）。

（四）郑家坡遗址

遗址位于武功镇郑家坡村西南、漆水河东岸的二级台地上。该遗址地势中间高、四周低，面积约150万平方米。郑家坡遗址曾经被多次发掘，获得了重要的考古发现[11]。在村西南断面上暴露有多处地层堆积，厚0.7—0.8米，并见有灰坑等遗迹，包含物较丰富。采集陶器主要为灰陶，夹砂与泥质占比相当。纹饰主要为绳纹。可辨器形有鬲、豆、罐等。

陶鬲　4件。均为口沿残片，侈口，卷沿，弧腹。2018WZJ：1，夹砂灰陶，方唇。器表施绳纹，口沿下一周抹光。残高5.2厘米（图九，1）。2018WZJ：2，夹砂红褐陶，方唇，器表施斜绳纹，口沿下一周抹光。残高3.6厘米（图九，2）。2018WZJ：3，夹砂灰陶，方唇，束颈，器表施绳纹。残高5厘米（图九，3）。2018WZJ：4，夹砂灰陶，尖圆唇，口沿下有一周戳印纹。残高3厘米（图九，4）。

陶豆　1件。2018WZJ：13，口沿残片，泥质灰陶，侈口，浅腹，素面。残高2.6厘米（图九，5）。

另采集到陶罐口沿残片（图九，6—8）和圆肩罐（图九，9），皆为泥质灰陶或灰黑陶。陶罐多侈口，卷沿或平沿。圆肩罐肩上素面，肩下施绳纹。

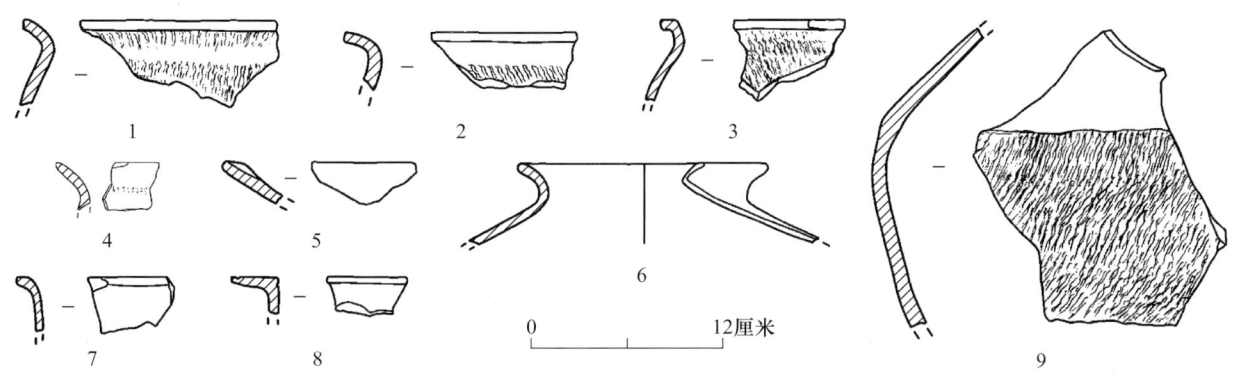

图九　郑家坡遗址采集遗物

1—4. 陶鬲（2018WZJ：1—2018WZJ：4）　5. 陶豆（2018WZJ：13）　6—9. 陶罐（2018WZJ：11、2018WZJ：7、2018WZJ：10、2018WZJ：14）

## (五) 浒西庄遗址

遗址位于武功镇浒西庄村南、漆水河和漳河交汇处的一级台地上。遗址面积约35万平方米。在从遗址中部穿过的武杨公路两侧断面上,发现有多处文化层堆积,南北绵延数米,厚0.6—1.8米,并在断面发现灰坑,采集到较为丰富的遗物。该遗址采集遗物较为单纯,陶片以夹砂灰陶为主,亦见少量泥质灰陶。纹饰以绳纹为主,还有篮纹、附加堆纹。可辨器形有鬲、盆、壶、罐等。

陶鬲　1件。2018WHX：7,口沿残片,夹砂灰陶,侈口,素面。残高5厘米(图一〇,1)。

陶盆　2件。均为口沿残片,泥质灰陶,侈口。2018WHX：6,圆唇,素面。残高4.8厘米(图一〇,3)。2018WHX：4,卷沿,圆唇,素面。残高5.8厘米(图一〇,4)。

陶壶　1件。2018WHX：1,泥质灰褐陶,喇叭口,方唇,长颈。颈肩处有一周附加堆纹。残高12、口径16.5厘米(图一〇,2)。

陶罐　7件。2018WHX：2,带耳罐,夹砂灰陶,直口,鼓腹,平底,口腹间有宽桥形耳,器表及耳面均施篮纹。高12.8、口径8.6、底径8厘米(图一〇,8)。2018WHX：11,口沿残片,夹砂灰陶,侈口,折沿,方唇,器表施篮纹,唇部压印,唇下有一道附加堆纹。残高5厘米(图一〇,5)。2018WHX：3,口沿残片,夹砂灰陶,敛口,方唇,口沿下有一附耳,弧腹,口沿下局部施篮纹。残高12.8厘米(图一〇,7)。2018WHX：8,口沿残片,夹砂灰陶,直口,弧腹,器表施斜篮纹,口下施两道附加堆纹。残高10.6厘米(图一〇,11)。2018WHX：14,残罐底,夹砂灰陶,斜腹,平底,器表施斜篮纹,底部上抹一圈。残高7.2、底径10.6厘米(图一〇,6)。2018WHX：18,残罐底,夹砂灰陶,平底,器表施细绳纹,近底部抹平。残高3.6厘米(图一〇,

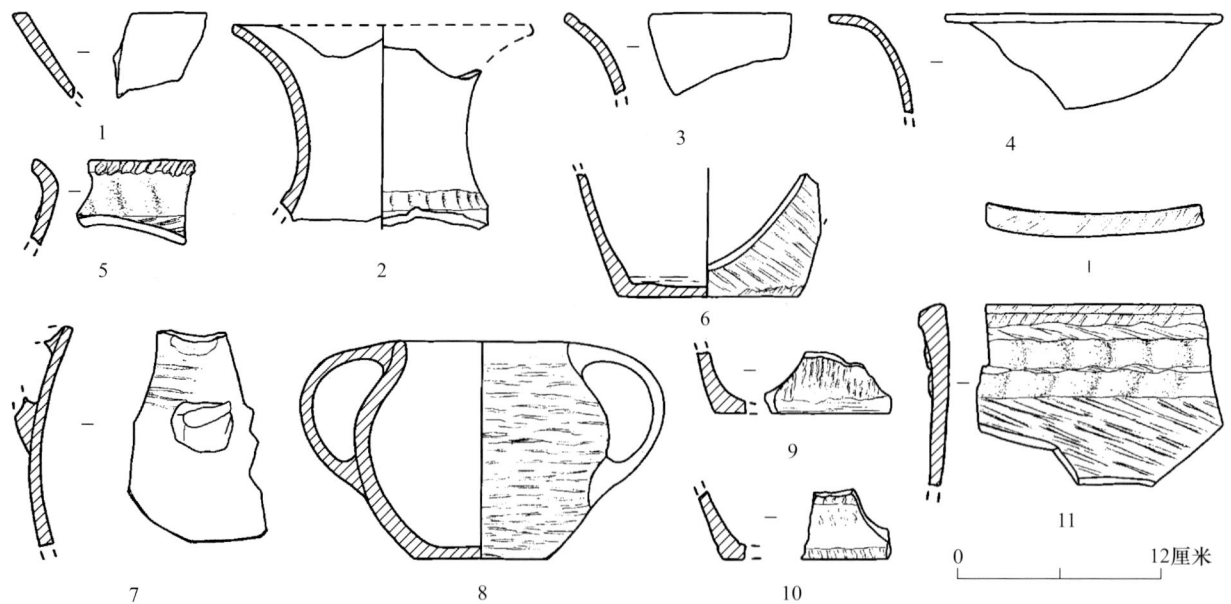

图一〇　浒西庄遗址采集遗物

1. 陶鬲(2018WHX：7) 2. 陶壶(2018WHX：1) 3、4. 陶盆(2018WHX：6、2018WHX：4) 5—11. 陶罐(2018WHX：11、2018WHX：14、2018WHX：3、2018WHX：2、2018WHX：18、2018WHX：19、2018WHX：8)

9）。2018WHX：19，残罐底，夹砂灰陶，平底残，器表施绳纹，近底部附加有一周泥条。残高4厘米（图一〇，10）。

（六）其他遗址

除以上几处遗址外，本次调查在庞家堡、梁家堡、高家堡、尚家坡遗址还采集到少量遗物，现简介如下。

庞家堡遗址位于武功镇庞家堡村西南、漠峪河东岸的一级台地上。遗址南、北为冲沟，面积约9.1万平方米。断面保存有距地表1—1.2米的文化层堆积及灰坑等遗迹，地面散落有少量陶片。该遗址采集到夹砂灰陶鬲足（图一一，3）、泥质灰陶豆口沿（图一一，8），其中豆盘施绳纹。另采集有陶罐口沿（图一一，10、12、14）与罐底（图一一，15、17），多灰、褐陶。陶罐侈口，弧腹，多平底。器表多施绳纹，少量施篮纹。

梁家堡遗址位于武功镇梁家堡村南60米、漠峪河东岸的一级台地上。该遗址地势东高西低，面积约6万平方米。在遗址台原冲沟断面处有多处文化层堆积，一般厚1—1.8米。遗址采集到夹砂灰陶鬲足（图一一，2），另有灰陶罐残片（图一一，7、9、13）。

高家堡遗址位于武功镇高家堡村西南、漆水河东岸的二级台地上。104省道从遗址穿过，遗址文化层堆积受破坏较为严重。此次采集到陶鬲、陶罐等残片，纹饰以绳纹为主。可辨者有夹砂灰褐陶鬲足（图一一，1）、泥质灰陶折肩罐（图一一，6）、泥质灰褐陶敛口罐（图一一，11）。

尚家坡遗址位于武功镇尚家坡村西、漆水河东岸的二级台地上。该遗址地势中部高、四周低，面积约15万平方米。遗址受破坏严重，地面遗留物极少，仅在台畔和坡地发现少量残陶片。采集

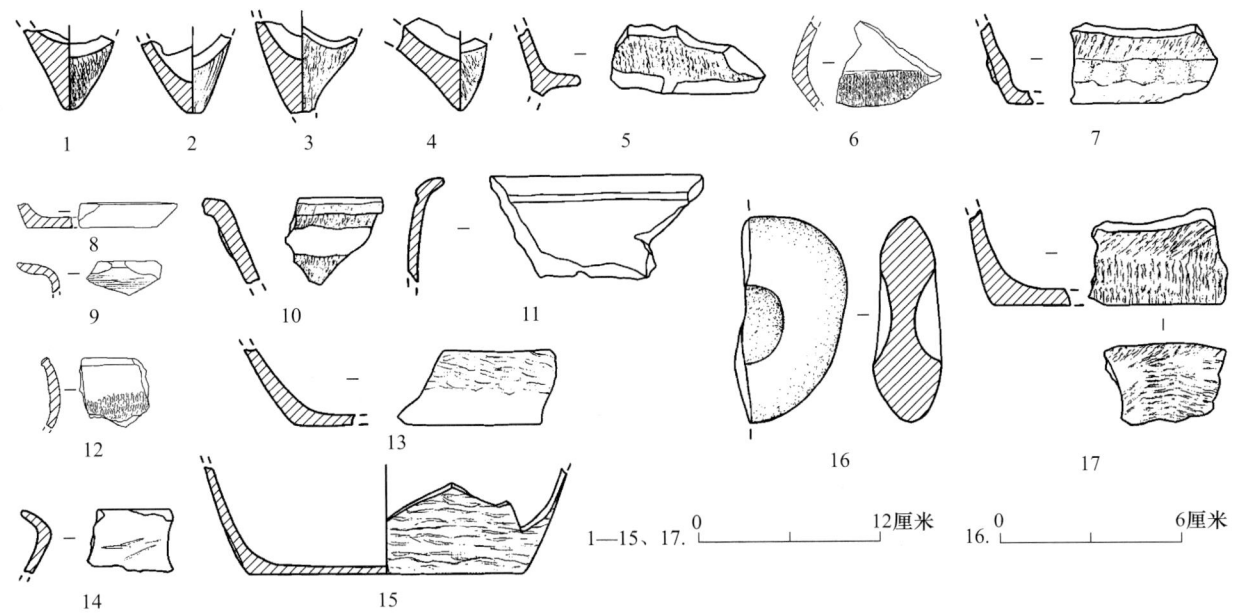

图一一　庞家堡、梁家堡、高家堡、尚家坡遗址采集遗物

1—4. 陶鬲（高家堡遗址、梁家堡遗址、庞家堡遗址、尚家坡遗址采集）　5. 陶甑（尚家坡采集）　6. 折肩罐（高家堡采集）　7、9、13. 陶罐（梁家堡采集）　8. 陶豆（庞家堡采集）　10、12、14、15、17. 陶罐（庞家堡采集）　11. 敛口罐（高家堡采集）　16. 钻孔石器（尚家坡采集）

到夹砂灰陶鬲足（图一一，4）、夹砂灰陶甗腰（图一一，5）等，另采集有一钻孔石器，两面对钻未透。残长3.4、宽6.8、厚2厘米（图一一，16）。

## 三、遗址年代分析及相关问题

（一）各遗址年代判断

游凤遗址第1组遗存所见红陶敛口钵、深腹罐、敛口罐等器与仰韶文化庙底沟类型同类器十分相近。该组彩陶片多见圆点纹和弧边三角纹，与扶风案板遗址第一期遗存[12]相近，其年代为仰韶文化中期，即庙底沟类型时期。第2组所见陶器以灰陶为主，陶壶口部特征与扶风案板遗址第三期遗存同类器形制相近；斜腹盆、侈口罐等器与武功赵家来遗址庙底沟二期文化遗存同类器形制相近。由此，可判断游凤遗址第2组遗存的年代为龙山时代早期，即庙底沟二期文化。

岸底遗址第1组遗存主要为红陶，有陶钵、彩陶片、尖底瓶腹片。与周边地区同类遗存比较，该组所见陶器与游凤遗址第1组遗存相近，与案板遗址第一期遗存、浒西庄遗址仰韶文化遗存同类器形制相近，可判断该组年代为仰韶文化庙底沟类型时期。第2组陶器以灰陶为主，器类主要有鼎、罐、壶、盆等，其中鼎足形态与浒西庄遗址庙底沟二期文化陶鼎相近。甲类A型罐、乙类A型罐、喇叭口壶、敛口瓮、刻槽盆、器盖等均可在浒西庄庙底沟二期文化遗存及案板三期遗存中寻找到器形相近者。此外，该组所见鬶足、花边口沿罐，器形与赵家来遗址客省庄文化所见同类器形制相近。由此，岸底遗址第2组遗存的年代为龙山时代，其中庙底沟二期文化时期遗存较为丰富，另见一定数量的客省庄文化时期遗存。第3组所见陶器以灰陶为主，器类见有鬲、甗等。陶鬲形态多样，主要为联裆鬲，未见高领袋足鬲，各类鬲应存在早晚区别。A型鬲口沿侈口微卷，绳纹略粗，其形态与岸底遗址1991—1992年发掘的先周中期遗存相近，折肩罐、石锤斧等亦为先周时期流行之器类；B型鬲口沿外折、束颈，另发现有鬲残弧裆，其形态与西周时期陶鬲相近。因此，本组年代主要集中于商代晚期至西周时期。

焦阳遗址所见陶器数量不多，但文化内涵较为丰富。第1组所见红陶钵，器形与仰韶文化相近。第2组陶器主要为灰陶，纹饰有篮纹，所见平折沿盆、敛口罐与庙底沟二期文化同类器较为相近，在浒西庄庙底沟二期文化遗存中可寻得相近器形。因此，该组遗存年代主要为龙山时代早期。第3组陶器主要为灰陶，纹饰以绳纹为主，器形以鬲、罐、甗等为代表，所见陶鬲为卷沿、矮锥足，器表绳纹较粗，其形态与西周时期陶鬲较为相近；还见有云纹、目纹、变体目纹等陶片，且矮领罐等器陶胎致密，与东周时期所见器形相近，可推断该组年代为西周至东周时期。

郑家坡遗址所见遗存文化面貌较单一，器类有鬲、罐、豆，其形态与1981—1983年发掘的郑家坡先周时期遗存同类器相近，可判断郑家坡遗址采集遗物的年代为商代晚期。

浒西庄遗址所见罐、壶、斝、盆等器与1979—1981年发掘的浒西庄庙底沟二期文化同类器相近，两者应属同一时期。

高家堡遗址所见陶鬲、折肩罐与岸底遗址所见先周时期陶器形制相近，其年代可推断为晚商时期。梁家堡遗址所见陶鬲与高家堡遗址相近，所见陶罐形态具有龙山时代特征。庞家堡遗址所见陶门址）。城墙四角各有一角楼，除东墙外，每面城墙中部各有墩台一个。现存城墙最高处位于东墙和北墙交接处，高5.7米，地理坐标为北纬36°41′61″、东经100°98′86″，海拔3382.71米。目前城内地表已无建筑遗迹，通过勘探得知，城内分布有面积不等的四处夯土基址。在城外西部的丘陵上也发现四处夯土基址。

（二）城墙与城门

经过勘探，城墙地层总体分为三层，在现存城墙顶部向下即为原夯土城墙，而在顶端两侧，则多为三层分布。第1层为表土层，灰黑色粉砂土，土质疏松，厚0.1—0.3米，包含大量植物根系等。第2层为扰土层，浅褐色细砂土，土质疏松，结构致密，多为原顶部城墙剥落坍塌形成的堆积层，分布在现存主墙体两侧，包含动物骨骼、陶片、木炭、草木灰、红烧土块、碎木块等。第3层为夯土层，黄褐色细砂土，土质较硬，结构致密，包含物极少，城墙夯筑，夯层厚0.1—0.15米。

东城墙地表上现存城墙宽16.5—19.5、高2.7—5.2米。勘探后墙体长173米，墙体底部宽12.8—14.7、顶部宽7.3—8.8米，走向较直。最高点为东墙最北端，高5.7米，地理坐标为北纬36°41′61″、东经100°98′87″，海拔3382.71米。在东墙与南墙外的拐角处建有角楼，角楼南端凸出墙体2米。东墙中部设有一门，门道宽6—6.2、进深6.9米，门道内堆积层厚0.3—1.1米，1.1米以下为厚0.05—0.1米的灰褐色踩踏层。门道北侧东墙内靠城墙处有一段凸出的南北向夯土墙，该墙长15、宽1.7—2.7米，夯层上有踩踏面，疑似为登城坡道。

西城墙地表上现存城墙宽14.2—17.5、高1.4—1.9米。最高处位于西墙中部，高1.9米，地理坐标为北纬36°41′48″、东经100°98′68″，海拔3377.83米。勘探后墙体长178米，墙体底部宽14.8—15.4、顶部宽7.9—8.4米，走向较直。西墙与南墙外建有角楼，西墙中部外墙体凸出，呈横"凸"字形，长20、宽3.5—4米，应为马面，南距西南角楼60米，北距西北角楼64米。

南墙地表上现存城墙宽15.6—18.7、高2.9—4.7米。最高处位于南墙东端，高4.7米，地理坐标为北纬36°41′48″、东经100°98′85″，海拔3377.96米。勘探后墙体长169米，墙体底部宽13.2—14.8、顶部宽8.4—9米，走向较直。墙体中部外侧凸出，应为马面，东西长19、南北宽4米，西距西南角楼51米，东距东南角楼61米。

北墙地表上现存城墙宽13.5—16.8、高2.4—5.7米。最高处位于北墙东端与东墙相接的部分，高5.7米，地理坐标为北纬36°41′61″、东经100°98′87″，海拔3382.71米。勘探后墙体长172米，墙体底部宽14.1—16.8、顶部宽7.8—8.9米，走向较直。北墙中部有呈"凸"字形的墙，外侧凸出部分应为马面，内侧墙体推测为登城坡道。外侧马面东西长18、南北宽4.5米，西距西北角楼53.5米，东距东北角楼70米。在北墙中部偏东有一处豁口，在墙体外侧的开口宽3.5、进深13.6米，逐渐向墙内侧斜收，至墙体内侧宽度则为1.8米，此豁口西距马面28.6米，东距角楼38米，在豁口内地表层之下0.3—2.7米处为扰土层，包含草木灰、红烧土块、木炭，扰土层下为踩踏层，厚0.05—0.1米，此豁口特征不甚明显，向外开口大，向内开口变小，应是后期人为破坏所致。

瓮城最高处海拔3379.44米，地理坐标为北纬36°41′54″、东经100°98′88″。北墙现宽6.5—7.8、残高3.6—4.5米，勘探后墙体长23、宽7米。北墙中部门道宽5.1、进深6.6米。门道内距地表层0.1米处即为浅黄色细砂土，属于流沙堆积层，厚0.5—1.2米，流沙层之下为踩踏面，厚

0.05—0.08 米，在门道西边线上距地表 0.6 米的深度处，发现疑似门柱础石的石块。东墙现存宽度 10.2—13.3、残高 3.8—9 米，勘探后墙体长 32 米，顶部宽 7.3—8、底部宽 10.8—11.4 米。南墙现存宽度 10.1—11.9、残高 3.7—5.3 米，勘探后墙体长 27 米，顶部宽 7—7.9、底部宽 12.4—12.7 米。

在对现存城墙勘探及测绘之后，基本探明了城墙的堆积状况以及原城墙的相关建造信息（图四）。

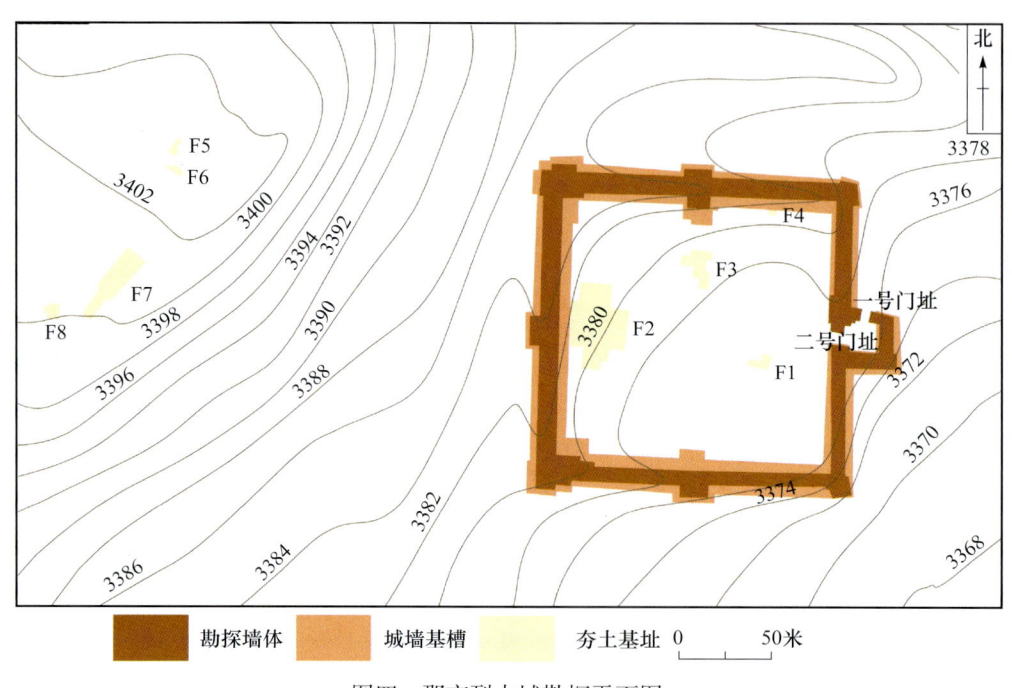

图四　那亥烈古城勘探平面图

（三）城内遗迹

城内地表较为平坦，无可见遗迹，经过钻探，发现有建筑遗址、道路遗迹以及其他文化堆积层。

**1. 建筑遗址**

在城内发现夯土建筑基址四座，命名为 F1、F2、F3、F4。

F1 位于城内中部偏东部，距东墙约 29 米，大体呈东西向曲尺形，东西最长 11.6、南北最宽约 8.1 米。地表层之下即为夯土层，距地表 0.3—0.5 米，夯土层以下为生土。北侧和东侧有道路遗迹。

F2 位于城西部，与西墙中段相接，呈南北向"中"字形，南北最长 47、东西最宽 32.5 米。地表层之下即为夯土层，距地表 0.2—0.6 米，夯土层之下为生土。

F3 位于城内中部偏北，距北墙中部的登城坡道 13 米，呈不规则形，南北最长 21、东西最宽 17 米。地表层之下即为夯土层，距地表 0.1—0.5 米，夯土层以下为生土。

F4 位于城内东北区靠北墙处，距东墙 31 米，南北最长 6、东西宽 4.5 米。距地表 0.3 米—1.2 米的细砂土层，属于扰土层，其下为厚 0.3 米的红烧土层，红烧土层下为生土。

## 2. 道路遗迹

共发现三段道路遗迹，路面踩踏层的厚度都在0.05—0.1米之间，且都为黄褐色的层状节理分布。第一段道路（DL1）从东墙二号门址内穿过，向城内延伸，距地表0.3—0.5、宽约6、厚0.05—0.1米，踩踏层以下为生土。第二段道路（DL2）在城内东南区域，从东墙西侧的灰层外曲折延伸至F1，距地表深0.4—0.6、宽2.5—3、厚0.05—0.1米。第三段道路（DL3）位于北墙中部偏东的墙体内侧，可能为后期人为所建的通向北墙豁口的道路，0—0.3米为地表层，0.3米以下有厚约0.7米的扰土层，扰土层下为厚0.05—0.1米的踩踏层，踩踏层以下是生土。

## 3. 其他

在靠近城内东墙和南墙范围内，距地表0.3—0.5米的深度处，有厚约0.3米的文化层堆积，其中紧挨城墙的一部分处于扰土层中。文化堆积层下即为生土。深度多在距地表1.8—2.3米处的堆积层中包含炭灰、草木灰等。

### （四）城外建筑遗迹

在距西墙外正西方向190—260米的丘陵顶部台地上，钻探出四处遗迹，表土层厚0.2—0.3米，地表层下分布有厚0.5—0.7米的夯土层，夯土层以下是由砾石层平铺而成的地基（图五）。根据夯土层和砾石层的分布，推测遗迹为房址，从北向南依次编为F5、F6、F7、F8。在地表发现铜镞、铜饰件、陶片等。

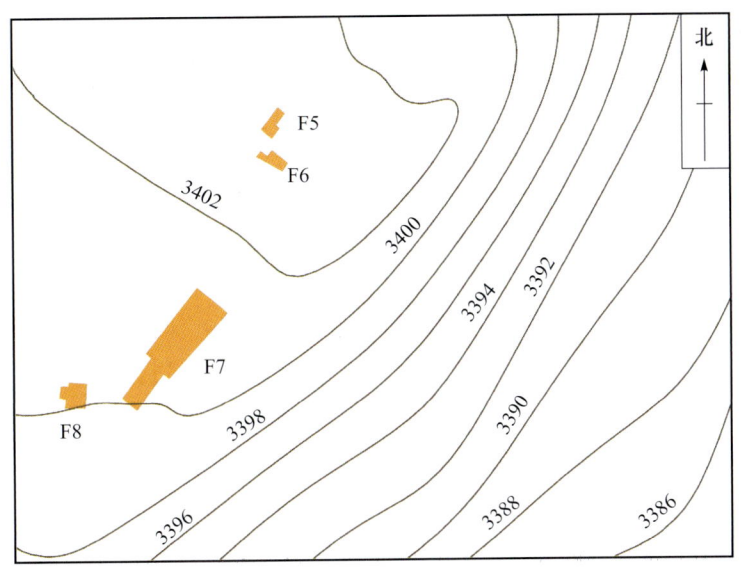

图五　城外建筑遗迹

F5位于坡顶台地的北部，呈东北—西南向的曲尺形，东北至西南最长9.4米，西北至东南最长4.7米。

F6位于F5南侧，呈曲尺形，东西最长9.5、南北最宽5.5米。

F7位于F6东南46.5米处，呈东北—西南向的"甲"字形，最长43、宽12.7米。

F8 位于 F7 的西侧，距 F7 西南角 11.6 米，平面呈"凸"字形，近方形，东西最长 8.8、南北最长 8.4 米。

## 二、采集遗物

在那亥烈古城城内和城外西部丘陵上发现的遗物可分为地表采集遗物和地下勘探出土遗物，地表采集遗物主要有陶器、铜器、石器和铁器，勘探出土遗物有铁块等。

### （一）陶器

陶器基本为残片，分为陶容器残片和瓦片两类。在城内和城墙上皆有发现，陶片多为口沿、腹部残片和建筑材料残片，器形多不可辨。陶器表面纹饰多样。下面将采集标本加以介绍。

陶容器残片　3件。2017采：4，现存口沿及颈腹局部，夹细砂灰陶。圆唇较厚，外翻，直口。颈部粗短，溜肩斜直，上腹部微鼓。内壁有横向的刮抹痕迹，外壁颈肩相接处有一道横向低凸棱，亦可见横向刮抹痕迹。残高 7.8、残宽 9.4、厚 1—2 厘米（图六，4）。2017采：5，现存口沿及颈腹局部，夹细砂灰陶。圆唇较厚，外翻，两侧断面上可见外翻泥条的接缝。内侧有一道横向凹槽，颈部粗短，溜肩，腹部外鼓，内壁有横向刮抹痕迹和手指按压的痕迹，口沿及外壁均有横向刮抹修整痕迹。残高 7.3、残宽 5—10、厚 1—2 厘米（图六，5）。2017采：6，夹细砂灰陶。整体斜直，外壁有横向刮抹痕迹，内壁略有凹凸，隐约可见圆形麻点纹。残长 4.8、残宽 6.2、厚 0.8—1.2 厘米（图六，6）。

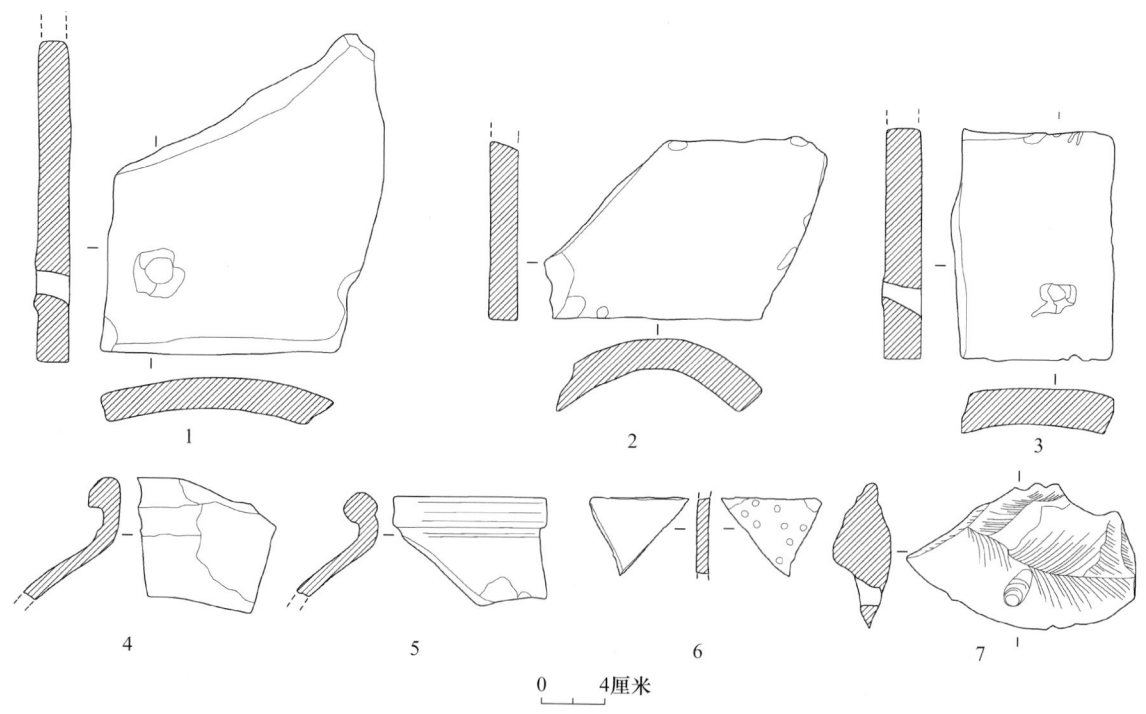

图六　那亥烈古城采集陶器、石器标本

1—3. 板瓦（2017采：1—2017采：3）　4—6. 陶容器残片（2017采：4—2017采：6）　7. 石器残块（2017采：7）

瓦片 3件。皆为板瓦。2017采：1，残存口沿前半部分。青灰色，弧度较小，侧边有切痕。凸面抹光，可见横向抹痕。凹面印布纹，前端一侧戳有一孔。前端齐平。残长20.5、残宽3.3—16、厚2—2.5、孔径1.5—2厘米（图六，1）。2017采：2，残存前端一部分。青灰色，弧度较大。凸面抹光，凹面印布纹。前端稍凸起。残长4.2—12.4、残宽10—13.5、厚1.9—2.1厘米（图六，2）。2017采：3，残存口沿前半部分。青灰色，弧度较小，侧边有切痕。凸面抹光，可见横向抹痕。凹面印布纹，前端一侧戳有一孔。前端平直，上有刮痕。残长14.8、残宽8.2—10、厚2—2.5、最大孔径1.6厘米（图六，3）。

（二）石器

发现于城西丘陵上，仅有一件。

石器残块 1件。2017采：7，灰黄色砂岩，略呈不规则四边形，上面长边一侧较低，呈弧形坡面，短边一侧较高；下面为较为粗糙的平面。一侧弧边的边缘较完整，内侧有一圆形人工单向钻孔，从弧面向底部的平面钻透，上孔径1.7、下孔径0.7厘米；另一侧内弧边为一圆形钻孔的局部。残宽14、厚1—4.2、最大孔径1.7厘米（图六，7）。

（三）金属器

在城西丘陵遗址地表上采集到铜饰和铁箭镞，城内探孔内出土有铁器残块。

铜饰 1件。2017采：8，发现于城西侧的丘陵台地上，呈桃心形，上部有缺口，中部为圆形，右侧有凸出的金属枝条。宽2.7、高2.2、厚0.2厘米（图七，3）。

铁箭镞 1件。2018采：1，发现于城西侧的丘陵台地上，保存较好，镞身扁平呈三角形，左刃有残口，铤部细长。通长8.6、宽1.9厘米，镞身长4.6、铤长4厘米（图七，1）。

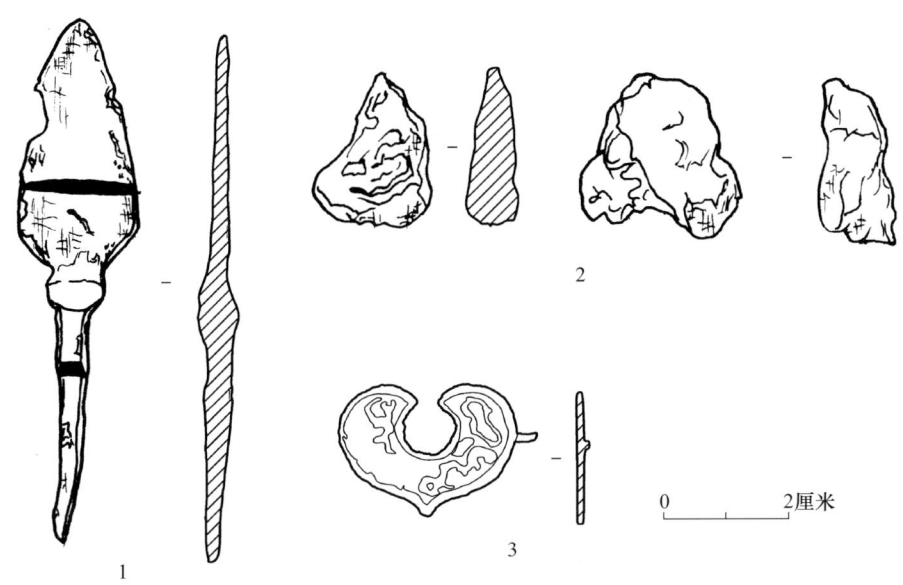

图七 那亥烈古城采集金属器标本
1. 铁箭镞（2018采：1） 2. 铁器残块（2018采：2） 3. 铜饰（2017采：8）

铁器残块　2件。2018采：2，于城北墙内的探孔内一同出土，2块都呈不规则形，其中一块较大的长2.8、宽2.6厘米，较小的一块长2.5、宽2厘米（图七，2）。

## 三、标本测年和动物骨骼鉴定

调查勘探工作期间，在探孔的不同层位出土有动物骨骼、木炭和木头碎屑等有机质遗物。

勘探工作结束之后，我们从城址不同位置的探孔中共选取了4个样本送至美国Beta实验室做了$^{14}$C测年，N1位于北墙中部的扰土层中，距地表2.2米深度处。N2位于城内西南区域灰层中，距地表0.5米深度处。N3位于北墙中部内的扰土层中，距地表2.1米处。N4位于城内HT2东侧，距地表1米深度处。现将测年结果公布如下（表一）。

表一　$^{14}$C测年结果

| 原编号 | 实验室编号 | 样品 | $^{14}$C年代（B.P，1950） | 树轮校正后年代（B.P） |
| --- | --- | --- | --- | --- |
| N1 | Beta-506618 | 木炭 | 860±30 BP | *cal.* 1150—1256AD（83.5%）<br>*cal.* 1049—1084AD（9.9%）<br>*cal.* 1124—1136AD（2%） |
| N2 | Beta-506619 | 动物骨骼 | 930±30 BP | *cal.* 1025—1165AD（95.4%） |
| N3 | Beta-506620 | 木头 | 950±30 BP | *cal.* 1024—1155AD（95.4%） |
| N4 | Beta-506621 | 动物骨骼 | 910±30 BP | *cal.* 1033—1190AD（94%）<br>*cal.* 1198—1204AD（1.4%） |

表中$^{14}$C测年样本数据显示，年代最早的距今950±30年（Beta-506620），最晚的距今860±30年（Beta-506618），早晚之间相差约90年。4个样本的测年结果在年代上是相对比较集中的，大都在11世纪后半期到12世纪中期。

通过本次勘探，在探孔中共发现动物骨骼21件，其中除了用于测年的2件之外，由西北大学文化遗产学院李悦老师对另外19件进行动物骨骼种属鉴定及相关分析。所有动物骨骼均为探孔中所出，多为细小破碎的残块，能辨识出的动物类型有绵羊、山羊、黄牛、马、鹿及鼠类。其余部分仅能辨识为大中小型哺乳动物，具体种属难以辨别。

那亥烈古城及其周边地区处于高海拔的草原地带，不适合农业发展，主要以畜牧业为主。由于采集的动物骨骼形体都较小，无法进一步区分出动物来源于野生还是家养，而且这批动物骨骼出土层位不同，不能说明都是同一时代共存的动物，但草食性的马、牛、羊等应是那亥烈古城及其周边人群赖以生存的对象。

## 四、结　　语

那亥烈古城原名为黑古城，属于那亥烈遗址群的一部分，自20世纪以来就有学者对其进行考察，并研究城址属性。20世纪初，周希武在《宁海纪行》中曾写道："西南行十余里，下山至黑城子，土垣一周，无民居，阿什汉水城在其东南，城稍大，亦无居民。"[1]现今，那亥烈古城东北2000米处紧挨蒙古村另有一古城，名为阿什汉水城，此城有史籍可考，《丹噶尔厅志》卷一载"阿什汉水城为道光三年所筑"[2]。李智信在《青海古城考辨》一书中将黑古城（今那亥烈古城）考证为唐代哥舒翰于天宝七年所设神威军驻地[3]。

目前在那亥烈古城调查和勘探时尚未发现有明确纪年的遗物，但是可以根据那亥烈古城所在的地理位置、古城内发现的遗物、城墙结构、城内遗迹分布、勘探遗物测年等推断古城的建造时间。

从地理环境来看，那亥烈古城位于日月山以南、湟水流域和黄河流域之间的察汗草原上，水草丰美，倒淌河从中穿过，南北两侧的高山上有优良的夏季牧场，在河湟地带形成一个独立的地理单元，是唐蕃古道的必经之地。安史之乱后，唐代边防力量空虚，吐蕃攻陷河陇，这一地区被吐蕃所占。10世纪初吐蕃政权瓦解，河湟地区被吐蕃一支唃厮啰部族所据，建都青唐城（今西宁）。北宋神宗、哲宗、徽宗三朝曾多次进行河湟开边，徽宗朝时战果最大，彻底摧毁了青唐政权，设河州、湟州、鄯州、廓州、积石军等，唃厮啰地尽为郡县。以往学者研究北宋开边之后于河湟地区修建的城堡寨关时，多认为当时宋军并未深入到日月山以南的察汗草原（宋时名为厮哥罗川）[4]。

据此次调查、勘探结果分析，此城仅有东门，门外附有瓮城，且城墙四角有角楼，每面城墙中部有马面，城内建筑遗迹较少，文化层较单一，结合$^{14}C$测年结果来看，城址年代属于宋代，应为占据河湟地带的唃厮啰族所建。宋代，察汗草原上仅有此城，目前在这一区域现存的其他古城址都是清代所建[5]，故该城极可能是青唐政权囤积物资的据点或驿站。

唃厮啰部族在北宋仁宗及其以后与中原王朝交往密切，且这一时期由于西夏崛起，阻隔了河西走廊，从中原到西域的交通只能经河湟流域而通西域，察汗草原是丝绸之路河南道的必经之地，那亥烈古城作为其中的交通节点，起到促进民族交往与商业交流的作用。此城中出土宋代风格的砖瓦陶片则说明双方往来频仍，无论是筑城方法还是日常器物风格皆受到宋文化较深的影响。

附记：参加那亥烈古城2017年考古调查的人员主要有青海省文物考古研究所蔡林海、杜玮，青海省社会科学院张生寅、胡芳，陕西省考古研究院席琳、胡春勃，青海师范大学兰措，西北大学文化遗产学院张博、于春、曹凯。2018年钻探调查由西北大学文化遗产学院刘卫鹏老师领队，参加调查与勘探的人员有青海省文物考古研究所王忠信、李冀源、杜玮，西北大学文化遗产学院2016级硕士研究生曹凯、王睿哲和2017级硕士研究生王俊杰，2018级硕士研究生李犇，勘探人员有罗军旗、韩志强、郭高航、张平4人。

动物骨骼鉴定：李　悦
绘　　　图：刘　林　李　犇
摄　　　影：贾鸿键　曹　凯
执　　　笔：李　犇　王忠信　杜　玮
　　　　　　刘卫鹏　曹　凯　李智信
　　　　　　乔　虹

## 注 释

［1］ 周希武著，王晶波点校：《宁海纪行》，甘肃人民出版社，2000 年，第 23 页。
［2］ （清）杨治平编纂，何平顺、周家庆、陈国璧标注，马忠校订：《丹噶尔厅志》，青海人民出版社，2016 年，第 89 页。
［3］ 李智信：《青海古城考辨》，西北大学出版社，1995 年，第 224—226 页。
［4］ 周宏伟：《北宋河湟地区城堡寨关位置通考》，《中国历史地理论丛》1992 年第 2 期；金勇强：《唐宋时期河湟地区城镇体系的演变》，《西藏研究》2015 年第 5 期。
［5］ （清）杨治平编纂，何平顺、周家庆、陈国璧标注，马忠校订：《丹噶尔厅志》，青海人民出版社，2016 年，第 89 页。

# A Brief Report of Archeological Survery at Nahailie City Site in Gonghe County, Qinghai Province

School of Cultural Heritage, Northwest University
Qinghai Institute of Cultural Relics and Archaeology

**Abstract:** From 2017 to 2018, the School of Cultural Heritage, Northwest University, Qinghai Institute of Cultural Relics and Archaeology and other institutions carried out joint investigation and exploration in the ancient city of Nahailie, Gonghe county, Qinghai province. By this investigation we roughly understood the scale, layout and architectural structure of the city site. Based on the analysis of the relics collected and the dating of organic matter in the exploration strata. It is inferred that the ancient city of Nahailie was built in the 11th and 12th centuries. This investigation provides an important clue for discussing the structure and distribution of the ancient city site in Hehuang area during the Song and Jin dynasties.

**Keywords:** Gonghe County, Qinghai Province, Nahailie City Site, Archaeological Exploration, Song and Jin Period

# 史前与周秦汉唐考古研究

## 半拉山红山文化遗址相关遗迹性质分析

孟庆旭[1]　孙婷婷[2]

（1. 吉林省文物考古研究所　2. 吉林省白城市文物管理所）

**内容摘要**：本文对半拉山红山文化遗址进行了详细分析，认为从整体上看，半拉山遗址积石冢是专门营建的墓葬区，先后进行过两次营建，在使用过程中存在着矛盾现象。半拉山遗址的祭祀性遗存可分为两类，一类是祭坛和建筑遗址，性质与女神庙一致，与墓地的墓葬不直接相关。另一类是祭祀坑，与墓地的墓葬直接相关，可能与二次葬有关。半拉山遗址的墓葬从规模、形制和葬俗方面都存在着差异，这种差异与居民的层级分化、构成人群及人群所处社会地位、掌握财富和思想观念相关。最后指出半拉山存在着凌驾于整个社会组织和人群祭祀观念上的神权。

**关键词**：半拉山遗址；红山文化；祭祀

"半拉山红山文化墓地位于辽宁省朝阳市龙城区召都巴镇村大杖子组东北约600米的半拉山顶部"[1]，大凌河支流十家子河畔。2014—2016年，辽宁省文物考古研究所等对半拉山墓地进行了发掘清理，清理出红山文化积石冢、墓葬、祭祀坑等遗迹。发掘者认为，该"墓地属于红山文化晚期的一处性质较单一的积石冢墓地"[2]。

该处墓地沿用时间较长，且遗迹现象较为复杂，其中的迹象与以往发现的红山文化墓地既有相同之处，也有明显的差别。因此，有必要对该遗址的遗迹现象做进一步的探讨（图一）。

## 一、积石冢整体

半拉山遗址的积石冢整体由分两次铺垫的垫土堆积以及在垫土堆积上挖槽砌石形成的南部敞开的方形界墙构成，在此二者的基础上形成了祭祀遗迹及墓葬。值得注意的是，积石冢的两次铺垫过程间隔较长，在第一次铺垫后并没有立即铺垫第二层垫土并砌筑界墙，而是使用了一段时间，并在其上遗留了M4、JK14等墓葬和祭祀坑。可以确认第一次铺垫垫土即已经营建了一个可以使用的墓葬区，墓葬区内没有明显的大型墓葬。

第二次铺垫垫土的黄土范围略小于第一次，我们注意到此次铺垫的垫土直接掩盖了第一次垫土

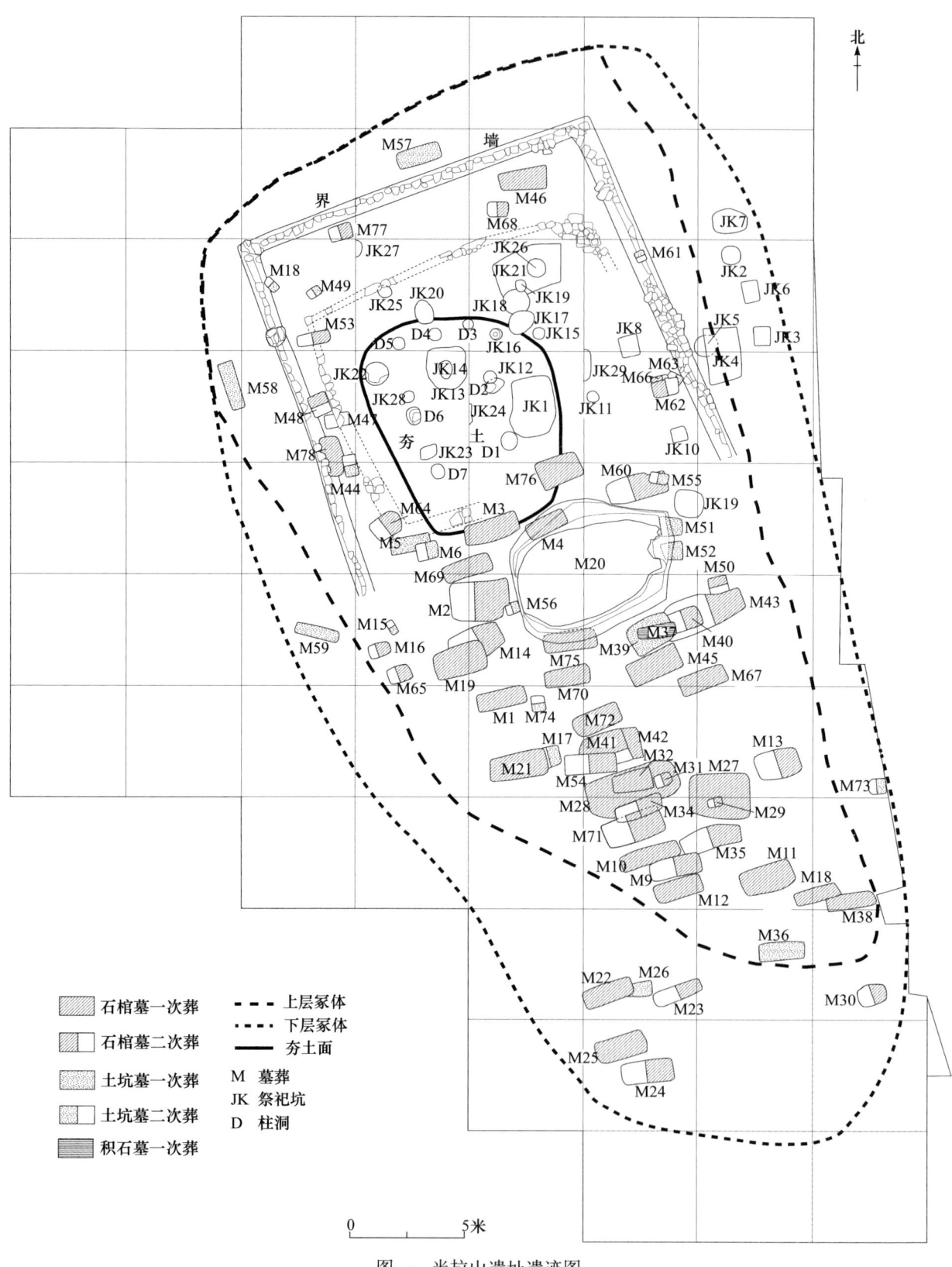

图一 半拉山遗址遗迹图

上的墓葬、祭祀坑等遗迹，并未对这些遗迹进行迁移或其他处理。我们从遗迹平面图上还可以看出，M47叠压在积石冢内圈石墙之下，同时打破第二次垫土形成的3A层，说明在第二次铺垫垫土后并未直接修建石界墙，二者之间仍然有时间间隔，在此之间，形成了以M47为代表的一批遗迹。也说明第二次铺垫垫土并不是为石界墙服务的，其目的应该还是营建整个墓葬区。

兴建砌石界墙，石界墙分为内外两重，内重石界墙为方形结构，外重石界墙为南部敞开的长方形结构，此类石界墙还见于辽宁阜新县胡头沟积石冢[3]以及牛河梁遗址第十六地点的Z1积石冢[4]等。通过以往的发掘，我们认识到此类石界墙是为大型墓葬服务的。辽宁阜新县胡头沟积石冢界墙内有中心大墓73M1，牛河梁遗址第十六地点的Z1积石冢内有大型墓葬M4和79M2。半拉山遗址石界墙的南部存在大型墓葬M20，半拉山墓地的石界墙可能是为M20修建的。

同时，我们也应注意到内重石界墙直接叠压在M47之上，并未对M47采取迁移等措施。石界墙的南部为敞开式结构，说明整个积石冢并非是完整形态，有可能如牛河梁第十六地点一样，准备葬入的不只一座大墓，因而未建设完全封闭结构的界墙，也可能因某种未知因素影响而直接停工。

发掘者认为遗址第二层堆石堆积是起封盖和保护作用的。这一结论值得讨论，其一，此类堆积多见于界墙的东部及北部，而非埋葬了大型墓葬M20的中南部，难以起到对大型墓葬的封盖和保护作用。其二，部分墓葬如M7、M37，是在下层堆石堆积完成后才下葬的，堆石堆积对此无法起到封盖和保护作用。其三，下层积石堆积内含有大量的筒形器残片，按照以往的认识，筒形器多成排埋藏在石界墙的两侧，自然破损情况下，不会大量散碎分布于上层的堆石堆积内，这一现象更可能是有意识的对界墙及周边的筒形器进行人为破坏形成的。由此可见，第二层堆石堆积可能并非是有意识的保护封盖，而是人为破坏形成。

通过对半拉山积石冢的整体分析，我们会发现一个矛盾的现象，即半拉山红山文化居民丧葬习俗上存在着分裂与失稳，半拉山红山文化居民通过大量的铺垫垫土形成专门的墓葬区，说明当时人们对丧葬行为比较重视，而且大量的祭祀遗迹和捡骨葬习俗说明，无论在埋葬时还是埋葬后的一段时间内，当地居民都对这些墓葬有着记忆和纪念行为。但是在第二次垫土营建墓葬区的时候却又忽视了之前的墓葬，营建大型带石界墙的墓葬时也同样忽略了先前的墓葬，直接叠压打破了之前的墓葬。

## 二、祭 祀 遗 迹

半拉山遗址的祭祀性遗迹非常丰富，总体上可分为两类：第一类是大型的带有石界墙的祭坛以及祭坛上带有柱洞的建筑址；第二类是祭祀坑，包括以JK1为代表的大型祭祀坑和以JK12为代表的小型祭祀坑。

整个半拉山遗址在两次营建的墓葬区内都有大小两型的祭祀坑，可见这种祭祀行为是延续性的。而大型祭坛和带有柱洞的建筑址则不然，其在整个墓葬区的晚期某一时间段修建，且叠压打破了早期的墓葬与祭祀坑，又被更晚的墓葬与祭祀坑打破，因此，该祭坛与建筑址应该不是为整个墓葬区营建的，同样，红山文化的大型墓葬也未发现此类祭祀性遗迹，故而该祭坛与建筑址并非为某座墓葬所修建。

在建筑址活动面上发现陶塑人像头部及数件玉器，在晚期墓葬 M29 填土内还发现与真人几乎等大的陶塑人像残件，这些塑像可能原属于祭坛上的建筑址，后被破坏散落。此类安放大型陶塑像的建筑应该与牛河梁女神庙性质相类，是独立的祭祀性遗址，只不过半拉山遗址的祭坛和建筑址可能受当时条件制约，在选址上与墓葬区产生了重合。这种现象并非半拉山遗址一处，李新伟先生对白音长汗遗址和南台子遗址的红山文化墓葬研究显示，"地表积石的存在表明，这里不仅是墓地，也是聚落旁举行公众仪式的所在"[5]（图二）。

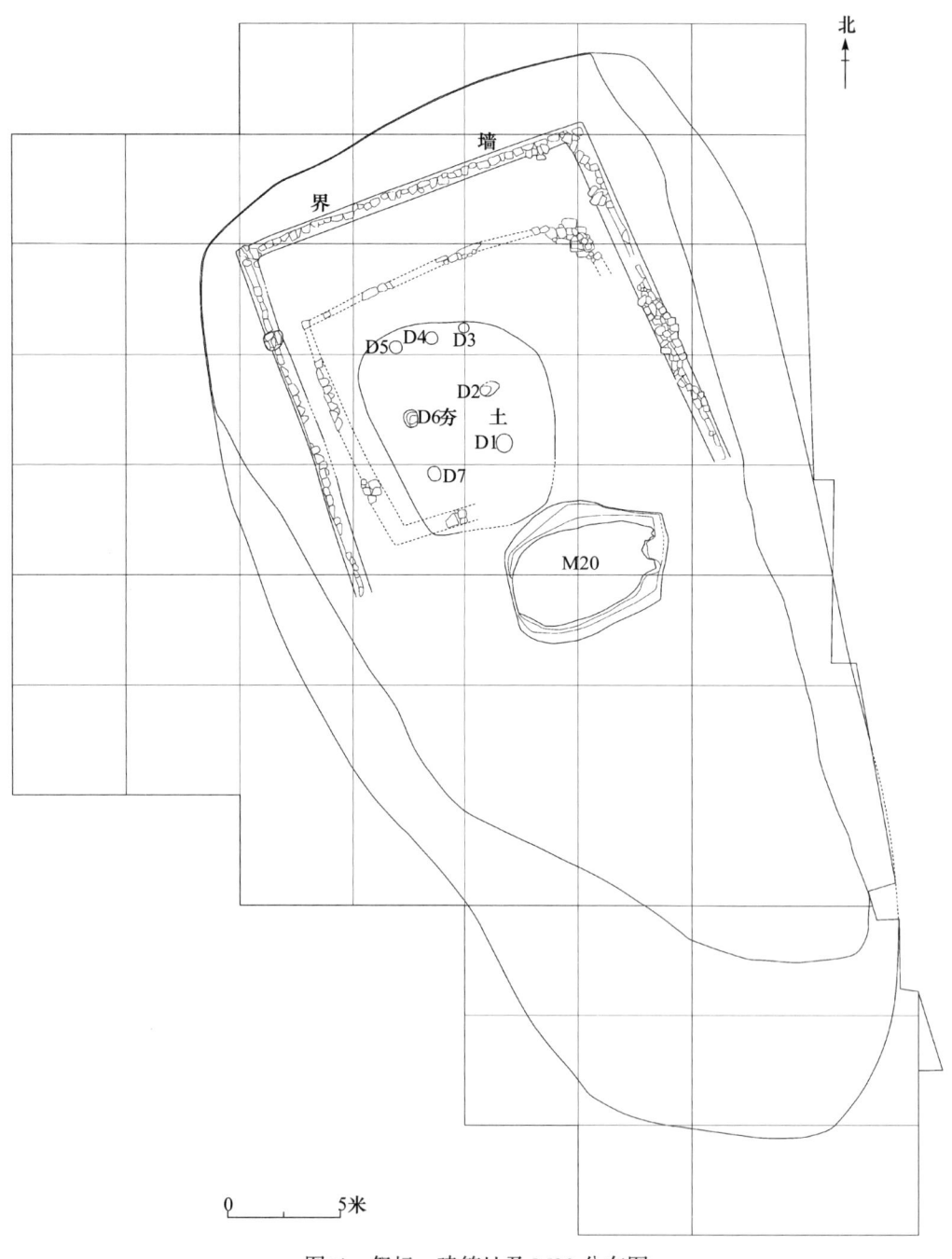

图二 祭坛、建筑址及 M20 分布图

半拉山遗址祭祀坑与墓葬分布整体上有一定的规律性，祭祀坑多分布于北部，墓葬多位于南部。说明当时居民对墓葬区有整体的规划或约定俗成的认识。此类祭祀坑与墓葬共存的迹象还见于牛河梁遗址第五地点的下层遗存中。半拉山遗址的祭祀坑数量远少于墓葬，但是与二次葬墓葬数量相当，且部分祭祀坑有火烧迹象，并且残留有玉器、陶器等残件，甚至部分祭祀坑内还残留人骨，那么，有可能这些祭祀坑为二次葬过程中祭祀行为的遗存。在年代稍晚的后太平遗址的二次葬M9、M10[6]内也有火烧等迹象。

半拉山遗址大型祭祀坑总体数量较少，形制并不规整，可能在此方面未有定制，从早期到晚期数量有增多的趋势，大型祭祀坑开挖工作量大，甚至部分还需要开凿基岩，从侧面反映了半拉山遗址晚期生产力水平有一定提升。大型祭祀坑内还出土动物骨骼，说明存在用肉类祭祀的情况。

半拉山遗址的小型祭祀坑数量较多，总体形制有方形、圆形和不规则圆形三种，其中方形祭祀坑多见于早期，晚期多见圆形和不规则圆形祭祀坑。可知小型祭祀坑从早期到晚期有由方形向圆形及不规则圆形发展的趋势。

从总体上来看，半拉山遗址的祭坛和供奉大型塑像的建筑址，其性质应该是建立在墓葬区的独立祭祀遗迹，但其建立前后墓地都仍在使用，说明该建筑的使用时间较短，并未影响整个墓地的使用。且小型祭祀坑JK13内还出土了该建筑的焚毁倒塌堆积，说明该建筑应该是被焚毁的，结合其使用时间较短来看，有可能该建筑即是被有意识的焚毁。付珈嘉先生认为红山文化的"燎祭"是一种普遍的祭祀形式[7]。商代甲骨卜辞中常见燎祭，"在第一期卜辞中燎祭卜辞达703条，受享祭者的范围很广"[8]。半拉山遗址的建筑遗迹可能是史前燎祭的一种。研究表明，牛河梁女神庙是作为永久性建筑使用的，那么半拉山的同类建筑在使用方式上应该一致，如此，半拉山遗址祭坛和建筑址的焚毁更可能是破坏性行为。

半拉山遗址的祭祀坑，其祭祀活动应该与二次葬息息相关。其中大型祭祀坑JK1内残留有人腿骨，JK12坑底处还出土玉斜口筒形器，说明其祭祀过程中存在把人骨及随葬品放入祭祀坑内的行为，以至于在移出时遗留了部分人骨或随葬品，人骨移出之后即形成二次葬的捡骨葬。同时JK13内上部填埋的是大型祭坛及建筑的倒塌废弃堆积，说明祭祀坑在使用之后并不填埋，而是直接废弃。

## 三、墓　　葬

半拉山遗址共清理墓葬78座，发掘者根据遗址整体分期将墓葬分为早晚两期，从墓葬规模、形制和葬式方面，可以对半拉山遗址的墓葬进行分类研究（图三）。

（一）墓葬规模

从墓葬规模上看，半拉山遗址的墓葬可以分为大小两类，大型墓葬有且仅有M20一座，其余均为小型墓葬，小型墓葬有土坑墓和石棺墓两种墓葬形制，同时存在捡骨葬的二次葬俗，对墓葬的规模影响较大。

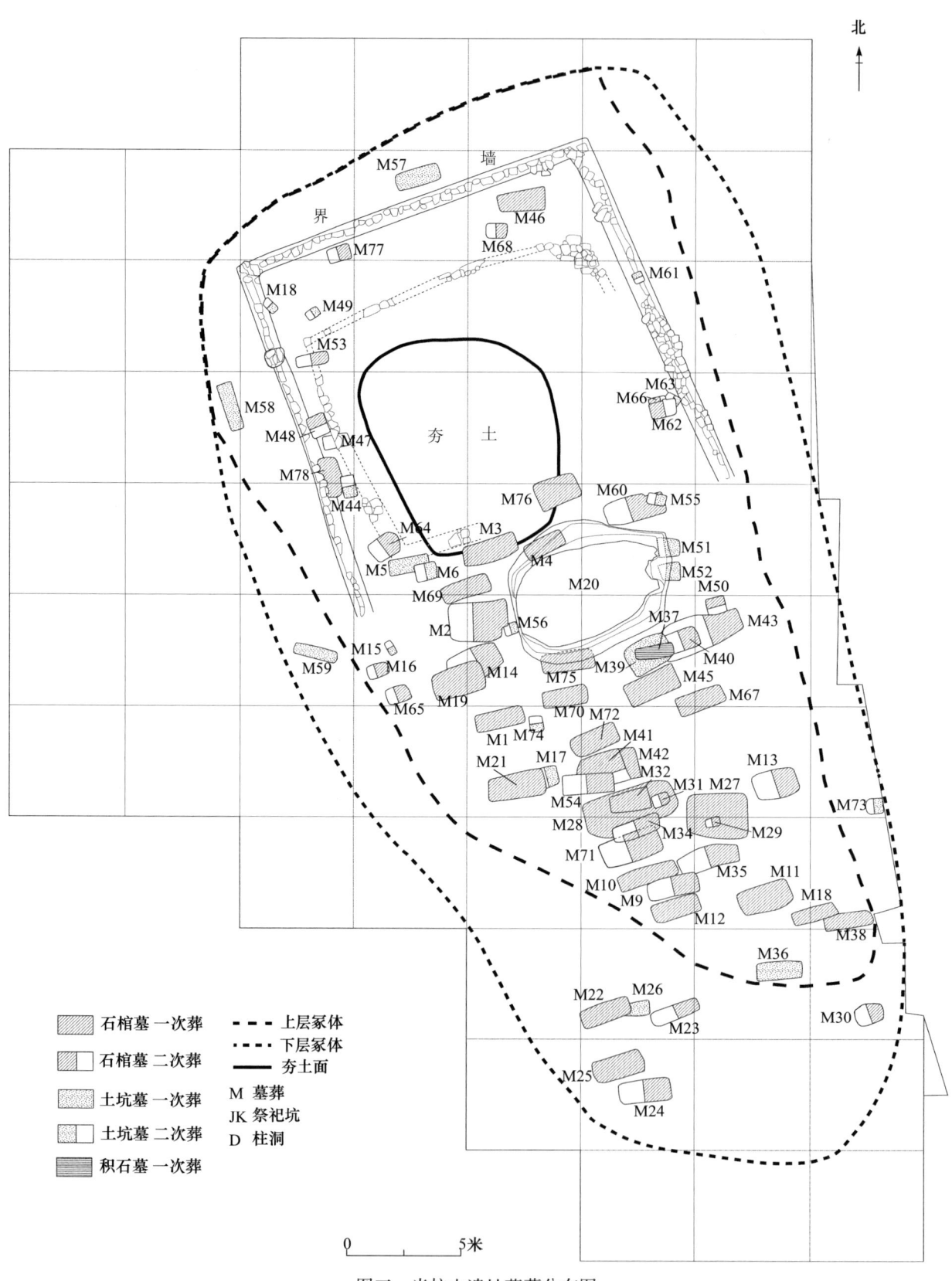

图三 半拉山遗址墓葬分布图

M20为半拉山遗址的晚期中心大墓,规模较大,且修建有二层台,外围专门修建有石界墙。其形制与性质均与牛河梁遗址第十六地点M4、阜新胡头沟M1[9]类似。该墓葬的修建打破了M4、M51、M52、M56、M60和M75,除M4为早期墓葬以外,其余均为晚期墓葬。这种打破早期墓葬甚至同期墓葬的现象,显得缺少统一规划,但又与经过规划特意营建的墓葬区现象相矛盾。

M20内未见有棺及人骨,仅见残玉环、玉芯、玉料等遗物,同时也不见二次开挖扰乱迹象,不同于陶寺遗址的毁墓现象[10]。虽然红山文化中有二次迁出葬的先例,刘国祥先生认为牛河梁遗址的N2Z4M12与N2Z4M13可能都属于迁出葬[11],但就半拉山遗址M20来看,李伯谦先生指出,M20"从介绍情况看,不像被盗,也不像迁葬,更不像未完工"[12]。多种原因都可造成这种迹象,半拉山遗址的石界墙南端未围合,似乎印证了未完工的假设,考虑到M20内出土了大量的玉器,有可能该墓葬在即将完工时,因某种原因墓主另葬他处,但埋下了部分随葬品形成类似后世的衣冠冢。还有一种可能即半拉山遗址M20并非墓葬,而是与牛河梁第一地点的第三建筑址N1J3同类,是坑形的祭祀类遗迹,半拉山遗址受限于自身条件,此类遗址不得不集中设置。

半拉山遗址的小型墓葬规模上可以划分出两个小的等级。规模较大者墓圹长度在2米左右,其中有2个特例M28与M40,墓圹长度在4米左右。其中M28为晚期石棺墓,墓圹长4.15、宽1.91米,石棺长2.02、宽0.6米,为仰身直肢葬;M40为晚期石棺墓,墓圹长3.7、宽1.65米,石棺残长1.46、宽0.8米,为捡骨葬。M28和M40虽然墓圹较大,然其石棺规模较之墓圹2米左右的石棺墓如M2、M9、M75等差别并不大,且M28与M40随葬品相对较少,因此,二者与墓圹2米左右的墓葬规模上的差别可被忽略,那么这一规模的墓葬有38座,多数属于石棺墓,仅有M58、M59等4座墓葬为土坑墓。半拉山墓地小规模的墓葬墓圹长度在1米左右,共计26座,其中土坑墓15座,石棺墓11座,二者总体数量差别不大。另有13座被破坏,具体规模不做区分。总体上看,墓圹在2米左右的墓葬在半拉山遗址墓葬中居于主体地位。

从随葬品上看,半拉山遗址墓葬随葬品以玉石器为主。除M20外的其余墓葬共出土玉石器116件(不含石人头像),较大规模的墓葬出土玉石器82件,随葬玉石器数与墓葬数比值在2以上,较小规模的墓葬出土玉石器27件,随葬玉石器数与墓葬数比值仅略高于1。可见,半拉山遗址的墓葬从规模和随葬品数量上存在两个层级,且以较大规模的墓葬为主体。

(二)墓葬形制

半拉山遗址墓葬存在着石棺墓和土坑墓两种墓葬形制,从数量上看,除M20外,石棺墓共计55座,土坑墓20座,另有积石墓2座。

石棺墓中较大规模墓葬有32座,小规模墓葬有23座,二者比值接近4:3,同时小规模墓葬出土玉石器21件,与墓葬数比值接近1。较大规模墓葬出土玉石器61件,与墓葬数比值接近2。由此可见,在石棺墓人群内部,存在着墓葬规模和掌握社会财富的差别,反映出石棺墓人群在社会层级上存在分化现象。

土坑墓中较大规模的墓葬4座,小规模墓葬15座,二者比值接近1:4,较大规模的墓葬出土玉石器6件,与墓葬数比值为1.5。小规模墓葬出土玉石器8件,与墓葬数比值不足0.5。由此可见,在土坑墓人群内部,同样存在着墓葬规模和掌握社会财富的差别,反映出土坑墓人群在社会层级上存在明显的分化现象。

半拉山遗址的早期墓葬，石棺墓有9座，土坑墓有6座，二者比值为3∶2，到遗址晚期，石棺墓有46座，土坑墓仅为14座，石棺墓数量为土坑墓3倍多，说明半拉山遗址从早期到晚期，土坑墓人群相对数量在减少。

从石棺墓和土坑墓的墓葬规模上看，较大规模的土坑墓数量明显少于石棺墓，小规模墓葬数二者相当，土坑墓共出土随葬玉石器14件，与其墓葬数比值不足1。石棺墓出土玉石器82件，与墓葬数比值接近2。由此也可见，土坑墓人群与石棺墓人群在半拉山遗址的总体社会地位和掌握的财富存在差别。这种差别还见于内蒙古克什克腾旗南台子遗址[13]。但是这种差别在半拉山遗址仅限于总体差别，就个体而言，土坑墓中如M39在墓葬规模和随葬品数量上并不亚于石棺墓。

（三）葬俗

半拉山遗址墓葬存在着两类葬俗，一类是一次葬，多为仰身直肢，另一类是二次捡骨葬。

半拉山遗址墓葬中一次葬数量为31座，其中石棺墓25座，土坑墓6座。捡骨葬数量为38座，其中石棺墓26座，土坑墓12座，其余墓葬葬式不明。说明在半拉山遗址的居民中，存在着两种葬式的差异，这种差异，在石棺墓人群和土坑墓人群中都存在。而且早期墓葬中一次葬数量为8座，捡骨葬数量为6座，晚期墓葬中一次葬数量为23座，捡骨葬数量为32座，说明这种葬式影响的人群在逐渐增多。

实行捡骨葬葬式的墓葬既有较大规模的墓葬，也有小规模墓葬，同时，捡骨葬内出土玉石器数量总体上少于一次葬墓葬，考虑到在捡骨葬行为过程中会存在随葬品遗落现象，且部分墓葬出土玉石器数量较多，故捡骨葬式应是不分人群、层级和财富的一种特殊葬式。

捡骨葬作为一种特殊葬式，并非通行于整个半拉山遗址的墓葬，目前在红山文化的其他遗址中并不多见，因而可能只是一种祈福、禳灾的行为。同时考虑到其他红山文化遗址的墓葬中多以石棺墓人群为主，有可能捡骨葬的葬式来源是土坑墓人群，在半拉山遗址被石棺墓人群所接受。

由上可以得出，在半拉山遗址内部，存在着石棺墓和土坑墓两类人群，石棺墓人群处于主体地位，掌握了以玉石器为代表的主要社会财富，石棺墓人群内部有层级分化，但居于次要地位并掌握少量社会财富的土坑墓人群内部层级分化更为明显，或许土坑墓人群在整个半拉山遗址中的社会地位和掌握财富加速了其层级分化。因为某些原因，在半拉山遗址内存在捡骨葬的特殊葬式，这种葬式可能是土坑墓人群带来的一种特殊祭祀行为，逐渐被多数半拉山遗址居民接受。

半拉山遗址墓地可能没有真正的大型墓葬，半拉山遗址距离牛河梁遗址约80千米，牛河梁报告指出，其多数遗址点大约同时开始修建，也大约同时结束。牛河梁遗址高等级墓葬数量多，这些同时修建的高等级墓葬不应是一个聚落的首领人物，有可能是周边聚落首领统一埋葬于此，其中包括半拉山遗址的首领。牛河梁遗址于周边红山文化聚落的意义可能如周原之于周人一样，所以在半拉山遗址墓地留下了没有埋葬人骨的M20。

综上可见，半拉山遗址由两部分遗存构成，其一是保存大型塑像的建筑址及祭坛，有可能还包括作为大型祭祀坑的M20。其意义与牛河梁女神庙相类似，李伯谦先生认为红山文化是神权古国[14]，那么半拉山的祭祀建筑可能在物质或精神上受牛河梁女神庙制约。

半拉山遗址的另一部分遗存即为墓地。整个墓地有着明显的统一规划和营建，说明半拉山遗址居民有着一个能调动整个族群的社会组织，并且有明确的生死观念。但是墓地的墓葬多有打破迹象，说明半拉山遗址红山文化居民可能并非如中原地区先民一样有明确的先祖敬畏，抑或半拉山遗址的社会组织度并不强势，无法调和居民在墓葬选址上的需求矛盾。

半拉山遗址的祭坛及建筑址亦坐落于墓葬区，占据了墓葬区内的祭祀区位置，说明以祭坛和供奉塑像的建筑址所代表的神权凌驾于半拉山遗址居民的社会组织之上，同样凌驾于半拉山遗址居民的祭祀观念之上。祭坛及建筑址的焚毁与二层堆积内受破坏的筒形器可能代表着半拉山遗址神权的崩塌。

## 注　释

[1] 辽宁省文物考古研究所、朝阳市龙城区博物馆：《辽宁朝阳市半拉山红山文化墓地的发掘》，《考古》2017年第2期。

[2] 辽宁省文物考古研究所、朝阳市龙城区博物馆：《辽宁朝阳市半拉山红山文化墓地》，《考古》2017年第7期。

[3] 方殿春、刘晓鸿：《辽宁阜新县胡头沟红山文化积石冢的再一次调查与发掘》，《北方文物》2005年第2期。

[4] 辽宁省文物考古研究所：《牛河梁——红山文化遗址发掘报告（1983—2003年度）》，文物出版社，2012年，第386—413页。

[5] 李新伟：《仪式圣地的兴衰——辽西史前社会的独特文明化进程》，上海古籍出版社，2017年，第112页。

[6] 吉林省文物考古研究所等：《后太平——东辽河下游右岸以青铜时代遗存为主的调查与发掘》，文物出版社，2011年，第97、131页。

[7] 付珈嘉：《红山文化祭祀遗址中的"燎祭"浅析》，《遗产与保护研究》2017年第5期。

[8] 焦智勤：《卜辞燎祭的演变》，《殷都学刊》2001年第1期。

[9] 方殿春、刘葆华：《辽宁阜新县胡头沟红山文化玉器墓的发现》，《文物》1984年第6期。

[10] 高江涛：《试析陶寺遗址的"毁墓"现象》，《三代考古（七）》，科学出版社，2017年，第345—354页。

[11] 刘国祥：《红山文化研究》，中国社会科学院博士学位论文，2015年，第245页。

[12] 李伯谦：《红山文化为神权古国的再证明——从辽宁朝阳半拉山遗址考古发掘分析》，《华夏文明》2017年第3期。

[13] 内蒙古文物考古研究所：《克什克腾旗南台子遗址》，《内蒙古考古文集（第2辑）》，大百科全书出版社，1997年，第53—77页。

[14] 李伯谦：《中国古代文明进程的三个阶段》，《文明探源与三代考古论集》，文物出版社，2011年，第76—90页。

# Analysis on the Nature of Relics Related to Hongshan Cultural Relics in Banlashan

Meng Qingxu[1], Sun Tingting[2]

(1. Jilin Provincial Institute of Cultural Heritage and Archaeology　2. Baicheng Institute of Cultural Relics of Jilin Province)

**Abstract:** In this paper, a detailed analysis of the Hongshan culture named Banlashan ruins is carried out. It is believed that the whole Banlashan ruins is a specialized tomb area. It has been built twice, there are contradictory phenomenon in the process of use. The sacrificial remains of the Banlashan ruins can be divided into two categories, one is the altar and the building site, the nature is consistent with the goddess temple, and is not directly related to the tombs of the cemetery. The other type is the sacrifice pit, which is directly related to the tomb of the cemetery and may be related to the secondary burial. There are differences in the scale, form and funeral of the tombs at the Banlashan ruins. This difference is related to the hierarchical differentiation of the residents, the composition of the group and the social status of the group, and the possession of wealth and ideas. Finally, it is pointed out that there is a theocratic right over the whole social organization and the group's thought ritual.

**Keywords:** Banlashan Ruins, Hongshan Culture, Ritual

# "陶寺遗址"与"尧都平阳"的考古学观察

——关于中国古代文明起源问题的探讨

卫 斯

（山西省社会科学院历史研究所）

**内容摘要**：陶寺城中大城套小城、小城有宫殿，城中有专门用于祭祀和观测天象的"神台"，正是文明社会成熟的表现，陶寺文化早期小城的面积和其所具备的功能与华北地区发现的诸多龙山文化古城相比较，已透析出"王都"气息。陶寺中期城址的面积和所具备的功能与湖北天门石家河城址作比较，同样显示出"王都"气魄。在晋南地区已发现的陶寺类型龙山文化遗址的分布特征，表现为数量多、规模大且十分密集，这些遗存都是当年一些大型农耕部落聚落群的居址。正是这些大型农耕部落聚落群的出现，才奠定了"陶寺城"作为"王都"的社会基础和地位。原始农业在河东地区的提早发生及原始农业所形成的财富积累为帝尧时代的到来铺平了道路。陶寺墓地各类墓"金字塔式"的比例关系，应是当时社会结构的反映。陶寺3015号墓主有集军事统率权和祭祀权于一身的王者地位，这在该墓发现的成套礼乐重器中也得到证实。陶寺龙和商代以后的龙形象是一脉相承的，它代表的是以中原民族文化为根祖的"华夏龙"之形象。"陶唐氏"的"龙"崇拜是独立起源的，未受到其他外来文化影响，属于土著原创宗教文化。陶寺晚期墓葬中出土的"铃形铜器"和"铜齿轮器"，至少可以肯定"铜齿轮器"不是当地所造，金相分析为砷青铜，应属外来品。陶寺文化中发现的"文尧"二字是用毛笔朱书在扁壶的腹壁上，而不是用刀刻在扁壶的腹壁上，说明龙山文化时期，中国北方已经是文明凸现、群星灿烂，以象形文字为原生体的汉字体系业已孕育成熟，中华文明将由此以文字的形式开始记录自己的历史。通过六个方面的考古学观察，最后认定，陶寺城址完全可以作为一个初期国家权力中心已经形成的标志。作为"都城"，这座"都城"的主人只能是"唐尧"。

**关键词**：陶寺遗址；尧都；文明起源；国家

众所周知，夏作为中国历史上第一个朝代，在夏禹前，文献记载还有尧、舜。尧都在哪里，舜都在哪里，这是弄清中国文明肇始之地和其发展脉络之关键。这不仅仅是一个学术问题，而且事关国家之声誉、民族之威望。人们通常把"城市、文字、金属器、礼制器物"等作为文明起源的主要因素，即国家起源的标志。但某一文明的起源，除了特定的历史地理条件之外，还受制于这一地区原始社会形态在政治、经济、文化等方面的发展进程。在不同历史地理条件下所诞生的文明，其表现的物化形式是不一样的。所以，我们不必将文明起源的视野，仅仅局限于"三要素"（城市、文字、金属器)或"四要素"(加"礼器")上,有必要将其拓展到该地区物质文化遗存的各个方面,进行全面的、综合的分析和研究。同时,在研究过程中"应当尽快从坛坛罐罐的描述和对比中走出来,重视从考古发掘和分析中拓宽提炼各种社会文化信息的广度和深度"[1]。摆脱以器物类型学为"文化遗存"硬性定性的做法。在拙作《关于"尧都平阳"历史地望的再探讨》一文中,笔者已经提出"陶寺遗址有可能就是'尧都'之废墟——古唐国国都的所在地"[2]。下面笔者就依据陶寺遗址的相关考古发现,结合"中国文明起源"问题,作进一步探讨。

# 一、观察之一:"陶寺城址"的"王都"气魄与"观象台基址"的发现

陶寺遗址位于汾河以东,塔儿山西麓,山西襄汾县城东北约7.5千米的陶寺村以南。遗址包括中梁村的全部、东坡沟村的西北部、李庄村的东南部地区。遗址东西约2千米,南北约1.5千米,总面积在三百万平方米以上。其地理位置与史载"尧都平阳"的地望相合,其早期遗存的年代经 $^{14}$C 测定为公元前2400—前2200年之间[3],与帝尧—陶唐氏生活的年代相当。但据此说陶寺遗址就是帝尧当年在陶唐建都的地方,并不能令人信服,关键是要找到帝尧当年所建的都城。陶寺遗址经过近三十年的考古发掘,不仅发现了陶寺文化的大型墓地、分级墓葬以及各种礼乐重器、铜器、有文字的陶器等大批珍贵文物,而且于2002年冬,在发现中期城址的基础上,又发现了早期小城。2003年,在陶寺中期小城内墓地以南、中期大城中心点以东625、以南622米的地方,又发现了一座大型建筑基址——古观象台基址,为进一步揭开陶寺遗址的神秘面纱起到了关键性作用。

陶寺中期城址:大城平面为圆角长方形,东西长约1800、南北宽约1500米,面积约270万平方米,小城面积约10万平方米,中期城址总面积约280万平方米。古观象台基址面积约1400平方米。

早期小城:"南北长约1000、东西宽约560米,面积56万平方米"。贵族居住区设置在小城的南部,紧靠南墙Q9、Q10、Q11和西墙南段Q8,大致分为东、西两个小区。下层贵族居西区,上层贵族居东区,东区即"宫殿区"。据发掘者报告:"西区位于早期小城的南部,Q8以北,Q9和大南沟西岸以西,总面积在1.6万平方米左右。已探出面积较大的夯土建筑多座,IT2017解剖的房子基坑为长方形,总面积为300平方米。中央是两间并列的半地穴式圆角方形房子F9—F11,可能是一套双连间的房子,边长各5米,两间室内总面积约50平方米。房子门道可能向东南,时代为陶寺文化早期。其周围灰坑里浮选出大米,说明西区的居民也不是普通的平民,而更有可能是下层贵族","东区为宫殿区,位于早期小城的东南部、下层贵族居住区以东,总面积约6.7万平方米。但实际上宫殿区的核心建筑区主要设置在该区的西半部,即早期小城的中南部,约5万平方米。宫殿区的东半部靠近Q4的地带无建筑以及建筑垃圾,却有相对集中的灰坑,可能是生活垃圾区,面积约1.7万平方米。IT5026、IT5126所解剖的壕沟里堆积的大量建筑垃圾中,出土了三大块篦点戳印纹白灰墙皮和一大块带蓝彩的白灰墙皮"[4]。说明小城内当年不仅有宏伟的宫殿,而且宫殿建筑的墙壁曾有彩绘,可见宫殿主人的身份与地位。

古观象台基址：编号ⅡFJT1，发掘者称其为"陶寺城址祭祀区大型建筑"。该建筑形状为大半圆形，面积约 1400 平方米。原有三层台阶，现仅存基础。第一层台基基础的第一道夯土墙，即最外侧夯土墙，其外缘距台基圆心半径 25 米；第二层台基基础的第二道夯土墙，距台基圆心半径 22 米；第三层台基基础的第三道夯土墙，距台基圆心半径 12.25 米。在第三道夯土墙与生土台芯之间，筑有一道夯土柱，揭露部分，共计 11 个，自北向南排列成圆弧状，编号为 D1—D11，距台基圆心半径 10.5 米。夯土柱全部用夹杂料姜块的褐色花夯土筑成，质地坚硬，D11 密度为每立方米 1.6 吨。D11 西边的 D12 和 D13 拼接为一体，成一道墙。夯土柱平面以长方形为多，长度多为 1.3 米左右，宽度多在 1 米左右。夯土柱 D1—D11 之间有十道缝隙，缝宽多为 0.2 米。各缝之间缝中线夹角为 6.5°、7°、7.5°、8°，其中以 7.5°为最多。经 GDP 定点测量，台基圆心地理坐标为北纬 35°52′55.8″、东经 111°29′55.1″，海拔 572 米。其中东 3、东 4、东 6—东 10 号缝所对应的崇峰（俗称塔尔山）上的山头，其在夹缝中的观测点皆交汇在台基圆心点，东 5 号缝正对崇峰主峰塔尔山（海拔 1491.6 米）[5]。

毫无疑义，陶寺城址祭祀区大型建筑ⅡFJT1 是一座古观象台基址，非"王都"所不能有！正如发掘者所云，大型建筑ⅡFJT1 古观象台基址"是迄今发现的中国史前文化中绝无仅有的一例"[6]，"这些高规格的宫殿、宗教和天文历法有关的建筑设施，应当是'王都'级聚落所具备的标志性建筑"[7]。从观象台的大半圆形建筑形状和三层台阶结构来看，笔者怀疑，这三层台基基础的三道夯土墙的外圈可能分别与《周髀算经》七衡图中所说的"内衡（夏至圈）、中衡（二分圈）、外衡（冬至圈）"有某种联系（在此不做赘述，以后将专文探讨）。目前，考古工作者与天文史学家虽然对观象台进行了实地观测，但对观象台的科技含量还远远没有揭示出来。《史记·五帝本纪》云，帝尧曾经"分命羲仲，居郁夷，曰旸谷。敬道日出，便程东作。日中、星鸟，以殷中春。其民析，鸟兽字微。申命羲叔，居南交。便程南为，敬致。日永、星火，以正中夏。其民因，鸟兽希革。申命和仲，居西土，曰昧谷。敬道日入，便程西成。夜中、星虚，以正中秋。其民夷易，鸟兽毛毨。申命和叔，居北方，曰幽都。便在伏物。日短、星昴，以正中冬"[8]。由此看来，唐尧时期，不仅在首都设有主观象台，而且在东、南、西、北之旸谷、南交、西土、幽都设有"观象分台"，其在天文历象观测方面已取得相当成就。这在距今四千二、三百年以前，的确是一项了不起的成就。陶寺城址祭祀区大型建筑ⅡFJT1 观象台基址的发现，更进一步增加了陶寺城址为尧都之墟的可信度。同时，也说明司马迁《史记》对"五帝"历史的记述，绝非空穴来风！

通常，一般学者都把城市的出现作为文明起源的重要标志，恩格斯在《家庭、私有制和国家的起源》一书中这样评价城市的出现："在新的设防城市的周围屹立着高峻的墙壁并非无故：它们的壕沟深陷为氏族制度的墓穴，而它们的城楼已经耸入文明时代了。"[9]《说文》云："城以盛民也。"[10]"《管子》曰：内为之城，外为之郭。《释名》云：城，盛也。盛受国都也。郭，廓也，廓落在城外也。《吴越春秋》曰：鲧筑城以卫君，造郭以守民，此城郭之始也。"[11] 其实我国先民造城已有五千年以上的历史，也许上述文献所云的"城郭"不是通常意义上的仅有城垣的城，而是对"国都"之城的特指。

目前，在河南郑州西山发现的一处仰韶文化晚期古城址，总面积约 3.4 万平方米，尚存的北半部呈弧形走向，城垣总长约 300 米。城内发现大量房址，面积多数在三、四十平方米，最大的一座达100平方米左右。有的房基下埋置小孩、牲畜或放有粮食的陶罐作为奠基,还发现死者被弃葬于灰坑里的现象,有的尸骨不全、身首异处。西山城址属仰韶文化晚期秦王寨类型,始建和使用的年代约在公元前3300—前2800年间[12]。此外,在长江中游发现的大溪文化时期的湖南澧县城头山古城址,面积约8万平方米,平面也呈圆形,其年代约在公元前4000年[13]。

尽管郑州西山古城与湖南澧县城头山古城不能与真正意义上的"城市"相比,"这实际上是史前聚落群发展到一定阶段的产物,这时期的城,实际上是某一地区范围内的聚落中心。这一时期的'城',虽然不具备进入文明社会以后'城市'的许多功能,但它是史前阶段某一地区提前迈向文明社会的标志,具有一定的社会基础和地位(社会基础主要包括政治、经济两个方面),一切原始文明的因素都孕育其中"[14]。陶寺城中的大城套小城、小城有宫殿,城中有专门用于祭祀和观测天象的"神台",正是文明社会成熟的表现,也符合作为"王都"的基本条件。

目前,华北地区发现的与陶寺中期城址年代大体相当的龙山文化古城约20座,10万—20多万平方米的城址仅5座,三、四十万平方米的仅2座[15]。在长江流域发现的与陶寺中期城址年代大体相当的屈家岭文化城址有6座,20万—25万平方米的城址有3座,唯湖北天门石家河城址,南北长约1200、东西最宽处1100米,面积约120万平方米[16]。不用拿陶寺中期城址的面积和其所具备的功能与华北龙山文化时期诸多古城址相比较,就只是拿陶寺文化早期小城的面积和其所具备的功能与华北地区发现的诸多龙山文化古城相比较,其似乎已透析出"王都"气息。如果拿陶寺中期城址的面积和其所具备的功能与湖北天门石家河城址作比较,同样,陶寺中期城址也显示出"王都"气魄。它比天门石家河城址大一倍半,抵河南登封王城岗遗址新发现的大城约9个[17]。如此规模宏大的陶寺城址,"它的存在表明,当时已经形成了一个比氏族部落领导集团远为强大有力的管理机构,它能够调集大量人力、物力来兴建这个巨大的建筑工程,并且有能力调集足够的军事力量来守卫这座城。而'筑城以卫君'的根本目的是为了保护统治阶级的利益,陶寺城址的兴建似可作为一个初期国家权力中心已经形成的标志"[18]。

由此可见,陶寺城址是目前国内发现年代最早、规模最大、文化内涵最为丰富、研究期望值最高的一座古城址遗址。那么这座"都城"最早的主人是谁呢?无论从历史文献记载来看,还是从考古学角度分析,只能是"唐尧"。那么,以"陶寺"为中心,方圆百里之内,必然会有许许多多以"陶唐氏"文化为特征的农耕部落聚落群的存在。这些农耕部落聚落群的政治、经济、文化必然受制于"陶寺"中心的管理。《史记·五帝本纪》所云,唐尧统治下的"九族既睦,便章百姓,百姓昭明,合和万国"正是这一情况的真实写照。否则,"唐尧"不会产生,"尧都"也不可能出现。

## 二、观察之二:"尧都"当时在临汾盆地的社会基础与地位

据不完全统计,在晋南地区已发现的陶寺类型龙山文化遗址有70余处[19]。主要集中在临汾盆地塔儿山(崇山)周围的汾、浍地带,遗址的分布特征表现为数量多、规模大,且十分密集,这些遗存都是当年一些大型农耕部落聚落群的居址。正是这些大型农耕部落聚落群的出现,才奠定了陶寺城作为"王都"的社会基础和地位。

现已发掘过的曲沃县东许聚落遗址,位于汾河以东,浍河以北,滏河以南之平原上,总面积超

过 200 万平方米[20]；位于塔儿山以南，滏河以北的翼城县南石—曲沃县方城聚落遗址总面积超过 300 万平方米[21]；位于侯马市东南 4 千米的浍河两岸的乔山底聚落遗址，面积约 50 万平方米[22]；北橄遗址面积约 40 万平方米[23]。这些遗址距离陶寺遗址都在三、四十千米的范围之内。

  此范围内未经发掘的大型聚落遗址尚有：翼城县天马遗址约 500 万平方米，古城遗址约 120 万平方米，郭家坡遗址约 105 万平方米；曲沃县安古遗址约 80 万平方米，东下环遗址约 80 万平方米；翼城县河云遗址约 80 万平方米，西石桥遗址约 56 万平方米，南丁遗址约 54 万平方米；曲沃县西白集西—西白集东遗址约 40 万平方米；翼城县西王遗址约 36 万平方米，下高遗址约 28 万平方米，古居遗址约 28 万平方米，南垣遗址约 24 万平方米，感军遗址约 20 万平方米，牛家坡遗址约 15 万平方米，南橄遗址约 12 万平方米；曲沃县西阎遗址约 12 万平方米，等等[24]。此外，在汾河东岸、临汾盆地北端也发现了大面积陶寺文化聚落遗存——洪洞县侯村遗址约 40 万平方米[25]。在汾河下游的新绛县、河津也均发现大面积陶寺遗存，新绛县古堆遗址属西王村Ⅲ期文化—陶寺文化晚期遗址，面积约 24 万平方米[26]。河津市庄头遗址含陶寺遗存，面积约 20 万平方米[27]。

  诚然，上述遗址的内涵多数是单一的陶寺文化遗存，也有部分是与仰韶、庙底沟二期共存，但这正好说明了文化传承的先后关系。众多的陶寺文化大型聚落遗址在汾浍三角洲地带的存在，不仅反映出"唐尧"末期社会分化加剧，阶级矛盾日趋尖锐，一批高层次的农耕部落聚落（东许遗址、南石—方城遗址、天马遗址、古城遗址等面积较大的聚落遗址也有可能出现城垣）与二三级农耕部落聚落并存，形成对立格局和主从关系，更主要反映出"尧都"陶寺城在这为数众多的大型农耕部落聚落群中，不仅具有广泛的社会基础和雄厚的经济基础，而且占有政治统治核心地位。

  就目前而言，全国所有发现这一时期大型农耕部落聚落群的地区，无论是长江下游浙江余杭西部发现的良渚文化遗址群，还是湖北天门石家河发现的屈家岭、石家河文化遗址群，都无法从分布密度及广度和群体数量及个体质量上与陶寺文化遗址群相比。良渚文化遗址群是目前所知良渚文化最大的一处核心聚落，甚至在良渚文化中居于类似"首府"性质的地位。其背靠山丘，面向平原，在东西 10、南北 5 千米的范围内，较密集地分布了 50 余处良渚文化遗址，按遗址面积统计，近 1 万平方米及其以下者 29 处，1 万—近 5 万平方米者 17 处，5 万—近 10 万平方米者 5 处，15 万和 30 万平方米者各 1 处。有人认为这一核心聚落"当为未建城垣护卫工程的都邑"[28]。但 50 余处良渚文化遗址面积的总和还不抵一处陶寺遗址面积大。笔者在《关于确定中国稻作起源地"三条标准"的补充——续说"中国稻作起源于长江中游"》一文中，分析长江下游太湖地区至今尚未发现史前城址的原因时指出："为什么地处长江中游的大溪文化一期就出现了像城头山那样规模宏大的古城，而与长江中游屈家岭文化时期大体相当的良渚文化时期，在长江中游已是城池林立，而长江下游还不见一座城垣呢？这虽然有多方面的因素包含在内，但最根本的一条，是与这一地区农业经济基础不发达有直接关系的。"[29]

  由此可见，汾、浍三角洲大型陶寺文化农耕部落聚落群的成片出现及陶寺城垣的构筑，也正好说明龙山文化时期这一地区农业经济的高度发达，坚实的农业基础夯实了陶寺城垣的根基。临汾盆地边缘地带出现的大型陶寺文化农耕部落聚落群是"唐尧"权力扩张的结果，或者说是"陶唐文化"传播、渗透的结果，这也从某种程度上反映出"唐尧时代"古唐国势力范围的大小。

## 三、观察之三：史前"农业革命"为唐尧时代的到来预作的历史铺垫

为什么说坚实的农业基础夯实了陶寺城垣的根基。毋庸多说，构筑规模宏大的城垣，建造富丽堂皇的宫殿，不仅需要高超的技术，更根本的条件是需要投入大量的人力、物力。所谓物力，粮食是最主要的，而粮食的来源必须有发达的农业经济作保证。从一般意义上讲，原始农业的发生，实际是人类作用于自然的一场革命，故而有人称之为"农业革命"。这场革命的产生，不仅丰富了人们的生活，而且改变了人们的生存环境。首先使新石器时代之初出现的小规模、疏散式、不稳定状态下的农耕部落，随着时间的推移、生产技术的提高和物质条件的逐步改善，在其首领的带领下，不断扩大自己的地盘，甚至整体迁徙自己的部落，去开拓新的领地。从而使其居住地进一步稳定，部落规模进一步扩大。其周围一些生产技术落后、经济势力薄弱、人口较少的农耕部落就会随之向其靠拢。此时，一个较大的农耕部落聚落就可能形成，"农村"开始出现。假若诸多规模较大的农耕部落聚落汇集一方，即许多"农村"连成一片，聚落群即已形成。聚落群之间必然会发生利益上的冲突，这就需要有一个能被诸多聚落群信赖的核心聚落群首领出面调停，这个核心聚落群无疑在政治上、经济上是最强大的。这个核心聚落群的首领无形中在政治上就赢得了诸多部落聚落群领袖的地位，"王"也就随之产生了。"尧王"的出现，正是在诸多农耕部落聚落群的拥戴下产生的。"尧都"的构筑和宫殿的建造正是"尧王"麾下诸多农耕部落聚落群出资、出力、团结战斗、共同奋进的结果。所以说，坚实的农业基础夯实了陶寺城垣的根基。正如部分学者指出的那样，"由新石器时代农业发生到文明起源，中经由生产力之继续发展而出现的革命，由部落、农村结合为国家、城市"，"文明起源毫无例外地必须以农业革命为基础，定居地方以农耕，游牧部落以畜牧，都要达到食物生产者的阶段，然后才有转入文明的可能"[30]。

从农业考古发现的资料来看，可以说，原始农业在河东地区的提早发生，以及原始农业所形成的财富积累为帝尧时代的到来铺平了道路。

1976年，地处中条山腹地的下川中石器文化遗址出土了3件研磨盘和7件锛形器，以及作为研磨用的磨锤等[31]。下川遗址的年代下限为距今16000年。"下川遗址出土的锛形器是我国新石器时代主要农业生产工具石锛的先祖。以农业生产工具为代表的新石器时代的磨制石器可以在下川文化中见到祖形。"[32] "研磨盘在下川文化中的出现，代表了我国黄河流域粟作文化的先声。"[33]

1926年，在"嫘祖"的故乡夏县西阴村曾发掘出有明显人工割裂痕迹的半个蚕茧标本[34]。西阴村遗址属于仰韶文化庙底沟类型。

1931年，在与尧舜同时代人的周之先祖"后稷"的家乡，即"后稷"当年的教稼之地稷王山附近，西侧20千米的万荣县荆村遗址，发现了新石器时代的炭化高粱标本和粟类炭化物[35]。用一位美国学者的话说"早在纪元前二千五百年前后的新石器时代的华北就已经开始种植高粱了"[36]。

1989年10—12月，山西省考古研究所侯马工作站在位于侯马市东南4千米的乔山底遗址，发掘了两座早于唐尧时代的大型谷仓，两座谷仓F1、F2均位于浍河南岸的第Ⅱ发掘区，两仓相距11米。两仓均为口小底大的袋形坑，F1底部近椭圆形，东西径5.6、南北径5.85、残深4米；F2底部

为圆形，直径 6.4、残深 4.75 米。F1、F2 的底部都铺有一层红烧土防潮，红烧土上有木板腐朽后留下的白色木灰。谷子是在粮仓中部的白木灰上发现的。F1 谷子堆积范围直径为 2.4 米，F2 直径为 3.5 米，中部堆积较厚，约 0.3 米，谷子已全部炭化，但粒粒可数，清晰可辨。初步测算 F1 容积在 25 立方米以上，F2 容积在 40 立方米以上[37]。虽然粟类作物早在裴李岗文化时期[38]、仰韶时代的遗址中就屡有发现，粮仓在山东胶县三里河的大汶口文化遗址中也发现过[39]，但规模和数量根本无法与乔山底 F1、F2 相比较。

体量如此之大，技术处理如此之严格的大型粮仓在乔山底遗址的发现说明了什么？从粮仓本身所提供的信息看，它不仅反映出在帝尧时代来临之前，在临汾盆地塔儿山周围汾、浍地带所生活的原始农耕部落在农业革命过程中所取得的突出成就，而且反映出各部落联盟在农业革命过程中都形成了一定的严密的组织形式，粮食的剩余作公共财富的积累是"农业革命"的标志性成果。粮食产业的发展不仅带动了其他相关产业，诸如：畜牧养殖业、手工纺织业、远程贸易业（陶寺中期小城内 M22 已发现货贝）等的发展，而更重要的是诱发了部落盟主的贪婪和对公共财富的占有欲。利益上的分配不公与贫富差别从此产生。部落盟主在部落内部至高无上的地位一旦形成，其家族成员或其亲族成员就会在部落内部高人一等，部落成员之间就形成了等级差别。相持不下，阶级矛盾的产生就孕育其中了。虽然现在我们不能直接看到帝尧时代到来之前，各聚落群首领，即部落盟主是如何支配或占有公共财富的，但我们可以看出，在帝尧时代到来之后，由原始农业所积累的财富，通过各聚落群首领汇集起来所产生的巨大作用，这个作用不仅使社会生产方式发生了转变，更是直接作用于人类文明的出现。

曲沃县东许陶寺文化聚落遗址发现的袋状窖穴粮仓，底部平面形状为圆角长方形，长约 4、宽 3.4、深 2.8 米。其底部还发现了 6 个排列有序的人头骨，6 个头骨均属成人。仅存头骨，均无肢体，绝非正常埋葬。人的头骨发现于贮存粮食的窖穴之中，且用贮存粮食的陶器置于头骨之旁，这极有可能是原始居民祭祀谷物神"稷"的献祭之处[40]。

1978 年秋至 1980 年底所发掘的陶寺墓地，有 14 座墓随葬猪的下颌骨，少则半个或一副，多则十多副，最大的一座墓（M3084）埋葬 30 副以上[41]。象征财富最具代表性的产物——猪，作为随葬品在陶寺墓葬中的发现，无疑具有贫富对比的意义。此外，在陶寺遗址中还出土了呈三角形的犁形器[42]，这从另一角度反映出陶寺文化中农业生产工具的先进性。

上述诸多与农业考古有关的发现，虽然尚不能涵盖河东史前农业的方方面面，但上述遗址与陶寺遗址同处一个地理区域之内，多数发现从时代上讲处于陶寺文化之前，尤其是下川中石器文化遗址发现的研磨盘、镞形器、磨锤等，更是我国农业起源的最早物证。从某种意义上讲，这种深层次的地域文化积淀，为迎接帝尧时代的到来及陶寺文化的出现，打下了良好的基础，预作了历史的铺垫。

## 四、观察之四：陶寺遗址中的"王墓"

探索中国文明的起源，建立中国文明起源模式的理论框架，少不了对占国家最高统治地位的"王"墓材料的分析。"王"的出现无疑从另一个侧面反映出"国之都""国之本（民）"的存在。同时，又反映出君（王）与臣、臣与民、富与贫等级观念的建立和私有制初期发展阶段所出现的阶级矛盾。陶寺墓地约3万平方米，现仅发掘了一小部分。即已发现墓葬1000余座，其中大墓只占不到1.3%，中等墓占11%多，小墓占87%以上[43]。同中原许多地方的龙山文化墓地一样，占墓葬总数98%以上的中、小型墓葬，随葬品缺乏，特别是不使用陶器随葬。而与中、小型墓截然不同的是，大型墓不仅有丰富的随葬品，包括彩绘陶器、彩绘木（漆）器等具有高超水平的工艺品，而且有显示墓主身份及地位的玉钺、石钺和礼乐重器，贫富差别与阶级对立十分明显。正如有些学者所云："陶寺墓地各类墓'金字塔式'的比例关系，应是当时社会结构的反映。"[44]

在陶寺墓地已发掘的数百座墓葬中，有6座明显超出一般墓葬以上的大墓。一般墓葬长2米左右，宽不足1米，而这类大型墓长、宽往往在3米和2米以上。墓中间置椁，有的墓安放死者前，还在椁底铺一层朱砂[45]。6座大墓的葬具均遭后期破坏，从3015号大墓残存的情况来看：出土各类随葬器物178件，包括陶器14件，木器23件，玉石器130件（内有石镞111件），骨器11件。另有30件随葬品被扰动，发现在灰坑H3005中，故此墓原有随葬品总数当在200件以上[46]。该墓随葬品置于木椁四周，右侧主要摆放炊具和饮食具：上方有木豆、木盘、木斗；中部有陶灶、陶斝、陶罐；下方有木俎、木匣、石刀、石锛。左侧主要列置乐器（礼器）、工具、武器及玉、石器：上方有玉、石、骨器、木豆和象征财富意义的与丝织技术有关的缫丝器——"樏"（简报中称作木"仓形器"），以及多种不辨器形的彩绘木器；中部为成束的石镞、骨镞；下方是鼍鼓、石磬、石研磨盘和磨棒；足端近墓壁处还有一副猪骨架。需要重点指出的是：这座大墓出土的130件玉、石器中，有1件玉钺和3件石钺。此玉钺为褐绿色，略呈"凸"字形，缚柄处钻有一孔，长11.2、高6.4厘米[47]。

众所周知，钺最早是作为一种武器出现的，之后逐渐演化为统率部众作战的军事权力的标志。陶寺大墓中出土的玉钺、石钺，从其放置的位置和木柄痕迹看，均为与器身呈垂直方向装柄，实际上是一种长柄有孔斧。有学者进行过研究，认为斧钺曾经是军事民主制时期军事酋长的权杖，尔后演化为王权的象征物[48]。

斧钺作为军权的象征，在黄河流域至迟出现于仰韶文化末期。20世纪80年代初，河南临汝县阎村新石器遗址曾出土一件作为瓮棺葬工具的庙底沟文化陶缸。缸外表用白、褐两色画着一柄石斧和一只衔着鱼的白鹳[49]。经严文明先生考证：石斧系鹳集团首领的权力象征物，这个瓮棺葬的墓主就曾是鹳集团的首领，他率其部众，打败了以鱼为标志的另一集团。人们特地在盛埋这位首领尸骨的葬具外表创作了"鹳鱼石斧图"来纪念此事[50]。当然，此时的斧钺，只是单纯的象征军事统帅权，但到了真正意义上的"文明时代"，即国家已经产生，阶级矛盾已明显激化，它就发展到同国君、王权有着不可分割的联系。从史籍中我们常常可以看到，商王、周王亲秉斧钺，率众征战的记录。《史记·殷本纪》就提到"汤自把钺、以伐昆吾，遂伐桀"[51]。《周书·牧誓》曾云："（周）王左杖黄钺，右秉白旄以麾。"[52]而"王"这个字，究其本源也正是取自于不缚柄的斧钺之形象[53]。在古代，正如《左传》所云，"国之大事，在祀与戎"。可见领军作战与举行祭祀是当时国王最主要的活动。王权的最早形成有赖于史前时期部落首领的军事统率权和祭祀权的合并掌管。

有学者指出：这些弥足珍贵的钺只在少数大墓中发现，而不见于一般墓葬，它和大墓殊高的埋葬礼遇，共同刻画了墓主人的身份，仅用军事统帅权来看待，这些玉钺的含义就显得很不够了。换言之，这类持钺的墓主人之所以在葬礼上表现出空前的奢侈与豪华，恐怕是因为他们已不同于一般军事首领的身份，而开始具有了与邦国之王相当的地位。陶寺大墓之墓主应该就是某一城邦中的上层人物[54]。

陶寺3015号墓主集军事统帅权和祭祀权于一身的王者地位，从该墓发现的成套礼乐重器中也可以得到证实。

据发掘者报告："在大型墓中，成对的木鼓与石磬、陶异形器（土鼓？）同出，放置位置固定。"陶寺大墓随葬的鼓，鼓身皆作竖立桶形，用树干挖制而成，外壁着彩绘，鼓皮由鳄鱼皮包蒙，即古文献中记载的"鼍鼓"无疑。M3015∶16，出土时器身倾斜变形，通高100.4、上口直径43、下口直径57厘米，外壁施粉红或赭红底色，以白、黄、黑、宝石蓝等色绘成图案，虽已残损，但仔细辨识，还可看清其中部偏上的一周图案，宽约22厘米，回形纹较明显；下部饰带一周，宽约4厘米，有几何形纹、云纹等。图案上、下有数周条带状的边框[55]。

石磬M3015∶17，上端两面对钻一孔，通长80厘米，实为特磬[56]。整体形状与1950年安阳武官村大墓出土的虎纹石磬[57]、1973年在殷墟宫殿区发现的龙纹石磬相近[58]，同为倨句形。

异形陶器（土鼓？）。形似长颈葫芦，筒状高颈，圆鼓腹，腹底中央凸出一孔，周围又有三小孔，颈腹之间置双耳。M3015应为两件，因人为扰动少出一件。简报以M3002∶53为例：褐色陶，通高83.6、筒口直径11.6厘米，筒口下有圆纽一周12个，筒身磨光，腹壁饰绳纹并贴泥条，构成不甚规则的连续三角形和菱形图案。这种器物上、下口连通，不可能为容器，在大型墓中每与鼍鼓、石磬同出，应为古文献中"以瓦为匡"的土鼓[59]。土鼓，在其他文化遗址中尚未发现过，是陶寺遗存独具特色的陶器，其主要是作为礼乐器在祭祀时演奏，或作为战鼓，鼓励杀伐。

"仓形器"多年不被人识。仓形器M3015∶25，高24、底径15.8厘米。附件"骨匕"。骨匕M3015∶4，体扁平、光滑。柄端对钻一孔，另一端磨出钝刃，长22.3、宽2.2—3.4厘米。对于"骨匕"，纺织史专家认为：它既可以理丝，又可以打纬，是一种纺织工具。笔者认为，"骨匕"作为"仓形器"的附件，既然是一种纺织工具，"仓形器"自然与纺织丝绸有某种联系。从"仓形器"上有蘑菇形盖，下为圆柱体，圆柱体周围又凹进三个拱形顶小洞，且三个洞各不相通，通体施红彩的情形来判断，笔者认定它应该是一种缠绕丝线的工具，这种工具名叫"榬"。作为络丝工具"榬"，它的下部还有一个能够转动的底盘与其相匹配。其蘑菇顶盖的出沿部分应该是为防止丝线在缠绕过程中脱圈而设置的。同时，其蘑菇顶也应为使"榬"转动和制止"榬"转动时的手抓部分[60]。

陶寺人将多件缫丝工具"榬"随葬于墓中，"榬"在这里代表的是一种物质财富，"榬"的多少，显示出墓主人身份、地位的高低。丝绸在原始社会最初出现时是十分珍贵的物品，只有部落集团领袖或少数贵族才能享用，而一般部落成员是不可能有这种礼遇的。"榬"在这里代表的不是它本身，而是象征着几榬丝线或几匹丝绸，故而陶寺大墓M3015中才会出现"榬"与鼍鼓、特磬、土鼓、玉钺、龙盘为伍的现象[61]。

根据以往地下发掘材料，传世铜器铭文及文献记载都一再证明鼍鼓、特磬乃是王室重器。很明显，只有在国家举行大型祭祀活动时才使用，作为随葬品，它正好说明墓主人就是祭祀活动的主持人。虽然现在我们还不能断定陶寺M3015的墓主就是"唐尧"，但至少可以说这座具有王墓性质的大墓在陶寺遗址的发现反过来可以证明：这里曾经是一座"王都"。

## 五、观察之五:"陶唐氏"的"龙"崇拜与"蛇型原龙"

现在,一般学者在探索中国文明起源的时候,仍把"城市、文字、金属器、礼制器物"四要素作为文明起源的必备条件,而忽视了中国文明起源之初意识形态领域中的东西,即"最初"形成的民族崇拜观念与"传统"的民族崇拜观念之间的关系。陶寺大墓中发现的精美的彩绘蟠龙陶盘、彩绘壶和成套的通身施彩的木漆器等,不仅展示出"唐尧文化"与同期其他文化相比先进发达的一面,而且反映出唐尧时代古唐国独具特色的意识形态,即"龙"崇拜。

陶寺大墓出土的龙盘,一般为泥质褐陶,火候很低,或着黑陶衣,盘壁斜成平底,外壁饰浅绳纹,内壁磨光,以红彩或红、白彩绘出蟠龙图案。M3072∶6,敛口,斜折沿,通高8.8、口径37、底径15、沿宽1.8厘米。龙纹在盘的内壁和盘心作盘曲状,头在外圈,身向内卷,尾在盘底中心。形象作蛇躯鳞身,方头,豆状圆目,张巨口,牙上下两排,长舌外伸,舌前部呈树杈状分支[62]。有的盘在龙颈部上下对称绘出鳍或鬣状物,与商代蟠龙的明显区别是无角、无爪、有眼无睛、眼作豆状,不同于商代龙呈"臣"字形目。盘曲形态也不同,商代蟠龙与蛇类自然盘曲状一样,是头在盘心,身向外卷,尾近盘沿;从整体形态上看,陶寺龙与商代以来的龙形象是一脉相承的,它代表的是以中原民族文化为根祖的"华夏龙"之形象。

1978年,在河南濮阳西水坡仰韶文化遗址45号墓中发现了一幅蚌塑"青龙白虎图",年代距今约6500年。青龙是以鳄鱼为原型的"蚌塑原龙"。当时新闻媒体称其为"中华第一龙"[63],其实这是不妥的。为什么这样讲,因为在中原地区的仰韶、龙山文化遗址或墓葬中,所发现的原始龙有"鳄型原龙"与"蛇型原龙"之分。西水坡45号墓发现的"蚌塑原龙"属于"鳄型原龙",陶寺遗址墓葬中出土的彩绘陶盘所绘的"蟠龙"属于"蛇型原龙"。

从西水坡45号墓的"鳄型原龙"形体来看,这条"蚌塑原龙"整体形象接近鳄鱼,而又比普通鳄鱼原型增加了种种龙的神性;体长1.78、身高0.67米,整体呈较长的"S"形或"之"字形,体态比一般在地面匍匐爬行的鳄鱼明显要高得多,显示出身体脱离地面超越爬行的状态。这条"鳄型原龙"的头部与一般鳄鱼不同的是,头高高抬起,作昂首挺胸、瞠目有神之态,吻部像鳄鱼一样较长,颈部长而弯曲,头后面还有竖起的双角,或叫作两撮鬣毛,这也与普通鳄鱼大相径庭;整个身长比例也大体接近鳄鱼,但明显较高,有四肢,趾分五叉,似鳄鱼又比鳄鱼更接近直立;长尾巴也像鳄鱼,而尾端也作掌状分叉,又与一般鳄鱼有别[64]。这条"蚌塑原龙"与一只"蚌塑白虎",一左一右出现在西水坡45号墓中,它反映的是公元前40世纪中叶"四时天象图"中的"二分图",即一年分成二十四节气的"春分与秋分"之天象图[65]。

而陶寺遗址中出土的彩陶盘所绘的蟠龙,实际上是以蛇为主要原型的原龙,又适当吸收了鳄鱼等动物的某些特征:头部基本似龙,没有脖子,头与身直接衔接,眼睛又小又圆,口中吐长信,这些地方以蛇为原型;但吻很长,利齿成排,又有点像鳄鱼;口中吐出的信子很长,若麦穗麦芒的形状,则是想象的成分居多;龙身体也近似蛇而修长,蜷曲成环状;没有足,遍体鳞甲,对称成行,则又近似鳄鱼;头后的左右两边,如鱼鳍,尾部亦似鱼,分作两叉;蟠龙盘中间若有水纹或云纹,这里的龙有点像潜龙,仿佛随时可以入水和升天。所以说,陶寺"蛇型原龙"是中华文明起源、国家起源的重要文化象征。

高炜等学者在研究陶寺彩绘蟠龙陶盘时指出："陶盘本是盛器，或可作水器，但从出土物来看，火候很低，且烧成后涂饰的彩绘极易剥落，故大约只是一种祭器而非实用器。彩绘其他纹样的壶、瓶、罐、盆等类祭器，某些中型墓也可使用，唯龙盘仅发现在几座部落显贵的大型墓中，每墓且只一件。这就证明龙盘的规格很高，蟠龙图像非同一般纹饰，似乎有其特殊的含义。它很可能是氏族、部落的标志，如同后来商周铜器上的族徽一样。"[66] 彩绘陶龙盘在陶寺大型墓中的发现，说明陶寺龙山文化时期，这里有一个活跃于"尧都平阳"，以龙为族徽、陶唐为名号的部落。"陶唐氏"以龙为图腾。"龙"崇拜在中原地区始于陶唐氏以前。彩绘陶龙盘在少数大墓中的发现，也说明墓主人作为龙的传人，就是"龙子、龙孙"，延续中国四五千年的"帝王"为"真龙天子"的观念崇拜，恐怕正源于此。

那么，陶寺文化中的龙崇拜与河南濮阳西水坡遗址发现的仰韶文化时期的"鳄型原龙"有没有传承关系呢？这在夏代开国以前，中原民族的大融合尚未真正形成，延续河南仰韶文化谱系的河南龙山文化是很难受到陶唐文化影响的。同时，作为积淀甚深、占中原文化主流的河南龙山文化，也很难渗透到陶唐文化中来。因为没有民族的大融合，就没有民族文化的大交流，没有民族文化的大交流，就没有民族文化的进步和新文化的产生。前面我们已经指出，从整体形态上看，陶寺龙和商代以后的龙形象是一脉相承的，它代表的是以中原民族文化为根祖的"华夏龙"之形象。我们现在所看到的龙形象，蛇身鳄头，有鳞有角，四肢五爪，瞠目吐舌，体态弯曲，一波数折之状态，实际上就是"蛇型原龙"在吸收了"鳄型原龙"的亮点后所形成的形象，这正是陶唐文化在华夏文明中的延续结果。

朱乃诚先生认为，陶寺彩绘龙源自良渚文化。他说："1988年，我提出陶寺文化的彩绘龙源自良渚文化的看法，那时主要是通过对良渚文化陶器（片）上的蛇形纹饰与陶寺文化彩绘陶盘上彩绘龙图案的对比分析等研究提出的。"他所说的蛇形纹饰陶片，是指1936年在浙江余杭良渚一带出土的一片绘有蛇形纹饰的陶片，该陶片上的蛇形纹较为形象，单躯盘曲，尾在中心，向外盘曲三周。他认为这是形态上较为原始的蛇形纹饰，其卷曲的特点与陶寺彩绘龙纹接近[67]。

前不久，朱先生又根据《考古》2001年第10期公布的1997年浙江海盐县龙潭港良渚文化墓地M12出土的一件宽把陶杯（M12:32），其腹部饰有彩绘龙图案，再次撰文论证，说"陶寺彩绘龙源自良渚文化有了新证据"[68]。

朱先生的新证据到底是什么呢？海盐龙潭港M12:32宽把杯为夹细砂灰胎黑皮陶。形体较大，口部长径14、连盖高14.7厘米。箕状口部，带盖，流较宽短，粗矮筒形腹略鼓，矮圈足，与流相对的环形把宽达11.7厘米。在腹部、流下和宽把上侧的三个部位以刻划的细线饰三组纹饰。朱先生所说的宽把杯腹部的纹饰，是围绕宽把展开的上下两条长身动物。其头部特征突出，尖牙利齿，双目圆睁，构图手法是把立体位置的双目与牙齿夸张地展示于同一平面；身体由简洁的线条和相间布列的小圆孔构成，围绕宽把杯腹部一周；尾部与头部相对，呈向上弯曲的半圆形，末端尖细。这即是朱先生认为的陶寺彩绘龙源自良渚文化的新证据。

其实，龙潭港M12:32宽把杯腹部的长身动物纹饰所表现的凶猛的首部、长身和弯尾，与陶寺彩绘陶盘上所绘的龙形象有明显的区别。仅就首部而言，龙潭港M12:32宽把杯腹部的长身动物首部突出表现的是一对明晃晃的大眼睛和上下两排尖牙,而陶寺龙盘所绘的龙形象是"方头,豆状圆目,有眼无睛,张巨口,牙上下两排,长舌外伸,舌前部呈树杈状分支"。它们之间,除了上下两排尖牙之外,几乎再无相似之处。

朱先生提出陶寺彩绘龙源自良渚文化的另一条理由,是饰有长身动物纹饰的 M12∶32 宽把杯的年代略早与陶寺彩绘龙的年代,他把陶寺彩绘龙的年代定在距今 4400—4300 年之间,把 M12∶32 宽把杯的年代定在良渚文化晚期偏早阶段,距今 4600—4400 年之间,其实,这并不能说明什么问题。

考古学以往发现揭示的规律是:属同一文化谱系,年代上有早晚之分,年代早者可能影响到年代晚者;两个文化区域相邻,发展水平高者可能影响到发展水平低者,具体表现为文化的渗透,即低水平者可能吸收高水平的文化因素。良渚文化与陶寺文化既不属于同一文化谱系,且两个文化区域又相距甚远,连最基本的条件都不具备,它们之间何谈传承关系?!所以说,"陶唐氏"的"龙"崇拜是独立起源的,是未受到其他外来文化影响的,属于土著原创宗教文化。

## 六、观察之六:陶寺遗址发现的"青铜器"与"陶文"

作为中华文明的肇始之都,陶寺城址似乎应发现中国最早的金属器和文字,但问题并不那么简单。1983 年,在陶寺一座晚期墓中曾出土一件铃形铜器。器形不大,长 6.3、宽 2.7、高 2.65 厘米。经化学定量分析,含铜量占 97.86%,含铅量占 1.54%,含锌量占 0.16%[69]。由于铸造工艺粗糙,器壁厚度不匀,还有气孔,是一件采用复合范铸造的成品。另据报道:在陶寺城址北墙 Q1 北侧,一新发现的陶寺文化晚期墓地,一座编号为 M11 的中小型竖穴土坑墓中,曾出土一件铜齿轮形器,经金相分析,铜齿轮形器属于砷青铜[70]。笔者断言:陶寺城址作为"帝尧之都",现未发现大型炼铜遗址或铜器铸造的手工业作坊,今后也不会发现大型炼铜遗址或铜器铸造的手工业作坊,因为这附近没有铜矿。

至于说,陶寺晚期墓葬中出土的这两件铜器是不是陶寺人所铸造,至少可以肯定"铜齿轮器"不是当地所造,应属外来品。因为"砷青铜"器的最早发现是在甘肃的四坝文化遗址中,例如甘肃民乐县东灰山四坝文化类型遗址出土的 16 件铜器,北京科技大学冶金史研究室对其中 15 件铜器进行原子吸收光谱定量分析、扫描电子显微镜分析和金相组织鉴定,结果表明:除一件为铜、砷、锡三元合金制品外,其余均为铜、砷二元合金制品[71]。四坝文化的年代在距今 3800—3200 年之间[72]。中原地区的青铜器金属成分是红铜和锡或铅的合金,是不含砷的。陶寺"王墓"不见青铜礼器殉葬的情况,这说明唐尧时期,人们还没有掌握金属冶炼技术。陶寺晚期墓葬出土的那件"铃形铜器",含铜量纯度之高,不符合青铜构成比例,也不是自然铜,其来源暂且存疑。

关于"唐尧"有无文字的问题,陶寺Ⅲ区居住址 H3403 发现一件残扁壶,其腹壁上和平直背面有用毛笔朱书一个形似甲骨文"文"字的字符和两个有争议的字符(1.◇;2.似"兀"的篆体)[73]。对于后者,罗琨先生将这两个字符隶定为"易",对"文"字无异议,认为扁壶朱书"易文",也即"明文",推测陶寺陶文用这两个字和一个符号(划界)记述尧的功绩,以便帮助记忆,传诸后世[74]。何驽先生认为 H3403 扁壶平直背面两个朱书字符,上为土(◇),下为兀(似"兀"

的篆体），将其隶定为"尧"的初字。笔者认真审视了H3403扁壶背面朱书的两个字符，联系陶寺城址气势恢宏，夯土城墙板块结构"曡土为垚"的实际情况，认为何驽先生的考证是有一定见地的。丁山先生释："曡土为垚，垚者，高也。"[75]《说文》："尧，高也。"段注云："尧本为高，陶唐氏以为号。"垚的本义是指高大巍峨的城墙。"兀"，《说文》："从垚在兀上，高远也。"段注曰："高而上平也。"[76]何驽说："这是典型的黄土高原地貌。而陶寺遗址恰恰坐落在塔尔山前向临汾盆地中心过渡的山前黄土塬上。"他认为：陶寺文化晚期"尧"字"兀"上只有一个土（◇）；到了殷墟时的甲骨文中，"尧"字"兀"上多加了一个土（◇◇）；至汉代，"尧"字则在"兀"上发展成三个土（垚）。"尧"字的本义即为建立在黄土高原（兀）上的高大夯土城墙（垚），代指建立在黄土高原上的城[77]。"文尧"二字在H3403扁壶上的出现，是唐尧后人对其追念的称谓，诸如甲骨刻辞或青铜金文中尊称其先王为"文武帝、文武丁、文考、文祖"一样。

有学者推测唐尧时期，文字有可能产生。从目前已公布的考古资料来看，不是没有这种可能，但这种可能究竟能到什么程度，笔者认为：唐尧时期，象形字符日趋成熟，会意字的出现和使用也是事实。上面我们所列举的H3403扁壶背面朱书的两个字符，"◇"与似"兀"的篆体，"尧"字初字的出现，就是一个有力的证据。早于陶寺文化近3000年的安徽蚌埠双墩遗址在陶器上曾发现符号、图画及含有符号的组合图画计70多种。其中，除了相当数量的简单符号以外，尚有鹿、网、阜、丘等六七种符号与甲骨文相近[78]。陕西的半坡文化、山东的大汶口文化、浙江的良渚文化中都有陶文发现，不少文字与甲骨文无二。但最具代表性的是与"帝尧"同时期的山东邹平丁公龙山文化发现的陶片刻字，该陶片长4.6—7.7、宽约3.2、厚0.35厘米，现存文字计5行11字。右起第1行为3个字，其余4行每行均为2个字。这11个刻字，笔画相当流畅，个个独立成字，整体排列比较规则，刻写也有一定章法[79]。笔者在观察这块刻字陶片时，似觉该刻字近似行草，刻字者刻写手法相当娴熟，所书文字定是成熟文字无疑，但至今无人破译。如果该刻字陶片年代无问题的话，我们过去对史前时期不同阶段、不同文化区域内发现的不同字符，所做的体态估量都应该重新去考虑。《论语·泰伯》所云，"尧之为君……焕乎！其有文章"[80]，似乎说得有些夸张，但唐尧时期，人们社会政治生活中最需要的少量文字确已产生，虽远未达到殷商甲骨文成熟的高度，但的确是一个具有划时代意义的创举。

那么，我们现在为什么尚未发现唐尧时代的其他文字类记述呢？对此，笔者认为这是由于当时所用的书写材料难以保存造成的。汉代孔安国所撰《尚书序》云："古者伏栖氏之王天下也，始画八卦，造书契……张揖《字诂》云：'……契，苦计反。书者，文字；契者，刻木而书其侧：故曰'书契'也。'"[81]看来，唐尧时代的文章典籍多是刻写在木头上的，当然，也不排除使用其他诸如树皮、兽皮、麻布之类作为文章典籍载体的可能性。但这些都是易腐易朽之物，故现在我们很难发现当时的长篇文书了。用毛笔书写汉字应始于仰韶文化时代，当人们知道用什么工具为陶器施彩描绘图案时，这最初的画笔已具有书写文字的功能了。难怪陶寺文化中发现的"文尧"二字是用毛笔朱书在扁壶的腹壁上，而不是用刀刻在扁壶的腹壁上。虽然这一发现还只是个案，但这个"个案"背后隐藏的事实，却说明距今四千二三百年左右的龙山文化时期，中国北方已经是文明凸现、群星灿烂，以象形文字为原生体的汉字体系业已孕育成熟，中华文明将由此以文字的形式开始记录自己的历史。

## 七、结 语

综上所述，陶寺城址完全可作为一个初期国家权力中心已经形成的标志。作为"都城"，这座"都城"的主人只能是"唐尧"。无论是从历史地望来看，还是从考古学提供的资料来看，山西襄汾陶寺遗存均符合"尧都平阳"的条件，故我们有理由认为：今山西临汾塔儿山（崇山）周围的汾、浍地带就是史籍所云的唐国封地。唐尧在此所留下的文化遗迹将昭示世人，为探索中华文明的起源迈出第一步。

## 注 释

[1] 陈淳：《聚落·居址与围墙·城址》，《文物》1997年第8期。
[2] 卫斯：《关于"尧都平阳"历史地望的再探讨——兼与王尚义先生商榷》，《中国历史地理论丛》2005年第1期。
[3] 山西省考古研究所：《山西考古四十年》，山西人民出版社，1994年，第100页；高炜、高天麟、张岱海：《关于陶寺墓地的几个问题》，《考古》1983年第6期。
[4] 何驽、严志斌、宋建忠：《襄汾陶寺城址发掘显现暴力色彩确认了陶寺早期小城、宫殿区、中期小城内墓地》，《中国文物报》2003年1月31日第1版。
[5] 中国社会科学院考古研究所山西工作队、山西省考古研究所、临汾市文物局：《山西襄汾县陶寺城址祭祀区大型建筑基址2003年发掘简报》，《考古》2004年第7期。
[6] 中国社会科学院考古研究所山西工作队、山西省考古研究所、临汾市文物局：《山西襄汾县陶寺城址祭祀区大型建筑基址2003年发掘简报》，《考古》2004年第7期。
[7] 中国社会科学院考古研究所山西工作队、山西省考古研究所、临汾市文物局：《山西襄汾县陶寺城址发现陶寺文化大型建筑基址》，《考古》2004年第2期。
[8] （汉）司马迁：《史记》卷一，中华书局，1959年，第16、17页。
[9] 恩格斯：《家庭、私有制和国家的起源》，《马克思、恩格斯选集》第四卷，人民出版社，1972年，第160页。
[10] （汉）许慎撰，（清）段玉裁注：《说文解字注》，上海古籍出版社，1981年，第688页下。
[11] （唐）徐坚撰：《初学记》卷二十四《居处部·城郭第二·叙事》，中华书局，1962年（www.shicimingju.com/book/chuxueji/24.html）。
[12] 张玉石、杨肇清：《新石器时代考古获重大发现：郑州西山仰韶时代晚期遗址面世》，《中国文物报》1995年9月10日第1版；杨肇清：《试论郑州西山仰韶文化晚期古城址的性质》，《华夏考古》1997年第1期。
[13] 湖南省文物考古研究所：《澧县城头山古城址1997—1998年度发掘简报》，《文物》1999年第6期。
[14] 卫斯：《关于确定中国稻作起源地"三条标准"的补充——续说"中国稻作起源于长江中游"》，《农业考古》2000年第1期。
[15] 任式楠：《中国史前城址考察》，《考古》1998年第1期。
[16] 任式楠：《中国史前城址考察》，《考古》1998年第1期。
[17] 中国网（记者桂娟）2005年1月26日报道：河南登封王城岗新发现龙山文化晚期大型城址。2002年至今，"中华文明探源工程预研究——登封王城岗城址及周围地区遗址聚落形态研究"专题组在王城岗遗址展开大规模的考古工作，新发现一座河南龙山文化晚期的大城址。大城位于王城岗遗址中部，其北城墙夯土残长370、残高0.5—1.2米；北城壕长约630、宽约10、残深3—4米，北城壕向东通往五渡河；西城壕残长130、宽约10、残深1.5—2米，西城壕向南似通往颍河。其东面和南面的城墙与城壕，从所处地势较低和钻探等情况看已被毁坏。这座大城址的面积据现有资料推算有30万平方米左右。同时发现多处大面积夯土基址和祭祀坑、玉石琮和白陶器等遗迹遗物（www.china.com.cn/chinese/2005/Jan/768777.html）。

[18] 梁星彭、严志斌：《陶寺城址的发现及其对中国古代文明起源研究的学术意义》，http://www.kaogu.ent.cn/wenming/mag3/liangxp.hte, 2003-8-4。

[19] 高炜、高天麟、张岱海：《关于陶寺墓地的几个问题》，《考古》1983年第6期。

[20] 山西省考古研究所、曲沃县博物馆：《山西曲沃东许遗址调查、发掘报告》，《三晋考古》（第二辑），山西人民出版社，1996年，第220—244页。

[21] 山西省考古研究所：《山西翼城南石遗址调查、试掘报告》，《三晋考古》（第二辑），山西人民出版社，1996年，第245—258页。

[22] 田建文：《山西侯马发现四千年前大型谷仓》，《中国文物报》1990年3月1日第1版。

[23] 山西省考古研究所：《山西翼城北橄遗址发掘报告》，《文物世界》1993年第4期。

[24] 张文君：《侯月铁路临汾地段古文化遗址的调查》，山西省第二届考古学年会论文，1986年12月于山西大同（未公开发表）。

[25] 山西省考古研究所、洪洞县博物馆：《山西洪洞县耿壁、侯村新石器时代遗址的调查》，《考古》1986年第5期。

[26] 山西省考古研究所：《山西新绛县古堆、白村遗址调查》，《文物季刊》1994年第2期。

[27] 中国社会科学院考古研究所山西工作队：《晋南二里头文化遗址的调查与试掘》，《考古》1980年第3期。

[28] 任式楠：《中国史前城址考察》，《考古》1998年第1期。

[29] 卫斯：《关于确定中国稻作起源地"三条标准"的补充——续说"中国稻作起源于长江中游"》，《农业考古》2000年第1期。

[30] 日知：《农业起源与文明起源》，《史前研究》1983年第2期。

[31] 王建、王向前、陈哲英：《下川文化——山西下川遗址调查报告》，《考古学报》1978年第3期。

[32] 石兴邦：《关于中国新石器时代文化体系的问题》，《南京博物院集刊》1980年第2期。

[33] 卫斯：《我对下川遗址出土石磨盘的看法——兼与黄崇岳、陈文华二先生商榷》，《中国农史》1985年第4期。

[34] 李济：《西阴村史前的遗存》，《三晋考古》（第二辑），山西人民出版社，1996年，第265—286页。

[35] 〔日〕和岛诚一：《山西省河东平原以及太原盆地北半部的史前调查概要》，《人类学杂志》58卷第4号，1943年。

[36] 〔美〕戈登W.休斯，方原译：《农业史》，《农业考古》1982年第2期。

[37] 田建文：《山西侯马发现四千年前大型谷仓》，《中国文物报》1990年3月1日第1版。

[38] 黄其煦：《"灰象法"在考古学上的应用》，《考古》1982年第4期；佟伟华：《磁山遗址的原始农业遗存及其相关问题》，《农业考古》1984年第1期。

[39] 昌潍地区艺术馆、考古研究所山东队：《山东胶县三里河遗址发掘简报》，《考古》1977年第4期。

[40] 山西省考古研究所、曲沃县博物馆：《山西曲沃东许遗址调查、发掘报告》，《三晋考古》（第二辑），山西人民出版社，1996年，第220—244页。

[41] 中国社会科学院考古研究所山西工作队、临汾地区文化局：《1978—1980年山西襄汾陶寺墓地发掘简报》，《考古》1983年第1期。

[42] 中国社会科学院考古研究所山西工作队、临汾地区文化局：《山西襄汾县陶寺遗址发掘简报》，《考古》1980年第1期。

[43] 高炜、高天麟、张岱海：《关于陶寺墓地的几个问题》，《考古》1983年第6期。

[44] 高炜：《中国大百科全书·考古卷》"陶寺遗址"条，中国大百科全书出版社，1986年，第520、521页。

[45] 中国社会科学院考古研究所山西工作队、临汾地区文化局：《1978—1980年山西襄汾陶寺墓地发掘简报》，《考古》1983年第1期。

[46] 中国社会科学院考古研究所山西工作队、临汾地区文化局：《1978—1980年山西襄汾陶寺墓地发掘简报》，《考古》1983年第1期。

[47] 中国社会科学院考古研究所山西工作队、临汾地区文化局：《1978—1980年山西襄汾陶寺墓地发掘简报》，《考古》1983年第1期。

[48] 林沄：《说"王"》，《考古》1965年第6期。

[49] 临汝县文化馆：《临汝阎村新石器时代遗址调查》，《中原文物》1981年第1期。

[50] 严文明：《〈鹳鱼石斧图〉跋》，《文物》1981年第12期。

[51] （汉）司马迁：《史记》卷一《五帝本纪》，中华书局，1959年，第95页。

[52] 《四书五经·书经集传·卷四》上册（三卷本），中国书店，1985年，第69页。

[53] 林沄：《说"王"》，《考古》1965年第6期。

[54] 张忠培、朱延平：《黄河流域史前葬俗与社会制度（下）》，《文物季刊》1994年第2期。

[55] 中国社会科学院考古研究所山西工作队、临汾地区文化局：《1978—1980年山西襄汾陶寺墓地发掘简报》，《考古》1983年第1期。

[56] 中国社会科学院考古研究所山西工作队、临汾地区文化局：《1978—1980年山西襄汾陶寺墓地发掘简报》，《考古》1983年第1期。

[57] 郭宝钧：《一九五〇年春殷墟发掘报告》，《中国考古学报》1951年第5册，第25页，图版捌。

[58] 范毓周：《关于殷墟1973年出土石磬的纹饰》，《文物》1982年第7期。

[59] 中国社会科学院考古研究所山西工作队、临汾地区文化局：《1978—1980年山西襄汾陶寺墓地发掘简报》，《考古》1983年第1期。

[60] 卫斯：《陶寺大墓中出土的"仓形器"名实浅说》，《中国文物报》2003年11月28日第7版。

[61] 卫斯：《陶寺大墓中出土的"仓形器"名实浅说》，《中国文物报》2003年11月28日第7版。

[62] 中国社会科学院考古研究所山西工作队、临汾地区文化局：《1978—1980年山西襄汾陶寺墓地发掘简报》，《考古》1983年第1期。

[63] 陆轲：《"华夏第一龙"出土》，《人民日报》1987年12月12日第3版。

[64] 濮阳市文物管理委员会、濮阳市博物馆、濮阳市文物工作队：《河南濮阳西水坡遗址发掘简报》，《文物》1988年第3期。

[65] 陆思贤、李迪：《天文考古通论》，紫禁城出版社，2000年，第1—16页。

[66] 高炜、高天麟、张岱海：《关于陶寺墓地的几个问题》，《考古》1983年第6期。

[67] 朱乃诚：《良渚的蛇纹陶片和陶寺的彩绘龙盘——兼论良渚文化北上中原的性质》，《东南文化》1998年第2期。

[68] 朱乃诚：《陶寺彩绘龙源自良渚文化的新证据》，中国考古网·学术动态，http://www.kaogu.cn/cn/xueshudongtai/xueshudongtai/xueshudongtai/2013/1025/35566.html。

[69] 中国社会科学院考古研究所山西工作队、临汾地区文化局：《山西襄汾陶寺遗址首次发现铜器》，《考古》1984年第12期。

[70] 梁星彭、严志斌：《陶寺城址的发现及其对中国古代文明起源研究的学术意义》，http://www.kaogu.ent.cn/wenming/mag3/liangxp.hte, 2003-8-4。

[71] 甘肃省文物考古研究所、吉林大学考古学系：《甘肃民乐县东灰山遗址发掘纪要》，《考古》1995年第12期。

[72] 中国社会科学院考古研究所：《中国考古学中碳十四年代数据集（1965—1991）》，文物出版社，1991年，第272页。

[73] 李建民：《陶寺遗址出土的朱书"文"扁壶》，《中国社会科学院古代文明研究中心通讯》2001年第1期。

[74] 罗琨：《陶寺陶文考释》，《中国社会科学院古代文明研究中心通讯》2001年第2期。

[75] 丁山：《殷商氏族方国志·尧》，《甲骨文所见氏族及其制度》，中华书局，1999年，第130页。

[76] （汉）许慎撰，（清）段玉裁注：《说文解字注》，上海古籍出版社，1981年，第694页上。

[77] 何驽：《陶寺遗址扁壶朱书"文字"新探》，《中国文物报》2003年11月28日第7版。

[78] 王昌燧、赵晓军：《双墩刻画符号：中国文字的起源？》，《光明日报》2003 年 7 月 16 日 B1 版。
[79] 山东大学考古实习队：《邹平丁公发现龙山文化文字》，《中国文物报》1993 年 1 月 3 日第 3 版。
[80] 《四书五经·论语集传·卷四》上册（三卷本），中国书店，1985 年，第 34 页。
[81] （汉）孔安国：《尚书序》，https://zhidao.baidu.com/question/23861685.html。

# Archaeological Observation of "Taosi Site" and "YaoDu Pingyang": Discuss the Question of the Origin of Chinese Ancient Civilization

Wei Si

(the Institute of History, Shanxi Academy of Social Sciences)

**Abstract:** The small town in big city in Taosi city, the palaces in the town and the specialized altar for sacrificing and observing celestial phenomena in the city are the expression of the maturity of civilized society. Compared with many ancient Longshan cultural cities found in North China, the area and functions of the small towns in the early period of Taosi culture has the royal city flavor. Comparing the area and function of the mid-term Taosi site with the Shijiahe city in Tianmen, Hubei province, it also shows the spirit of royal city. The distribution characteristics of Longshan cultural relics of Taosi type discovered in southern Shanxi are large in number, large in scale and very dense. These relics are the sites of some large farming tribal settlements in those days. It is the emergence of these large-scale farming tribal settlements that laid the social foundation and status of Taosi city as the royal city. The early occurrence of primitive agriculture in area east of the Yellow River in Shanxi and the accumulation of wealth formed by primitive agriculture paved the way for the arrival of Emperor Yao's era. The pyramidal types distribution of tombs in Taosi cemetery should be the reflection of the social structure at that time. Tomb No. 3015 of Taosi is a king with military command and sacrificial right, which has been confirmed by a set of ritual and musical instruments found in the tomb. Taosi dragon and the dragon image after the Shang dynasty are in one continuous line. It represents the image of "Cathaysian dragon" based on the national culture of the Central Plains. The "dragon" worship of "Tao Tang" originated independently and was not influenced by other foreign cultures. It belongs to the original religious culture of the aborigines. "Bell-shaped bronze ware" and "copper gear ware" unearthed in the late tombs of Taosi. At least, it can be affirmed that the "copper gear" is not made locally. Metallographic analysis shows that it is arsenic bronze, and it should be a foreign product. The word "Wenyao" found in Taosi culture is written by vermilion Chinese brush rather than carved with a knife on the abdominal wall of the flat pot. It shows that during the period of Longshan culture, the northern part of China has become a prominent civilization with brilliant stars, the Chinese character system with hieroglyphics as its original form has been bred and matured, and

Chinese civilization will begin to record its own history in the form of characters. Through six aspects of archaeological observation, it is concluded that the Taosi site can be used as a symbol of the formation of the initial state power center. As a capital city, the owner of this capital city can only be "Tangyao".

**Keywords:** Taosi Site, Yao Du, Origin of Civilization, Country

# 新疆公元前 2700—前 800 年的素纹陶

王 博

（新疆维吾尔自治区博物馆）

**内容摘要**：公元前 2700—前 800 年的新疆考古，相对于彩陶还有一种非彩色装饰图案纹样的手制陶器。它用木、骨、铜或指甲等硬器作工具，以戳刺、捏、压印和刻划等技术来表现陶器纹样，图案简易朴素，表现出别样的风采，称作"素纹陶"。素纹陶文化现象，在北疆出现及流行的年代在公元前 2700 年—前 800 年间，南疆出现的时间相对要晚一些，这在新疆考古年代学上应该是一个不短的时间。从素纹陶的分布除能看到它在新疆发展的盛衰外，也反映了区域考古文化现象之间的影响、变化，以及居民流动迁徙的路线。素纹陶是深埋在新疆夏、商、西周时期即青铜时代考古中的一条非常重要的脉络。

**关键词**：新疆；公元前 2700—前 800 年；素纹陶

中国新疆地区的公元前 2700—前 800 年，大体上相当于中原地区的夏商西周时期。在这一时期的新疆考古中，相对于彩陶，还有一种非彩色装饰图案纹样的手制陶器，我们喜称它作"素纹陶"。

素纹陶，推测是用木、骨、铜或指甲等硬器作工具，以戳刺、捏、压印和刻划等技术来表现手制陶器的纹样，图案简易朴素，表现出了别样的风采。素纹陶这一名词，很少有人提及，从表象上看，它与中原地区的暗纹陶有些相似，《中国工艺美术大辞典》称暗纹陶为"暗纹"，是战国时期陶器的一种技法，是用尖端圆滑的工具，在半干的陶坯器壁上轻轻刻、压花纹，使陶器烧成后在适宜的光线下呈现隐隐发亮的暗花图案[1]。不过，新疆的素纹陶的纹饰不那么隐蔽，在手法上更加的粗犷，更加的有力，更加的透明，刻纹比较明显。素纹陶表现了古代中国新疆居民的朴素、坚韧的性格。

素纹陶这一文化现象，在北疆出现于公元前 2700—前 800 年的早期，南疆出现的时间可能相对要晚一些，同时，在南北疆都有可能延续到公元前 5 世纪。在后来的时间里，也能看到一些线条细腻的刻划纹，但那又是另一种风格，与公元前 2700—前 800 年间素纹陶的风格无法相比。此后，素纹陶淡出了居民的生活，也淡出了我们的视线。目前，我们还没有见到对新疆素纹陶有较为仔细研究的文章。

## 一、新疆素纹陶的发现

素纹陶，这一陶器在新疆的南北疆皆有发现，在分布上似不仅具有区域地理文化现象的特点，似乎也存在一条或几条行走的传播路线，走在了新疆南北疆的许多地方。此外，也会存在较大的变异，纹样也出现在了非陶器的草编器物上。

（一）北疆的素纹陶

首先，我们在新疆阿尔泰山地的阿勒泰地区博物馆、阿勒泰市博物馆、哈巴河县博物馆、布尔津县博物馆都能见到田野工作中采集或馆藏征集的素纹陶器，在准噶尔西部山地的塔城地区博物馆见到塔城卫生学校古遗址、塔城下喀浪古尔遗址[2]、塔城石灰梁遗址采集的素纹陶[3]，在伊犁河谷的霍城县博物馆可以见到霍城大西沟墓地采集的素纹陶[4]，在北天山的沙湾森塔斯墓地[5]、奇台坎尔孜遗址和乌鲁木齐南山也采集到素纹陶。

其次是考古发掘中发现的素纹陶，在阿尔泰山地的阿勒泰切木尔切克墓地、布尔津窝依莫克墓地的石棺墓[6]、布尔津也勒曼古墓群[7]、哈巴河阿依托汗1号墓地、布尔津阔帕尔墓地、阿—布西水东引工程墓地[8]、富蕴县塑柯尔特墓地和萨乌迭戈尔墓地，准噶尔西部山地的托里萨孜墓地[9]、裕民阿勒腾也木勒水库墓地、额敏霍吉尔特墓地和布克赛尔松树沟墓地，西天山的温泉阿敦乔鲁遗址[10]、博乐哈拉吐鲁克水库墓地，伊犁河谷的尼勒克穷科克遗址、尼勒克哈拉苏居住遗址、尼勒克汤巴勒萨依墓地[11]、尼勒克吉仁台沟口遗址、特克斯阔克苏河西2号墓地[12]和新源阿尤赛沟口遗址[13]、G218尼勒克段墓地[14]，北天山的沙湾宁家河水库墓地、石河子水泥厂、良种场一连墓地、十户窑墓地[15]和乌鲁木齐萨恩萨伊墓地的发掘中都出土了素纹陶。

（二）南疆的素纹陶

南疆素纹陶的发现，大多数是田野调查的采集品。在和硕新塔拉遗址、楼兰16一号遗址的素纹陶、库车哈拉墩早期遗存、阿图什阿乞遗址、疏附阿克塔拉遗址、尼雅北方遗址、克里雅北方遗址、皮山苏吕克遗址、策勒库勒布依遗址中皆有发现。此外，在全国第三次文物普查中，调查圆沙北的63处青铜时代遗址，其中47处都采集到素纹陶。

其次是经过考古发掘中发现的素纹陶，仅有一处，即于田流水墓地。

## 二、新疆素纹陶反映出的考古文化现象

新疆地域辽阔，地形复杂。除了以天山为界的南北疆的大地理单元以外，还有以河为界、山地间盆地或谷地、沟谷、不同的山前地段等相对小一些的地理单元，这些都对居民的生产和生活产生一定的影响，形成了相对独立的考古文化现象。

（一）阿尔泰山地素纹陶考古文化

阿尔泰山地的夏商西周时期即青铜时代的考古学文化，主要是切木尔切克文化。它是中国阿尔泰山地草原考古文化的典型代表，从目前发现陶器的文化特征看，至少可以分出四个陶器类型，即阿依托汗陶器类型、切木尔切克陶器类型、塑柯尔特陶器类型和西水东引工程墓地陶器类型。

## 1. 阿依托汗陶器类型

阿依托汗陶器类型以哈巴河阿依托汗 1 号墓地出土的陶器为代表，目前发现的除了哈巴河阿依托汗 1 号墓地考古发掘出土的 2 件陶器外，还应该包括布尔津阔帕尔墓地出土的 2 件陶器、布尔津也勒曼墓群博拉提三号墓地二区墓地出土的 3 件陶器和布尔津也勒曼墓群博拉提四号墓地出土的 1 件陶器。这些都是经过考古发掘出土的陶器，具有很好的研究价值。这四个墓地出土的陶器，有其相似的方面，也有一些差异。

哈巴河阿依托汗 1 号墓地考古发掘出土的 2 件陶器是罐和盘，皆有素纹，满饰刻划纹和戳刺纹。椭圆形陶罐（2014HAIM22），低束颈，肩腹部呈弧形，尖圆底（图一，1）。五足陶盘（2014HAIM22），盘口略敞，腹部相对略深，斜腹，底部有五足（图一，2）。

图一　阿依托汗陶器类型
1、10. 椭圆形陶罐（2014HAIM22、2011BBⅢM18C∶1）　2. 五足陶盘（2014HAIM22）　3. 有柄高足陶盘　4. 尖底陶罐
5. 戳三角纹尖底陶罐　6. 戳点纹尖底陶罐　7. 戳划曲折纹尖底陶罐　8. 高圈足陶杯（2011BBⅢM18D∶1）　9. 鼓腹圜底陶罐
（2011BBⅢM18 封堆∶1）　11. 筒形圜底陶罐（2011BBⅣM1∶1）

布尔津阔帕尔墓地出土的 2 件陶器是有柄高足陶盘和尖底陶罐。有柄高足陶盘虽有些残缺，但器形还比较明显，有残柄痕迹，盘口外敞，腹部斜度较大，底部是圆盘形足，盘内壁饰有刻划的方格网纹。通高 8、口径 13.5 厘米（图一，3）。尖底陶罐，高领，直口，弧腹，颈部至腹部饰刻划纹，颈部饰一道弦纹，腹部是由稍粗的竖线分隔成六瓣，瓣内是饰有斜线的三角纹。高 17.3、口径 10 厘米（图一，4）。

也勒曼墓群博拉提三号墓地二区出土的 3 件陶器是罐和杯。鼓腹圜底陶罐（2011BBⅢM18 封堆：1），口沿上有一周斜线状压印纹，沿外及颈部有一周折线状压印纹，其下有一圈圆点状戳印纹，腹部及底部为折线状压印纹，部分上腹部叠压点状戳印纹。高 19.8、口径 10.4、腹径 16、底径 6、壁厚 0.7 厘米（图一，9）。椭圆形陶罐（2011BBⅢM18C：1），外刻划三周直线纹，其下刻划一周三角纹，腹部及底部为斜线状刻划纹。高 13.8、口径 7.8、腹径 10.4、底径 6.8 厘米（图一，10）。高圈足陶杯（2011BBⅢM18D：1），残存底和柄，口沿可修复。圈足，平唇，斜口。高 7.3、口径 11、底径 3、壁厚 0.3 厘米（图一，8）。

博拉提四号墓地出土的 1 件陶器是罐。筒形圜底陶罐（2011BBⅣM1：1），手制，直口，圆唇，直腹，尖圆底。口沿外有一周竖条状刻划纹，其上间隔有横条状刻划纹，沿下有四穿孔，两个一组，对称分布。腹部有 20 个穿孔，集中分布于陶罐裂痕处，所有的孔都是烧制成功后的钻孔，推测为修补痕迹。高 34、口径 20、腹径 21、壁厚 0.4 厘米（图一，11）。

布尔津县博物馆陈列的采集陶器中，属于阿依托汗类型的陶器有 3 件，皆是罐：戳三角纹尖底陶罐，高 16.8、口径 9.8 厘米（图一，5）；戳点纹尖底陶罐，高 21.4、口径 12.3 厘米（图一，6）；戳划曲折纹尖底陶罐，高 17.5、口径 12 厘米（图一，7）。

阿依托汗类型的陶器，目前只发现椭圆形或尖底的陶罐、五足陶盘、有柄高足陶盘和陶杯四种，这也是一个器物的小组合。椭圆形罐的器形，大体上呈瘦体的椭圆形腹，底部呈尖状或呈小弧圆形。高足盘上有柄或似柄的装饰。

## 2. 切木尔切克陶器类型

切木尔切克陶器类型，切木尔切克墓地收集到 65ALKM16、65ALKM7 和 65ALKM24 这 3 座墓的 6 件陶器资料，有低领锥刺纹陶罐、刻划纹陶罐、锥刺纹弧腹陶罐、束颈陶罐、锥刺纹陶杯和高足陶盘。

低领锥刺纹椭圆形陶罐（65ALKM16：1），敛口，凸唇较低，束颈，腹微鼓，尖圆底。颈唇部锥刺平行曲折纹，腹壁部是锥刺纹组成的重叠平行弧线纹。高 17、口径 9 厘米（图二，1）。刻划纹椭圆形陶罐（65ALKM16：2），器物整体呈椭圆形，敞口，微束颈，弧腹，尖圆底。颈腹部由刻划的平纹曲折纹组成纹样（图二，2）。锥刺纹弧腹椭圆形陶罐（65ALKM16：3），残，敛口，弧腹，尖圆底。肩颈部饰四周平行排列的锥刺纹。高 15、口径 9 厘米（图二，3）。束颈陶罐（65ALKM16：4），敞口，束颈，腹壁斜直，平底。颈部饰一周锥刺纹（图二，4）。锥刺纹陶杯（65ALKM7H1：1），腹壁斜直，平底。口外壁饰两道弦纹，颈外壁饰成组分布平纹斜线组成的锥刺纹。高 11、口径 10、底径 8.5 厘米（图二，5）。高足陶盘（65ALKM24：8），残，器壁较厚，上部是盘体，短柄，下部是圆形圈足，盘体外壁饰锥刺纹。高 8.3、口径 14.3 厘米（图二，6）。

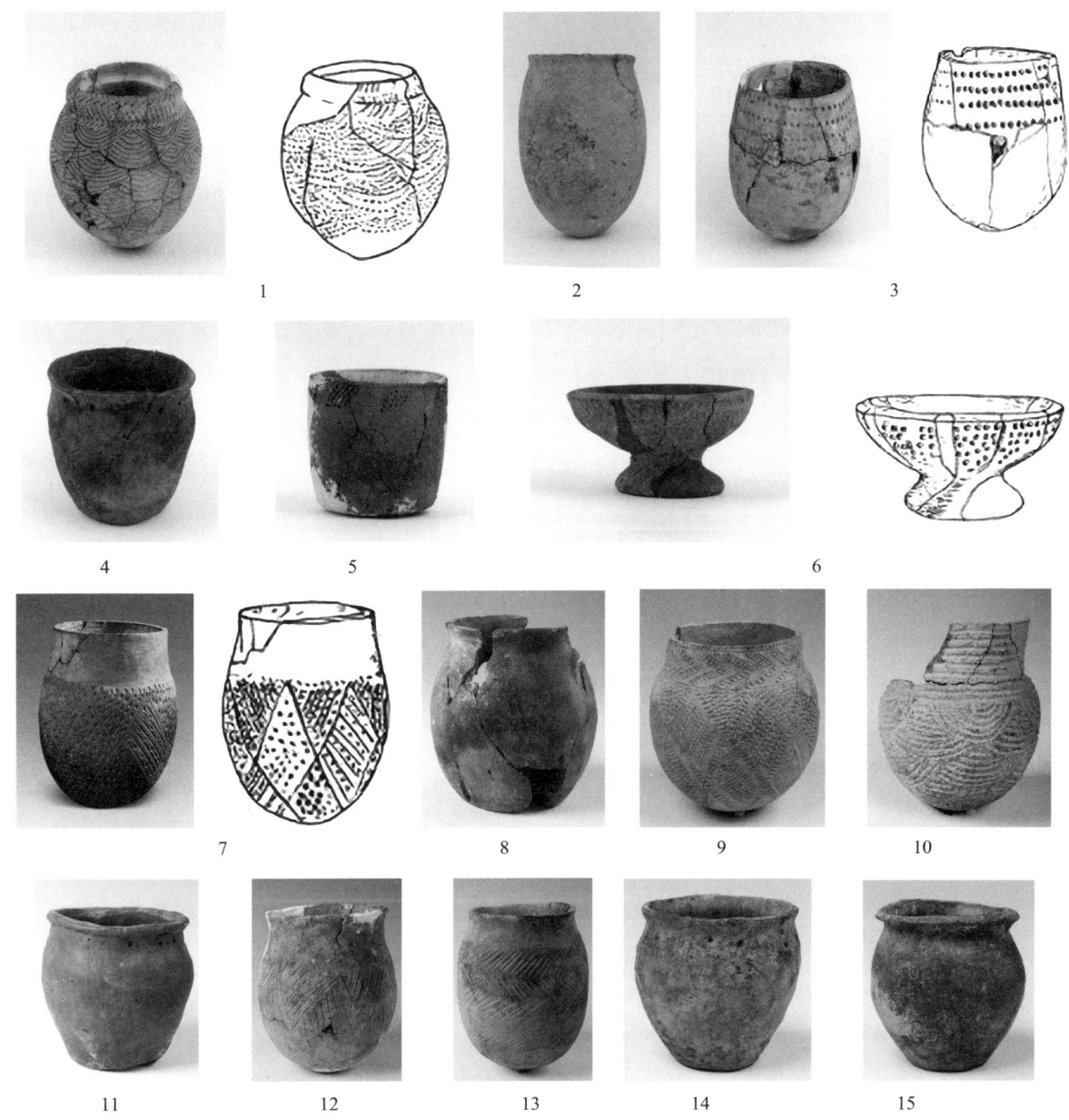

图二 切木尔切克陶器类型

1. 低领锥刺纹椭圆形陶罐（65ALKM16：1） 2. 刻划纹椭圆形陶罐（65ALKM16：2） 3. 锥刺纹弧腹椭圆形陶罐（65ALKM16：3） 4. 束颈陶罐（65ALKM16：4） 5. 锥刺纹陶杯（65ALKM7H1：1） 6. 高足陶盘（65ALKM24：8） 7. 高领弧腹椭圆形陶罐（76QK：1） 8. 鋬耳陶罐（2006FD：1） 9. 低领椭圆形陶罐 10. 高领平行线纹椭圆形陶罐 11. 束颈戳纹陶罐 12. 三角平行线纹椭圆形陶罐 13. 平行竖曲折纹椭圆形陶罐 14、15. 束颈陶罐

此外，在吉木乃县博物馆、哈巴河县博物馆、布尔津县博物馆、阿勒泰地区博物馆、阿勒泰市博物馆和富蕴县博物馆的陈展中，我们看到其中都收藏了一些切木尔切克类型的陶器。

吉木乃县博物馆收藏1件。即束颈戳纹陶罐，素面，器形不是很规整，平底，在颈部有一周戳纹。高15.7、口径14.7、底径9.7厘米（图二，11）。

哈巴河县博物馆收藏1件，即高领平行线纹椭圆形陶罐，颈口部残，纹饰具绳纹效果，与陶罐65ALKM16：1相似，颈部饰平行弦纹，腹部是重叠的平行弧线纹。高16.5、口径11.5厘米，2005

年萨尔塔木乡阿合吐别村出土（图二，10）。

布尔津县博物馆收藏1件，也是束颈陶罐，素面，平底，器物上有烟炱痕迹，制作得较为粗糙，颈部饰一周戳纹。高11.8、口径11厘米，布尔津县窝依莫克乡阿克扎尔村出土（图二，14）。

阿勒泰地区博物馆保存3件，即高领弧腹陶罐、低领陶罐和束颈陶罐。高领弧腹椭圆形陶罐（76QK：1），领部没有纹饰，腹壁饰线、点组成的菱格、平行斜线与点相间的纹饰。高22.1、口径13.7厘米，切木尔切克乡出土（图二，7）。低领椭圆形陶罐，领和腹壁部皆有线和指甲纹组成的纹样。领部饰横向排列的间有指甲纹的平行曲折纹，腹壁饰间有指甲纹的菱格、平行线纹等。高19.5、口径13.1厘米（图二，9）。束颈陶罐，器形不是很规整，有烟炱痕迹，平底，素面无纹饰。口沿为较平的斜沿。高13、口径12.2厘米（图二，15）。

阿勒泰市博物馆保存2件，即三角平行线纹陶罐和平行竖曲折纹陶罐。三角平行线纹椭圆形陶罐，制作得较为粗糙，有烟炱痕迹，领部没有纹饰，微束，弧圆底。腹壁部饰三角纹分隔的斜平线刻划纹。高20.2、口径12.8厘米，2012年切木尔切克乡喀拉塔斯出土（图二，12）。平行竖曲折纹椭圆形陶罐，器形略呈筒状，领部无纹饰，微束，圆弧底，腹壁部饰纵向平行曲折刻划纹。高23、口径14厘米，2009年切木尔切克乡科克什木村附近出土（图二，13）。

富蕴县博物馆保存1件，即錾耳陶罐（2006FD：1），局部残缺，素面，有烟炱痕迹，弧腹，平底，领部微束，圆唇，在颈肩部有对称的錾耳。高15.8、口径11.2厘米，2006年杜热乡夏牧场出土（图二，8）。

切木尔切克类型的陶器，器类比较复杂，典型器物应该还是椭圆形罐，罐的腹部相对较鼓，多小圜底。65ALKM16墓有一个器物组合，即低领锥刺纹椭圆形陶罐（65ALKM16：1）、刻划纹椭圆形陶罐（65ALKM16：2）、锥刺纹弧腹椭圆形陶罐（65ALKM16：3）和束颈陶罐（65ALKM16：4）。目前，束颈陶罐发现的比较少，对它演化的情况我们还不是很清楚。此外，切木尔切克类型的陶器里还有陶杯和高足陶盘。高足陶盘是从阿依托汗类型陶器沿袭下来的器物，说明切木尔切克陶器类型与阿依托汗类型陶器关系密切。陶杯呈筒状，是新出现的一种陶器，这一形式的陶器发现于西水东引工程墓地和陶器类型，对它的走向，还有待新的考古资料发现。

### 3. 塑柯尔特陶器类型

塑柯尔特陶器类型以富蕴的塑柯尔特墓地和萨乌迭戈尔墓地的陶器为代表。

塑柯尔特墓地的2008FSM20、2008FSM79和2008FSM71等出土了陶器，器类种类主要是陶钵。陶钵（2008FSM20），手制，圆唇，束颈，小平底，颈部饰两道凹弦纹。高10.2、口径13、腹径13.4、底径5.6厘米（图三，1）。陶钵（2008FSM79），手制，圆唇，小平底，颈部饰两道凸弦纹，并有修补痕迹。高13.9、口径18.2、腹径18.4、底径6厘米（图三，2）。

萨乌迭戈尔墓地的墓葬2006FSM20出土了1件陶器（2006FSM20：1）。短颈陶罐，敛口，短颈微束，微鼓腹，平底，颈部有"十"字刻划纹。高11.8、口径13、腹径15.6、底径7.5厘米（图三，3）。

此外，在哈巴河县博物馆、布尔津县博物馆、阿勒泰地区博物馆、阿勒泰市博物馆和富蕴县博物馆的陈展中，我们看到其中都收藏了一些塑柯尔特类型的陶器。

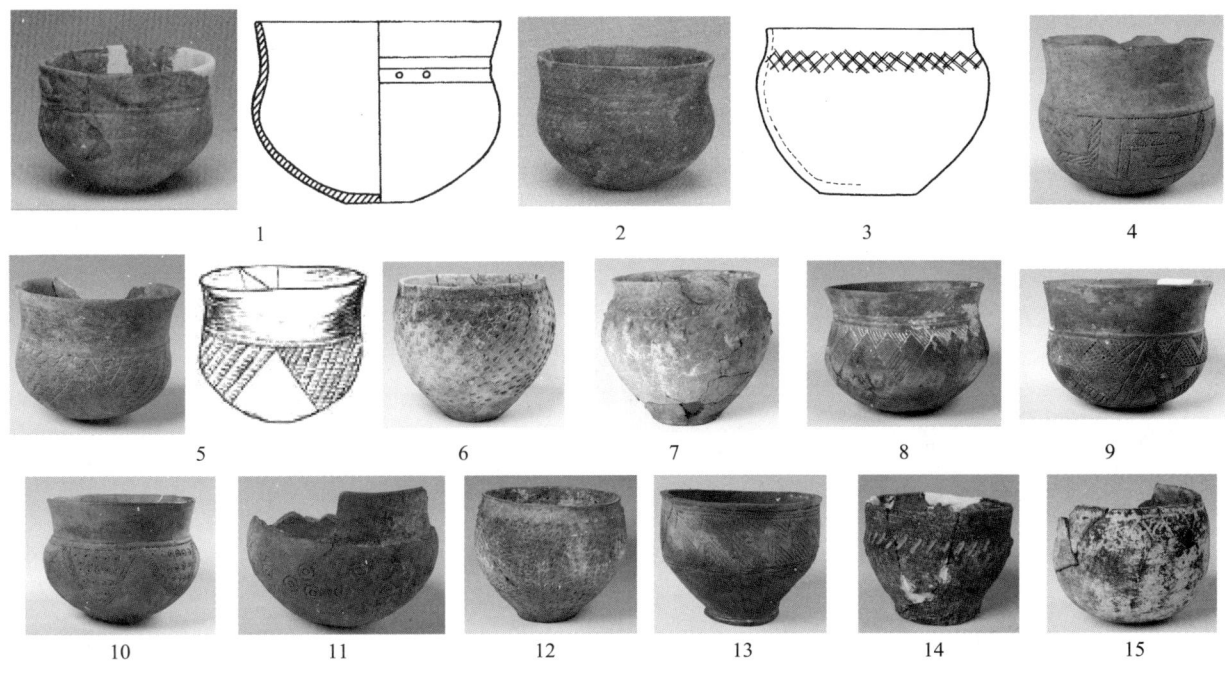

图三 塑柯尔特陶器类型

1、2. 陶钵（2008FSM20、2008FSM79） 3. 短颈陶罐（2006FSM20∶1） 4. 锥刺曲折纹高领陶罐（94AAK∶1） 5. 三角纹陶罐（94FHK∶1） 6、12. 指刻纹小平底陶罐 7. 乳钉纹小平底陶罐 8. 锥刺三角纹高领陶罐 9. 三角圆点纹高领陶罐 10. 刻划三角菱格纹陶罐 11. 同心圆纹陶罐 13. 锥刺三角纹小平底陶罐 14. 小平底黑陶罐 15. 刻划三角纹陶罐（94AAK∶2）

哈巴河县博物馆保存6件，即刻划三角菱格纹陶罐、素面陶罐、指刻纹小平底陶罐和乳钉纹小平底陶罐等。刻划三角菱格纹陶罐，手制，高领，束颈，鼓腹，颈部饰两道凸棱纹，肩腹部饰平行斜线的三角和菱格的刻划纹。高14.2、口径18.8厘米（图三，10）。指刻纹小平底陶罐，手制，低领，微束颈，鼓肩，弧壁，小平底，颈部饰一周锥刺纹，肩腹部饰指刻纹，呈纵向弧形平行式排列，并延伸至腹壁上部。高22、口径22、底径8.8厘米（图三，6）。乳钉纹小平底陶罐，手制，低领，微束颈，鼓肩，弧壁，小平底，肩部饰一周乳钉纹。高8、口径10.2、底径5厘米（图三，7）。指刻纹小平底陶罐，手制，低领，微束颈，鼓肩，弧壁，小平底，肩部饰一周乳钉纹，肩腹部饰指刻纹，指刻纹纵向排列，排列上似有些乱，并延伸至腹壁上部。高22、口径22、底径8.8厘米（图三，12）。

布尔津县博物馆保存3件，即锥刺三角纹高领陶罐、三角圆点纹高领陶罐和锥刺曲折纹高领陶罐。锥刺三角纹高领陶罐，手制，高领，束颈，鼓腹，肩部饰一道凸棱纹，肩至腹壁饰锥刺构成的正、倒排列有序的三角纹。高13.5、口径18厘米（图三，8）。三角圆点纹高领陶罐，手制，高领，束颈，鼓腹，肩部饰一道凸棱，腹部饰刻划的倒三角纹，内饰圆点纹。高13.9、口径17厘米（图三，9）。锥刺曲折纹高领陶罐（94AAK∶1），手制，高领，束颈，鼓腹，圜底，肩部饰一道锥刺纹，腹部锥刺矩尺形的曲折纹。高11.3、口径12.2厘米（图三，4）。

阿勒泰地区博物馆保存2件，即三角纹陶罐和刻划三角纹陶罐。三角纹陶罐（94FHK∶1），局部缺失，手制，高领，束颈，鼓腹，圜底。肩部有一道凸棱纹，腹部饰刻划的三角纹，三角纹内是短线构成的平行斜线纹。高12.6、口径15.1厘米（图三，5）。刻划三角纹陶罐（94AAK∶2），手制，敛口，弧腹，圜底，颈肩部刻划弦纹和倒三角纹。高14、口径12.8厘米（图三，15）。

阿勒泰市博物馆保存3件，即锥刺三角纹小平底陶罐、小平底黑陶罐和同心圆纹陶罐。锥刺三角纹小平底陶罐，直高领，折肩，斜壁，小圆假圆足，颈和肩部饰锥刺的弦纹，领壁和腹壁部饰上下对称的锥刺三角纹。高13.1、口径16.7厘米（图三，13）。小平底黑陶罐，手制，口壁略直，折肩，小平底，肩颈部饰刻划的平行斜短线纹，短线略显粗。高7.5、口径9厘米（图三，14）。同心圆纹陶罐，口部残，手制，高领，鼓腹，颈肩部有一个小坎，腹壁部饰同心圆的戳纹。高10、口径5厘米（图三，11）。

塑柯尔特类型的陶器，器形特征比较明显，大体上可以分为两个类型：一类是短颈的小平底罐，这是比较典型的塑柯尔特类型器物；另一类是高领的圜底罐，也就是我们曾说的库希类型陶器。

### 4. 西水东引工程墓地陶器类型

西水东引工程墓地陶器类型，以西水东引工程墓地的2010AJM12石棺墓出土的陶器为代表。

2010AJM12石棺墓出土了1件筒形陶罐（2010AJM12∶1），残，可复原。夹砂黑陶。手制，直口，圆唇，深直腹微鼓，大平底，器表满饰刻划纹。口沿下饰一周凹弦纹，上腹部饰五周指甲掐出的半月形纹，下腹部饰内填斜线的三角纹。高13、口径12.5、底径9.8、最大腹径13、壁厚0.8、底厚0.6厘米（图四，1）。

此外，在布尔津县博物馆、阿勒泰地区博物馆、阿勒泰市博物馆和富蕴县博物馆的陈展中，我们看到其中都收藏了一些西水东引工程陶器类型的陶器。

阿勒泰市博物馆保存4件，即纵指甲纹平底陶罐、横指甲纹平底陶罐、平行短线纹陶罐和刻划菱格纹陶罐。纵指甲纹平底陶罐，手制，敞口，腹壁斜直，平底，口外壁有一道弦纹，肩腹部饰平行排列的纵指甲纹。高11.9、口径13厘米（图四，2）。横指甲纹平底陶罐，手制，敞口，腹壁斜直，平底，口外壁饰刻划短线纹，横指甲纹布满整个外壁，平行排列。高11.5、口径12.7厘米（图四，3）。平行短线纹陶罐，手制，敞口，肩部略鼓，呈弧腹壁状，平底，整个外壁饰平行短线，组成纵向的排列形式。高9.4、口径10.3、底径6厘米（图四，4）。刻划菱格纹陶罐，手制，敛口，折腹，平底，肩颈部饰菱格和三角形刻划纹，菱格和三角形格内饰平行斜线和平行线纹。高17、口径13—13.5厘米（图四，5）。

西水东引工程墓地2010AJM12，出土陶器的器形与以上三种类型有着明显的区别，特征也比较明显。基本的形制是口和底相对比较大，以敞口为主，以斜直的腹壁为主，平底。纹饰以指甲纹为主。此外，还有一些过渡形式的器物，如筒状杯、折腹陶罐，纹样由刻划线纹组成等。

图四　西水东引工程陶器类型

1. 筒形陶罐（2010AJM12∶1）　2. 纵指甲纹平底陶罐　3. 横指甲纹平底陶罐　4. 平行短线纹陶罐　5. 刻划菱格纹陶罐

## （二）准噶尔西部山地素纹陶考古文化

准噶尔西部山地是一个相对独立的地理单元，萨孜文化现象值得注意。

### 萨孜文化

萨孜文化是萨孜—穷科克文化中分化出来的一种考古文化，它的中心地带在准噶尔西部山地，其陶器所显现出来的文化面貌也是素纹陶器。

关于萨孜文化的年代，依目前的考古材料推测在公元前20—前8世纪。同时，萨孜文化以其典型陶器的特征，可以分出三个类型：萨孜类型、乌拉斯台类型、阿勒腾也木勒类型。

1）萨孜类型

陶器的特征主要是假圈足束颈鼓腹罐，通体饰锥刺纹，上部是水波纹，内填斜线纹，中部是在正、倒三角纹内填平行线纹，下部是两周折线纹[16]。陶器虽仅1件，但特征明显，可以单独列为一个类型。锥刺纹陶罐，萨孜古墓出土，高16.6厘米（图五，1）。

2）乌拉斯台类型

乌拉斯台类型，以乌拉斯台遗址和阿布都拉水库墓地地表采集的陶片为代表。乌拉斯台遗址陶器特征主要是无耳平底罐，器形不大，器物以各种直口、斜腹或折肩为主，也有极个别圜底小钵。陶质为夹砂灰褐陶，纹饰有三角形划纹、篦纹、指甲纹等。遗存包括墓葬和遗址，位于塔城市西北角的乌拉斯台河东、西两岸台地上，墓葬在东岸，遗址在西岸。1990年7—8月间进行过发掘（图五，2、3）[17]。

阿布都拉水库墓地，地表采集陶片共9块（15TAMC6∶6-①—15TAMC6∶6-⑨）。夹砂灰陶罐残片，胎体及外表有掺和的云母碎片。器壁有素纹，陶片15TAMC6∶6-①颈部由内向外戳压珍珠纹；3件陶片饰有戳刺纹（15TAMC6∶6-②、15TAMC6∶6-③、15TAMC6∶6-⑥）；3件陶片饰杉针纹（15TAMC6∶6-④、15TAMC6∶6-⑧、15TAMC6∶6-⑨）；陶片15TAMC6∶6-⑤饰凸弦纹（图五，2、3）[18]。

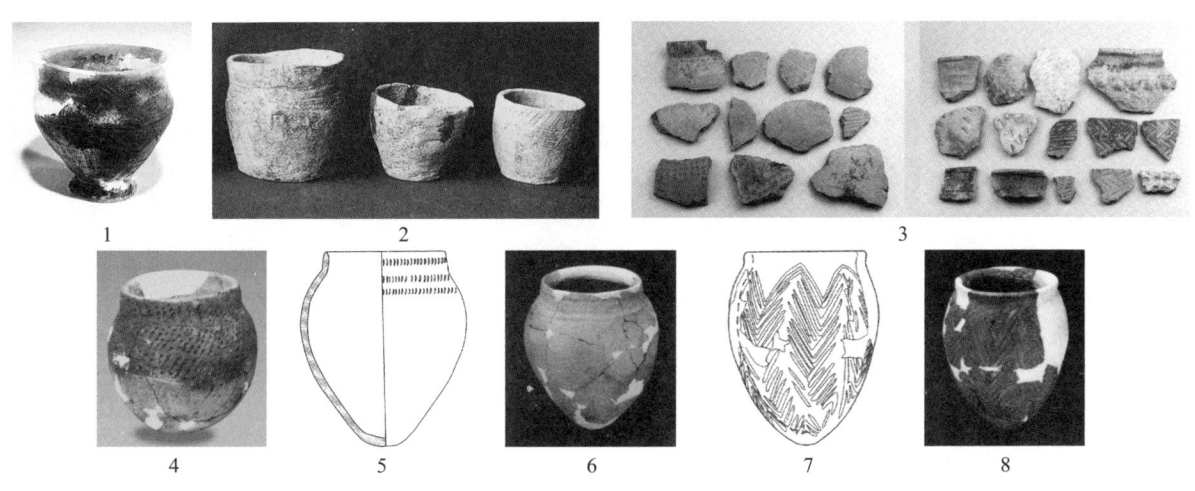

图五　萨孜文化陶器
1. 萨孜类型　2、3. 乌拉斯台类型　4—8. 阿勒腾也木勒类型

3）阿勒腾也木勒类型

阿勒腾也木勒类型，以阿勒腾也木勒墓地和松树沟墓地出土素纹陶为代表。阿勒腾也木勒墓地的陶器特征主要是尖底的橄榄形陶罐，夹砂灰陶，直口，外表饰有戳刺纹或刻划纹（图五，4—8）。同时出土了橄榄形的石罐[19]。

松树沟墓地出土 2 件素陶。蛋形尖底陶罐（17THSM15∶1），残，夹砂红陶，有烧灼的痕迹，直口，圆肩，腹部斜收，圜底，颈部至肩部饰有竖向三周指甲纹。口径 15.4、底径 4 厘米。蛋形尖底陶罐（17THSM16∶1），残，夹砂灰陶，圆唇，蛋形，腹部斜收，尖底，表面饰波折纹。高 16.5、口径 10.3 厘米（图五，4—8）[20]。

## （三）西天山素纹陶考古文化

在新疆西天山的温泉县考古中，发现了一些夏商西周时期即青铜时代的遗存，为阿敦乔鲁遗址。阿敦乔鲁文化因阿敦乔鲁遗址和墓地的发掘而得名。温泉县地处西部天山，三面环山，北面是阿拉套山，南面是科古琴山，形成一个小的三角形地带，是一个相对独立的地理单元。发掘者根据 $^{14}C$ 测年推测遗址和墓葬的年代在公元前 19—前 17 世纪。在遗址 F1 出土了零星的家畜骨骼和陶片（图六，2—4），在 F3 东侧石墙附近出土石器和零星陶片，在 SM4-1 墓底西端放置 1 件残小陶罐，在 SM4-2 出土有陶罐以及羊骨等（图六，1），在 SM50-1 墓室的两棺底部近西端各出土 1 件残小陶罐，在 SM50-2 墓底西端出土 1 件小陶罐。此外，在博乐哈拉吐鲁克水库墓地的发掘中，也发现了阿敦乔鲁文化的素纹陶片。

图六　阿敦乔鲁遗址及墓葬出土陶器和陶片

1. SM4-2 墓石棺随葬陶器　2—4. F1 出土陶片　5. 阿敦乔鲁墓葬出土的完整陶器　6、7. 阿敦乔鲁二号遗址墓葬出土素纹陶

### 1. 阿敦乔鲁遗址与墓地

发掘者在《新疆温泉县阿敦乔鲁遗址与墓地》一文中介绍了 SM4-2 的陶器和 F1 的陶片。在

SM4-2 陶器口部的外壁，有类似指甲纹一类的纹饰，而在 F1 陶片面上明显饰有三排平行排列的短弧线素纹[21]。同时，发掘者称阿敦乔鲁墓葬出土的完整陶器均为手制，平底，主要包括三种类型：器壁平滑的小陶罐（高4—8厘米），略呈筒形；肩部明显、略折腹的半敞口小陶罐（高9厘米）；肩部平滑的中小型陶罐（高12—13厘米）。第一类陶罐是素面，第二、三类陶罐中则包含了一些在颈部和肩部装饰有数圈刻划或戳印纹的类型。F1 居住址空间内发现的陶片所反映的容器尺寸大多与阿敦乔鲁第二、三类陶器尺寸相当，也存在大型陶器，在纹饰上大都表现得更是多样。戳印纹、刻划纹、指甲戳纹和实体线条的混合构成了丰富的纹饰组合（图六，5）[22]。此外，在今天的报道资料中显示，在阿敦乔鲁二号遗址墓葬里也出土了素纹陶（图六，6、7）。

### 2. 哈拉吐鲁克水库墓地

墓地位于博乐市小营盘镇明格陶勒哈村西关3千米处，在 2017BHM12 和 2017BHM17 的填土中各出土了1件素纹陶。陶片 2017BHM12∶2，是器物的腹部，夹砂浅褐陶，内外微泛红，饰弧形压纹，残高7.4、残宽7.6、厚1厘米（图七，1、2）。陶片 2017BHM17∶2，是器物的口颈部，夹砂灰陶，圆方唇，窄沿外折，直腹，颈腹部饰平行旋纹，残存6道，残高5.2、残宽6.4、厚0.8厘米（图七，3、4）。发掘者认为，这2件素纹陶片属于青铜时代，旋纹与阿敦乔鲁墓地出土的一致[23]。

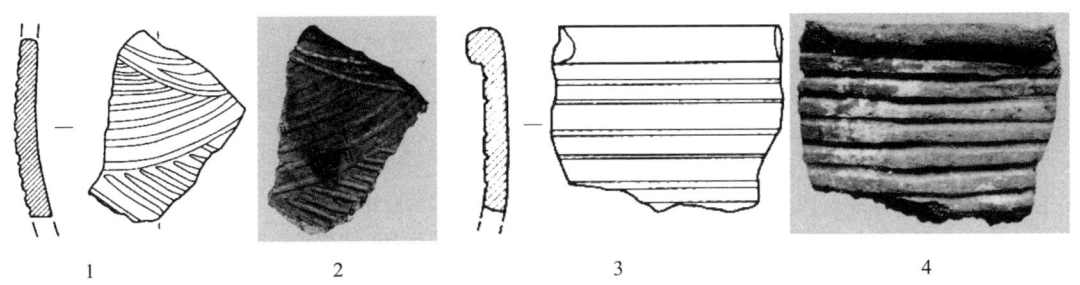

图七　哈拉吐鲁克水库墓地出土素纹陶片
1、2. 陶片（2017BHM12∶2）　3、4. 陶片（2017BHM17∶2）

### （四）伊犁河谷素纹陶考古文化

在伊犁河谷这一独特的地理单元的夏商西周时期即青铜时代考古研究中，学者们认为最具代表性的陶器应该是素纹陶。虽然学者们对其文化现象有着不同的认识或者不同的侧重点，称谓上发生一些变化，但是对这一文化现象的基本特征和年代的认识大体是相近的。2015年、2016年和2018年，对尼勒克县科蒙乡恰勒格尔村吉仁台沟口遗址进行考古调查和发掘，认为是年代最早、规模最大的聚落遗址，其文化特征明确，我们称为"吉仁台沟口文化"。

对伊犁河谷夏商西周时期即青铜时代墓葬的认识，是从1988年8月全国第二次文物普查中发现了霍城大西沟墓地的1座土墩墓开始的，调查者认为这是探索伊犁河青铜时代早期文化的一批重要材料[24]。2001年发现了穷科克遗址，2002年发掘面积450平方米，发现了以素纹陶为代表的陶器，学者们初步提出了穷科克下层文化[25]。最初，在考古研究中发现伊犁河谷穷科克下层文化与萨孜村附近的墓地和遗址出土有非常相似的陶器，所以，有学者称它们作"穷科克—萨孜文化"或"萨孜—穷科克文化"。虽然萨孜墓地和穷科克遗址下层出土陶器在文化面貌上有许多相似之处，但也存在一些差异，同时在塔城地区还发现其他青铜时代遗存的陶器与此也有差异，这个差异可以看作是地域上的差异。这样一来，根据它们之间存在的地域性差异将其分成了穷科克类型和萨孜类型[26]。随着不断有新的考古发掘资料出现，逐渐显露出穷科克类型和萨孜类型在地域上的差异，或者说穷科克类型的文化特点更加明显，所以将两者分开称作穷科克文化和萨孜文化。从今天的考古材料来看，吉仁台沟口遗址的考古调查和发掘，被认为是年代最早、规模最大的聚落遗址，有居址区和高台遗存。居址区发现有房址、窑址、墓葬以及出土遗物等[27]。其文化特征也更加明确，所以将穷科克文化更名为"吉仁台沟口文化"。不过，有的学者认为伊犁河谷穷科克文化的陶器与俄罗斯米努辛斯克盆地安德罗诺沃文化的陶器非常相似，并认为是安德罗诺沃文化的一个分支，即"汤巴拉萨伊类型"。自然，这也是应该值得注意的一个问题[28]。在伊犁河谷的考古发现中，属于吉仁台沟口文化的遗存，除了霍城大西沟墓地、尼勒克穷科克遗址的下层，还有尼勒克哈拉苏居住遗址[29]、尼勒克汤巴勒萨依墓地早期墓葬[30]、特克斯阔克苏河西2号墓地早期墓葬[31]和新源阿尤赛沟口遗址[32]。其中尼勒克汤巴勒萨依墓地早期墓葬和特克斯阔克苏河西2号墓地早期墓葬都出土了完整的陶器，文化特点也比较明显。发掘的墓葬中出土的陶器，大部分是夹砂灰陶，有少量的夹砂红陶，陶器中也存在施红色陶衣的。器形有大口圆腹小底的陶罐、斜直壁微鼓腹的陶罐和陶杯，器物的类别相对较少。陶罐多存在折肩的现象，多平底器，也存在不少的圈足器。部分器物制作得非常精细，器表及内部磨光。颈部刻划倒三角纹，三角纹内戳刺成排的圆点纹，圈足也饰一周戳刺圆点纹（图八，1、2）。在穷科克文化的尼勒克哈拉苏居住遗址（图八，4—21）和新源阿尤赛沟口遗址中，出土了不少素纹陶陶片，其纹饰有平行短斜线、曲折纹、压印短线纹、三角纹、圆点纹和乳钉纹等。尼勒克吉仁台沟口遗址位于尼勒克县科克浩特尔蒙古民族乡恰勒格尔村东1.5千米处，地处喀什河出山口处北岸二级和三级台地上。在2015年的发掘中，在房址内发现素纹陶片（图八，3）。

（五）北天山素纹陶考古文化

北天山的素纹陶，可以划分出石河子水泥厂、萨恩萨伊一期文化[33]、坎尔孜和西沟文化这四个考古文化。

### 1. 石河子水泥厂文化

石河子水泥厂文化，以石河子市北5千米的玛纳斯河西岸的水泥厂墓地而命名。这里有经过考古发掘的两处墓地：一处在水泥厂；另一处在良种场一连[34]。其中水泥厂墓地发掘出土的部分陶器有：三角纹平底罐（82SHSM：1），高15、口径15.8、底径8.9厘米（图九，1）；乳钉纹平底罐（82SHSM：2），外表有明显的烟炱痕迹，高12.5、口径14、底径7.2厘米（图九，2）；乳钉纹平底罐（82SHSM：3），高11.8、口径11.7、底径7.5—7.8厘米（图九，3）；凸菱格纹平底盆（82SHSM：4），高9.5、口径18.2、肩径18.5、底径6.3厘米（图九，4）。此外，还有1件陶器残片，上有刻纹和压印纹（图九，5）。

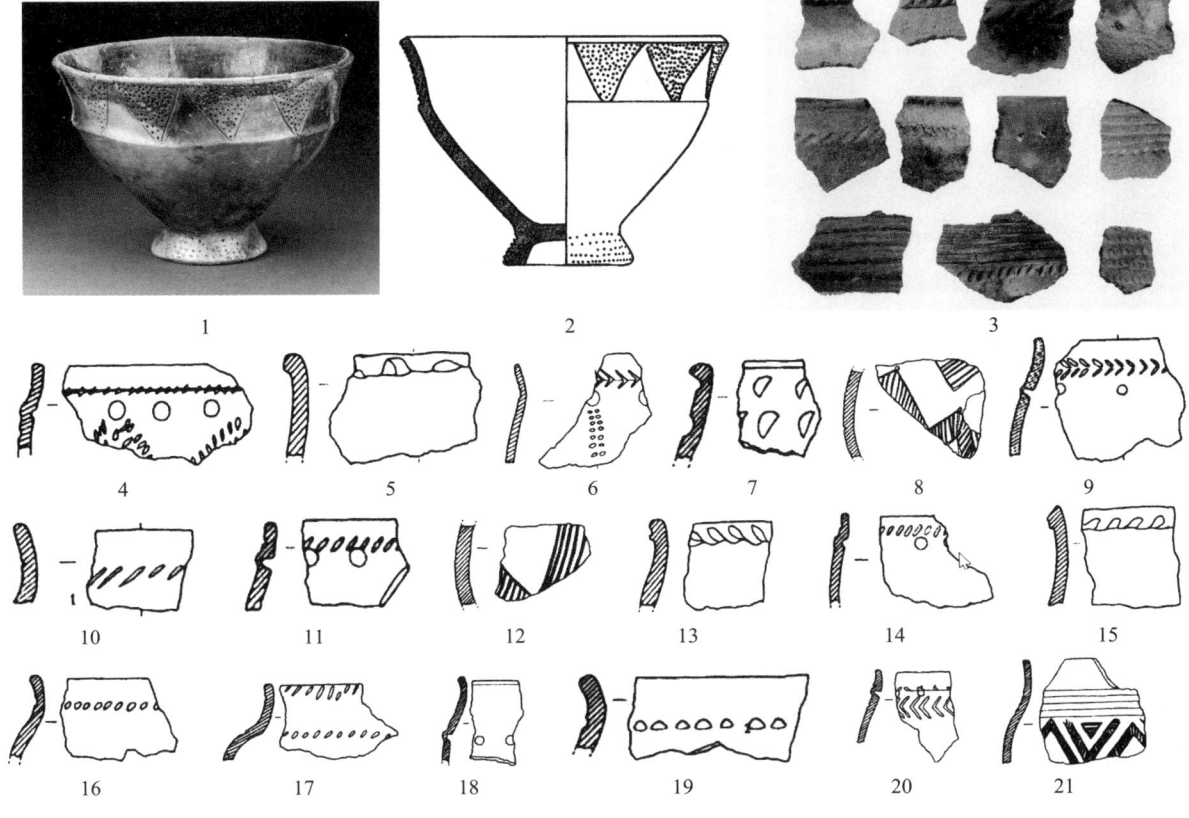

图八　吉仁台沟口文化陶器

1、2. 特克斯阔克苏西 2 号墓地出土陶碗（M53∶2）　3. 尼勒克吉仁台沟口遗址发现的素纹陶片
4—21. 尼勒克哈拉苏居住遗址发现的素纹陶片

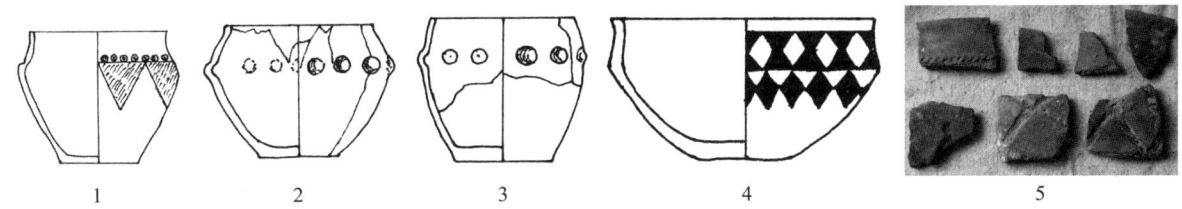

图九　石河子水泥厂墓地出土的素纹陶

1. 三角纹平底罐（82SHSM∶1）　2、3. 乳钉纹平底罐（82SHSM∶2、82SHSM∶3）　4. 凸菱格纹平底盆（82SHSM∶4）
5. 刻划纹陶片

此外，沙湾森塔斯墓地的素纹陶也属于石河子水泥厂文化。陶器中存在乳钉纹和刻划纹等。

## 2. 萨恩萨伊一期文化

萨恩萨伊一期文化由发现于乌鲁木齐南山萨恩萨伊墓地的 M47 和 M85 组成。此外，还有乌鲁木齐南山发现的素纹陶。

M47 出土了 1 件素纹陶罐（M47∶1），夹砂灰陶，手制，敛口，平沿，圆唇，斜壁，平底。口外壁有一周刻划的倒三角纹，三角纹内戳划十个小圆点。高 12.2、口径 13.5、底径 12.2 厘米（图一〇，1）。M85 墓出土了 2 件素纹陶。陶罐［M85（A）∶1］，夹砂红陶，手制，敞口，平沿，圆唇，束颈，鼓腹，圜底，颈部饰一周刻划的菱格纹，腹部还有一周菱格纹。高 15、口径 13.5 厘米

（图一〇，2）。陶罐［M85（C）:1］，夹砂红陶，手制，直口，平沿，方唇，束颈，鼓腹，圜底，肩部饰三个小乳钉纹。高17.4、口径13.5、底径12.2厘米（图一〇，3）。

### 3. 坎尔孜文化

1976年春，农民在奇台县坎尔孜耕地时发现，当时的遗址是一个大土丘，高3米，东西长400、南北宽60米。地面散布有人骨和畜骨等，出土了1件尖底椭圆形陶罐，高14、口径11.5厘米（图一〇，5）[35]。

1999年夏，新疆大学历史系的一个同学交到新疆博物馆考古部一件残陶器，说是在南山家的地里锄地时出土的。器物是双系陶罐残片，肩部保存一个小系，从截面看表、里为土黄色，中间是灰色，夹砂。外斜沿，沿面上有平行斜线压纹，口外壁至肩部饰两周平行曲折压纹（图一〇，4）。因为残陶器的器形不是很清楚，所以不作考古文化分析。

### 4. 西沟文化

西沟文化以西沟遗址出土的素纹陶为代表。西沟遗址位于阜康市上户沟乡的西沟煤矿北天山北麓山前洪积台地上。2011年新疆文物考古研究所发掘，有房址、灰坑等。出土陶片以夹砂褐陶为主，器形有钵、罐等，纹饰有附加堆纹、戳刺纹、刻划纹等（图一〇，6）[36]。

## （六）南天山素纹陶

南天山的素纹陶，大体上可以划分出三个文化，即新塔拉文化、哈拉墩文化和阿克塔拉文化。

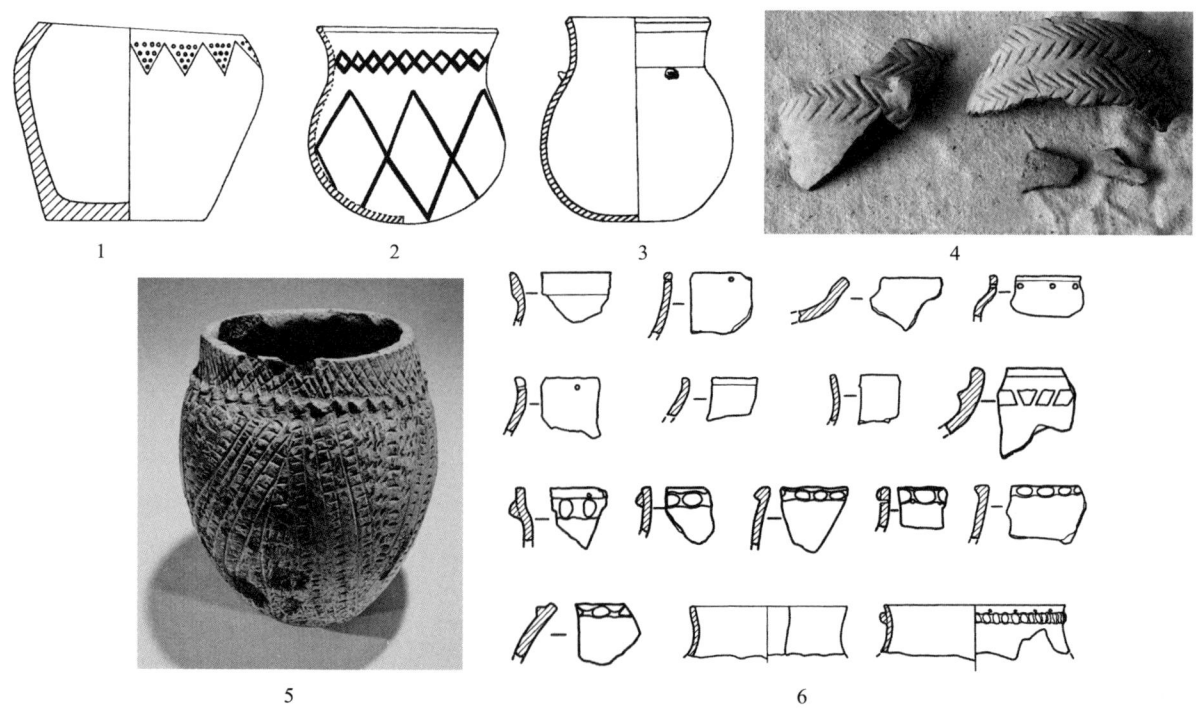

图一〇　萨恩萨伊文化、坎尔孜文化和西沟文化发现的素纹陶
1—3. 陶罐（M47:1、M85（A）:1、M85（C）:1）　4. 乌鲁木齐南山素纹陶　5. 奇台坎尔孜遗址素纹陶　6. 西沟遗址素纹陶

## 1. 新塔拉文化

新塔拉文化，以和硕新塔拉遗址发现的素纹陶命名。塔拉遗址采集到1件敞口筒状陶杯（81HA：33），高9.2、口径6.3厘米（图一一，1）。$^{14}$C测年距今3175±90年，树轮校正距今3375±155年[37]。

在新疆维吾尔自治区第三次全国文物普查资料中，介绍有若羌县罗布泊西北09LE3号遗址的素纹陶[38]。此外，在楼兰16一号遗址，即16一号遗址和16细玉斧区也发现了素纹陶，因器形不明确，所以暂不作考古文化的分析。在楼兰16一号遗址采集了10片刻划纹陶片，皆是陶器的腹部残片。陶质以褐红陶为主，个别为灰陶，刻划的纹饰有多重三角纹、三角纹、水波纹、弦纹和人形图案等，也有少量的戳印圆圈纹（图一一，2）。在楼兰16细玉斧区，采集2件素纹陶片，皆手制，夹粗砂褐红陶，圆沿。1件是戳印纹陶片（16细玉斧：5），残，仅存口部，高领，颈部有四条戳印的凸圆圈纹带饰。残高7.2、壁厚0.4厘米。1件可以看出器形，是筒形罐（16细玉斧：4），保存有口部，直腹。残高8.4、直径17厘米（图一一，3）[39]。在C5-1区块，采集16压印纹陶罐：1。陶罐残，大体可以复原，夹砂红陶，器表面的颜色不均匀，器壁较薄，直口、平沿、直腹壁、平底，腹外壁施几道附加泥条堆纹，泥条上面饰斜向短槽。在口部第二、三条泥条堆纹之间有1孔。陶罐高8厘米（图一一，4）[40]。

图一一　新塔拉文化和楼兰地区考古发现的素纹陶
1. 敞口筒状陶杯（81HA：33）　2. 楼兰16一号遗址的素纹陶　3. 楼兰16细玉斧区的素纹陶　4. C5-1区块素纹陶罐

## 2. 哈拉墩文化

哈拉墩文化，也被称为"哈拉墩前期文化"，以1958年黄文弼先生发掘的库车县哈拉墩遗址早期遗存为代表。哈拉墩遗址位于城东郊3千米的乌恰河东面平原上。在该遗址西区和北区进行了发掘，遗址分为早晚两期，早期分布在北区第三层和第四层[41]。

哈拉墩素纹陶的纹饰主要是弦纹、连续折线纹（图一二，1）和圆环纹、乳钉纹（图一二，2）。

由于哈拉墩早期遗存中未出土金属器，发掘者当年认为哈拉墩早期遗存属于新石器时代晚期，从今天新疆的考古研究来看，年代可能集中在公元前2千纪及其后半段。

## 3. 阿克塔拉文化

阿克塔拉文化，以考古调查的疏附阿克塔拉遗址发现的素纹陶而命名[42]。从目前发表的调查资料看，阿图什阿羌遗址也采集有素纹陶，其特征与阿克塔拉遗址的素纹陶非常相似。阿克塔拉遗

 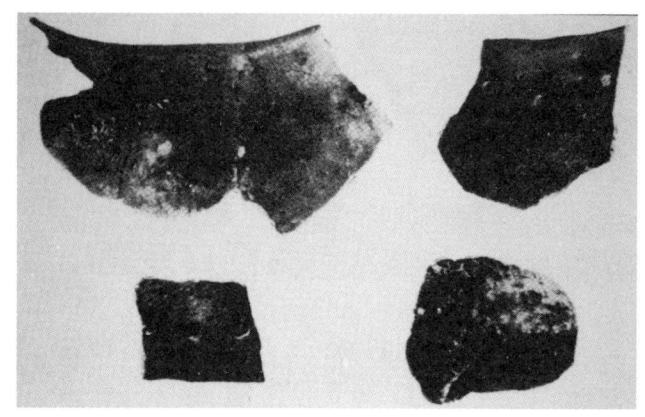

图一二　库车哈拉墩遗址出土的素纹陶
1. 弦纹和连续折线纹　2. 圆环纹和乳钉纹

址曾采集到59块陶器残片，其中夹砂褐陶片43块、夹砂灰陶片11块、夹砂红陶片5块。夹砂褐陶片是大宗，羼和料主要是石英砂，有些砂粒很粗。皆手制，火候不高，多是素面，很多器物在口沿外壁有一圈戳孔或小乳钉，戳孔部分从里向外戳，也有从外向里戳的，此外，有极少量的水波纹、堆纹、乳钉纹等，有些陶片内壁有布纹痕迹。陶片能看出的器形有罐、盆、钵、釜、盘、碗、杯等，器底以圜底器占多数，平底和圈足发现的很少。器耳中发现有錾耳（图一三，1）。

阿图什阿羌遗址，发现者在这里采集了9件遗物，其中较完整的素纹陶至少有3件。刻划纹陶罐，口稍敛，高17、口径15厘米（图一三，2）。乳钉纹红陶罐，颈略束，腹略鼓，肩部饰刻划菱格网纹。高16、口径13厘米（图一三，3）。乳钉纹土黄陶罐，颈略束，腹略鼓，颈肩部有凸起的乳钉纹。高18、口径13厘米（图一三，4）[43]。这3件陶器的底部皆有烟炱痕迹，应该是炊器。

（七）北昆仑山素纹陶考古文化

在北昆仑山一带的夏商西周时期即青铜时代考古中，在尼雅北方遗址、于田流水墓地、于田克里雅北方墓地、策勒库勒布依遗址和皮山苏吕克遗址都发现了素纹陶。从素纹陶的基本特征以及分布区域，可以将其划分出五种考古文化，即尼雅北方、于田流水早期、于田流水晚期、克里雅北方和苏吕克考古文化。

**1. 尼雅北方文化**

尼雅北方文化，以尼雅遗址北方发现的一些素纹陶而得名。1989年的调查采集有素纹陶片，多夹砂红褐陶，纹样多见弦纹、刻划纹。1993年调查了一个地点，即93NBC地点；1996年调查了三个地点，即96MNBA、96MNBB和96MNBAC地点。发现有居址的墙体木柱，采集了石器、陶器、铜器等重要文物。采集的典型素纹陶器，除了陶罐和陶杯外，还有一些陶片。1993年采集的主要是陶片（图一四，14—20）。情况如下：

双耳筒形陶罐（96MNBBC:3），夹砂红陶，方唇，直口，筒形腹，平底，手制，唇外沿下饰

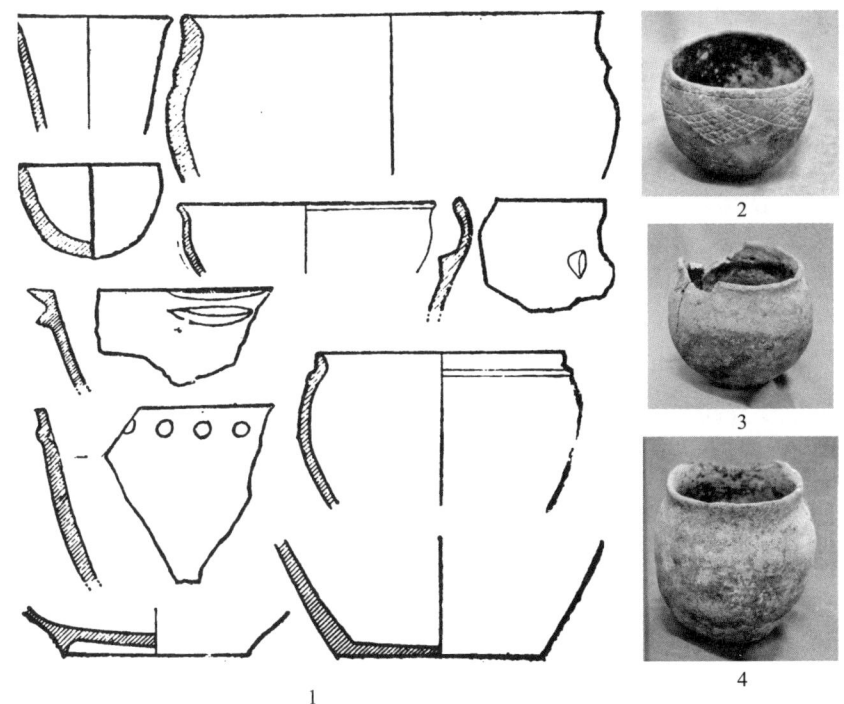

图一三　疏附阿克塔拉遗址陶器及残片和阿图什阿羌遗址陶器
1. 疏附阿克塔拉遗址和阿图什阿羌遗址陶器及残片　2. 刻划纹陶罐　3. 乳钉纹红陶罐　4. 乳钉纹土黄陶罐

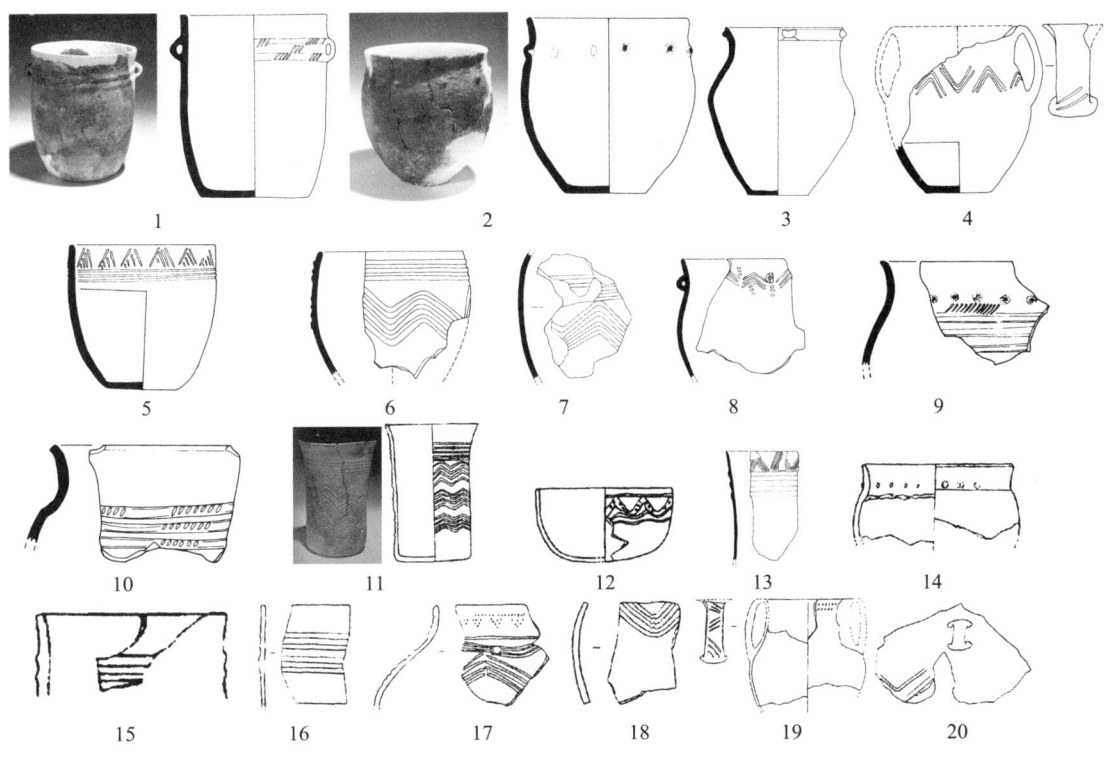

图一四　尼雅北方文化的素纹陶
1. 双耳筒形陶罐（96MNBBC∶3）　2. 乳钉纹陶罐（96MNBCC∶1）　3. 高领溜肩陶罐（96MNBAC∶21）　4. 大耳陶罐（96MNBAC∶7）　5. 陶杯（96MNBAC∶5）　6. 弦纹折棱纹陶罐（96MNBAC∶22）　7. 陶片（96MNBAC∶20）　8. 几何压印纹口沿（96MNBCC∶8）　9. 压印弦纹口沿（96MNBBC∶5）　10. 陶器口沿（96MNBBC∶4）　11. 筒形陶杯（93NBC∶1）　12. 陶碗（MNC）　13. 压印几何纹陶罐口沿（96MNBBC∶8）　14—20. 1993年采集的素纹陶片

两道弦纹，凸弦纹上有连续成组的刻划纹，两小耳置弦纹处。通高20.8、口径16、最大腹径15.8厘米（图一四，1）。乳钉纹陶罐（96MNBCC：1），夹砂灰陶，方唇，敞口，小平底，手制，器表较粗糙，口沿下有一周由内向外戳孔形成的乳钉纹。通高16、口径14.4、最大腹径15.8厘米（图一四，2）。高领溜肩陶罐（96MNBAC：21），夹砂红陶，圆唇，敞口，束颈，溜肩，小平底，口唇下方有四个对称乳凸状装饰。通高26.4、口径18.2、最大腹径23.2厘米（图一四，3）。大耳陶罐（96MNBAC：7），夹砂褐陶，大耳，鼓腹，小平底，上腹部有一周连续几何折线刻划纹，耳下部有两道刻划纹。通高15.82、最大腹径14厘米（图一四，4）。陶杯（96MNBAC：5），夹砂褐陶，圆唇，直口，直腹，平底，口沿外有一周连续几何形刻划纹和四道凹弦纹。通高11厘米（图一四，5）。弦纹折棱纹陶罐（96MNBAC：22），残，保存口沿以及腹部，夹砂红陶，圆唇，敛口，沿外下方有三道凸弦纹，弦纹下有四道一组的连续几何折棱纹。口径13厘米（图一四，6）。此外，陶片（96MNBAC：20）的纹饰与其相似（图一四，7）。几何压印纹口沿（96MNBCC：8），夹砂红陶，尖唇，敞口，口沿外有细线刻划几何纹，压印纹的上下之间有点状压印纹，颈部有一小系耳（图一四，8）。压印弦纹口沿（96MNBBC：5），夹砂灰褐陶，尖唇，敞口，口沿外有由内向外戳孔形成的一周乳钉纹，其下有三道凸弦纹，弦纹上有一组压印纹（图一四，9）。陶器口沿（96MNBBC：4），夹砂红陶，方唇，敞口，束颈，口沿外有三道弦纹，弦纹上有成组点状压印纹（图一四，10）。筒形陶杯（93NBC：1），夹砂褐陶质，方唇小口，口沿外有成组的折曲线压印纹一周，颈部有五周凸弦纹（图一四，11）。陶碗（MNC），高22.8、口径16厘米（图一四，12）[44]。

### 2. 流水文化

流水文化，因于田县流水墓地的发掘出土了一批较为典型的素纹陶而得名[45]。于田流水墓地，位于于田县阿羌镇喀什塔什村附近，地处昆仑山克里雅河上游河道与流水河交汇处的阿克布拉克台地上。台地东西长131、南北最宽35米，其南、东面皆为断崖。2003—2005年，发掘墓葬共计52座。地表有石圈或石堆标志，均为竖穴墓室，墓室上层有填石，墓中单独埋入的一次葬现象较少，多为一次葬人骨与多具二次葬人骨共存。葬式为仰身屈肢。随葬家畜头骨和四蹄，一般为山羊，规格高者葬马。出土带刻划纹的陶器及铜刀、铜斧、铜矛和玉器等。流水文化的陶器上存在圜底器和折肩器的组合、齿压与刻划的三角纹和菱形纹的组合。素纹陶器有单耳陶罐、陶杯、陶钵、无耳陶罐和双系陶罐、双耳陶罐等。

单耳陶罐，耳位于口肩部，圜底。M9：4，夹砂红褐陶，口微敞，尖圆唇，鼓腹，口颈部有四周平行连续的三角纹，内填划纹，耳部亦饰三角纹，内填划纹。高10、口径7.8—8、腹径10.4厘米（图一五，1）。M6：6，夹砂红陶，口微敞，鼓腹，口沿下饰七周平行连续的正三角纹，耳部也有三角纹和斜划纹。高14.8、口径10、腹径14.5、耳宽2厘米（图一五，2）。

陶杯，大体呈筒状，夹砂红陶。M44：2，敞口，圆唇，斜腹，平底，口沿下饰三道弦纹，其下饰两周菱形纹，内填斜线纹，其下饰"之"字纹，内填斜线纹，靠近底部饰三角纹，内填斜线纹，纹饰由短划线组成。高11、口径11.5、底径9.5厘米（图一五，3）。M30：3，敞口，腹稍斜，平底，口沿下饰两道戳刺纹，其下通体饰戳刺网纹，杯底熏黑。高12.4、口径10.8—11.2、底径9.5—9.8厘米（图一五，4）。

图一五 流水文化素纹陶器
1、2. 单耳陶罐（M9：4、M6：6） 3、4. 陶杯（M44：2、M30：3） 5—8. 陶钵（M16：3、M43：1、M30：2、M9：1）
9. 双系陶罐（M6：2）

陶钵，皆是圜底陶钵，敛口，陶色略有些变化。M16：3，夹砂红陶，圜底，口沿下饰三周短竖线纹，其下为倒三角纹，三角形内填几道斜线纹，纹饰均为齿压纹。高8.6、口径9.2—9.6、腹径11.2厘米（图一五，5）。M43：1，夹砂红陶，斜方唇，圜底，口沿下饰三道弦纹，内填斜线纹，其下为两周菱形纹，内填斜线纹，菱形锐角处有戳印圆圈纹，弦纹均由齿压纹组成，腹部及底部熏黑。高7.7、口径10、腹径10.8厘米（图一五，6）。M30：2，夹砂红陶，敛口，圜底，口沿外壁饰两组三道弦纹，之间有斜线纹，下面是三道横弦纹和平行斜线纹等。高8.2、口径12.4、腹径14厘米（图一五，7）。M9：1，夹砂灰褐陶，方唇，圜底，口沿下饰两周三角纹，三角纹内填斜线纹。高9.8、口径16.5—17.4、腹径18.8厘米（图一五，8）。M47：2，夹砂红陶，方圆唇，圜底，口沿下饰一道弦纹，其下饰两周三角纹，三角纹内填斜线纹，腹部及底部熏黑。高6.8、口径13.7、腹径13.5厘米（图一六，1）。M42：6，夹砂红陶，直口，微束颈，下腹弧，圜底，口沿下饰两周弦纹，内填网纹。高7、口径10、腹径11厘米（图一六，6）。M52：5，夹砂褐陶，敛口，下腹弧，圜底，口沿下饰三道弦纹，其下饰两周三角纹，三角纹内填斜线纹，三角纹的左侧饰一排戳印小孔，器表熏黑。高8.6、口径15.1—15.5、腹径16.5厘米（图一六，7）。M18：1，夹砂红陶，近直口，圜底，颈部饰两道弦纹，弦纹下饰三周菱形划纹，菱形划纹内填斜线纹，局部有熏黑痕迹。高6.8、口径15.4—16、腹径17.2厘米（图一六，8）。

双系陶罐，系位于颈部，多较小，皆夹砂红陶。M6：2，敛口，长颈，折腹，圜底，口部至颈部饰五周菱形纹，菱形纹内填斜划纹。高13.5、口径11、腹径15、耳宽1.4—1.6厘米（图一五，9）。M49：1，敞口，方唇，鼓腹，圜底，口沿下饰四道弦纹，其下饰两周菱形纹，菱形纹内填斜线纹，纹饰由齿压纹组成，腹部及底部均熏黑。高10.7、口径7.2、腹径9.6厘米（图一六，2）。

无耳陶罐，皆夹砂红陶，器形有较大的变化。M40：5，口微敞，束颈，鼓腹，平底，口沿下和颈部下各饰三道压印台阶状纹，其间饰两道泥条纹，腹部及底部均熏黑。高12.8、口径10、底径7厘米（图一六，3）。M54：2，敞口，方唇，束颈，鼓腹，圜底，口沿下饰三道弦纹，其下饰

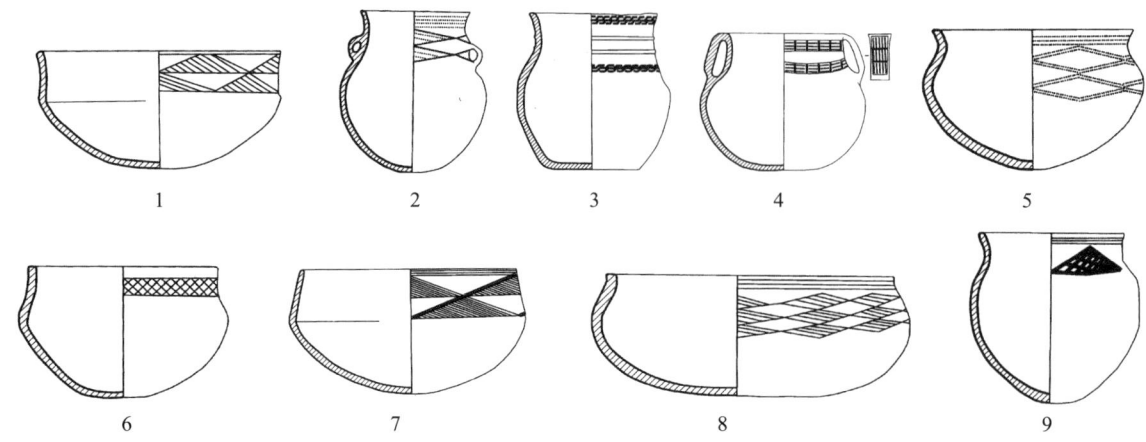

图一六 流水文化素纹陶器
1、6—8. 陶钵（M47∶2、M42∶6、M52∶5、M18∶1） 2. 双系陶罐（M49∶1） 3、5、9. 无耳陶罐（M40∶5、M54∶2、M18∶2） 4. 双耳陶罐（M42∶1）

两周双重菱形纹，双重菱形纹内有戳印纹，纹饰均由齿压纹组成，底部熏黑。高7.4、口径10.2、腹径11.4厘米（图一六，5）。M18∶2，敞口，束颈，鼓腹，尖圜底，口沿下饰三道弦纹，颈部饰三角纹，三角纹内填网纹。高9.6、口径8.2、腹径9.4厘米（图一六，9）。

双耳陶罐（M42∶1），夹砂红陶，敞口，尖圆唇，鼓腹，圜底，口沿下、肩部和耳部的纹饰相同，均是在两道弦纹内饰竖线夹短横线的纹饰，腹部局部熏黑。高12、口径10、腹径14、耳宽1.8厘米（图一六，4）。

### 3. 克里雅北方文化

克里雅北方文化，以分布在克里雅河圆沙北诸遗址的素纹陶为典型代表。第三次全国文物普查资料中，称作"圆沙北遗址"的有67处，发现有素纹陶的计26处（7、9、13、15、19—22、24、25、28—31、33、37、38、40—42、48—50、56、57、67号遗址）。遗址大致呈东北—西南走向，分布于南北60余千米的范围内，还发现一些居址。

在遗址中，见到的素纹陶大多都是器物残片，可以看出的器物主要是陶罐、有系的罐，其次是陶钵和陶杯等。陶色多红、灰、红褐色等。素纹有刻划、压印、戳刺、附加堆纹等形式。纹饰有平行连续凹点纹、平行连续斜线纹、连续曲折纹、平行连续曲折纹、平行弦纹、连乳钉纹等（图一七）。

### 4. 苏吕克文化

苏吕克文化，因皮山苏吕克遗址采集的素纹陶而得名。位于皮山县科克铁热克乡阿克欧吞农场西北6千米处，南北向分布在长1300、宽300米的范围内。遗址地表严重风蚀和沙化，分布有石磨残片、陶片、铁器残片等遗物，有窑址和水渠等遗迹。陶器有黑陶、灰陶和红陶，陶片均夹砂，口壁较直，圆唇，圈足，圆底，也有大型陶器。

陶器在口沿下有一串从内往外戳出来的乳钉纹，乳钉纹下有几道旋纹和三角戳刺刻花纹（图一八）[46]。

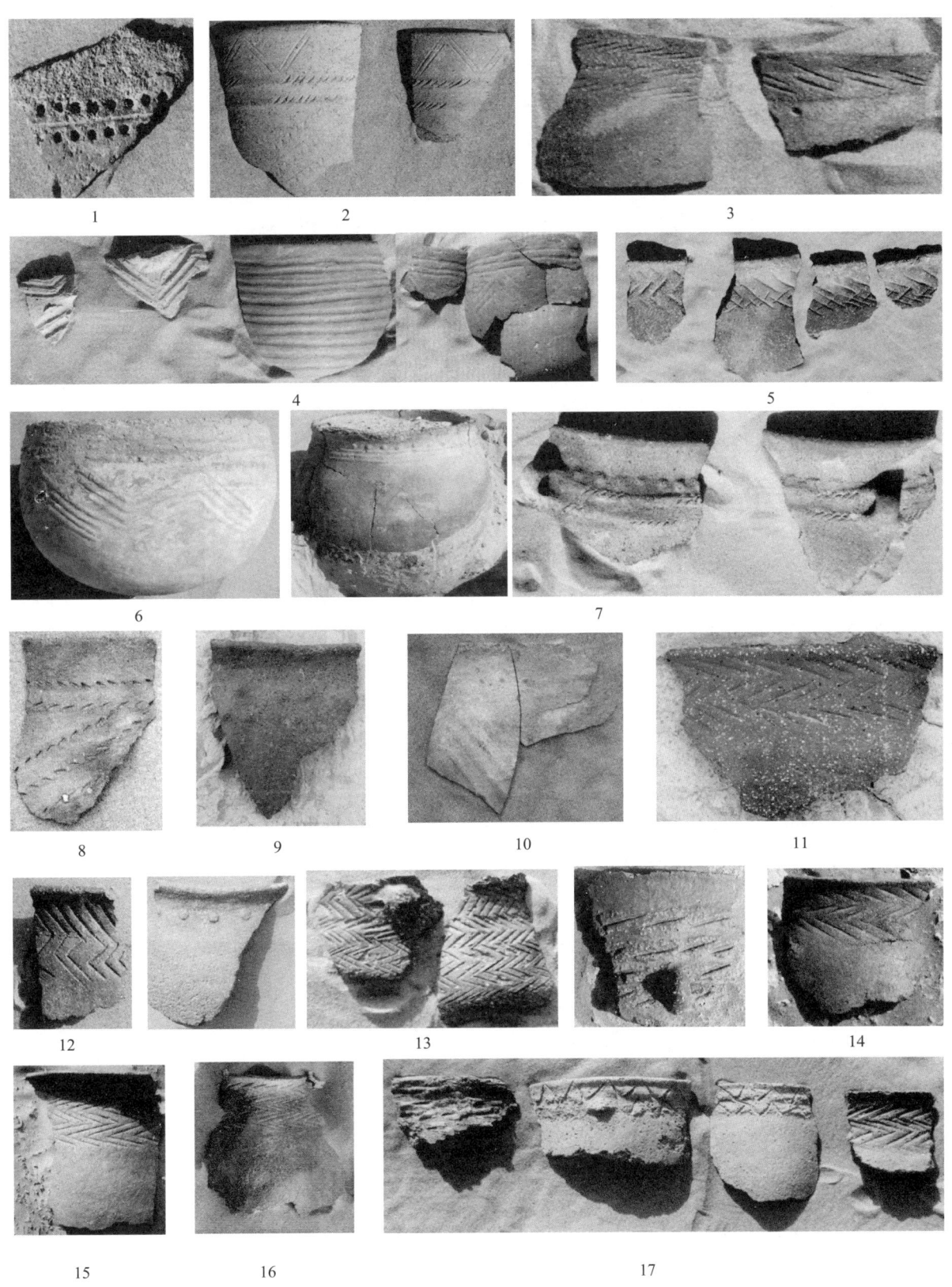

图一七 克里雅北方文化圆沙北遗址的素纹陶

1. 13号遗址素纹陶片  2. 15号遗址  3. 20号遗址  4. 24号遗址  5. 25号遗址  6. 28号遗址  7. 29号遗址  8. 30号遗址
9. 33号遗址  10. 31号遗址  11. 38号遗址  12. 40号遗址  13. 41号遗址  14. 42号遗址  15. 48号遗址  16. 49号遗址
17. 50号遗址

图一八　皮山苏吕克遗址素纹陶片

## 三、新疆素纹陶各考古文化之间的内在联系

新疆素纹陶经过区域考古文化现象的分析，有几个现象值得我们注意，它有可能反映的是素纹陶在新疆发展的脉络。

### （一）考古文化的年代

在新疆素纹陶考古文化的年代研究上，分三种情况。第一种，概念性地将素纹陶的一些考古文化归入公元前2700—前800年间，如石河子水泥厂文化、坎尔孜文化、阿克塔拉文化、苏吕克文化。第二种，进行了具体的类型学分析，推测在公元前2700—前800年的时间范围内：吉仁台沟口文化的年代，依目前的考古材料分析推测在公元前20—前8世纪；尼雅北方文化，推测在距今3000年前后或公元前1千年前后；克里雅北方文化推测在公元前2700—前800年间的晚期。第三种，进行了 $^{14}C$ 测年：切木尔切克文化有一些测年数据，上限在公元前2700、前2200年，而下限推测在前800年；阿敦乔鲁文化遗址和墓葬的年代，发掘者根据 $^{14}C$ 测年推测在公元前19—前17世纪；新塔拉文化，经 $^{14}C$ 测年距今3175±90年（树轮校正3375±155年）；萨孜文化，人骨经 $^{14}C$ 年代测定是距今3940±40年（树轮校正为2550BC—2340BC），对17THSM15和17THSM16采样作了 $^{14}C$ 测年，分别是公元前2924年和公元前2762年。于田流水文化也有一些 $^{14}C$ 测年数据，发掘者根据 $^{14}C$ 测年数据，认为时间在距今3000年左右。此外，萨恩萨伊M47，发掘者划在了第一期的第1段，年代在公元前1800—前1500年；萨恩萨伊M85，发掘者划在了第一期的第2段，年代在公元前1500—前1000年。

### （二）流水文化和萨恩萨伊一期文化

新疆素纹陶的研究中，流水文化和萨恩萨伊一期文化是两个非常重要的考古文化现象，在发掘者研究的基础之上，在此再作点分析。

**1. 流水文化**

我们在接触流水文化的陶器时，明显地感觉到墓葬出土的陶器在时间上有些变化，可能到了公元前5世纪。同时，《简报》中也提到有数量较少的铁器出土，如铁刀（M10∶8），近长方形，末端有柄（图一九，1）。同时，还出土了1件三孔的铜马镳（图一九，2）[47]。虽然我们没有查找到M10出土有陶器，但是，不能排除流水墓地的其他出土素纹陶的墓葬为公元前5世纪墓葬的可能性。经过陶器类型的分析，初步认为流水文化可以分成早晚两期文化，即流水早期文化和流水晚期文化。

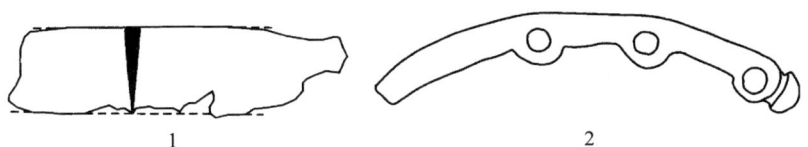

图一九　流水墓地M10墓出土的铁刀和铜马镳
1. 铁刀（M10∶8）　2. 铜马镳（M10∶3）

流水早期文化的典型陶器有单耳陶罐（M6∶6、M9∶4），陶杯（M30∶3、M44∶2），陶钵（M9∶1、M16∶3、M30∶2、M43∶1）等（图一五）。单耳陶罐的耳比较特殊，呈三角形状，这在其他素纹陶考古文化都没有出现。陶杯也很有特点，个体比较小，通体饰纹。流水晚期文化的典型陶器有陶钵（M47∶2）、双系陶罐（M49∶1）、无耳陶罐（M40∶5）等（图一六）。

如是，流水早期文化的时间推测在距今3000年左右，流水晚期文化的时间推测在公元前5世纪，距今2500年左右。

### 2. 萨恩萨伊一期文化

萨恩萨伊一期文化M47和M85出土的素纹陶，在器形和纹样上都差异很大。同时，发掘者将前者划分在第1段，将后者划分在第2段。在此，我们将它们划分成萨恩萨伊M47文化和萨恩萨伊M85文化。

萨恩萨伊M47文化，有1件陶罐（M47∶1）。夹砂灰陶，手制，敛口，平沿，圆唇，斜壁，平底。口外壁有一周刻划的倒三角纹，三角纹内戳划十个小圆点。高12.2、口径13.5、底径12.2厘米（图一〇，1）。年代在公元前1800—前1500年。

萨恩萨伊M85文化，有2件素纹陶。陶罐［M85（A）∶1］，夹砂红陶，手制，敞口，平沿，圆唇，束颈，鼓腹，圜底。颈部饰一周刻划的菱格纹，腹部还有一周菱格纹。高15、口径13.5厘米（图一〇，2）。陶罐［M85（C）∶1］，夹砂红陶，手制，直口，平沿，方唇，束颈，鼓腹，圜底，肩部饰三个小乳钉纹。高17.4、口径13.5、底径12.2厘米（图一〇，3）。年代在公元前1500—前1000年。

### （三）新疆素纹陶考古文化间的关系

新疆素纹陶各考古文化相邻区之间存在较为密切的关系。切木尔切克文化与相邻区域的萨孜文化、坎尔孜文化中都发现有尖底或圜底的椭圆形罐，这将它们联系起来。吉仁台沟口文化与相邻的萨孜文化、阿敦乔鲁文化中都发现了小圈足陶罐。克里雅北方文化与相邻的于田流水早期文化中都发现了圜底陶罐，这亦将它们联系了起来。

此外，距离稍远的各考古文化之间也会存在一定的联系。切木尔切克文化与萨恩萨伊 M47 文化，由敛口平底罐将它们联系起来。尼雅北方文化、克里雅北方文化和苏吕克文化，由平行曲折纹将它们联系了起来。

流水早期文化素纹陶的纹样风格有些特殊，发掘者认为陶器的器形与乌兹别克斯坦费尔干纳盆地的楚斯特文化陶器有相近之处。但器形和纹饰均类似的陶器，目前已知的资料仅有西藏拉萨河谷曲贡墓地出土的个别单耳陶罐[48]。

尼雅北方遗址陶器的大双耳罐和青海柳湾墓地齐家文化陶罐相近，后者的陶器中也存在小系耳，可能是甘青文化沿河西走廊或青海从塔里木盆地南缘传到了尼雅河一带，其动因可能是寻找昆山玉料[49]。

许多学者都注意到古墓沟墓地、小河墓地出土的草编篓与阿凡纳羡沃文化的尖底罐有一定的相似性[50]。有人认为，总体来看，古墓沟文化可能主要来源于北方的阿凡纳羡沃文化—克尔木齐遗存，并受到西方辛塔什塔—彼德罗夫斯卡文化—安德罗诺沃文化系统越来越多强烈的影响[51]。

有人认为石河子水泥厂墓地，基本纳入卡拉苏克文化的范畴，则其在新疆出现，自然可以解释为是该文化从鄂毕河上游和哈萨克斯坦等中心地区扩展至此的产物[52]。

（四）新疆素纹陶表现出的居民迁徙轨迹

乳钉纹陶器是新疆切木尔切克文化出现的一种现象，在有素纹陶的石河子水泥厂文化、哈拉墩文化、阿克塔拉文化、尼雅北方文化、克里雅北方文化、苏吕克文化中都有发现，不过，有的乳钉纹陶器在器形上有些变化。在切木尔切克文化中，有一种称作乳钉纹束颈小平底的陶罐[53]。相似的陶罐在石河子水泥厂文化中也有发现，在新疆来说这两地相距不是很远，直线距离约 400 千米；相似的陶器在阿克塔拉文化和尼雅北方文化中也有发现，两地直线相距约 1000 和 1300 多千米的路程，而且要翻越天山。在新疆单纯地讲素纹陶现象、乳钉纹陶器，可以认为是相互间的文化影响，或是文化现象的变化或变异。乳钉纹束颈小平底陶罐的分布，这可能反映居民们的大迁徙——从阿尔泰山向南天山的西部和昆仑山北部的迁徙。许多学者称这一形制的陶器为"缸形器"，称作"缸形器"的陶器，有的陶器并没有装饰乳钉纹，如察吾乎 5 号墓地 M14∶3 缸形罐[54]、下坂地文化缸形罐[55]等。因为器形上非常相似，我们认为这是居民迁徙过程中发生的一种变化。从切木尔切克文化向下坂地文化迁徙，其直线距离达到了 1500 千米。如果居民曲线迁徙，那么距离会更长，甚至可以达到 2000 多千米，居民经过了长时间的、长距离的跋涉。

有人曾对切木尔切克文化的传播路线进行研究，推测有两条：一条是沿准噶尔盆地的西缘，到达塔城地区和博尔塔拉蒙古自治州；另一支沿准噶尔盆地的东缘、阿尔泰山南麓向东南行，部分进入东部天山的哈密盆地，影响了天山北路文化，甚至波及河西走廊，部分人群至天山后沿天山北麓折向西行，到达了乌鲁木齐，甚至影响了石河子[56]。

切木尔切克文化传播的路线，无疑翻过了天山，沿着天山适宜他们生活居住的环境流动迁徙，到了南天山与昆仑山交汇处，向北昆仑和帕米尔流动迁徙。林梅村更明确地将克尔木齐遗存与吐火罗人的起源与迁徙联系了起来[57]。

## 四、结　　语

我们在了解新疆公元前2700—前800年的切木尔切克文化的初期时[58]，就感觉到了素纹陶在新疆考古上有着非凡的意义，是形成新疆夏商西周时期即青铜时代考古多元文化的重要一支。

新疆公元前2700—前800年考古发现的素纹陶的分布，除了反映素纹陶在新疆的发展过程即盛衰以外，也反映了区域间考古文化之间的影响、变化，还反映了新疆公元前2700—前800年间居民流动迁徙的路线。如果从公元前2700年切木尔切克文化出现了素纹陶开始算起，至流水晚期文化的公元前8世纪，新疆居民走完了素纹陶文化现象的时代，掐指这一走就是近2000年，这在新疆考古年代学上应该是一个不短的时间。自然，居民的流动带动着考古文化现象的流动，居民间的分离带动着考古文化间的分离，居民的创新带动着考古文化的创新。这些都应该反映在了素纹陶上，反映在器物的器形上，反映在器物的纹样上。

素纹陶的早期代表即切木尔切克文化的初期，新疆出现了早期农畜业，农业的出现本来应该可以制约居民的流动迁徙而使他们定居下来，但由于新疆特殊的地理环境制约着这一经济形式，使其有较大的发展，造成了居民的流动迁徙是自然的，也是必然的。同时，周边居民带着他们的文化不断进入新疆，造成了新疆考古文化的复杂和多变。典型的素纹陶在新疆南北疆消失的时间是不同的，这一不同不仅仅反映了居民成分的变化，同时也是新的经济形势更替变化的起点。

今天我们想进一步分析新疆的素纹陶，因为它是深埋在新疆夏商周时期即青铜时代考古中的一条非常重要的脉络。素纹陶的这个主脉络应该是由一些支脉络组成的，自然在它自身的发展过程中，会融入一些支脉络的文化因素，我们暂时将这个支脉络文化因素称作考古文化现象。同时，素纹陶这个主脉络也会产生一定的裂变，变化是居民社会发展的一种必然。由于种种原因，居民的流动迁徙在新的自然地理单元环境的初期，以主脉系为基础的居民考古文化现象的发展过程中将会融入一些新的支脉系考古文化现象。我们认识的考古文化现象都是阶段性的，有时很难对其进行完美的解释，由此，形成了新疆史前考古文化的复杂性以及多样性的认识，也就是说，我们目前的研究还处在一个资料的准备阶段，距离起步还需要做一些准备，但即便如此，也有些许的收获，这便是了解新疆考古文化现象的一条较为清晰的线索。

新疆史前考古处在一个不断有新的考古发现、新的考古调查及新的考古发掘的年代。每一次考古新发现都出现新的文化现象和新的问题，这需要中国考古人去深思。深思的过程，可能非常艰辛，今天的新疆考古就是这样。

### 注　　释

[1] 吴山主编：《中国工艺美术大辞典》，江苏美术出版社，2010年，第12页。
[2] 于志勇：《塔城市二宫乡下喀浪古尔村古遗址调查》，《新疆文物》1998年第2期。
[3] 李肖：《塔城卫生学校古墓群及遗址》，《中国考古学年鉴（1990）》，文物出版社，1991年，第328、329页；李肖：《新疆塔城市考古新发现》，《西域研究》1991年第1期；于志勇：《塔城市二宫乡下喀浪古尔村古遗址调查》，《新疆文物》1998年第2期。
[4] 新疆文物普查办公室、伊犁地区文物普查队：《伊犁地区文物普查报告》，《新疆文物》1990年第2期。

[5]　新疆维吾尔自治区文物局:《新疆维吾尔自治区第三次全国文物普查成果集成·塔城地区卷》,科学出版社,2011年,第137页。

[6]　张玉忠:《布尔津县发现的彩绘石棺墓》,《新疆文物》2005年第1期;张玉忠:《新疆布尔津县出土的橄榄形陶罐》,《文物》2007年第2期。

[7]　新疆文物考古研究所:《布尔津县也勒曼古墓群考古发掘简报》,《新疆文物》2017年第4期。

[8]　阿—布,指阿勒泰市到布尔津县的西水东引工程。

[9]　新疆文物考古研究所、塔城地区文管所:《托里县萨孜古墓葬》,《新疆文物》1996年第2期。

[10]　丛德新、贾伟明、〔澳〕艾莉森·贝茨、贾笑冰、〔澳〕葆拉·都曼尼:《阿敦乔鲁:西天山地区青铜时代遗存新类型》,《西域研究》2017年第4期;丛德新:《明月出天山——新疆阿敦乔鲁青铜文化的发现》,贾笑冰:《破解青色草原古代文化之谜——新疆博尔塔拉河流域青铜时代文化研究的新进展》,《2017年度新疆文物考古成果汇报会会议》报告,2018年2月5日。

[11]　新疆文物考古研究所:《新疆伊犁尼勒克汤巴勒萨伊墓地发掘简报》,《文物》2012年第5期。

[12]　新疆文物考古研究所:《新疆特克斯县阔克苏西2号墓群的发掘》,《考古》2012年第9期。

[13]　新疆文物考古研究所:《新源县阿尤赛沟口遗址考古发掘简报》,《新疆文物》(调查与发掘)2013年第2期。

[14]　阮秋荣:《伊犁G218国道沿线墓群》,《2018新疆文物考古年报》,2018年2月6日。

[15]　张杰:《石河子市十户窑墓地》,《2018新疆文物考古年报》,2018年2月6日。

[16]　新疆文物考古研究所、塔城地区文管所:《托里县萨孜古墓葬》,《新疆文物》1996年第2期。

[17]　中国考古学会:《中国考古学年鉴(1991年)》,文物出版社,2001年,第326—337页。

[18]　新疆文物考古研究所:《塔城市阿布都拉水库墓地考古发掘简报》,《新疆文物》2016年第1期。

[19]　新疆文物考古研究所:《裕民县阿勒腾也木勒水库墓地考古发掘报告》,《新疆文物》2012年第3、4期。

[20]　新疆文物考古研究所:《和布克赛尔县219国道松树沟墓地考古发掘报告》,《新疆文物》2018年第1、2期。

[21]　中国社会科学院考古研究所、博尔塔拉蒙古自治州博物馆、温泉县文物局:《新疆温泉县阿敦乔鲁遗址与墓地》,《考古》2013年第7期。

[22]　丛德新、贾伟明、〔澳〕艾莉森·贝茨、贾笑冰、〔澳〕葆拉·都曼尼:《阿敦乔鲁:西天山地区青铜时代遗存新类型》,《西域研究》2017年第4期。

[23]　新疆文物考古研究所:《博乐市哈拉吐鲁克水库墓地考古发掘报告》,《新疆文物》2018年第1、2期。

[24]　新疆文物普查办公室、伊犁地区文物普查队:《伊犁地区文物普查报告》,《新疆文物》1990年第2期。

[25]　刘学堂:《伊犁河上游史前考古新发现及其初步研究》,《新疆文物》2011年第1期。

[26]　王博:《伊犁河谷的考古研究》,《伊犁河谷考古文集》,新疆大学出版社,2012年,第1—10页。

[27]　新疆文物考古研究所、伊犁哈萨克自治州文物局、尼勒克县文物局:《新疆尼勒克吉仁台沟口遗址》,《考古》2017年第7期。新疆文物考古研究所:《2018年新疆文物考古年报》,《2017—2018年新疆考古工作概览》中称"伊犁河谷吉仁台沟口遗址2018年清理房址、窑址、墓葬、火塘、灰坑、冶炼遗迹、煤堆等遗存220余处,新确认一处新疆史前时期目前所见规格最高、保存最完整的大型石构高台遗存,与周边房址区、墓葬区共同构成了一处规模宏大的中心聚落遗址。这处主体年代在公元前1600—前1000年的遗址可分为三期,恰好反映了西天山地区人群生业方式由畜牧向游牧经济转变的过程,对欧亚草原相关研究意义重大;冶金遗存和铸铜活动的印证、铁块和铁炼渣的发现,对新疆乃至中亚地区史前冶金考古研究具有重要价值;燃煤的发现将人类用煤历史提升千年;房址中发现的炭化黍颗粒与大麦、小麦颗粒为揭示早期农作物的东西交流提供了新视角"。

[28]　新疆文物考古研究所:《新疆特克斯县阔克苏西2号墓群的发掘》,《考古》2012年第9期;新疆文物考古研究所:《新源县阿尤赛沟口遗址考古发掘简报》,《新疆文物》(调查与发掘)2013年第2期。

[29]　新疆文物考古研究所、伊犁州文物局、尼勒克文物管理所:《尼勒克县喀拉苏遗址考古发掘简报》,《新疆文物》2008年第3、4期。

[30] 新疆文物考古研究所:《新疆伊犁尼勒克汤巴勒萨伊墓地发掘简报》,《文物》2012年第5期。
[31] 新疆文物考古研究所:《新疆特克斯县阔克苏西2号墓群的发掘》,《考古》2012年第9期。
[32] 新疆文物考古研究所:《新源县阿尤赛沟口遗址考古发掘简报》,《新疆文物》(调查与发掘)2013年第2期。
[33] 新疆文物考古研究所:《新疆萨恩萨伊墓地》,文物出版社,2013年,第175页。
[34] 新疆文物考古研究所、石河子市博物馆:《石河子市古墓》,《新疆文物》1994年第4期。
[35] 奇台县文化馆:《新疆奇台县发现的石器时代遗址与古墓》,《考古学集刊》(第2辑),中国社会科学出版社,1983年,第22—24页。
[36] 新疆文物考古研究所:《阜康市西沟墓地、遗址考古发掘简报》,《新疆文物》2016年第1期。
[37] 张平、王博:《和硕县新塔拉和曲惠遗址调查》,《考古与文物》1989年第2期。
[38] 新疆维吾尔自治区文物局:《新疆维吾尔自治区第三次全国文物普查成果集成·巴音郭楞蒙古自治州卷》,科学出版社,2011年,第92页。
[39] 新疆文物考古研究所:《2015年度新疆古楼兰交通与古代村落遗迹调查报告》,《新疆文物》2016年第2期;新疆文物考古研究所:《2016年度新疆古楼兰交通与古代人类村落遗迹调查报告(上)》,《新疆文物》2017年第3期。
[40] 新疆文物考古研究所:《2016年度新疆古楼兰交通与古代人类村落遗迹调查报告(下)》,《新疆文物》2017年第4期。
[41] 黄文弼:《新疆考古发掘报告(1957—1958)》,文物出版社,1983年,第93—118页。
[42] 1972年的考古调查资料称,于疏附县乌帕尔公社乌布拉特大队西约5千米的地方,发现了阿克塔拉、温古洛克、库鲁克塔拉和德沃勒克四处新石器时代文化遗址。
[43] 祁小山、王博:《丝绸之路新疆古代文化》,新疆人民出版社,2016年,第240、241页。
[44] 于志勇、阿合曼提·热西提:《民丰县北石油物探发现文物介绍》,《新疆文物》1998年第3期;张铁男、于志勇:《1993年尼雅遗址北方考古调查》,《中日日中共同尼雅遗迹学术调查报告书(第一卷)》,法藏馆,1996年,第73—81页;新疆维吾尔自治区文物局编《新疆维吾尔自治区第三次全国文物普查成果集成·和田地区卷》(科学出版社,2011年,目录第5页)中称"尼雅北部遗址"为"尼雅北方青铜时代遗址",称"克里雅北方遗址"为"圆沙北青铜时代遗址";岳峰、于志勇:《北方地区遗址的调查》第二章"分布调查的成果",《中日日中共同尼雅遗迹学术调查报告书(第二卷)》,1999年,法藏馆,第35—41页。
[45] 中国社会科学院考古研究所新疆队:《新疆于田县流水青铜时代墓地发掘简报》,《考古》2016年第12期。
[46] 新疆维吾尔自治区文物局:《新疆维吾尔自治区第三次全国文物普查成果集成·和田地区卷》,科学出版社,2011年,第163、168—170页。
[47] 中国社会科学院考古研究所新疆队:《新疆于田县流水青铜时代墓地发掘简报》,《考古》2016年第12期。
[48] 中国社会科学院考古研究所新疆队:《新疆于田县流水青铜时代墓地》,《考古》2006年第7期。
[49] 郭物:《新疆史前晚期社会的考古学研究》,上海古籍出版社,2012年,第324—329页。
[50] 王炳华:《新疆地区青铜时代考古文化试析》,《新疆社会科学》1985年第4期。
[51] 韩建业:《新疆的青铜时代和早期铁器时代文化》,文物出版社,2007年,第102页。
[52] 韩建业:《新疆的青铜时代和早期铁器时代文化》,文物出版社,2007年,第103页。
[53] 有些学者称之为"缸形器"。
[54] 新疆文物考古研究所:《新疆察吾呼:大型氏族墓地发掘报告》,东方出版社,1999年,第21页。
[55] 新疆文物考古研究所:《塔什库尔干县下坂地墓地考古发掘报告》,《新疆文物》2004年第3期。
[56] 新疆文物考古研究所:《新疆萨恩萨伊墓地》,文物出版社,2013年,第175页。
[57] 林梅村:《吐火罗人的起源与迁徙》,《新疆文物》2002年第3、4期。
[58] 王博:《切木尔切克文化初探》,《考古文物研究——纪念西北大学考古专业成立四十周年文集(1956—1996)》,三秦出版社、陕西人民出版社,1996年,第274—285页。

# Plain-grain Pottery from 2700BC to 800BC in Xinjiang

Wang Bo

(Museum of Xinjiang Uygur Autonomous Region)

**Abstract:** Archaeology in Xinjiang from 2700BC to 800BC, as to painted pottery, there was also a kind of hand-made pottery with an uncolored decorative pattern.It used wood, bone, copper or nails as tools, through stabbing, pinching, embossing and sculpture technology to show the pattern. The pattern was simple and plain, showing a different style, called "plain grain pottery".The appearance and popularity of the plain-grain pottery culture in northern Xinjiang was from 2700BC to 800BC, and relatively late in south which should be not a short time in the archaeological chronology in Xinjiang.From the distribution of plain-grain pottery, we can not only see its prosperity and decline in Xinjiang, but also reflect the influence, change and routes of migration of residents.Plain-grain pottery was a very important thread in the Xia, Shang and Zhou dynasties in Xinjiang, that is, Bronze Age Archaeology.

**Keywords:** Xinjiang, from 2700BC to 800BC, Plain-grain Pottery

# 新疆伊吾拜其尔墓地年代分期及相关问题探讨

马迎霞

（哈密博物馆）

**内容摘要**：拜其尔墓地是新疆维吾尔自治区哈密市伊吾县首次科学发掘的青铜时代至早期铁器时代的墓地，为揭示该地区古代考古学文化面貌提供了丰富的实物资料。本文在梳理墓地发掘资料的基础上，尝试结合 $^{14}C$ 测年和类型学分析，探讨拜其尔墓地所述年代、分期及其与周邻巴里坤盆地、哈密绿洲同时期遗存可能存在的文化联系。

**关键词**：焉不拉克；天山北路；石人子沟；柳树沟

2004—2005 年，为配合伊吾县城至淖毛湖镇 S302 公路的基本建设工程，新疆文物考古研究所、哈密地区文物局组织考古队员对伊吾县城以东 4 千米、拜其尔村南 1 千米处的拜其尔墓地进行了抢救性发掘[1]。考古队共清理墓葬 92 座，其中 89 座墓葬地表建筑已被破坏。从发掘的 3 座未破坏的墓葬以及墓地中未发掘的数百座墓葬来看，墓葬地表多有圆形石圈或低平的圆形石封堆。墓葬均为竖穴土坑，葬具绝大多数为原木封盖的单重石椁，少数墓葬采用土坯混合石块构筑椁室（图一）。墓室中人骨葬式多为侧身屈肢，头向东北。墓葬中除了随葬羊、马、牛等动物牺牲外，还出土各类人工制品 702 件，包括陶器 296 件、木器 65 件、玉石器 77 件、金属器 223 件、骨角贝器 21 件、泥器 17 件以及皮毛制品 3 件。拜其尔墓地是哈密市伊吾县科学发掘的第一处墓地，其中数量丰富的彩陶器，形制独特的泥塑"十"字形器，以及动物纹青铜饰件在墓地发掘之初就引起了学术界的广泛关注。近年来，新疆文物考古研究所、哈密博物馆、西北大学组织人员对拜其尔墓地发掘资料进行了重新整理，现将我们对拜其尔墓地年代、分期及相关问题的认识介绍如下。

## 一、墓地年代与文化属性

拜其尔墓已发掘的 92 座墓葬位于山坡下部，墓地最北端处。墓葬成排成列、分布密集，墓葬构筑方式、葬具、人骨埋葬姿势、随葬品类别、特征皆较接近，应属同一人群的公共墓地。为判断墓地的年代，我们在发掘区内随机采集了 10 座墓葬的盖板或底板的朽木，委托北京大学加速器质谱实验室（第四纪年代测定实验室）进行测定（表一）。

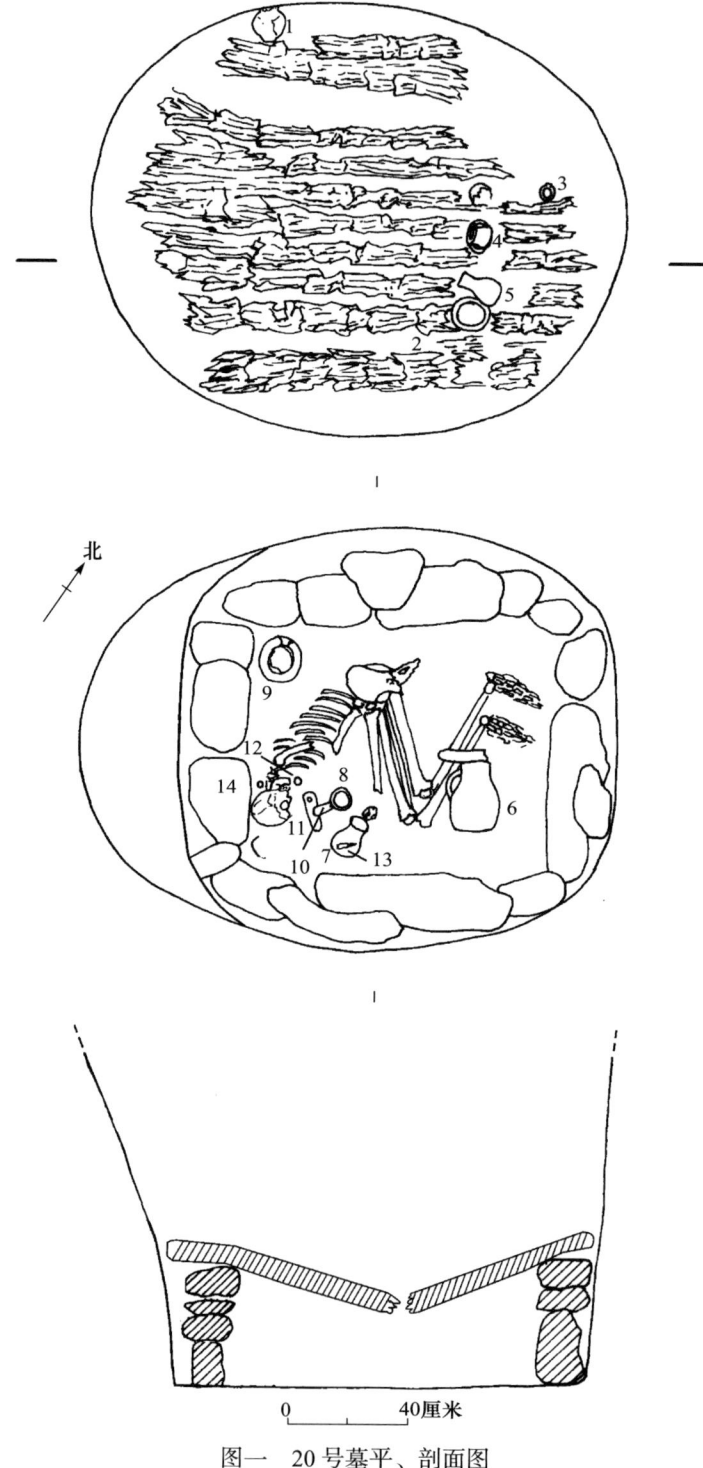

图一　20号墓平、剖面图
1. 陶器底　2、3、5—9. 单耳陶罐　4. 双耳陶罐　10. 环首铜刀　11. 砺石　12. 铜泡　13. 木柄铜锥　14. 铜耳环

我们运用牛津大学OxCal程序对这10组测年数据进行模拟分析，结果显示，10个样本的年代范围在公元前1400—前400年之间（图二）。除M12年代较早外，其余9座墓葬的年代主要集中在公元前1300—前900年和公元前800—前400年两个时段。这10座测年墓葬分布于墓地发掘区各处，基本可以代表发掘区92座墓葬的年代。

## 表一 ¹⁴C 测年数据表

| Lab 编号 | 样品 | 样品原编号 | ¹⁴C 年代（BP） | 树轮校正后年代 1ó（68.2%） | 树轮校正后年代 2ó（95.4%） |
|---|---|---|---|---|---|
| BA05619 | 朽木 | 2005HYBM79 | 2470±40 | 760BC（23.4%）680BC<br>670BC（18.7%）610BC<br>600BC（26.1%）510BC | 770BC（95.4%）410BC |
| BA05620 | 朽木 | 2005HYBM25 | 2910±40 | 1200BC（5.9%）1170BC<br>1160BC（62.3%）1020BC | 1260BC（95.4%）980BC |
| BA05621 | 朽木 | 2004HYBM7 | 2420±45 | 730BC（10.6%）690BC<br>540BC（57.6%）400BC | 760BC（18.4%）680BC<br>670BC（8.8%）610BC<br>600BC（68.2%）390BC |
| BA05622 | 朽木 | 2005HYBM37 | 2900±50 | 1200BC（68.2%）1000BC | 1260BC（92.2%）970BC<br>960BC（3.2%）930BC |
| BA05623 | 朽木 | 2005HYBM92 | 2485±40 | 760BC（21.8%）680BC<br>670BC（46.4%）530BC | 780BC（88.9%）480BC<br>470BC（6.5%）410BC |
| BA05624 | 朽木 | 2004HYBM32 | 2830±40 | 1040BC（68.2%）920BC | 1130BC（95.4%）890BC |
| BA05625 | 朽木 | 2004HYBM12 | 3095±40 | 1420BC（68.2%）1310BC | 1450BC（95.4%）1260BC |
| BA05626 | 朽木 | 2004HYBM13 | 2475±40 | 760BC（23.1%）680BC<br>670BC（45.1%）520BC | 770BC（85.9%）480BC<br>470BC（9.5%）410BC |
| BA05627 | 朽木 | 2004HYBM20 | 2455±40 | 750BC（20.6%）680BC<br>670BC（7.5%）640BC<br>590BC（27.6%）480BC<br>470BC（12.6%）410BC | 760BC（23.6%）680BC<br>670BC（71.8%）400BC |
| BA05628 | 朽木 | 2004HYBM9 | 2455±40 | 750BC（20.6%）680BC<br>670BC（7.5%）640BC<br>590BC（27.6%）480BC<br>470BC（12.6%）410BC | 760BC（23.6%）680BC<br>670BC（71.8%）400BC |

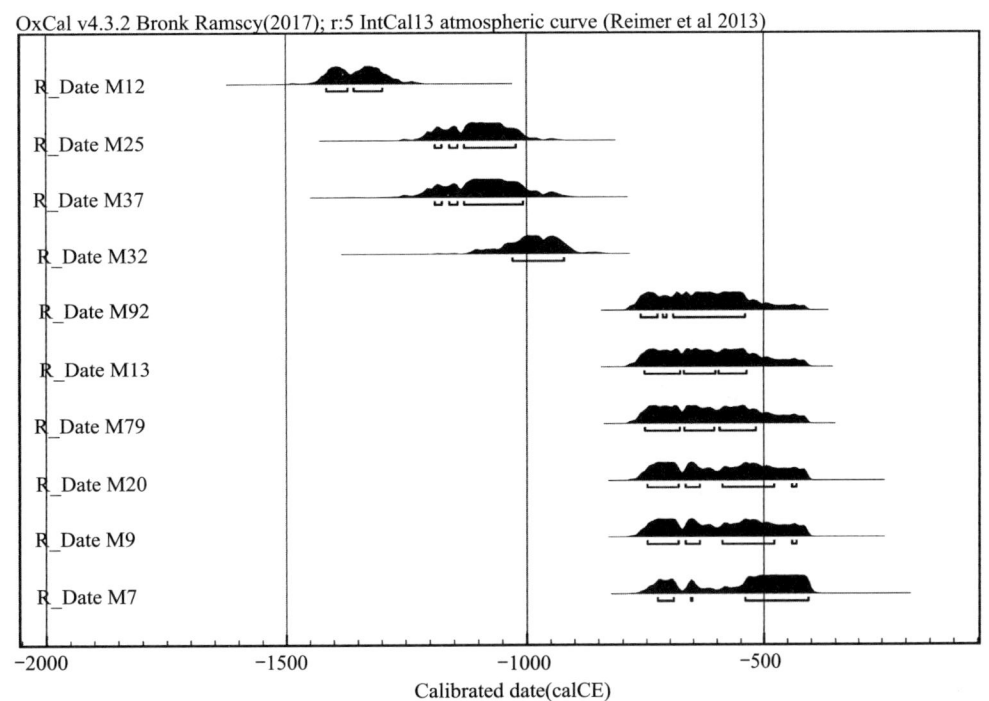

图二 测年数据 OxCal 分析

## 二、典型器物型式分析

拜其尔墓地除了测年的 10 座墓葬以外，还存在三组打破关系，分别为 M27 打破 M26、M77 打破 M78、M86 打破 M84。结合绝对年代数据和相对年代关系，我们选取墓地中出土数量较多、形制特征演化规律显著的几类器物进行型式分析。

1）颈肩单耳罐

保存较好，可准确判断形制特征者共 37 件。均为红陶，颈肩单耳，素面或有红色陶衣，其中 3 件在陶衣上施黑彩。根据口、颈、腹部的形态差异分为二型（表二）。

**表二 颈肩单耳罐型式统计表**

| 标型器 | 型式 | 出土墓葬及编号 |
| --- | --- | --- |
| 颈肩单耳罐 | AaⅠ | M32：12、M59：1 |
| | AaⅡ | M6：6、M16：8、M16：14、M17：1、M17：2、M19：1、M20：6、M22：2、M22：4、M22：6、M24：2、M52：1、M61：2、M63：2、M63：6、M69：3、M83：4 |
| | Ab | M22：5、M23：1、M50：1 |
| | B | M20：5、M20：7、M33：1、M43：4、M51：1、M52：2、M55：2、M55：11、M69：2、M70：3、M71：6、M72：1、M75：1、M84：5、M90：2 |

A 型 共 22 件。通高 10—25 厘米。高领，鼓腹，最大腹径在上腹、中腹部，颈肩宽带耳，平底。根据有无注的特征分为二亚型。

Aa 型 共 19 件。腹部无注。依其形态变化分为二式。

Ⅰ式：共 2 件。通高 20—22 厘米。整体瘦高，微卷沿，颈细长，直领，颈肩相接处呈圆弧状，无明显折棱，微鼓腹，颈肩处有扁宽带耳（图三，1）。

Ⅱ式：共 17 件。通高 10—25 厘米。其中 8 件通高 19—25 厘米，9 件通高 10—14 厘米。微卷沿或直口，颈更粗、更长，颈肩相接处出现显著折棱或变粗，鼓腹或扁鼓腹，颈肩宽带耳增大或缩小，近半圆形（图三，10、11）。

Ab 型 共 3 件。通高 10—13 厘米。整体瘦高，微卷沿，高直领，腹部最大径位置与耳对向或垂直方向有一短注，其中 1 件腹部施黑彩（图三，12、13）。

B 型 共 15 件。通高 8—13 厘米。微卷沿，粗直口，高领，球腹或扁鼓腹，圜底或小平底，其中 2 件腹部施黑彩（图三，14）。

2）沿肩单耳罐

保存较好，可准确判断形制特征者共 51 件。均为红陶，沿肩单耳，素面。根据口、颈、腹部的形态差异分为三型（表三）。

A 型 共 32 件。通高 8—13 厘米。整体矮胖，微卷沿，大口，直领，扁鼓腹，沿肩宽带耳，圜底或小平底（图三，2、15）。

B 型 共 15 件。通高 8—15 厘米。微卷沿，小口，短直领或束领，鼓腹或球腹，沿肩宽带耳，圜底或小平底（图三，16）。

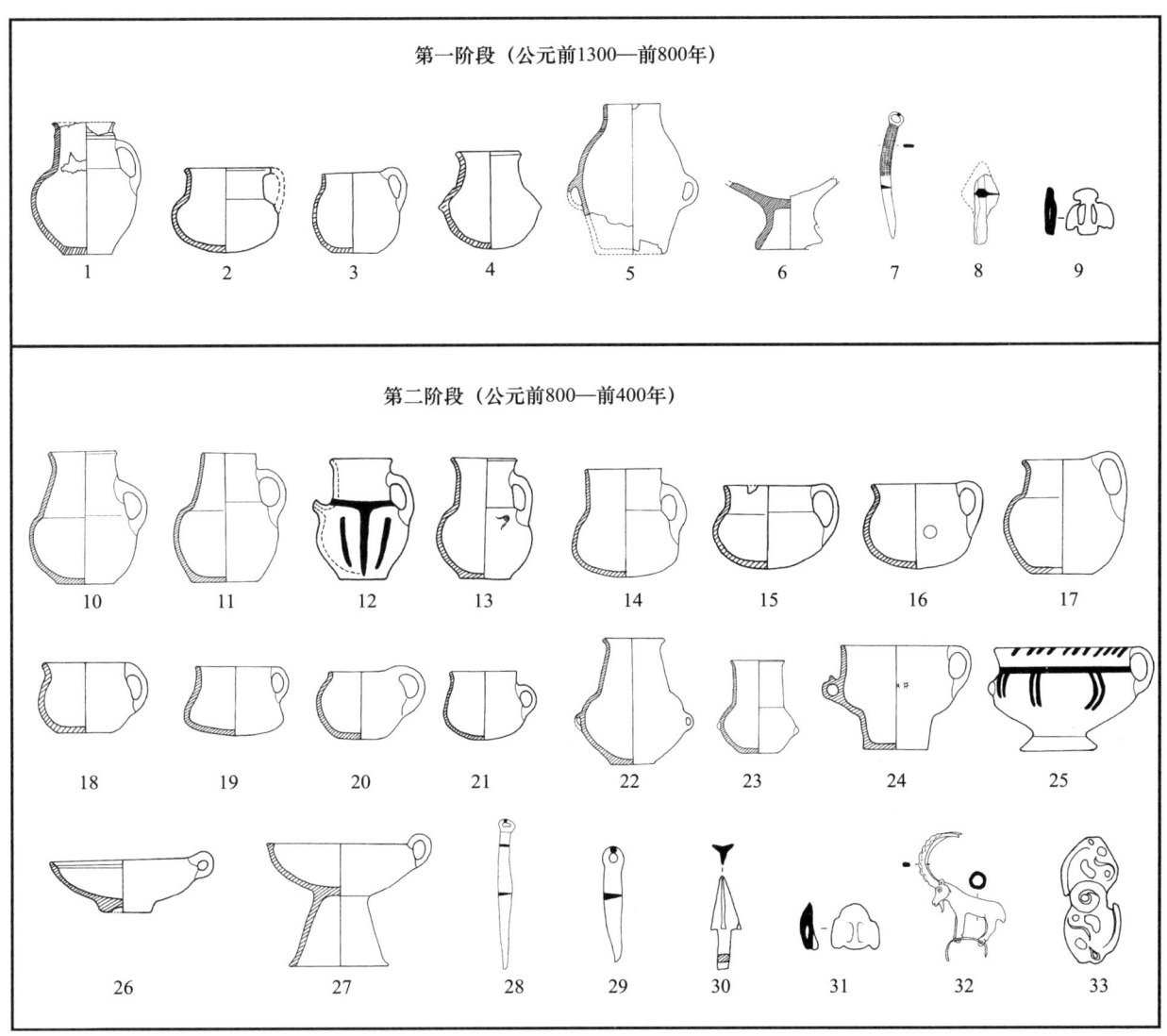

图三　墓地分期图

1. AaⅠ式颈肩单耳陶罐（M32∶12）　2、15. A型沿肩单耳陶罐（M25∶3、M20∶9）　3、18. A型陶单耳小罐（M32∶1、M9∶4）　4. AⅠ式双腹耳陶壶（M32∶10）　5. 双腹耳陶罐（M25∶1）　6. 陶豆（M37∶4）　7. Ⅰ式环首小铜刀（M49∶1）　8. Ⅰ式铜镞（M32∶18）　9、31. C型铜饰件（M32∶15、M50∶8）　10、11. AaⅡ式颈肩单耳陶罐（M20∶6、M52∶1）　12、13. Ab型颈肩单耳陶罐（M23∶1、M22∶5）　14. B型颈肩单耳陶罐（M20∶5）　16. B型沿肩单耳陶罐（M9∶5）　17. C型沿肩单耳陶罐（M54∶7）　19. B型陶单耳小罐（M74∶3）　20. C型陶单耳小罐（M31∶1）　21. D型陶单耳小罐（M20∶8）　22. AⅡ式双腹耳陶壶（M17∶4）　23. B型双腹耳陶壶（M6∶8）　24. 柱腹陶罐（M64∶6）　25. 圈足陶罐（M11∶1）　26、27. 陶豆（M70∶2、M2∶4）　28、29. Ⅱ式环首小铜刀（M20∶10、M21∶4）　30. Ⅱ式铜镞（M71∶2）　32. A型铜饰件（M16∶2）　33. B型铜饰件（M16∶9）

C型　共4件。通高12—23厘米。微卷沿，大口，直领，高鼓腹，沿肩宽带耳，平底（图三，17）。

3）单耳小罐

保存较好，可准确判断形制特征者共24件。均为红陶，体型较小，素面。根据口、颈、耳、腹部的形态差异分为四型（表三）。

A型　共11件。通高6—11厘米。微卷沿或直口，直领，圆鼓腹，沿肩宽带耳，小平底（图三，3、18）。

表三　单耳陶罐型式统计表

| 标型器 | 型式 | 出土墓葬及编号 |
|---|---|---|
| 沿肩单耳罐 | A | M2:2、M2:3、M2:5、M6:4、M6:7、M15:2、M17:3、M19:2、M20:9、M22:1、M25:3、M36:3、M43:2、M44:2、M44:6、M50:6、M57:12、M58:4、M59:3、M61:3、M63:3、M63:5、M65:1、M65:3、M66:2、M68:1、M69:4、M70:4、M73:13、M78:2、M81:1、M84:3 |
| | B | M1:3、M1:6、M9:3、M9:5、M16:1、M50:6、M57:2、M57:11、M64:4、M67:2、M67:4、M71:4、M71:5、M85:6、M85:7 |
| | C | M31:2、M54:7、M66:1、M92:1 |
| 单耳小罐 | A | M8:2、M8:4、M9:4、M14:7、M20:3、M32:1、M36:2、M61:4、M64:3、M64:5、M71:12 |
| | B | M6:1、M34:1、M74:3、M74:4、M80:1、M83:3 |
| | C | M1:4、M31:1、M62:3 |
| | D | M20:8、M43:5、M65:2、M73:4 |

B型　共6件。通高6—12厘米。微卷沿，斜垂腹，沿肩宽带耳，小平底（图三，19）。

C型　共3件。通高5—10厘米。微卷沿，敛口，圆鼓腹，沿肩宽带耳，圜底或小平底（图三，20）。

D型　共4件。通高7—9厘米。微卷沿，斜垂腹，腹耳，圜底或小平底（图三，21）。

4）柱腹陶罐

保存较好，可准确判断形制特征者共4件。通高15—22厘米。微卷沿，直口，高领，扁鼓腹，腹下部内收呈柱状，平底。器物对向两侧有一沿肩宽带大耳和一宽带小腹耳。腹耳上部或施加附加堆鸡冠状錾饰，腹耳或无，以附加堆鸡冠錾饰代替。与耳垂直的腹部两侧也多施附加堆鸡冠状錾饰，平底（图三，24；表四）。

5）圈足陶罐

共3件。通高6—11厘米。卷沿，束颈，圆鼓腹或扁鼓腹，沿肩宽带耳，与耳对向的腹部饰一小乳钉，其他两侧或各饰一个小乳钉，腹部或绘黑彩，下有圈足（图三，25；表四）。

6）双腹耳陶罐

共2件。通高29—32厘米。微卷沿，直口，高领，长鼓腹，腹部两侧各有一个宽带耳，平底（图三，5；表四）。

表四　其他类别陶器型式统计表

| 标型器 | 型式 | 出土墓葬及编号 |
|---|---|---|
| 柱腹罐 | | M14:5、M44:1、M61:1、M64:6 |
| 圈足罐 | | M11:1、M58:3、M71:8 |
| 双腹耳罐 | | M15:1、M25:1 |
| 双腹耳壶 | AI | M32:10、M67:3、M67:5 |
| | AII | M7:1、M17:4、M24:1、M50:12、M57:1、M57:9、M66:5、M71:3 |
| | B | M6:2、M6:8、M6:10、M9:2、M45:1、M55:1、M63:1、M64:2、M64:7、M67:10、M68:6、M71:13、M72:5、M72:6、M73:12、M74:2、M74:5、M78:1、M89:1 |

7）双腹耳陶壶

保存较好，可准确判断形制特征者共30件。通高9—20厘米。腹部两侧各有一小耳、乳钉或系，少数腹部施黑彩。按照口、颈、腹部的形态差异，分为二型（表四）。

A型　共11件。依其形态变化分为二式。

Ⅰ式：共3件。通高9—12厘米。卷沿，高领，鼓腹，领长小于或接近腹高，腹两侧各有一个小乳钉，圜底（图三，4）。

Ⅱ式：共8件。通高11—20厘米。卷沿，细颈，高领，鼓腹，领长大于腹高，腹两侧各有一个小乳钉，或穿小孔的系，或宽带耳，圜底或小平底（图三，22）。

B型　共19件。通高8—17厘米。微卷沿，粗颈，高领，微鼓腹，领长大于或接近腹高，腹两侧各有一个小乳钉，或穿小孔的系，圜底或小平底（图三，23）。

8）环首小铜刀

保存较好，可准确判断形制特征者共4件。长14—19厘米。按刀把、背部的形态差异分为二式（表五）。

Ⅰ式：共2件。环首，刀把饰多列多行凸点或两侧有凸脊，弧背，曲刃（图三，7）。

Ⅱ式：共2件。环首，刀把无装饰，直背，直刃（图三，28、29）。

表五　金属器型式统计表

| 标型器 | 型式 | 出土墓葬及编号 |
| --- | --- | --- |
| 环首小铜刀 | Ⅰ | M49∶1、M90∶1 |
|  | Ⅱ | M20∶10、M84∶2 |
| 铜镞 | Ⅰ | M32∶18、M71∶15 |
|  | Ⅱ | M14∶1、M71∶2 |
| 动物纹铜饰件 | A | M16∶2、M73∶7 |
|  | B | M3∶1、M16∶9 |
|  | C | M32∶15、M50∶8（3件） |

9）铜镞

保存较好，可准确判断形制特征者共4件。依形态变化分二式（表五）。

Ⅰ式：共2件。双翼，有铤（图三，8）。

Ⅱ式：共2件。三翼，有铤（图三，30）。

10）动物纹铜饰件

A型　北山羊形铜饰件，共2件。以浅浮雕、透雕或圆雕形式表现单体大角北山羊的造型（图三，32）。

B型　格里芬形铜饰件，共2件。以浮雕、透雕、中心对称的形式表现格里芬首侧面形象，背面有纽（图三，33）。

C型　鸟形铜饰件，共4件。鸟首侧向一方，双翼微张，尾展开呈扇形，背面有纽（图三，9、31）。

# 三、墓地分期

在典型遗物型式分析的基础上，我们通过统计，可以将其分为两组，分别代表两个不同的时期（图三；表六）。如前所述，已发掘墓葬形制结构、葬式基本一致，木椁、石椁、土坯椁等不同材质的葬具也无早晚差别，主体流行的器类也未发生显著变化。总体来看，拜其尔墓地应是同一人群长时间生活、埋葬所形成的。因此，我们建议将拜其尔墓地已发掘的92座墓葬分为一个时期的两个发展阶段。

表六　典型器物组合表

| 器物组 | 颈肩单耳罐 | | | | 沿肩单耳罐 | | | 单耳小罐 | | | | 陶豆 | 柱腹罐 | 圈足罐 | 双腹耳罐 | 双腹耳壶 | | | 动物纹铜饰件 | | | 环首小铜刀 | | 铜镞 | | 铁器 | 泥塑"十"字形器 |
|---|---|---|---|---|---|---|---|---|---|---|---|---|---|---|---|---|---|---|---|---|---|---|---|---|---|---|---|
| | AaI | AaII | Ab | B | A | B | C | A | B | C | D | | | | | AI | AII | B | A | B | C | I | II | I | II | | |
| 第一阶段 | ● | | | | ● | | | ● | | | | ● | | | ● | ● | | | | | ● | ● | | ● | | | |
| 第二阶段 | ● | ● | ● | ● | ● | ● | ● | ● | ● | ● | ● | ● | ● | ● | | ● | ● | ● | ● | ● | ● | ● | ● | ● | ● | ● | ● |

注：●表示存在此类器物

## 1. 第一阶段（公元前1300—前800年）

陶器流行 AaI 式颈肩单耳罐、A 型沿肩单耳罐、A 型单耳小罐、陶豆、双腹耳罐、AI 式双腹耳壶，铜器有 C 型鸟形青铜饰件、I 式环首弧背曲刃小铜刀、I 式双翼有铤铜镞，墓葬中不见铁器（表六）。

## 2. 第二阶段（公元前800—前400年）

陶器新出现 AaII 式、Ab、B 型颈肩单耳陶罐，B、C 型沿肩单耳陶罐，B、C、D 型单耳小罐；流行单耳高圈足或矮圈足陶豆；柱腹罐、圈足罐出现并流行；不见双腹耳罐；双腹耳壶流行 AII 式，颈部加粗加长，并出现粗颈矮腹、明器化的 B 型。动物纹铜饰件种类增多，除鸟形（C 型）外，出现并流行北山羊形（A 型）和格里芬形（B 型）；环首直背小铜刀（II 式）、三翼有铤铜镞（II 式）流行。一些墓葬出现铁制工具。泥塑"十"字形器出现并开始流行。

根据典型器物的型式划分，我们尝试对墓地中71座墓葬进行分期（表七）。另有21座墓葬因出土遗物残破、特征不显著或未测年，无法分期。通过表格统计可以看出，能够判定在一段的墓葬仅8座，其余63座均属二段。由于2004—2005年发掘的墓葬位于墓地最北端，不足墓地总数的20%，墓地南侧还有大批墓葬未发掘，上述测年与分期不一定能准确反映墓地发展演化的情况。

尽管如此，在分期的时候我们也注意到一些问题：拜其尔墓地双腹耳壶出土数量较多，共38件，保存完整、形制特征显著的有30件。其演化主要有两个趋势：一是颈部变长，整体趋于瘦高；二是颈部变粗，腹部趋于矮扁，器形变小，趋于明器化（器高在10厘米以内），两种双腹耳壶有时也共出于同一墓葬，表明两种趋势是并行的。研究者曾对焉不拉克墓地13件腹耳壶进行型式划分[2]，得出与拜其尔墓地第一种相同的演化趋势，但并未发现与拜其尔墓地接近的第二种演化趋势。另外，焉不拉克墓出土8件陶豆，研究者认为存在从矮圈足向高圈足发展的趋势。在拜其尔墓地中共出土12件陶豆，1件出自一段墓葬（图三，6），其余11件陶豆均出自二段墓葬，其中形制特征完整者共4件，皆出自二段墓葬。这4件陶豆有2件高圈足，2件矮圈足（图三，26、27）。由此可知，拜其尔墓地二段同时存在矮圈足、高圈足两种陶豆。可见，腹耳壶、陶豆两类器物虽然存在各自的演化趋势，但早期型式延续时间较长，其数量并未因为晚期型式的出现而迅速减少，早晚型式并行时间很长。因此，在东天山地区依据单件器物进行断代仍存在诸多不确定性。

表七　墓葬分期表

| 分期 | 墓葬编号 | 无法分期的墓葬 |
| --- | --- | --- |
| 一段 1300—800BCE | M12、M15、M25、M32、M37、M49、M90、M91（8座） | M4、M5、M10、M18、M28、M29、M30、M34、M35、M38、M39、M40、M41、M46、M48、M53、M56、M60、M76、M87、M88（21座） |
| 二段 800—400BCE | M1、M2、M3、M6、M7、M8、M9、M11、M13、M14、M16、M17、M19、M20、M21、M22、M23、M24、M26、M27、M31、M33、M36、M42、M43、M44、M45、M47、M50、M51、M52、M54、M55、M57、M58、M59、M61、M62、M63、M64、M65、M66、M67、M68、M69、M70、M71、M72、M73、M74、M75、M77、M78、M79、M80、M81、M82、M83、M84、M85、M86、M89、M92（63座） | |

## 四、结　论

拜其尔墓地与以往东天山地区考古发掘的天山北路墓地、焉不拉克墓地、柳树沟遗址、奎苏南湾墓地等遗址的考古学文化面貌都存在诸多相似之处。几处墓地墓葬均成排成列密集分布。拜其尔墓地墓葬地表围砌圆形石圈作为墓垣标识的做法在哈密柳树沟墓地[3]、黄田庙尔沟墓地[4]十分常见，巴里坤奎苏南湾墓地可能也存在同形式的墓垣标识。亚尔墓地、艾斯克霞尔南墓地发现墓葬地表用土坯围砌的石圈[5]，也应属于同类建筑；拜其尔墓地墓圹均为竖穴土坑，绝大多数墓葬底部设置木椁、土坯椁或石椁，用原木或石块封盖。其中，土坯椁的垒砌方式与东天山南部哈密盆地天山北路、五堡[6]、焉不拉克[7]、亚尔墓地非常接近。石椁的垒砌方式与柳树沟墓地、黄田上庙尔沟墓地一致，也与哈密盆地土坯椁结构接近。土坯椁与石椁虽质地不同，但构筑方式非常接近，两者应是东天山地区青铜时代同一文化背景人群在不同自然环境下因地取材的结果[8]。拜其尔墓地发现的土坯与石块混筑椁室的现象也可以印证这一观点。拜其尔墓地木椁的结构则与巴里坤南湾墓地一致。

从人骨放置姿势来看，拜其尔墓地多单人葬，流行侧身屈肢葬与俯身屈肢葬，并存在相当数量的扰乱葬现象。这些特征也与同时期天山北路墓地、五堡墓地、亚尔墓地、艾斯克霞尔墓地、艾斯克霞尔南墓地、柳树沟墓地、南湾墓地一致。

拜其尔墓地大多数随葬品的类别、形制特征也与同时期哈密盆地、巴里坤草原遗址出土遗物接近。墓地中出土陶器数量较多，主要为各类罐、壶、豆、杯等容器和盛器。其中，单耳陶罐数量最多。高领鼓腹颈肩单耳罐在东天山南麓的柳树沟墓地、庙尔沟墓地较为流行，艾斯克霞尔南墓地、焉不拉克墓地也有发现；拜其尔墓地流行的高领扁鼓腹沿肩单耳陶罐也普遍见于南湾墓地、庙尔沟墓地、焉不拉克墓地、艾斯克霞尔墓地、艾斯克霞尔南墓地等。双腹耳罐在拜其尔墓地仅发现2件，同类陶器在南湾墓地、柳树沟墓地、艾斯克霞尔墓地较为常见；巴里坤石人子沟遗址中高台遗迹也出土大量此类陶罐，体型都比较大，高度在40厘米以上，其中部分陶罐内部存放着青稞种子，可知这类器物主要用于储藏粮食作物[9]。双腹耳、双系或双乳钉高领陶壶和单耳圈足陶豆在拜其尔墓地也比较常见，其形制特征也与柳树沟墓地、白杨河流域的焉不拉克墓地、亚尔墓地、艾斯克霞尔墓地、艾斯克霞尔南墓地同类器非常接近。拜其尔墓地出土的单耳陶杯、单耳陶钵在东天山南北麓都较为流行，四耳陶罐仅出土2件，形制特征与天山北路墓地、亚尔墓地、石人子沟遗址、南湾墓地出土遗物接近。高低双耳柱腹罐、单耳圈足罐是拜其尔墓地最为独特的两类器形，东天山地区其他遗址中非常少见。南湾墓地曾出土过镂空圈足的单耳罐，寒气沟墓地出土过高低耳陶罐，上部与之接近，但下部为平底[10]。此外，拜其尔墓地流行的泥塑"十"字形器十分独特，它们通常都被放置在陶杯内，同类器物在东天山及周邻区域尚未发现。

拜其尔墓地处于气候湿润的高山河谷区，与干旱的哈密盆地相比，墓葬中出土的有机质遗物相对较少。木器主要有盘、杯、桶、瓢、勺等日用器皿，以及纺轮、钻火板、梳子等日用工具和梳妆用品。各类物品在五堡墓地、亚尔墓地、艾斯克霞尔墓地、艾斯克霞尔南墓地均有发现，形制特征也十分接近。墓地中M15、M59、M60三座墓葬发现残留的毛织带、毛毡和皮革，应为死者下葬时所着衣物，衣物形制特征可能也与五堡墓地、艾斯克霞尔墓地、艾斯克霞尔南墓地埋葬的居民一致。

拜其尔墓地出土金属器以刀、锥、凿等工具和扣、环、管、铃、镯等装饰品为主，环首铜刀、木柄铜锥、铜铃、圆形"一"字纽铜扣在青铜时代晚期至早期铁器时代的天山廊道沿线诸墓地中十分常见。M32、M50出土的鸟形铜饰件较为独特，在周邻其他遗存中极为罕见。M73出土的北山羊纹透雕铜牌饰与寒气沟墓地M1出土的铜牌饰形制非常接近，但在周邻其他遗址中未曾发现。值得注意的是，M3、M16两座墓葬中都出土了双格里芬首，且背面有纽的青铜饰件，其格里芬首造型特征在阿尔泰山地区巴泽雷克文化、萨彦岭地区乌尤克文化中非常流行。格里芬造型在萨彦—阿尔泰地区出现的时间在公元前6世纪前后，后于战国晚期流行于中国北方地区[11]。拜其尔墓地2件格里芬首铜饰件的发现为了解萨彦—阿尔泰地区与中国北方地区的文化联系提供了重要线索。

综上所述，拜其尔墓地发掘的92座墓葬主体在青铜时代晚期至早期铁器时代之间（公元前1300—前400年），与哈密绿洲盆地的天山北路墓地、焉不拉克墓地等遗存属于同一考古学文化。

## 注　释

[1] 托乎提·吐拉洪：《新疆伊吾县拜其尔墓地进行抢救性考古发掘》，《中国文物报》2005年2月4日第1版。

[2] 新疆维吾尔自治区文化厅文物处、新疆大学历史系文博干部专修班：《新疆哈密焉不拉克墓地》，《考古学报》1989年第3期；邵会秋：《新疆史前时期文化格局的演进及其与周邻地区文化的关系》，吉林大学博士学位论文，2007年。

[3] 新疆文物考古研究所：《新疆哈密市柳树沟遗址和墓地的考古发掘》，《西域研究》2015年第2期。

[4] 新疆文物考古研究所、哈密地区文物管理所：《1996年哈密黄田上庙尔沟村Ⅰ号墓地发掘简报》，《新疆文物》2004年第2期。

[5] 王永强、党志豪：《新疆哈密五堡艾斯克霞尔南墓地考古新发现》，《西域研究》2011年第2期。

[6] 新疆文物考古研究所：《新疆哈密五堡墓地151、152号墓葬》，《新疆文物》1992年第3期。

[7] 新疆维吾尔自治区文化厅文物处、新疆大学历史系文博干部专修班：《新疆哈密焉不拉克墓地》，《考古学报》1989年第3期。

[8] 新疆文物考古研究所、哈密地区文物管理所：《1996年哈密黄田上庙尔沟村Ⅰ号墓地发掘简报》，《新疆文物》2004年第2期。

[9] 新疆文物考古研究所、西北大学文化遗产与考古学研究中心：《新疆巴里坤县东黑沟遗址2006—2007年发掘简报》，《考古》2009年第1期。

[10] 新疆文物考古研究所、哈密地区文管所：《新疆哈密市寒气沟墓地发掘简报》，《考古》1997年第9期。

[11] 马健：《公元前8—前3世纪的萨彦—阿尔泰——早期铁器时代欧亚东部草原文化交流》，《欧亚学刊（第8辑）》，中华书局，2008年，第38—84页。

# Study on Chronology and Relative Questions of Baiqier Cemetery, Xinjiang

Ma Yingxia

(Hami Museum)

**Abstract:** Baiqier cemetery is belong to late bronze age to early iron age, which is the first scientific excavated site in Yiwu county, Hami city, Xinjiang. It provides plenty and important material for researches on revealing the local archaeological culture. With $^{14}$C data and typology of typical relics, this paper try to discuss the chronology of Baiqier cemetery and its the possible cultural interflow with Barkol grassland and Hami oasis.

**Keywords:** Yanbulake, Tianshanbeilu, Shirenzigou, Liushugou

# 关中地区商周时期偏洞室墓初探

李鑫叶　豆海锋

（西北大学文化遗产学院）

**内容摘要**：关中地区商周时期偏洞室墓与竖穴土坑墓在墓穴结构及丧葬习俗等方面存在明显差异，本文通过观察关中地区商周时期偏洞室墓的墓穴结构、丧葬习俗、墓葬等级与空间分布等特征，发现关中地区偏洞室墓自晚商至西周时期逐渐趋于规范化。该类偏洞室墓的来源应与甘青地区辛店文化墓葬葬俗有密切关系，其在文化分布与人群迁徙方面具有一定的指示特征。

**关键词**：关中地区；商周时期；偏洞室墓；类型演变；文化来源

偏洞室墓是我国古代墓葬的一种构筑形式，亦称土洞墓[1]、竖穴偏室墓[2]或偏洞墓[3]，其始见于庙底沟文化时期[4]，流行于战国中期，一直影响至今[5]。该类墓葬一般由墓道与墓室构成，其建造一般过程为：先挖竖穴土坑作为墓道，在墓道某一侧壁掏挖一个与之平行的洞室，此后再将墓主人及随葬品放置在洞室内，并用木板或土块封闭洞口，最后将墓道填土掩埋[6]。以往在我国新疆[7]、甘肃[8]、青海[9]、宁夏[10]、内蒙古[11]、河北[12]及陕西关中地区[13]发现数量较多的偏洞室墓，此类墓葬形制引起了学者们的普遍关注[14]。处于泾渭流域的陕西关中地区是中华文明重要的起源与发展区域，该地区亦发现一定数量的商周时期偏洞室墓，学界多认为该类墓葬来源于西北地区[15]，但是关于偏洞室墓的形制变化及其背后所代表的人群差异等特征仍值得深入讨论。

本文以关中地区[16]所见晚商至西周时期偏洞室墓为研究对象，对其进行数量统计、类型划分、年代判断，在此基础上，对该类墓葬的葬俗、墓葬等级、空间分布特征进行观察与分析，尝试探讨商周时期关中地区偏洞室墓的演变特征及其来源等问题。

## 一、分布特征

根据目前的考古资料，陕西关中地区已发现商周时期偏洞室墓有47座，主要分布在关中西部、泾河中游及关中东部地区。其中，宝鸡高家村墓地发现4座[17]、宝鸡苟家岭墓地发现1座[18]、扶风刘家墓地发现15座[19]、长武碾子坡遗址发现2座[20]、旬邑枣林河滩遗址发现1座[21]、旬邑西头遗址发现3座[22]、长安张家坡西周墓地发现21座[23]（图一）。通过对偏洞室墓数量在墓地墓葬总数的占比统计可知，偏洞室墓占各墓地墓葬总数的比例存在差异，其中刘家墓地偏洞室墓所占比例最高，为75%，碾子坡遗址偏洞室墓所占比例最低，为1.4%（表一）。

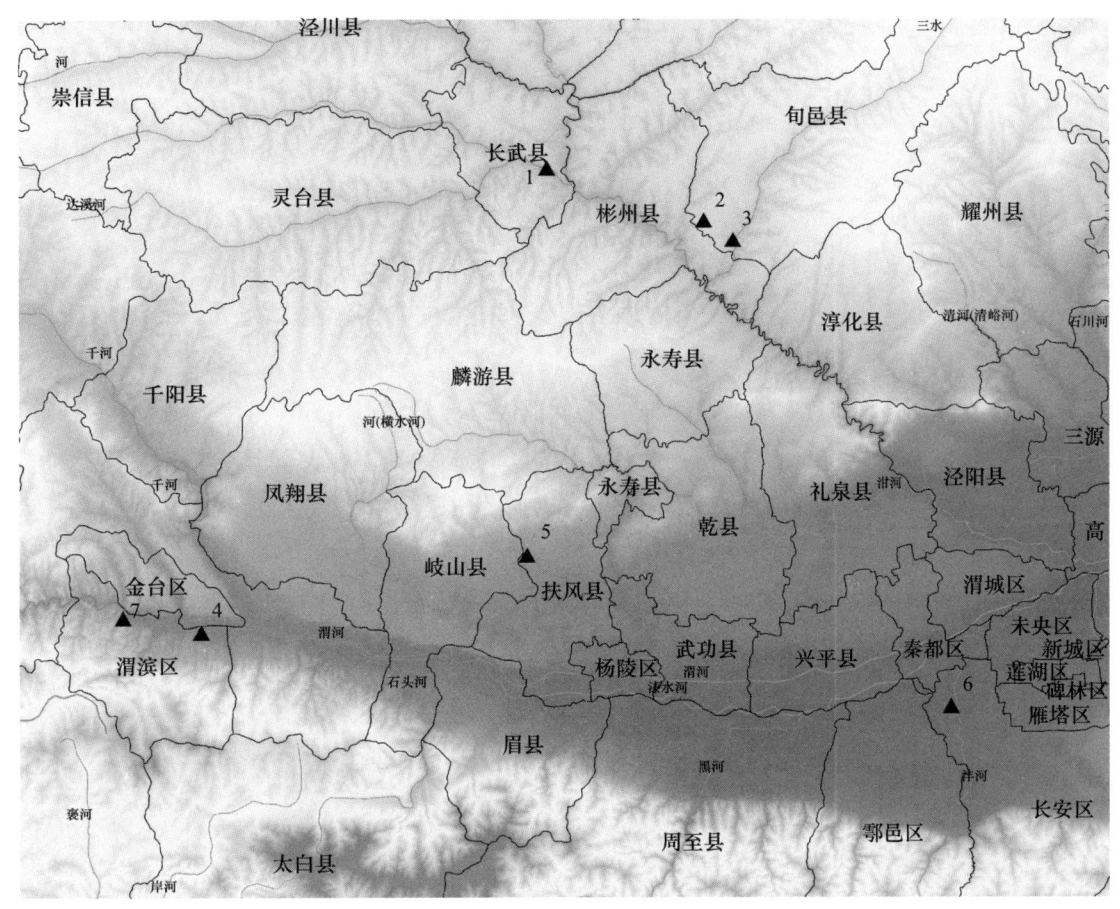

图一　关中地区商周时期偏洞室墓分布示意图

1. 长武碾子坡遗址　2. 旬邑西头遗址　3. 旬邑枣林河滩遗址　4. 宝鸡高家村墓地　5. 扶风刘家墓地　6. 长安张家坡墓地
7. 宝鸡苟家岭墓地

**表一　关中地区商周时期偏洞室墓数量统计表**

| 遗址 / 墓地 | 已发掘墓葬总数量（座） | 偏洞室墓发现数量（座） | 偏洞室墓所占比例（％） |
| --- | --- | --- | --- |
| 刘家墓地 | 20 | 15 | 75 |
| 高家村墓地 | 19 | 4 | 21 |
| 碾子坡墓地 | 139 | 2 | 1.4 |
| 枣林河滩遗址 | 4 | 1 | 25 |
| 西头遗址 | 12 | 3 | 25 |
| 张家坡墓地 | 365 | 21 | 5.7 |

# 二、分类与年代

（一）类型划分

张天恩先生曾对刘家墓地和高家村墓地发现的偏洞室墓进行分类[24]。本文在此基础上，对目前有明确资料可供分类的 20 座偏洞室墓进行形制划分。据墓道与墓室的建造形态可分为甲、乙两类。

## 1. 甲类

墓道与墓室部分重合。墓室底部低于墓道底部，墓室底部呈台阶状或斜底状，墓室顶部呈弧形。根据墓道与墓室之间有无间距，可将此类偏洞室墓分为二型。

A 型　4 座。墓道与墓室之间有一段间距。根据墓主人的骨骼位置及墓道、墓室、墓门的宽度可以计算出木棺与墓门的间距为 1.2—1.75 米。

该型墓葬以刘家墓地 M11 为代表，该墓方向为 46°，墓道长 1.66、宽 1 米，墓室长 2.4、宽 1.2、高 0.78 米。墓主年龄为 30 岁左右，女性，头向东北，侧身直肢，葬具为框形木棺。随葬 4 件底部有烟炱及褐斑的陶器，且每件陶器均用扁平石块盖住口部，器物集中放置在头端棺外，以垒砌土块封门[25]（图二，1）。

该型墓葬建造特征为：先挖一个竖穴墓道，然后沿着墓道一侧壁面掏挖平面呈四边形的墓室，部分偏洞室墓存在留有生土台阶和垒砌土块封门的现象。葬具为长方形木棺，随葬品集中放置在墓主头端。

B 型　8 座。墓室与墓道没有间距，建造过程中墓室破坏墓道已有形制。根据墓室头端形态的差异可分为二亚型。

Ba 型　4 座。墓室头端平面凸出同侧墓道一端，头端宽，脚端窄。

该型墓葬以高家村墓地 M19 为代表，该墓方向为 265°，墓道长 1.7、宽 1.05—1.15、残深 0.65 米，墓室长 2.46、宽 0.65—0.9、高 0.6 米，墓室与墓道之间有封门沟槽。墓主年龄为 50 岁左右，仰身直肢，随葬陶鬲 2 件、陶罐 4 件、海贝 11 枚，部分陶器存在用石块遮盖口部的现象[26]，随葬品集中放置在墓主人头端（图二，2）。

该型墓葬建造特征为：先挖一个竖穴墓道，然后沿着墓道一侧壁面掏挖一墓室，墓室一端的空间较大，部分偏洞室墓存在封门沟槽和木板封门痕迹。随葬品集中放置在墓主人头端。

Bb 型　4 座。墓室头端平面未凸出同侧墓道一端或超出范围较小。

该型墓葬以碾子坡遗址 M184 为代表，该墓方向为 111°，墓道长 2.2、宽 0.5—0.84、残深 0.2—0.45 米，墓道底部呈斜坡状，墓室长 2、宽 0.3—0.5、高 0.3—0.5 米，墓室西北角和东南角发现两个半圆形壁龛。墓主为 20—25 岁男性，俯身直肢，无葬具。墓主部分脚趾骨放在西北角的壁龛内，随葬陶鬲 1 件，放置于墓室头前壁龛内[27]（图二，3）。

该型墓葬建造特征为：先挖一个竖穴墓道，然后沿着墓道一侧壁面掏挖一墓室，墓室两端的空间大小均等，部分墓葬于墓室掏挖壁龛。随葬品放置在墓主人头骨一侧或头端壁龛。该型墓葬未发现封门痕迹及葬具。

## 2. 乙类

墓道与墓室未见重合。墓室与墓道底部多为平底或斜底。顶部多呈斜线形，亦存在少量弧形。根据墓室的平面形状可分为二型。

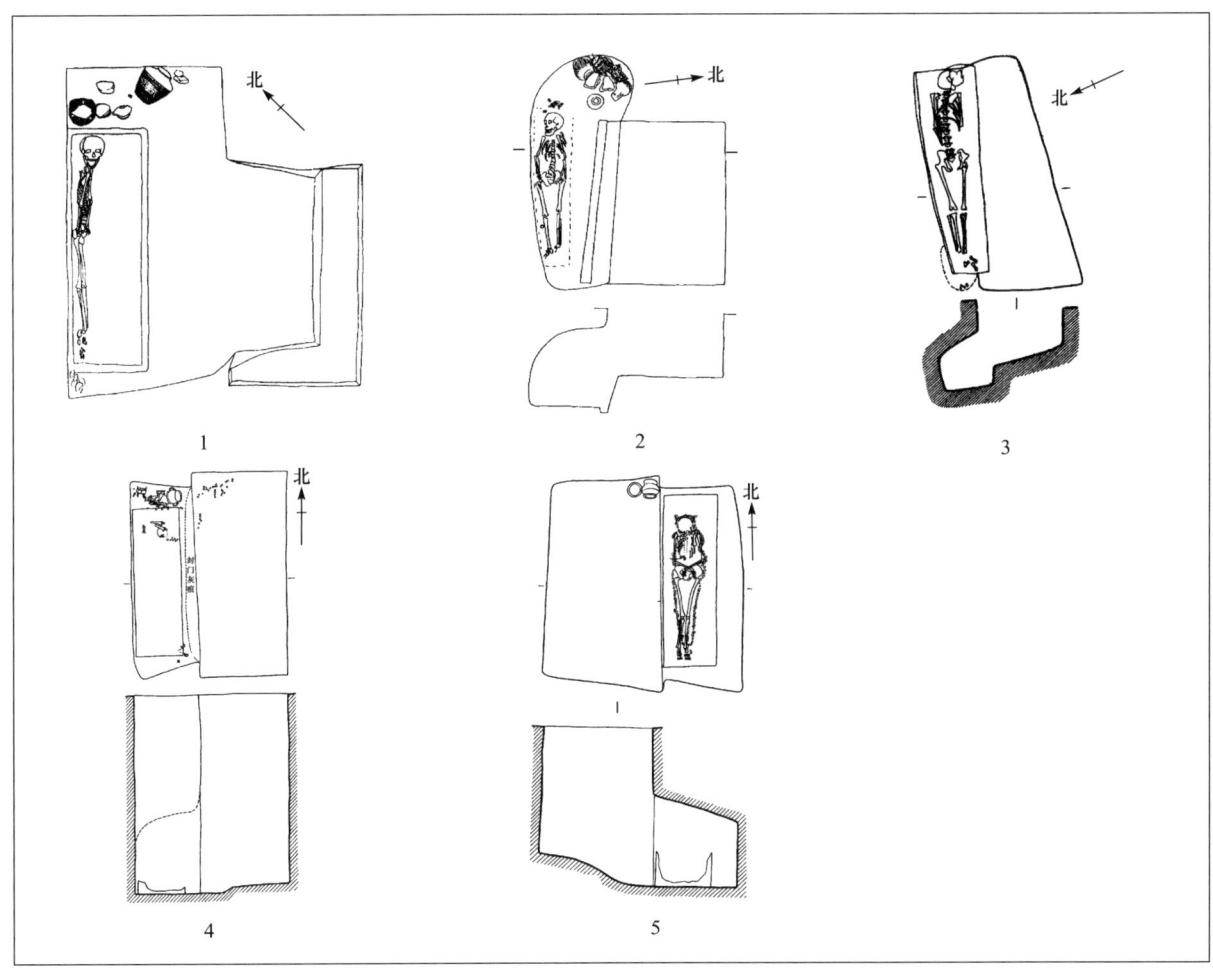

图二 商周时期关中地区偏洞室墓类型对比图
1. 甲类 A 型（刘家墓地 M11） 2. 甲类 Ba 型（高家村墓地 M19） 3. 甲类 Bb 型（碾子坡遗址 M184）
4. 乙类 A 型（张家坡墓地 M284） 5. 乙类 B 型（张家坡墓地 M215）

A 型 3 座。墓室平面为梯形或不规则梯形。

该型墓葬以张家坡墓地 M284 为代表，该墓方向为正北，墓道长 3.05、宽 1.4、深 2.98 米，墓室长 2.98、宽 0.91、深 3 米，墓室顶部被破坏，高度不详。墓室与墓道之间存在封门痕迹，葬具为长方形木棺，随葬铜方鼎 1 件、铜簋 1 件、铜鱼钩 2 件、铜环 2 件、铜戈 2 件、铜马镳 2 件、角镳 2 件、陶鬲 1 件，另有蛤壳和贝类[28]（图二，4）。

该型墓葬建造特征为：先挖一个竖穴墓道，然后沿着墓道一侧壁面掏挖一个梯形墓室，部分偏洞室墓存在用席和木板封门的痕迹。

B 型 5 座。墓室平面呈长方形或不规则长方形。

该型墓葬以张家坡墓地 M215 为代表，该墓方向为 3°，墓道长 2.3、宽 1.35、深 1.8 米，墓室长 2.25、宽 0.88、高 1.8 米，墓室顶部为拱形，底部呈斜底状，墓室与墓道之间存在木板封闭墓室的痕迹，葬具为长方形木棺，棺内铺有朱砂，墓主为老年女性，头向北，葬式为仰身直肢，随葬陶鬲、陶瓿各 1 件，另有蛤壳、贝、蚌饰、玉器[29]（图二，5）。

该型墓葬建造特征为：先挖一个竖穴墓道，然后沿着墓道一侧壁面掏挖一个长方形墓室，部分偏洞室墓存在生土台和用苇席、木板组合或单独使用木板封闭洞室的痕迹。墓道与墓室底部多呈平底状和斜底状，顶部多呈斜线形。乙类B型墓葬的随葬品开始放置在墓道内。张家坡墓地M275因墓室挖的比较浅，因此其棺椁一半放置在墓室，一半放置在墓道。

## （二）分期与年代

依据墓葬形态演变特征、随葬器物及分布空间特征，将关中地区商周时期偏洞室墓划分为以下四个阶段。

第1段，偏洞室墓有甲类A型和Ba型。甲类A型偏洞室墓形制特征为墓道与墓室部分重合，墓室与墓道间距较大。Ba型偏洞室墓形制特征为墓室破坏墓道原有形制，墓室头端凸出同侧墓道一端。甲类A型和Ba型偏洞室墓墓室的掏挖位置多见于墓道的南北两侧。顶部呈弧形，底部多见台阶状。随葬品以陶鬲、陶罐组合为主，器类有陶鬲、单耳罐、双耳罐、折肩罐、侈口鼓腹罐、高领罐等，随葬陶器多见用扁平石块遮盖器口的现象，部分墓葬随葬少量骨器、铜器。该段偏洞室墓集中分布在关中西部的扶风刘家墓地和宝鸡高家村墓地，据发掘简报判断，刘家墓地的年代早于周人迁岐[30]，雷兴山先生也认为刘家墓地的年代不晚于商周之际[31]。发掘简报认为高家村墓地的年代相当于殷墟三期。因此，第1段偏洞室墓年代相当于殷墟三期。

第2段，偏洞室墓有甲类Bb型，其形制特征为墓室与墓道部分重合，墓室破坏墓道原有形制，墓室头端没有凸出同侧墓道一端或凸出范围较小。该型偏洞室墓墓室的掏挖位置多见于墓道南北两侧。顶部多为弧形，底部多呈台阶状。随葬品为1件陶鬲、骨器或无随葬品。该段偏洞室墓集中分布在泾河中游的旬邑枣林河滩遗址、西头遗址、长武碾子坡遗址。枣林河滩遗址发现1座偏洞室墓，出土陶鬲1件，发掘简报认为其年代为殷墟四期至周初[32]。碾子坡墓地发现2座偏洞室墓，其中M184随葬1件陶鬲，发掘报告认为其年代相当于殷墟三期[33]。比较来看，碾子坡M184:1和枣林河滩遗址陶鬲M3:1形制相近，两者袋足横截面均呈圆形，圆锥形足根，前者袋足与后者相比略短肥。因此可判断碾子坡墓地M184的年代与枣林河滩遗址M3年代相当，为殷墟四期至周初[34]。西头遗址发现的3座偏洞室墓未发现可供断代的随葬品，根据居址出土遗物及西头遗址M7的$^{14}$C测年结果，判定其年代为殷墟四期至西周早期[35]。因此，第2段偏洞室墓年代相当于殷墟四期至西周早期。

第3段，偏洞室墓有乙类A型。其形制特征为墓室与墓道平面形状未见重合，墓室平面形状为梯形。该型偏洞室墓墓室的掏挖位置多见于墓道东西两侧。顶部多为斜线形，底部多呈斜底状和平底状。随葬品种类丰富，包括陶器、青铜容器、青铜兵器、青铜工具、青铜车马器、玉器、漆器、蛤壳、贝类、骨器、石器，且存在随葬石子的现象。第3段偏洞室墓主要分布于关中东部地区的张家坡墓地，包括张家坡M141、M183、M284、M285，发掘报告认为M141、M183的年代相当于昭穆时期，M285的年代相当于武成康时期[36]。张礼艳先生认为M284、M285的年代相当于武成康时期，M141、M183的年代相当于康王晚期和昭王时期，即西周早期偏晚[37]。因此，第3段偏洞室墓年代相当于西周早期至西周中期。

第4段，偏洞室墓有乙类B型，其形制特征为墓室与墓道平面形状未见重合，墓室平面形状为长方形。该型偏洞室墓墓室的掏挖位置多见于墓道东西两侧。顶部多见斜线形，底部多呈斜底状和平底状。随葬品种类丰富，包括陶器、青铜容器、青铜兵器、青铜车马器、玉器、漆器、蛤壳、贝类、骨器、石器。第4段偏洞室墓主要分布在关中东部地区的张家坡墓地，包括张家坡M136、M215、M259、M275，发掘报告判定M136的年代相当于武成康时期，M215的年代相当于昭穆时期，M259的年代相当于共懿孝时期，M275的年代相当于夷厉共和时期[38]。张礼艳先生认为M136的年代相当于康王晚期和昭王时期，即西周早期偏晚，M215的年代相当于穆王时期，即西周中期偏早[39]。因此，第4段偏洞室墓年代相当于西周早期至西周中晚期。

由上文可见，西周时期偏洞室墓随葬品较晚商时期在种类和数量上都有所增加，部分墓葬存在棺内铺朱砂的现象，且出现了墓主口内含贝以及随葬蛤壳、贝类的葬俗。晚商时期随葬品均放置在墓室内，西周时期随葬品开始放置在墓道内。

结合每个阶段偏洞室墓的形制及随葬品特征，可将上文所划分的第1段归为第1期，第2段归为第2期。第3、4段在墓葬形制、随葬器物及分布特征等方面都存在较多相似性，因此将二者合并为第3期（图三）。

## 三、空间特征分析

（一）偏洞室墓与区域空间的关系

从上文的分析结果来看，关中地区所见商周时期偏洞室墓并非本地传统葬俗，商代晚期在该区域内出现，延续至西周晚期，且墓葬形制具有一定的延续性。以下从地域空间进行宏观与微观层面的分析，寻找关中地区商周时期偏洞室墓的传布及其所反映的人群关系。

关中地区商代晚期偏洞室墓主要见于刘家文化与碾子坡文化。刘军社先生通过对刘家文化与碾子坡文化出土陶鬲的比较分析，认为碾子坡文化的双耳鬲应是刘家文化的产物，并指出碾子坡遗址发现的2座偏洞室墓不是其墓葬形制的主流，应是受刘家文化的影响[40]。张天恩先生结合碾子坡文化与刘家文化的年代、陶器组合、葬俗等认为碾子坡文化的形成可能受到刘家文化的影响[41]。雷兴山先生也认为碾子坡墓地发现的2座偏洞室墓是受刘家文化偏洞室墓的影响[42]。

从墓葬形制角度来看，碾子坡文化流行的Ba型偏洞室墓与刘家文化流行的Bb型偏洞室墓在形制方面存在较多相似之处。两者的墓室均与墓道部分重合，墓室的掏挖位置均位于墓道的南、北两侧，墓室顶部多呈弧线形，底部多呈台阶状。从随葬品角度来看，刘家文化偏洞室墓随葬品数量较多，以高领袋足鬲、高领罐、侈口鼓腹罐、敛口罐、腹耳罐等多件陶鬲、陶罐组合为主，部分墓葬随葬陶器多达10件，存在将扁平的石块放置在陶器口部的现象。碾子坡文化偏洞室墓随葬陶器、骨器或无随葬品，且随葬器物均为1件。碾子坡文化与刘家文化偏洞室墓出土的陶鬲均为高领袋足鬲，如碾子坡遗址陶鬲（M184∶1）与高家村墓地（M16∶3），两者共同特征为高领且领部两侧均有对称分布的鸡冠状双耳或双錾，通体饰绳纹，内隔较高，陶鬲足根为圆锥形[43]。碾子坡文化与刘家文化偏洞室墓的随葬品均放置于墓主人头端。通过以上分析，可以看出碾子坡文化与刘家文化联系较为紧密。

关中地区西周时期偏洞室墓主要见于张家坡墓地，从墓葬形制来看，张家坡墓地流行的乙类B

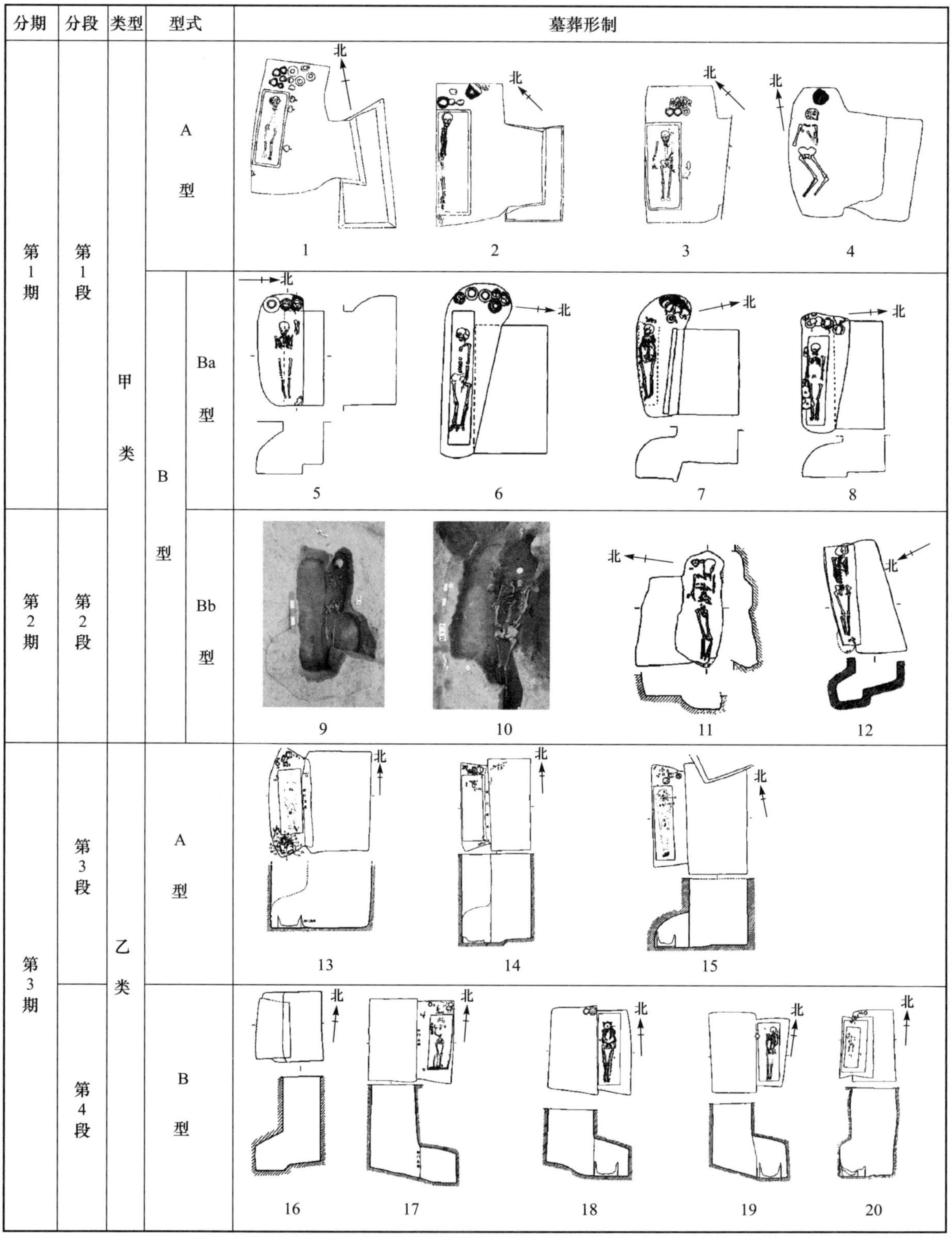

图三　关中地区商周时期偏洞室墓类型分析

1. 甲类 A 型（刘家 M37）　2. 甲类 A 型（刘家 M11）　3. 甲类 A 型（刘家 M41）　4. 甲类 A 型（刘家 M46）　5. 甲类 Ba 型（高家村 M13）　6. 甲类 Ba 型（高家村 M17）　7. 甲类 Ba 型（高家村 M19）　8. 甲类 Bb 型（高家村 M16）　9. 甲类 Bb 型（鱼嘴坡 M7）　10. 甲类 Bb 型（鱼嘴坡 M12）　11. 甲类 Bb 型（枣林河滩 M3）　12. 甲类 Bb 型（碾子坡 M184）　13. 乙类 A 型（张家坡 M285）　14. 乙类 A 型（张家坡 M284）　15. 乙类 A 型（张家坡 M141）　16. 乙类 B 型（张家坡 M183）　17. 乙类 B 型（张家坡 M136）　18. 乙类 B 型（张家坡 M215）　19. 乙类 B 型（张家坡 M259）　20. 乙类 B 型（张家坡 M275）

型偏洞室墓与刘家墓地流行的甲类 A 型偏洞室墓存在相似之处，两者墓室的平面形状均为长方形，区别在于后者墓室头端凸出同侧墓道一端，前者墓道与墓室之间有明确的界限，后者墓道与墓室部分重合，且墓道与墓室之间间距较大。可以看出张家坡西周墓地偏洞室墓形制受到刘家文化的影响。

据目前的考古资料，并综合关中地区商周时期偏洞室墓的墓葬形制、年代以及空间分布，殷墟三期甲类 A 型和 Ba 型偏洞室墓出现在关中西部的刘家文化，之后分别传播至泾河流域的碾子坡文化及关中东部的西周文化。殷墟四期至西周早期泾河流域有甲类 Bb 型偏洞室墓，其数量较少。西周早期张家坡墓有甲类 Bb 型和乙类 A 型偏洞室墓，西周中期流行乙类 B 型偏洞室墓。西周早期泾河流域与关中东部地区流行的偏洞室墓形制存在较大差异，乙类 A 型偏洞室墓在墓葬形制上明显更加规范化，其原因可能与张家坡墓地位于西周都城范围内密切相关。

（二）微观空间分析

通过观察，我们发现每个墓地所见偏洞室墓分布都相对集中，高家村墓地、碾子坡遗址、西头遗址发现的偏洞室墓虽然数量较少，但偏洞室集中分布在同一区域，位置相近且彼此之间无叠压和打破关系，说明偏洞室墓具有"聚族而葬"的特点。张家坡发现的 21 座偏洞室墓分布相对集中，延续时间较长。因此，对张家坡西周墓地所见偏洞室墓进行微观空间分析，可探讨该墓地西周时期偏洞室墓在整个墓地空间中所代表的特殊意义。在对墓地进行微观空间分析之前，先对张家坡西周墓地偏洞室墓进行等级划分[44]。

因墓葬形制和规模方面存在的差异较小，依随葬品差异可将偏洞室墓划分为四个等级。

第Ⅰ等级：随葬青铜容器的墓葬，包括 M106、M112、M183、M275、M284、M285。

第Ⅱ等级：随葬青铜兵器、青铜车马器、玉器、漆器的墓葬，包括 M136、M141、M215、M273。

第Ⅲ等级：随葬陶器、骨角器、石器、玉饰品、铜饰品的墓葬，包括 M107、M108、M111、M113—M115、M120、M259、M282。

第Ⅳ等级：没有随葬品的墓葬，包括 M283。

根据随葬品特征，可以看出第Ⅰ、Ⅱ等级的墓葬墓主等级身份较高，较多墓葬随葬有青铜礼器、兵器和象征权利的玉器。随葬兵器的偏洞室墓所占比重为 33%，出土玉器的偏洞室墓所占比重为 57%。因此，推测墓主生前可能从事军事活动，或为等级较高的贵族阶层。第Ⅲ、Ⅳ等级的墓葬墓主随葬品以陶器为主或未见随葬品，推测墓主身份可能为普通平民。张家坡墓地西周时期偏洞室墓等级以第Ⅰ—Ⅲ等级为主。

通过对张家坡墓地墓葬分布特征的观察（图四）[45]，可以看出武成康、昭穆时期偏洞室墓以南北向为主，分布较为分散，墓葬等级以第Ⅰ、Ⅱ等级为主，第Ⅰ等级占 15%，第Ⅱ等级占 15%，第Ⅲ等级占 10%，第Ⅳ等级占 5%。共懿孝、夷厉共和时期偏洞室墓以东西向为主，且主要分布在墓地中部及东侧，墓葬等级以第Ⅰ—Ⅲ等级为主，第Ⅰ等级占 15%，第Ⅲ等级占 30%。值得注意的是，张家坡墓地所见墓葬以竖穴土坑墓为主，其方向以南北向为主，而西周早期南北向偏洞室墓居多，西周中期至晚期则以东西向为主。从西周中期开始，张家坡墓地偏洞室墓集中分布在墓地东侧，说明

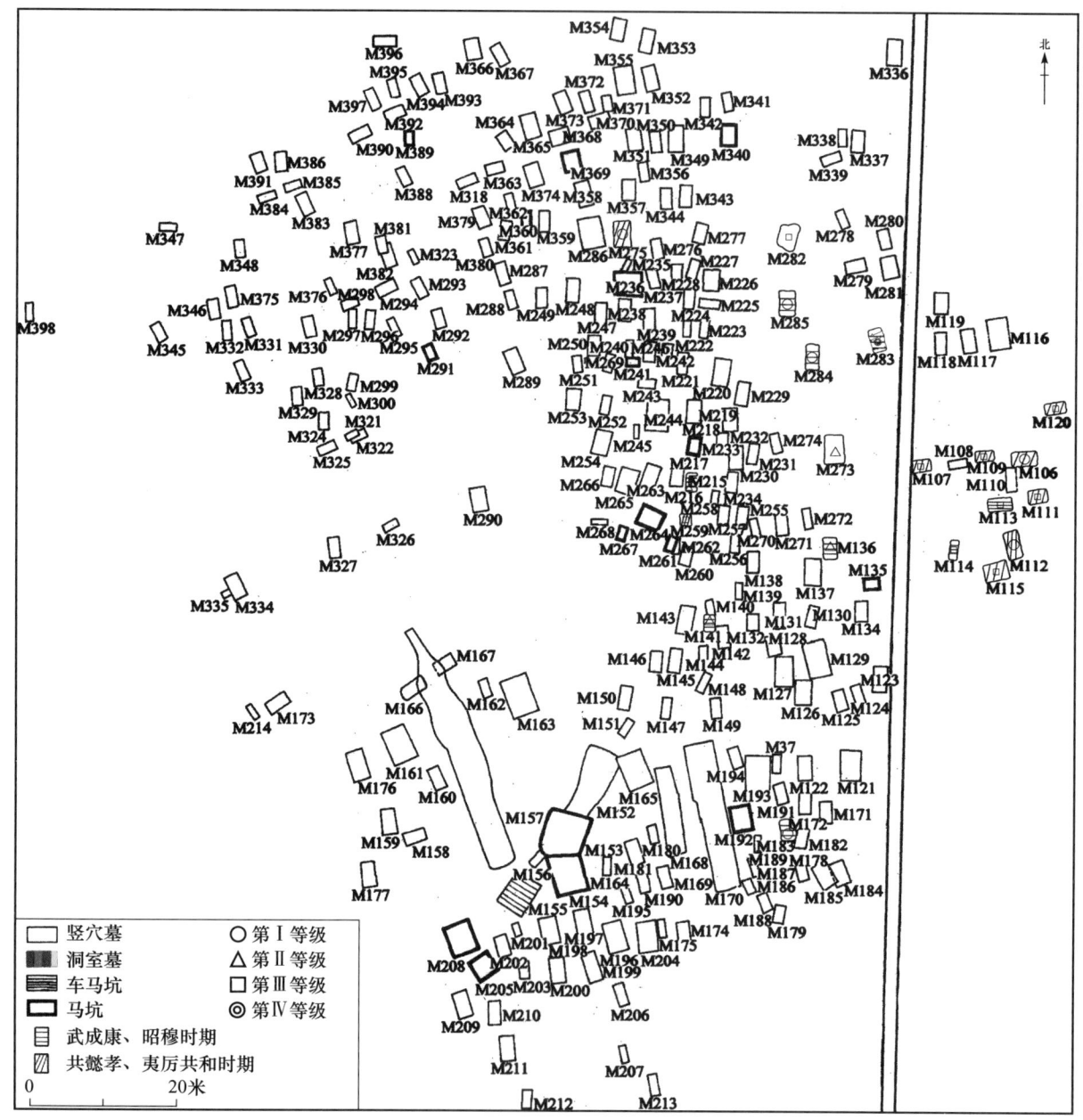

图四 1983—1986 年张家坡西周墓地北区墓葬分布图

偏洞室墓选址具有严格的规划性，埋葬位置应是从整个墓地布局进行考虑的。西周中期后，偏洞室墓代表的人群与张家坡墓地大多数墓葬在空间分布上产生了明显的"分隔"现象，说明西周中晚期偏洞室墓所代表的人群与竖穴土坑墓代表的人群有着明显的"认同差异"，与西周早期的空间"混合"形成了鲜明对比。

## 四、关中地区偏洞室墓的来源探讨

谢端琚先生曾对我国西北地区新石器时代至西周时期偏洞室墓的形制结构进行类型划分，并推断偏洞室墓的出现可能跟窑洞相关[46]。从黄土垂直节理的特点来看，该观点具有一定的合理性，但随着新疆地区和辽西地区偏洞室墓的发现，为此类墓葬出现原因的探讨提供了更多解释的可能。关中地区商周时期发现较早偏洞室墓的刘家文化，其来源许多学者做过讨论，学者认为刘家文化源于齐家文化[47]，辛店文化[48]，客省庄文化的双庵类型[49]，渭水上游的董家台类型[50]，董家台类型、山家头类型与刘堡坪类型的接触与交流而形成[51]。较多学者认为刘家文化所见偏洞室墓可能是羌人所用的葬俗[52]。

在追溯关中地区商周时期偏洞室墓的来源时，首先要确定偏洞室墓葬俗特征的单一性或多源性，也就是说，葬俗具有单一性，即以较早形态来寻找墓葬的源头；如若墓葬葬俗有多源性，那么就要从不同角度讨论其来源问题。从上文分析结果来看，关中地区所见商周时期偏洞室墓在葬俗上具有一定的延续性，各时期偏洞室墓在墓葬结构、随葬器物方面具有一定差异，其原因或与区域环境、地域文化传统等方面的差异有关。因此，本文在追寻偏洞室墓来源时以刘家文化偏洞室墓为基点，寻找其葬俗的来源，并在此基础上，讨论不同时期葬俗形成的动因。从陶器形制来看，刘家文化的腹耳罐、双耳罐与辛店文化的腹耳壶和双耳罐极其相似。莲花台墓地腹耳陶壶（M15：1）[53]与刘家墓地腹耳罐（M37：3）[54]形制相近，二者整体来看，相同的器形特征为平沿、鼓腹、圜底，器耳位置在腹部最大径处。不同之处为前者领部更直，口沿有花边纹饰，后者在颈部与腹部之间有两周花边装饰（图五，1、5）。高家村墓地双耳罐（M9：3）[55]与莲花台遗址黑豆咀双大耳罐（H177：4）[56]器形特征整体相似，前者器耳位于颈部，后者器耳位于口沿下部，前者在颈部与腹部间有纹饰（图五，2、6）。核桃庄小旱墓地双耳罐（M288：1）[57]与高家村墓地（M14：4）[58]形制相似，前者器耳大于后者（图五，3、7）。柳湾墓地双耳罐（M1196：4）[59]与高家村墓地双耳罐（M14：6）[60]形制相似，前者口沿饰有纹饰（图五，4、8）。

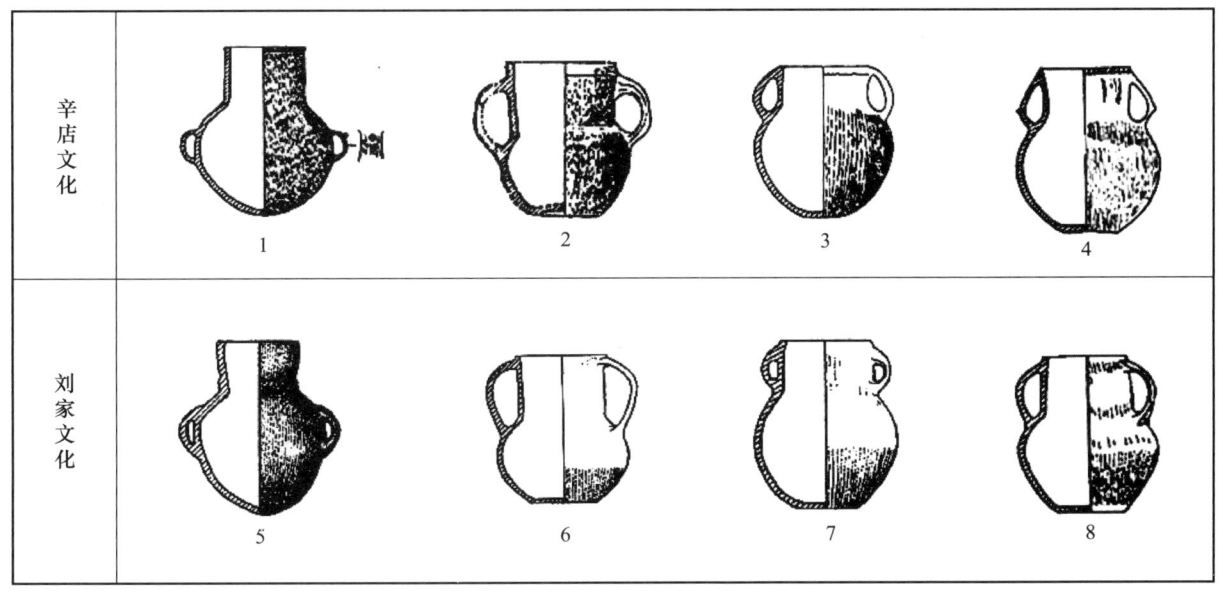

图五　辛店文化与刘家文化陶器比较图
1. 莲花台墓地腹耳陶壶（M15：1）　2. 莲花台遗址黑豆咀双大耳罐（H177：4）　3. 核桃庄小旱墓地双耳陶罐（M288：1）　4. 柳湾墓地双耳罐（M1196：4）　5. 刘家墓地腹耳罐（M37：3）　6. 高家村墓地双耳罐（M9：3）　7. 高家村墓地双耳陶罐（M14：4）　8. 高家村墓地双耳陶罐（M14：6）

从墓葬形制来看，刘家文化偏洞室墓与辛店文化核桃庄小旱墓地部分偏洞室墓的形制较为相近，均是墓室打破墓道原有形制，且墓室与墓道部分重合，墓室头端凸出墓道或没有凸出墓道，墓室顶部呈弧形，底部为坑状，随葬品集中放置在头端或头骨一侧（图六）。核桃庄小旱墓地偏洞室墓 M94[61]与高家村墓地 M16[62]形制相似（图六，2、6），墓室与墓道部分重合，墓室头端凸出墓道头端，随葬品集中放置在墓主头端。核桃庄小旱墓地偏洞室墓 M119[63]与高家村墓地 M17[64]形制相似（图六，3、7），墓室与墓道部分重合，墓室头端超过墓道头端，随葬品集中放置在墓主头端，区别之处为前者未见葬具。核桃庄小旱墓地偏洞室墓 M111[65]与高家村墓地 M19[66]形制相似（图六，4、8），墓室与墓道部分重合，两者底部呈坑状。核桃庄小旱墓地偏洞室墓 M117[67]与高家村墓地 M13[68]形制相似（图六，1、5），墓主头端都放置随葬品，前者在墓主脚端也放置随葬品。从随葬陶器和墓葬形制来看，刘家文化偏洞室墓与辛店文化的联系较为密切。

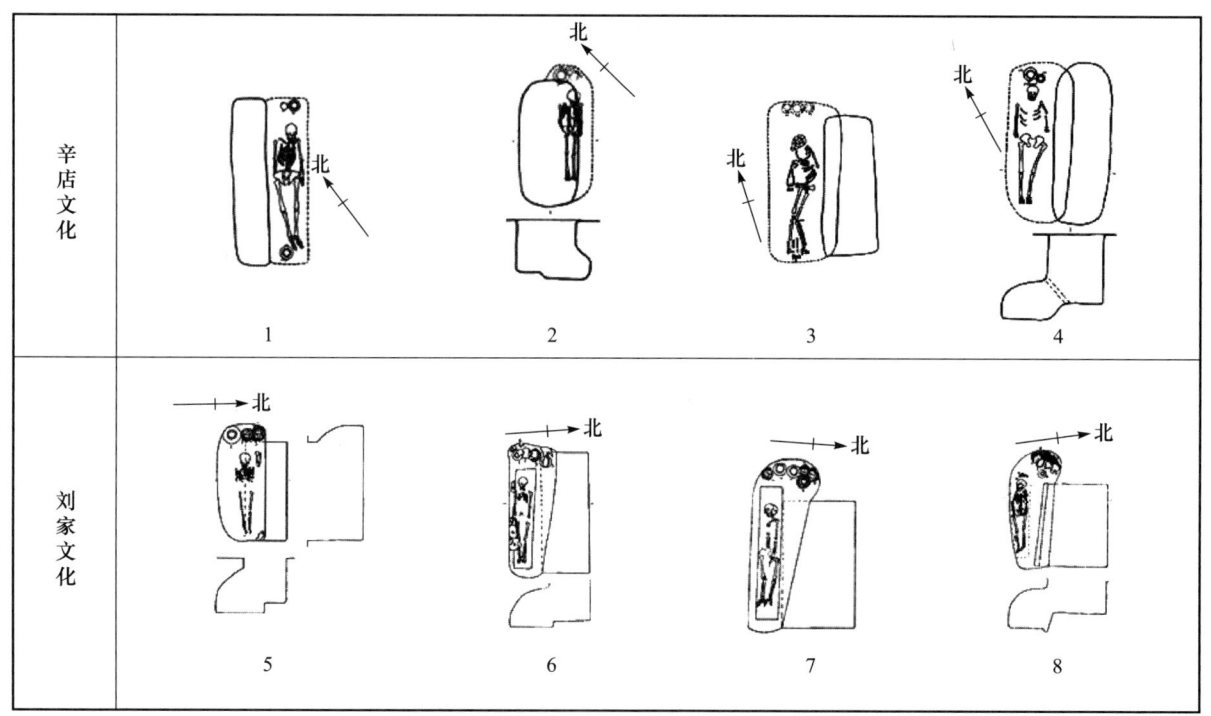

图六　辛店文化与刘家文化偏洞室墓形制比较图
1. 核桃庄小旱墓地 M117　2. 核桃庄小旱墓地 M94　3. 核桃庄小旱墓地 M119　4. 核桃庄小旱墓地 M111　5. 高家村墓地 M13　6. 高家村墓地 M16　7. 高家村墓地 M17　8. 高家村墓地 M19

环境考古研究显示，距今 4000 年左右，西北地区发生过一次持续变冷事件，降水量也有所减少，农业北界开始南移，大约 300 年之后，气温开始回升并持续到距今 3000 年[69]。距今 3000 年左右，气温又开始下降，环境恶化[70]。在文化交融与变革的时代，墓葬应当是最保守、最能反映墓主人文化传统的东西[71]。商末周初正是处于文化交融与变革的时代，出现偏洞室墓的墓地和遗址都分布在河流附近，可以看出当时古人对地理环境是有选择性的。关中地区商周时期偏洞室墓最早出现在关中西部的刘家文化，之后传播到泾河中游的碾子坡文化和关中东部的张家坡西周墓地。刘家文化墓葬在墓葬形制、随葬品上都表现出与先周文化竖穴土坑墓存在较大差异，与西北地区辛店文化有较多相似之处。泾河流域作为各类文化汇聚之地，偏洞室墓经刘家文化传播到泾河流域后受到当地碾子坡文化的影响，墓葬形制趋于简单化，随葬品也趋于单一化。张家坡墓地偏洞室墓在墓葬形制方面与刘家墓地所见偏洞室墓有较多相似之处，应受到刘家文化的影响。

综上所述，关中地区晚商时期偏洞室墓出现原因可能与西北地区人群的迁徙有关，其路线可能为甘青地区人群沿着千河迁徙到关中西部，随后影响至泾河中游及关中东部地区。至于其具体人群的来源还需要更多的考古发现来验证。

## 注　释

[1] 马金磊：《试论中国新石器时代土洞墓的起源》，《文博》2019年第4期。

[2] 甘肃省文物考古研究所、西北大学文化遗产与考古学研究中心：《甘肃临潭磨沟齐家文化墓地发掘简报》，《文物》2009年第10期。

[3] 青海省文物管理处：《青海民和核桃庄小旱地墓地发掘简报》，《考古与文物》1995年第2期。

[4] 陕西省考古研究院、高陵区文体广电旅游局：《陕西高陵杨官寨遗址庙底沟文化墓地发掘简报》，《考古与文物》2018年第4期。

[5] 贵州百科全书编辑委员会：《贵州百科全书》，中国大百科全书出版社，2005年。

[6] 中国社会科学院考古研究所：《中国考古学·两周卷》，中国社会科学出版社，2004年，第75页。

[7] 韩建业：《新疆的青铜时代和早期铁器时代文化》，文物出版社，2007年。

[8] 甘肃省博物馆、兰州市文化馆：《兰州土谷台半山—马厂文化墓地》，《考古学报》1983年第2期；甘肃省博物馆：《甘肃省文物考古工作三十年》，《文物考古工作三十年（1949—1979）》，文物出版社，1979年，第139—153页。

[9] 青海省文物考古研究所：《青海湟中下西河潘家梁卡约文化墓地》，《考古学集刊（第8集）》，科学出版社，1994年，第28页；青海省文物考古队、海南藏族自治州群众艺术馆：《青海贵德山坪台卡约文化墓地》，《考古学报》1987年第2期；青海省文物考古队：《青海互助土族自治县总寨马厂、齐家、辛店文化墓葬》，《考古》1986年第4期。

[10] 宁夏文物考古研究所、中国历史博物馆考古部：《宁夏菜园：新石器时代遗址、墓葬发掘报告》，科学出版社，2003年；韩建业：《中国先秦洞室墓谱系初探》，《中国历史文物》2007年第4期。

[11] 辽宁省文物考古研究所、赤峰市博物馆：《大南沟——后红山文化墓地发掘报告》，科学出版社，1998年，第7—10页。

[12] 河北省文物研究所：《河北阳原县姜家梁新石器时代遗址的发掘》，《考古》2001年第2期。

[13] 陕西周原考古队：《扶风刘家姜戎墓葬发掘简报》，《文物》1984年第7期；宝鸡市考古工作队：《陕西宝鸡高家村刘家文化墓地发掘报告》，《古代文明（第7卷）》，文物出版社，2008年，第286—322页；中国社会科学院考古研究所：《张家坡西周墓地》，中国大百科全书出版社，1999年；中国社会科学院考古研究所：《南邠州·碾子坡》，世界图书出版公司北京公司，2007年；西北大学文化遗产学院、陕西省考古研究院、旬邑县文物旅游局：《陕西旬邑县枣林河滩遗址商周时期遗存发掘简报》，《考古》2019年第10期。

[14] 韩建业：《中国先秦洞室墓谱系初探》，《中国历史文物》2007年第4期；张志祥、李祖敏：《论关中地区洞室墓的起源年代》，《西安文理学院学报》（社会科学版）2014年第2期。

[15] 陕西周原考古队：《扶风刘家姜戎墓葬发掘简报》，《文物》1984年第7期；李水城：《刘家文化来源的新探索》，《远望集》，陕西人民美术出版社，1998年，第193—199页；李峰：《先周文化的内涵及其渊源探讨》，《考古学报》1991年第3期；雷兴山：《周原遗址刘家墓地分析》，《考古学研究（七）》，科学出版社，2007年，第460—473页；张天恩：《关中商代文化研究》，文物出版社，2004年；梁星彭：《张家坡西周洞室墓渊源与族属探讨》，《考古》1996年第5期；韩建业：《中国先秦洞室墓谱系初探》，《中国历史文物》2007年第4期；张志祥、李祖敏：《论关中地区洞室墓的起源年代》，《西安文理学院学报》（社会科学版）2014年第2期。

［16］ 谭见安主编：《地理辞典》，化学工业出版社，2006年，第193页。本文关中地区指位居函谷关、大散关、萧关和武关四关的中部。

［17］ 宝鸡市考古工作队：《陕西宝鸡高家村刘家文化墓地发掘报告》，《古代文明（第7卷）》，文物出版社，2008年，第286—322页。

［18］ 张天恩：《关中商代文化研究》，文物出版社，2004年，第280、281页。

［19］ 陕西周原考古队：《扶风刘家姜戎墓葬发掘简报》，《文物》1984年第7期。

［20］ 中国社会科学院考古研究所：《南邠州·碾子坡》，世界图书出版公司北京公司，2007年，第267页。

［21］ 西北大学文化遗产学院、陕西省考古研究院、旬邑县文物旅游局：《陕西旬邑县枣林河滩遗址商周时期遗存发掘简报》，《考古》2019年第10期。

［22］ 西北大学文化遗产学院考古发掘资料。

［23］ 中国社会科学院考古研究所：《张家坡西周墓地》，中国大百科全书出版社，1999年，第68—78页；中国社会科学院考古研究所沣西发掘队：《1984年沣西大原村西周墓地发掘简报》，《考古》1986年第11期。根据沣西大原村西周墓地M309的地理位置及墓葬信息，其应和张家坡西周的M309为同一座墓葬。

［24］ 张天恩：《关中商代文化研究》，文物出版社，2004年，第286—288页。

［25］ 陕西周原考古队：《扶风刘家姜戎墓葬发掘简报》，《文物》1984年第7期。

［26］ 宝鸡市考古工作队：《陕西宝鸡高家村刘家文化墓地发掘报告》，《古代文明（第7卷）》，文物出版社，2008年，第310—313页。

［27］ 中国社会科学院考古研究所：《南邠州·碾子坡》，世界图书出版公司北京公司，2007年，第267页。

［28］ 中国社会科学院考古研究所：《张家坡西周墓地》，中国大百科全书出版社，1999年，第76页。

［29］ 中国社会科学院考古研究所：《张家坡西周墓地》，中国大百科全书出版社，1999年，第70页。

［30］ 陕西周原考古队：《扶风刘家姜戎墓葬发掘简报》，《文物》1984年第7期。

［31］ 雷兴山：《周原遗址刘家墓地分析》，《考古学研究（七）》，科学出版社，2007年，第460—473页。

［32］ 西北大学文化遗产学院、陕西省考古研究院、旬邑县文物旅游局：《陕西旬邑县枣林河滩遗址商周时期遗存发掘简报》，《考古》2019年第10期。

［33］ 中国社会科学院考古研究所：《南邠州·碾子坡》，世界图书出版公司北京公司，2007年，第279页。

［34］ 中国社会科学院考古研究所：《南邠州·碾子坡》，世界图书出版公司北京公司，2007年，第279页；西北大学文化遗产学院、陕西省考古研究院、旬邑县文物旅游局：《陕西旬邑县枣林河滩遗址商周时期遗存发掘简报》，《考古》2019年第10期。

［35］ 西头遗址M7为BETA实验室提供测年数据。

［36］ 中国社会科学院考古研究所：《张家坡西周墓地》，中国大百科全书出版社，1999年，第368页。

［37］ 张礼艳：《丰镐地区西周墓葬研究》，社会科学文献出版社，2015年，第87—91页。

［38］ 中国社会科学院考古研究所：《张家坡西周墓地》，中国大百科全书出版社，1999年，第368页。

［39］ 张礼艳：《丰镐地区西周墓葬研究》，社会科学文献出版社，2015年，第87—91页。

［40］ 刘军社：《论碾子坡文化》，《远望集》，陕西人民美术出版社，1998年，第221—231页。

［41］ 张天恩：《关中商代文化研究》，文物出版社，2004年，第314页。

［42］ 雷兴山：《先周文化探索》，科学出版社，2010年，第296页。

［43］ 中国社会科学院考古研究所：《南邠州·碾子坡》，世界图书出版公司北京公司，2007年；宝鸡市考古工作队：《陕西宝鸡高家村刘家文化墓地发掘报告》，《古代文明（第7卷）》，文物出版社，2008年，第286—322、363—368页。

［44］ 张家坡M309在墓地南区，因此本文仅对墓地北区的20座偏洞室墓进行等级划分。

［45］ 在1983—1986年张家坡西周墓地北区墓葬坑位图的基础上进行修改；中国社会科学院考古研究所：《张家坡西周墓地》，中国大百科全书出版社，1999年，第5页。

[46] 谢端琚:《试论我国早期土洞墓》,《考古》1987 年第 12 期。
[47] 陕西周原考古队:《扶风刘家姜戎墓葬发掘简报》,《文物》1984 年第 7 期;张天恩:《高领袋足鬲的研究》,《文物》1989 年第 6 期;刘军社:《郑家坡文化和刘家文化的分期及其性质》,《考古学报》1994 年第 1 期。
[48] 卢连成:《扶风刘家先周墓地剖析——论先周文化》,《考古与文物》1985 年第 2 期;张长寿、梁星彭:《关中先周青铜文化的类型与周文化的渊源》,《考古学报》1989 年第 1 期;梁星彭:《张家坡西周洞室墓渊源与族属探讨》,《考古》1996 年第 5 期;张忠培、孙祖初:《陕西史前文化的谱系研究与周文明的形成》,《远望集》,陕西人民美术出版社,1998 年。
[49] 牛世山:《刘家文化的初步研究》,《远望集》,陕西人民美术出版社,1998 年,第 200—212 页。
[50] 李水城:《刘家文化来源的新探索》,《远望集》,陕西人民美术出版社,1998 年,第 193—199 页。
[51] 张天恩:《关中商代文化研究》,文物出版社,2004 年,第 316 页。
[52] 陕西周原考古队:《扶风刘家姜戎墓葬发掘简报》,《文物》1984 年第 7 期;李水城:《刘家文化来源的新探索》,《远望集》,陕西人民美术出版社,1998 年,第 193—199 页;李峰:《先周文化的内涵及其渊源探讨》,《考古学报》1991 年第 3 期;雷兴山:《周原遗址刘家墓地分析》,《考古学研究(七)》,科学出版社,2007 年,第 460—473 页;张天恩:《关中商代文化研究》,文物出版社,2004 年;梁星彭:《张家坡西周洞室墓渊源与族属探讨》,《考古》1996 年第 5 期。
[53] 甘肃省文物工作队、北京大学考古系甘肃实习组:《甘肃临夏莲花台辛店文化墓葬发掘报告》,《文物》1988 年第 3 期;陕西周原考古队:《扶风刘家姜戎墓葬发掘简报》,《文物》1984 年第 7 期。
[54] 陕西周原考古队:《扶风刘家姜戎墓葬发掘简报》,《文物》1984 年第 7 期。
[55] 宝鸡市考古工作队:《陕西宝鸡高家村刘家文化墓地发掘报告》,《古代文明(第 7 卷)》,文物出版社,2008 年,第 297、298 页。
[56] 中国社会科学院考古研究所甘肃工作队:《甘肃永靖莲花台辛店文化遗址》,《考古》1980 年第 4 期。
[57] 青海省文物考古研究所等:《民和核桃庄》,科学出版社,2004 年,第 180 页。
[58] 宝鸡市考古工作队:《陕西宝鸡高家村刘家文化墓地发掘报告》,《古代文明(第 7 卷)》,文物出版社,2008 年,第 300—303 页。
[59] 青海省文物管理处考古队、中国社会科学院考古研究所:《青海柳湾——乐都柳湾原始社会墓地》(上),文物出版社,1984 年,第 236 页。
[60] 宝鸡市考古工作队:《陕西宝鸡高家村刘家文化墓地发掘报告》,《古代文明(第 7 卷)》,文物出版社,2008 年,第 300—303 页。
[61] 青海省文物考古研究所等:《民和核桃庄》,科学出版社,2004 年,第 85 页。
[62] 宝鸡市考古工作队:《陕西宝鸡高家村刘家文化墓地发掘报告》,《古代文明(第 7 卷)》,文物出版社,2008 年,第 304、305 页。
[63] 青海省文物考古研究所等:《民和核桃庄》,科学出版社,2004 年,第 104 页。
[64] 宝鸡市考古工作队:《陕西宝鸡高家村刘家文化墓地发掘报告》,《古代文明(第 7 卷)》,文物出版社,2008 年,第 305—307 页。
[65] 青海省文物考古研究所等:《民和核桃庄》,科学出版社,2004 年,第 98 页。
[66] 宝鸡市考古工作队:《陕西宝鸡高家村刘家文化墓地发掘报告》,《古代文明(第 7 卷)》,文物出版社,2008 年,第 310—313 页。
[67] 青海省文物考古研究所等:《民和核桃庄》,科学出版社,2004 年,第 102 页。
[68] 宝鸡市考古工作队:《陕西宝鸡高家村刘家文化墓地发掘报告》,《古代文明(第 7 卷)》,文物出版社,2008 年,第 299、300 页。
[69] 刘东生主编:《西北地区自然环境演变及其发展趋势》,《西北地区水资源配置生态环境建设和可持续发展战略研究(自然历史卷)》,科学出版社,2004 年。

[70] 刘东生主编：《西北地区自然环境演变及其发展趋势》，《西北地区水资源配置生态环境建设和可持续发展战略研究（自然历史卷）》，科学出版社，2004年。

[71] 韩建业：《略论北京昌平白浮M2墓主人身份》，《中原文物》2011年第4期。

附表　关中地区商周时期偏洞室墓统计表

| 分布地区 | 墓葬编号 | 墓葬年代 | 墓向 | 墓道（长×宽-深）（米） | 墓室（长×宽-深）（米） | 墓室掏挖位置 | 葬式 | 墓主性别及年龄 | 随葬品 | 资料来源 |
|---|---|---|---|---|---|---|---|---|---|---|
| 关中西部 | 刘家M41 | 殷墟三期 | 80° | | 3.2×1.6-0.8 | | 仰身直肢 | | 双联小铜泡3、铜铃1、铜管3、河卵石2、陶鬲2、双耳罐1、折肩罐2 | 《扶风刘家姜戎墓葬发掘简报》 |
| | 刘家M11 | 殷墟三期 | 46° | 1.66×1 | 2.4×1.2-0.78 | | 侧身直肢 | 女性，30岁左右 | 河卵石5、陶鬲2、单耳罐1、折肩罐1 | 《扶风刘家姜戎墓葬发掘简报》 |
| | 刘家M47 | 殷墟三期 | 80° | 2.5×1.2-2.3 | 2.9×1.54-1.1 | | 仰身直肢 | | 小石头3、陶鬲2、双大耳罐1 | 《扶风刘家姜戎墓葬发掘简报》 |
| | 刘家M46 | 殷墟三期 | 10° | 1.36×0.95 | 1.22×0.76-0.33（残） | | | 成年男性 | 陶鬲1 | 《扶风刘家姜戎墓葬发掘简报》 |
| | 刘家M7 | 殷墟三期 | 50° | | 3.4×1.5 | | 仰身直肢 | 成年男性 | 陶鬲3、腹耳2、折肩罐1 | 《扶风刘家姜戎墓葬发掘简报》 |
| | 刘家M37 | 殷墟三期 | 15° | 3.25×1.4 | 3.28×1.76-1.05 | | | | 陶鬲5、单耳1、腹耳1、折肩3、骨珠项1 | 《扶风刘家姜戎墓葬发掘简报》 |
| | 高家村M13 | 殷墟三期 | 270° | | 1.65×0.7-0.65 | 墓道南壁 | 仰身直肢 | 少年 | 石管1、石头2、陶鬲2、高领罐1 | 《陕西宝鸡高家村刘家文化墓地发掘报告》 |
| | 高家村M16 | 殷墟三期 | 275° | 2.1×0.84-0.6（残） | 2.23×（0.6—0.84）-0.66（残） | 墓道南壁 | 仰身直肢 | 青年 | 陶鬲2、侈口鼓腹罐2、敛口罐1 | 《陕西宝鸡高家村刘家文化墓地发掘报告》 |
| | 高家村M17 | 殷墟三期 | 267° | 1.9×1.1-0.7 | 2.58×（0.94—0.5）-0.5 | 墓道南壁 | 仰身直肢 | | 陶鬲3、侈口鼓腹罐2、腹耳罐1 | 《陕西宝鸡高家村刘家文化墓地发掘报告》 |
| | 高家村M19 | 殷墟三期 | 265° | 1.7×（1.05—1.15）-0.65（残） | 2.46×（0.65—0.9）-0.6 | 墓道南壁 | 仰身直肢 | 50岁左右 | 小铜泡1、陶鬲2、肩耳罐1、腹耳罐1、侈口鼓腹罐1、深腹罐1、海贝11 | 《陕西宝鸡高家村刘家文化墓地发掘报告》 |
| 泾河中游 | 碾子坡M121 | 殷墟三期 | 93° | 2.08（残）×0.54-1.08（残） | 2.08（残）×（0.4-0.62）-（0.5—0.66） | 墓道北壁 | 仰身直肢 | 女性，13岁 | 无 | 《南邠州·碾子坡》 |
| | 碾子坡M184 | 殷墟三期 | 111° | 2.2×（0.5—0.84）-（0.2—0.45） | 2×（0.3-0.5）-（0.3-0.5） | 墓道北壁 | 俯身直肢 | 男性，20—25岁 | 陶鬲1 | 《南邠州·碾子坡》 |
| | 枣林河滩M3 | 殷墟四期至周初 | 60° | 1.18×0.5 | 1.5×0.6 | 墓道南壁 | 仰身屈肢 | 女性 | 陶鬲1 | 《陕西旬邑县枣林河滩遗址商周时期遗存发掘简报》 |
| | 西头M7 | 西周早期 | 75° | 1.8×0.5-0.3（残） | 2.3×0.4-0.35（残深） | 墓道东南壁 | 俯身直肢 | 男性 | 无 | 资料未发表 |
| | 西头M9 | 商末周初 | 345° | | | | 仰身直肢 | 女性 | 无 | 资料未发表 |
| | 西头M12 | 商末周初 | 172° | 1.33×0.41-0.24 | 2.57×0.41-0.3（残） | 墓室东壁 | 俯身直肢 | 成年男性 | 牙饰1 | 资料未发表 |

续表

| 分布地区 | 墓葬编号 | 墓葬年代 | 墓向 | 墓道（长×宽-深）（米） | 墓室（长×宽-深）（米） | 墓室掏挖位置 | 葬式 | 墓主性别及年龄 | 随葬品 | 资料来源 |
|---|---|---|---|---|---|---|---|---|---|---|
| 关中东部 | 张家坡M285 | 武成康时期 | 0° | 3.15×(1.8—2)-0.5（残） | 3.5×0.9-1.1 | 墓道西壁 | 仰身直肢 | | 铜鼎1、铜簋1、铜泡、铜戈2、铜矛1、一车四马（铜车軎2、车辖2、当卢3、銮4、马镳6、铜泡）、玉柄形1、陶鬲1、蛤壳、贝 | 《张家坡西周墓地》 |
| | 张家坡M136 | 武成康时期 | 358° | 2.7×(1.4—1.5)-(2.55—2.9) | (2.55-2.6)×(1.1—1.16)-0.9 | 墓道东壁 | 仰身直肢 | | 陶鬲、陶甑、蛤壳540、贝41、漆器2 | 《张家坡西周墓地》 |
| | 张家坡M215 | 昭穆时期 | 3° | 2.3×1.35-1.8 | 2.25×0.88-1.8 | 墓道东壁 | 仰身直肢 | 老年女性 | 玉鹿1、玉鱼2、玉璜1、陶鬲1、陶甑1、蛤壳 | 《张家坡西周墓地》 |
| | 张家坡M283 | 昭穆时期 | 342° | 2.55×1.3-2.9 | 2.74×1.25-2.84 | | 仰身直肢 | | 无 | 《张家坡西周墓地》 |
| | 张家坡M284 | 昭穆时期 | 0° | 3.05×1.4-2.98 | 2.98×0.91-3 | 墓道西壁 | | | 铜方鼎1、铜簋1、铜鱼钩2、铜环2、铜戈2、铜马镳2副、角器2、陶鬲1、蛤壳、贝 | 《张家坡西周墓地》 |
| | 张家坡M183 | 昭穆时期 | 173° | 3.2×1.8-3.9 | (2.5—2.7)×1.62 | 墓道西壁 | 仰身直肢 | 男性，25—30岁 | 铜鼎2、铜甗1、铜簋1、铜爵1、铜戈4、铜矛1、青铜短剑1、铜刀、铜环，两车八马（当卢、衔镳、成串的革带铜泡、车軎、车辖、车鸾等）、玉柄形器2、玉鱼2、穿孔玉钺1、磨石1、小石子、漆豆2、漆盾4、贝8、蚌、骨扣 | 《张家坡西周墓地》 |
| | 张家坡M141 | 昭穆时期 | 5° | (2.75—2.9)×(1.45—1.7) | 2.65×2.4-(0.85—1.80) | 墓道西壁 | 仰身直肢 | | 石柄状器1、玉柄形饰1、玉戈1、陶鬲1、陶罐1、玉璧1、漆器1、蛤壳、料珠、贝 | 《张家坡西周墓地》 |
| | 张家坡M113 | 昭穆时期 | 290° | 2.8×1.3-4.8 | 2.4×1.05-5.06 | | 侧身直肢 | | 玉饰、陶鬲1、蛤壳、贝 | 《张家坡西周墓地》 |
| | 张家坡M114 | 昭穆时期 | 10° | 2.25×0.98-3.6 | 2.1×0.9-3.65 | | 仰身直肢 | | 陶鬲1、陶罐1、蛤壳、贝 | 《张家坡西周墓地》 |
| | 张家坡M120 | 共懿孝时期 | 279° | 2.4×1.2-4.4 | 2.2×1.1-4.46 | | | | 陶鬲1、陶罐1、料饰、蛤壳、贝 | 《张家坡西周墓地》 |
| | 张家坡M259 | 共懿孝时期 | 356° | (2.56—2.74)×(1.3—1.5)-(2—2.5) | 2.3×0.4-0.35（残） | 墓道东壁 | 仰身直肢 | 男性，50岁左右 | 陶鬲1、骨镞2、贝8、蛤壳12 | 《张家坡西周墓地》 |
| | 张家坡M106 | 共懿孝时期 | 268° | | 3×1.6-3 | | | | 铜鼎1、陶鬲1、陶罐1 | 《张家坡西周墓地》 |
| | 张家坡M107 | 共懿孝时期 | 266° | 2.5×1.2-3.5 | 2.2×1.1-3.55 | | | | 陶鬲1、陶罐1 | 《张家坡西周墓地》 |
| | 张家坡M109 | 共懿孝时期 | 270° | 2.3×1.14-3.12 | 2.1×0.86-3.22 | | | | 玉饰、陶鬲1、陶罐1、蛤壳、贝 | 《张家坡西周墓地》 |

续表

| 分布地区 | 墓葬编号 | 墓葬年代 | 墓向 | 墓道（长×宽-深）（米） | 墓室（长×宽-深）（米） | 墓室掏挖位置 | 葬式 | 墓主性别及年龄 | 随葬品 | 资料来源 |
|---|---|---|---|---|---|---|---|---|---|---|
| 关中东部 | 张家坡M111 | 共懿孝时期 | 265° | 2.3×0.8-4 | 2.3×0.9-4.10 | | 仰身直肢 | | 玉饰、陶鬲1、蛤壳、贝 | 《张家坡西周墓地》 |
| | 张家坡M112 | 共懿孝时期 | 345° | 3.1×1.7-6.25 | 2.76×1.6-6.4 | | | | 铜鼎1、铜戈、铜泡、车马器、车轮2、玉饰、陶鬲1、蛤壳、贝 | 《张家坡西周墓地》 |
| | 张家坡M275 | 夷厉共和时期 | 353° | 3.3×2-4.4 | 2.9×（0.5-0.6） | 墓道西壁 | 直肢 | | 铜壶1、铜片、玉璜、玉柄形饰、玉玦、陶鬲1、陶罐1、蚌饰、蛤壳 | 《张家坡西周墓地》 |
| | 张家坡M115 | 夷厉共和时期 | 257° | 3.2×2.1-6.64 | 2.6×1.08-6.82 | | | | 玉饰、陶罐1、蚌饰、蛤壳、贝 | 《张家坡西周墓地》 |
| | 张家坡M273 | | 0° | 3.55×2.77-4.93 | 2.9×1.15-4.93 | | 直肢 | | 铜戈、车马器、铜泡、铜镈、玉饰、象牙器、蛤壳、贝 | 《张家坡西周墓地》 |
| | 张家坡M282 | | 17° | | 3×1-1.8 | | | | 蚌饰、蛤壳、贝 | 《张家坡西周墓地》 |
| | 张家坡M309 | | 357° | 3.25×2.24-3.95 | 3.36×1.42-3.95 | | | | 铜戈、车马器、玉饰、牙饰、蚌饰、蛤壳、贝 | 《张家坡西周墓地》 |

注：表中墓葬年代均参考发掘报告或简报

# A Preliminary Study on the Partial Cave Chamber Tombs of the Shang and Zhou Dynasties in Guanzhong Area

Li Xinye, Dou Haifeng

(School of Cultural Heritage, Northwest University)

**Abstract:** There are obvious differences between the partial cave chamber tombs and the vertical cave tombs in Guanzhong area in terms of tomb structure and funeral customs. By observing the tomb structure, funeral customs, tomb grades and spatial distribution of the partial cave chamber tombs during the Shang and Zhou dynasties in the Guanzhong region, this article found that the partial cave chamber tombs in the Guanzhong region gradually became standardized from the late Shang to the Western Zhou period. The origin of this type of the partial cave chamber tombs should be closely related to the burial custom of Xindian culture in Gan and Qing area, and it has certain indicative characteristics in terms of cultural distribution and population migration.

**Keywords:** Guanzhong Area, Shang and Zhou Dynasties, Partial Cace Chamber Tombs, the Type Evolution, Cultural Origin

# 新疆伊犁河谷早期铁器时代玻璃珠饰研究

张 弛

（华南师范大学历史文化学院）

**内容摘要**：新疆伊犁河谷早期铁器时代出土玻璃珠以单色为主，按颜色可分为黑、白、蓝、绿、黄、无色透明六种，另有少量蚀花珠和蜻蜓眼玻璃珠，其种类单一，数量较少。伊犁河谷发现的黑、白、蓝、绿玻璃珠多为炭精、绿松石、青金石等宝（玉）石的替代品，而黄色和透明珠可能与装金珠及其仿品有关；"红色蚀花玻璃珠"未经检测，疑为蚀花红玉髓珠之误；蜻蜓眼玻璃珠则与"恶眼信仰"有一定联系。通过类型及文化因素分析可知，伊犁河谷玻璃珠除了丝路贸易的舶来品以外，还有部分可能来自新疆本地，其工艺可能是东西方玻璃技术合璧的结果。

**关键词**：新疆伊犁河谷；早期铁器时代；单色珠；蜻蜓眼玻璃珠；蚀花红玉髓珠

## 一、绪　言

伊犁河谷位于亚欧大陆腹地，东依天山山脉，北近阿尔泰山南麓，南临塔里木盆地北缘，西接中亚七河地区，地理坐标在东经79°50′30″—84°56′50″、北纬42°14′16″—44°50′30″之间，区域范围覆盖伊犁哈萨克自治州直辖的伊宁市、霍尔果斯市、伊宁县、霍城县、特克斯县、尼勒克县、昭苏县、新源县、巩留县、察布查尔锡伯自治县，以及新疆生产建设兵团农四师所属各单位[1]。

伊犁河谷是古代欧亚草原文明交汇的十字路口。据波斯与希腊史料记载：斯基泰（Scythians）、伊塞顿（Issedones）、阿里马斯帕（Arimaspians）、塞克（Sacae 或 Sakā）、萨尔马泰（Sarmatians）、马萨格泰（Massagetae）等族群曾在中亚七河流域至天山—阿尔泰山附近活动。汉文文献《山海经》《穆天子传》《管子》《史记》《汉书》等，皆有"一目国""禺知""西王母""塞种""乌揭""月氏""乌孙""匈奴"等族群的记载。由此可见，早期铁器时代的伊犁河谷是沟通东西方人群往来的交通要道[2]。

本文所指的"早期铁器时代"，其年代范围大致在"公元前1000年至公元元年前后"，其年代下限已进入历史时期[3]。截至2019年，新疆伊犁河谷发掘的早期铁器时代的墓葬已有2000余座，并出土一定数量的玻璃珠饰。本文在此基础上，对伊犁河谷已公布的珠饰材料进行研究，并对其文化内涵进行分析研究。

## 二、伊犁河谷的珠饰特点及分类

珠饰是人类审美情趣的一种重要体现。从石器时代起，远古先民已开始佩戴珠饰。玻璃制品最早源于公元前3000年的西亚，至公元前2000年，已在美索不达米亚流行。玻璃自出现之初，即用来作为装饰品使用。世界各地最早的玻璃制品多为玻璃珠，常与天然宝玉石混合串组。

新疆地区早在青铜时代就开始流行珠饰，材质包括宝玉石、珊瑚、贝类、金属、釉砂、炭精（也叫煤精）、骨角牙、植物种子等，而伊犁河谷青铜时代珠饰以骨、石、铜为主，形状多呈环状，见于墓主颈部、腕骨和踝骨，多为项链、手链、脚链等饰物[4]。这一时期，伊犁河谷未发现料器出土，可能与玻璃制造技术尚未传入伊犁河谷有关。而在相邻的塔城、拜城等地区，这时已出现使用滑石、辉石、蛇纹石、草木灰等原料制备玻璃珠的技术[5]。进入早期铁器时代，伊犁河谷的珠饰种类逐渐多样化。除了传统的骨珠、铜珠和石珠以外，还出现了宝石、金珠和玻璃珠三大类。

宝石可分为有机宝石、无机宝石两大类。有机宝石包括琥珀、珊瑚、贝饰等材质；无机宝石包括绿松石、青金石、玛瑙、猫眼石、萤石、炭精等，其中珊瑚珠和贝饰主要来自我国东部沿海地区，琥珀珠饰来自波罗的海沿岸和缅甸，青金石来自阿富汗巴达赫尚山区，猫眼石产自斯里兰卡，红玛瑙、绿松石可能来自新疆哈密，炭精、萤石则产自伊犁河谷当地。从上述材料可知，伊犁河谷早期铁器时代的宝石种类和来源十分多样，既有外来商品，又不乏本地物产，体现出丝绸之路贸易的兴盛。

金珠在形状上可分为球形、六面体、八面体、圆柱体等类型，主要通过焊接技术制造而成，如别斯托别墓地 M2:10 手链，由144颗穿孔金珠串成，皆为金环层层对接，直径约0.1毫米[6]，在黑海沿岸、阿尔泰山等区域的斯基泰墓葬中，亦有类似金珠饰品出土[7]。此类将小金珠焊接在各种器物的表面作为装饰，被称为"焊珠工艺"，最早出现在乌尔第一王朝时期，公元前2000年前后传入古埃及第十三王朝，至公元前8世纪传入希腊，而后随亚历山大东征传入印度及中亚地区[8]。因此，此类珠饰在伊犁河谷出现的时间不早于公元前4世纪。

伊犁河谷出土的玻璃珠饰在喀什河、巩乃斯河、特克斯河三大支流区域均有分布（图一），根据珠饰特征可分为单色珠、蚀花珠和蜻蜓眼玻璃珠三大组（表一）。

**表一　新疆伊犁河谷早期铁器时代出土玻璃珠状况统计表** [①]

| 出土地 | 年代 | 数量 | 具体情况 |
| --- | --- | --- | --- |
| 尼勒克县穷克科一号墓地 M13A | 西周至春秋 | 1 | 1颗玻璃珠，串绳已朽，呈圆柱状[9] |
| 尼勒克县加勒克斯卡茵特墓地 M52 | 春秋至西汉 | 10 | 琉璃珠，形状有扁圆形、球形，均有穿孔，还发现白色猫眼珠、单色和蜻蜓眼玻璃珠[10] |
| 特克斯县阔克苏西2号墓群 M56 | 春秋战国 | 51 | 有黑、白、青色三种，珠体扁平，中部穿孔，直径约0.6、厚0.1—0.4厘米[11] |
| 巩留县红旗砖厂墓地 M1 | 春秋 | 3 | 1件蚀花料珠（疑为蚀花红玉髓），圆柱状，内有穿孔；1枚无色透明，六棱形，内有穿孔，高0.8、孔径0.2厘米；1枚绿色珠，圆柱状，内有穿孔，高1.5、孔径0.3厘米[12] |

---

① 采集品与征集品未列入此表。

续表

| 出土地 | 年代 | 数量 | 具体情况 |
| --- | --- | --- | --- |
| 巩留县山口水库墓地 M55、M60 | 汉晋 | 6 | M55∶3玻璃珠4颗，M60∶3玻璃珠2颗，有蓝色、绿色、米黄色三种，呈六棱柱体、中部粗、两端细、单面穿孔，长1.4、最大径1.2、孔径0.2—0.3厘米[13] |
| 新源县加嘎村墓地M2 | 战国 | 6 | 青、蓝、白、褐四色玻璃烧制，呈扁圆珠状，中部有圆孔，表面见青、蓝、白、褐四色组成的圈点状纹饰，直径0.8—0.9、厚0.7—0.8、孔径0.2厘米[14] |
| 尼勒克县铁列克萨依墓地M5、M3 | 春秋战国 | 10余枚 | M5∶1玻璃珠10余枚，为扁圆形，分蓝色和土黄色两种，均穿孔；M3∶1玻璃珠1枚，扁平圆形，中部穿孔，直径0.5、孔径0.15厘米[15] |
| 昭苏县喀拉苏墓地M3 | 汉唐 | 26 | 绿色串珠，呈鼓形和亚腰形，中间穿圆形孔[16] |

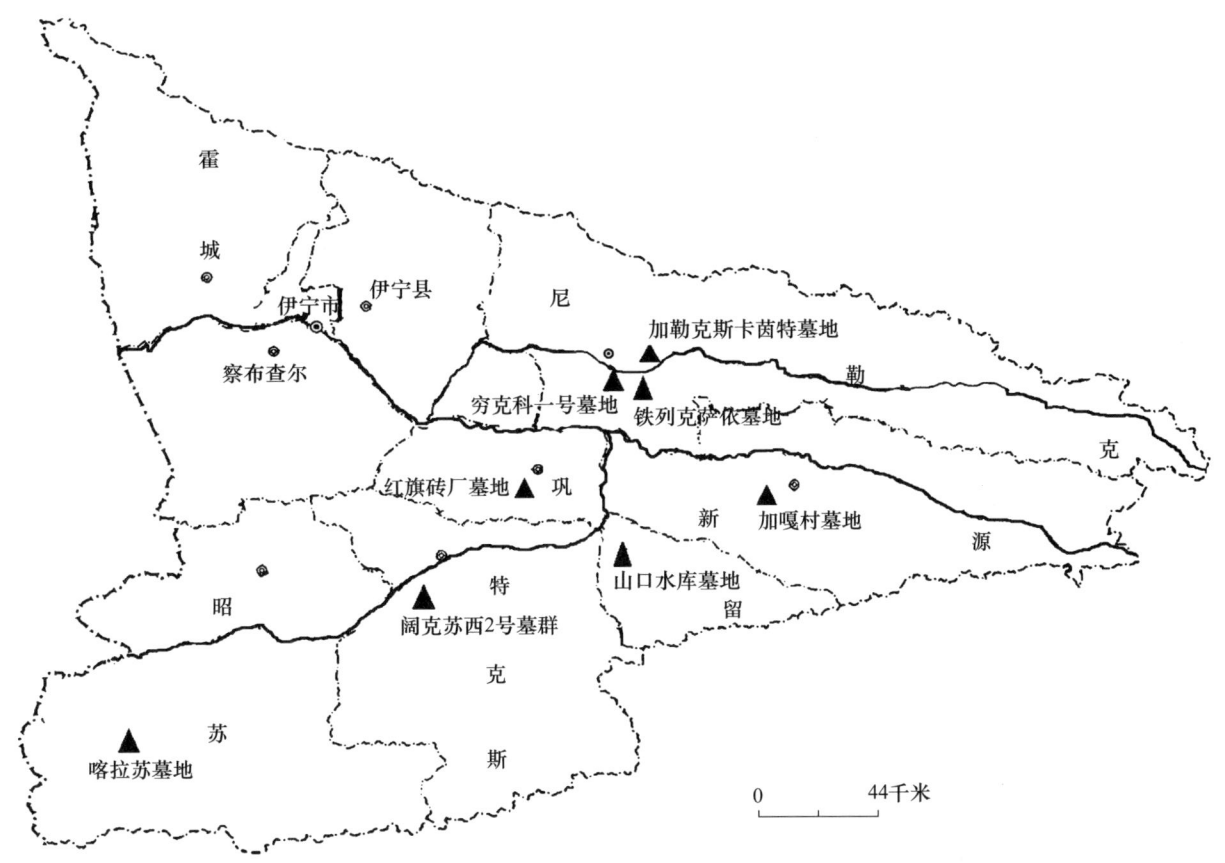

图一　新疆伊犁河谷出土玻璃珠分布图

第一组单色珠，依据颜色的不同可分为六类：①黑色珠，阔克苏西2号墓地M56∶1手链上有黑色玻璃珠10余颗，中部穿孔；②白色珠，阔克苏西2号墓地M56∶1手链上有20余颗白色玻璃珠，中部穿孔；③绿色珠，山口水库墓地出土绿色玻璃珠，呈六棱柱体，中部粗、两端略细，单面穿孔，另见于阔克苏西2号墓地M56∶1、巩留县红旗砖厂墓地M1∶10、喀拉苏墓地M3等；④蓝色珠，见于尼勒克县铁列克萨依墓地M5∶1项链上，均为扁圆形，其上有穿孔（图二），另见于山口水库、加勒克斯卡茵特等墓地；⑤黄色珠，见于尼勒克县铁列克萨依墓地M5∶1项链上，均为扁圆形，其上有穿孔；⑥无色透明珠，巩留县红旗砖厂墓地M1∶4，1枚，无色透明，六棱形，内有穿孔。

图二 尼勒克县铁列克萨依墓地 M5 出土珠饰

第二组原文作"蚀花玻璃珠",因无鉴定报告,疑为蚀花红玉髓珠之误,见于巩留县红旗砖厂墓地 M1∶9,呈圆柱状,内有穿孔,表面见细小暗纹,暂存疑。

第三组蜻蜓眼玻璃珠,见于新源县加嘎村墓地 M2∶7,出土蜻蜓眼玻璃珠 6 颗,由青、蓝、白、褐四色玻璃烧成,呈扁圆珠状,中部有圆孔,表面见青、蓝、白、褐四色组成的圈点状纹饰,直径 0.8—0.9、厚 0.7—0.8、孔径 0.2 厘米。另外,加勒克斯卡茵特墓地 M52 中也出土有蜻蜓眼玻璃珠。

总体来看,早期铁器时代伊犁河谷的珠饰仍以宝石、金属珠饰为主,玻璃珠饰并不多见。目前已发现的玻璃珠以单色珠为主,占总体数量的 90%,而蚀花珠与蜻蜓眼玻璃珠较为少见,且多见于大、中型墓葬中,表明蜻蜓眼玻璃珠较为珍贵,非一般阶层所能佩戴。

## 三、伊犁河谷玻璃珠饰的文化内涵

玻璃珠饰虽为"蕞尔小物",但在历史的长河中,人类对珠饰美的追求和消费始终伴随着经济、文化以及社会的发展。伊犁河谷的玻璃珠饰既是东西方物质文化交流的产物,又与其时代背景、社会生活、宗教信仰及文化内涵密不可分。

(一)单色玻璃珠

公元前 16—前 13 世纪,古代埃及与两河流域已出现单色玻璃珠,学术界称为"费昂斯"(Faience),出自意大利语,原指中世纪意大利北部法恩扎(Faenza)出产的蓝色釉陶,因与古埃及制造的原始玻璃相似,故而得名,并专指埃及和美索不达米亚出产的玻璃[17]。美国著名玻璃史专家布里尔(Brill)指出,直到 20 世纪初,伊朗工匠仍在制作类似的玻璃珠饰[18]。

玻璃色泽主要取决于添加剂的使用和烧制条件,特别是炉温的高低。不同时期、不同区域生产的玻璃珠,技术工艺也存在差别,常会体现出自身的特征。伊犁河谷发现的玻璃珠,通常体积小,器形单一,主要为管、珠等形状;色泽以蓝、绿色为主,但深浅有别,除成分存在差异外,也与保存条件、风化状况有关。

**1. 黑色**

炭精是伊犁河谷最常见的宝石种类之一,黑色玻璃珠可能是仿炭精珠饰而成。炭精,又称"煤精""煤玉",属于有机岩,是一种含碳及有机物纯度较高的褐煤的非晶体块体,色黑,质地细密,抛光面漆黑闪亮,犹如墨玉;不透明,磨光面具玻璃光泽,折射率 1.64—1.68,条痕褐色,断口呈贝壳状，相对密度 1.1—1.4，硬度 2.5—4，韧度较好。炭精与煤均为生物沉积物，因此主要产于煤系地层中。炭精在史前时代就已作为宝石使用，在沈阳新乐文化遗址中曾发现有炭精球体和耳珰。公元前 1500—前 1400 年，英国约克郡怀德拜（Whitby）炭精就已作为矿藏被开采加工[19]。在欧洲，炭精作为纪念死者的珠宝主要应用于葬礼中。新疆出土的炭精类器物，主要是画押、带扣、首饰、牌饰等实用器。

在伊犁河谷早期铁器时代墓葬中，常见炭精类饰品出土，如巩留县山口水库墓地 M35 金耳环，长 6 厘米，双环焊接，坠饰上部饰有三只山羊，下坠黑色炭精；尼勒克县穷科克墓地 M35：5 炭精坠饰，长 2.9、宽 1.15 厘米，扁平，略呈椭圆状，一端有透钻圆形系孔；尼勒克县奇仁托海墓地 M167B：5 和 M167B：6 炭精手镯，外径 9.4、内径 7.1 厘米，断面呈长方形，为两个半圆形组成的环形[20]。由此可见，伊犁河谷发现的黑色珠饰在形态与光泽上，与炭精十分相似，可以视为炭精的仿品或替代物。

## 2. 白色

伊犁河谷出土的白色玻璃珠均呈白色半透明状，同类珠饰见于洛阳庞家沟西周墓葬 M54、M410 的扰土中[21]，而伊犁河谷的白色玻璃珠时代较晚，在公元前 1 千纪中叶，多与黑、青色玻璃珠、石珠混串在一起。

维特根斯坦颜色理论指出："颜色具有相对性，一种颜色脱离其他颜色的联系，就会变得毫无意义。"[22] 白、黑、青三色共同出现，表现出古人的三级世界观。据成文于公元前 1380 年前后的《米坦尼协约》记载，雅利安神祇分为三等：第一等级为最高统治者密特拉（mi-it-ra）和巫术之神伐楼那（a-ru-na）；第二等级是战神因陀罗（in-da-ra）；第三等级是保佑家畜及人免遭病患的双马神奈撒特耶（na-sa-at-ti-ya）。雅利安人用颜色表示世俗阶层的三个等级：白色代表最高统治者；红色代表军人阶层；黑色、蓝色代表牧民和农民[23]。

在小河墓地 M13 墓主的项链中，曾发现 3 颗青色玉珠、3 颗白色石珠与 1 颗黑色石珠混串，说明白、黑、青珠饰混串在青铜时代即已流行[24]。新疆早期铁器时代的部分墓葬封堆及祭祀遗迹，也使用白、黑、黄三色石块修建，如和静县察吾乎墓地Ⅳ号墓地多座石冢顶端都摆放有白、黑、黄等色的石块[25]；塔什库尔干吉尔赞喀勒黑白条石墓，以黑、白两色石块在墓地表面铺设条纹带[26]；尼勒克县加勒克斯卡茵特墓地大型墓葬 M48，壕沟内填充纯净的白色油性土，而封堆则用黑色岩石和黄土构建[27]。上述考古发现表明，新疆古代人群有用颜色表达权力与社会地位差异的行为，白色代表某种特殊的文化内涵，可能与祆教尚白习俗有一定的联系。

## 3. 绿色

绿色玻璃珠与古代中亚的玉石、绿松石崇拜有关。目前新疆考古所见最早的佩玉习俗是在古墓沟和小河墓地，均为绿色或浅绿色蛇纹玉珠，以手链为主，偶见项链，年代为公元前第 2 千纪前期[28]。绿松石因颜色发绿，形如松果而得名。早在新石器时代早期，古人已开始将绿松石作为饰品使用，舞阳贾湖、喀左东山嘴、临汾陶寺、偃师二里头等遗址均发现大量绿松石制品。安徽马鞍山、陕西白河、河南淅川、新疆哈密、青海乌兰，以及湖北竹山和郧西等地，均出产绿松石。新疆发现的古代绿松石制品多以珠饰为主，质地较软，铁线密布，石性较足，色泽偏灰绿，品质不高，比较符合哈密绿松石的特征。

伊犁发现的绿色珠饰与松石颜色相近，以圆形、亚腰、圆柱、六棱柱形为主，同类型玻璃珠见于克孜尔水库、扎滚鲁克、山普拉、营盘等墓地，经检测多为钠钙玻璃，其成分与西方玻璃有所差异，可能伴随有传播过程中原料的本土化。因此，这类绿色玻璃技术可能与丝绸之路早期的宝石贸易有关，其用途在于替代绿松石和玉石。

### 4. 蓝色

蓝色玻璃珠分浅蓝和深蓝两种，其中浅蓝色与绿松石颜色较为接近，深蓝色则与青金石颜色较为接近。古代欧亚大陆的青金石主要产自阿富汗巴达克山地区，近年在俄罗斯东萨彦岭也发现青金石矿，不排除在古代开采的可能性[29]。早在公元前3500年晚期的乌拜德（Ubaid）文化时期，美索不达米亚就已出现青金石制品，主要为珠饰、印章等小物件。埃及同时期的格尔金（Gergean）文化（3500—3100BC）也发现了大量青金石艺术品。在古埃及信仰中，青金石象征着蓝天，因此也被称为"天石"（Heavenly Stone）[30]。日本学者指出，公元前13世纪伊朗高原玻璃的出现，就是为了替代青金石[31]。林梅村也认为西方高透明度的钙钠玻璃，也是为了仿制青金石或绿松石[32]。

目前，国内最早的青金石珠饰见于新疆昭苏县斯木塔斯水电站墓地2011YZSM64：2，呈壶形，时代约为春秋战国时期（图三）。20世纪初，斯坦因在新疆若羌瓦石峡采集到"青金石珠饰"（编号Char.008），呈三角状，近顶点有一穿孔[33]。我国内地最早的青金石珠饰见于广东徐闻东汉墓[34]。此外，徐州东汉彭城靖王墓出土鎏金铜砚盒上镶嵌有青金石[35]，河北赞皇东魏李希宗墓[36]、宁夏固原北周李贤墓[37]、辽宁北票房身村二号晋墓[38]有镶嵌青金石的金戒指。在新疆龟兹石窟群[39]、敦煌莫高窟[40]中，也有用青金石颜料绘制壁画的现象。

图三 昭苏县斯木塔斯水电站墓地2011YZSM64出土青金石珠饰

整体来看，国内使用青金石的年代要晚于埃及、美索不达米亚和中亚地区，且饰品数量少，多见于3世纪以后的壁画颜料中，说明青金石在古代价格昂贵，并非普通人所能享有。而伊犁河谷出土的深蓝色珠饰，也见于塔里木盆地周缘的绿洲，极有可能是青金石的仿制品，应该是在当地生产加工而成的。

### 5. 黄色

黄色玻璃珠可能是仿制装金玻璃珠（Gilt Glass Bead）或琥珀珠制造的。装金玻璃珠根据工艺可分为夹金箔珠、表面贴（鎏）金珠和金属芯珠三大类。目前已知最早的装金玻璃出现于地中海沿岸的希腊化时期，即公元前4世纪前后。希腊化时期夹装金珠通常为手工制作，个体较大，直径1.5厘米，形状多样。伊犁发现的黄色玻璃珠，个体较大，工艺粗糙，有圆形和六棱柱形两种，均为希腊式装金珠常见形状，年代为西汉初期。根据考古发现，装金珠技术传播范围很广，东到印度洋，北至南俄草原，都有装金珠的生产地[41]。在伊朗施拉夫（Siraf）和泰国朱古芭（Takua Pa），曾出土大量黄色和琥珀色玻璃珠，学界将其称为"假夹金箔层玻璃珠"（False Gold-glass Bead），显然，此类珠饰是装金玻璃珠的仿品[42]。在宁夏固原北周田弘夫人棺中，曾发现大量黄色玻璃珠与包金箔玻璃珠混杂的现象[43]。

新疆地区出土琥珀珠的资料较为零散，因此鲜有学者论及。新疆已知最早的琥珀珠出土于古墓沟墓地79LQ2M41:3，位于男性墓主右腕，与15颗骨珠混串，珠长1.2、内径1.1、孔径0.6厘米，色姜黄，产自波罗的海沿岸。类似颜色、形状的玉石珠常见于古墓沟和小河墓地。在伊犁河谷早期铁器时代墓葬中，曾发现过少量琥珀珠饰，可能与黄色玻璃珠的流行有一定的关系。

### 6. 无色透明

无色透明珠发现较少，应该属于装金玻璃珠中的贴（鎏）金珠，由于保存状况不佳，表面金层已基本脱落。一般情况下，此类玻璃珠多无色透明，主要目的在于表现金箔的富贵华丽[44]。

伊犁河谷气候湿润，贴（鎏）金玻璃珠通常保存状况不好。塔里木盆地气候干燥，此类玻璃珠保存状况较好，如洛浦县山普拉墓地出土了大量汉晋时期的玻璃珠，其中齿轮形鎏金玻璃珠1颗（84LSIM01:c92），白色玻璃胎，局部鎏金已脱落，珠高0.9、直径0.7厘米；扁圆形鎏金玻璃珠3颗（92LSIIM6:365）；算珠形鎏银珠2颗[45]。另外，尼雅[46]、楼兰[47]等地均出土过此类珠饰。因此，可以将此类珠饰统称为"镀金玻璃珠"（Gilt Glass Bead）。内地发现的贴（鎏）金珠与新疆发现的略有不同，多为不透明或半透明，如广州游鱼岗汉墓M3012出土玻璃珠为"白色六瓣圆瓜形"，时间为西汉晚期[48]；青海上孙家寨汉墓M23:8、乙M5:25-1，时代为东汉[49]。

新疆出土此类珠饰，其贴（鎏）金工艺比较接近中原，但玻璃的透明度差别显著。中原地区的古代无色玻璃，由于透明度不足，因而不使用夹金工艺，转而使用本土较为成熟的贴金特色。虽能达到同样的视觉效果，但容易受风化而脱落。而新疆容易获得来自西方的透明玻璃珠及生产技术，珠饰的透明度要高于中原地区。因此，新疆发现的贴（鎏）金玻璃珠更可能是中西合璧的产物。

## （二）蚀花珠

蚀花玻璃珠一般较为少见，由于未经检测，原报告"蚀花料珠"疑为蚀花玉髓珠之误。蚀花红玉髓珠最早见于印度河流域哈拉帕（Harappa）文化昌胡·达罗（Changhu-Daro）遗址，年代在公元前3千纪，至前萨尔贡时期（Pre-Sargonic Period）就已传入美索不达米亚地区[50]。关于蚀花玉髓珠的制作工艺，贝拉西斯（Bellasis）、马凯（Mackay）、马居达尔（Majumdar）、夏鼐、赵德云等学者均有深入的研究。此类珠饰主要以红色玉髓珠为原料，将一种野生植物嫩茎捣成糊状后加入碱液，调制成绘画颜料，再在打磨好的红玉髓珠上描绘，绘好的珠子熏制后用木炭灰干燥，最后取出擦拭即可，颜色千年不退[51]。

新疆各地均有蚀花红石髓珠出土，年代从春秋一直到晋唐。从文化功能角度来看，蚀花红石髓珠除了装饰作用以外，也兼具一定的信仰内涵。在古代埃及，红玉髓象征着母性与生育之神伊希斯。在基督教信仰中，红玉髓是圣城耶路撒冷的奠基石。在地中海沿岸，红玉髓是阴刻图章戒指的重要材料，男性使用深色红玉髓，女性使用浅色红玉髓。而南亚地区一直是蚀花红玉髓珠的生产中心，因此伊犁河谷的蚀花红玉髓珠可能与南亚地区的贸易有关。

（三）蜻蜓眼玻璃珠

蜻蜓眼式珠起源于公元前2千纪的地中海沿岸，已知最早的实物出自埃及第十八王朝（1550—1307BC）。在玻璃制品出现之前，埃及人使用黏土制造蜻蜓眼式珠（Clay Bead）。埃及早期的蜻蜓眼玻璃珠，多作坠子使用，其穿系在坠子上部，但随着蜻蜓眼玻璃珠工艺的传播、发展和演变，穿系变为中穿，坠子逐渐演化成珠饰[52]。使用眼睛作装饰的习俗，可追溯到埃及第四王朝时期（2575—2465BC），眼睛形装饰被镶嵌于棺木、木乃伊面具等器物上。此类"恶眼（Evil-eye）信仰"源于古代巫术，流行于西亚、北非和欧洲地区，人们相信眼睛充满邪恶的力量，能够害死鲜活的生命，诅咒对方，所以佩戴蜻蜓眼玻璃珠能够遏制邪恶的力量，是最好的护身符。

目前，我国发现的早期蜻蜓眼玻璃珠多集中在新疆境内，如轮台群巴克IM27[53]、拜城克孜尔水库90BKKM26[54]、且末扎滚鲁克M14[55]等，时代在西周中期至春秋中期。此外，新源加嘎村墓地、洛浦山普拉墓地和阿克斯皮里古城、民丰尼雅遗址及墓地等，也发现蜻蜓眼玻璃珠。从考古发现来看，蜻蜓眼玻璃珠多集中于塔里木盆地周缘的绿洲农业地带，而天山沿线草原游牧区的发现较少，反映出南北疆各地区不同生业经济模式下，文化习俗及精神信仰的差异性。

在古代尼雅，蜻蜓眼玻璃珠还具备一定的祛病功能，类似佩戴珠饰治病的习俗亦见于欧洲，例如欧洲地中海沿岸将鱼牙制成项链佩戴，用以治疗疟疾[56]。95尼雅一号墓地M1、M3、M8中均有蜻蜓眼玻璃珠出土，但M3蜻蜓眼玻璃珠出土时贴身斜背于男性干尸上[57]。王炳华认为，这种穿戴法具有辟邪的作用，类似于护身符[58]。蜻蜓眼玻璃珠除辟邪作用外，其佩戴方式也值得关注。M3A男尸肩颈有锐利的刀砍痕迹，伤口长14厘米，已深入肌肉组织。根据出土情境推测，墓主在受伤后曾将蜻蜓眼玻璃珠斜置于伤口附近，用以疗伤，但因伤势过重，不治身亡。

新源县加嘎村墓地M2出土蜻蜓眼玻璃珠6颗（图四），位于墓主左脚东北部，装饰于皮制镜袋上，两侧各3颗，但镜袋已朽。墓主为女性，化妆袋内放置有眉笔、眉石、铜镜各1件，黑、白颜料若干，应为化妆工具。墓葬经北京大学加速质谱仪测年为2195±25年，即战国末至西汉初。类似的蜻蜓眼玻璃珠装饰见于95尼雅一号墓地，M3B女尸随葬柽袋系带交节处有1枚蜻蜓眼玻璃珠；M5女尸随葬木纺轮提带系口外侧各有1枚蜻蜓眼玻璃珠[59]，说明在古代西域女性可能并不直接佩戴蜻蜓眼玻璃珠，而是将其装饰于其他饰物之上。因此在古代西域，蜻蜓眼玻璃珠的佩戴还存在一定的性别差异。

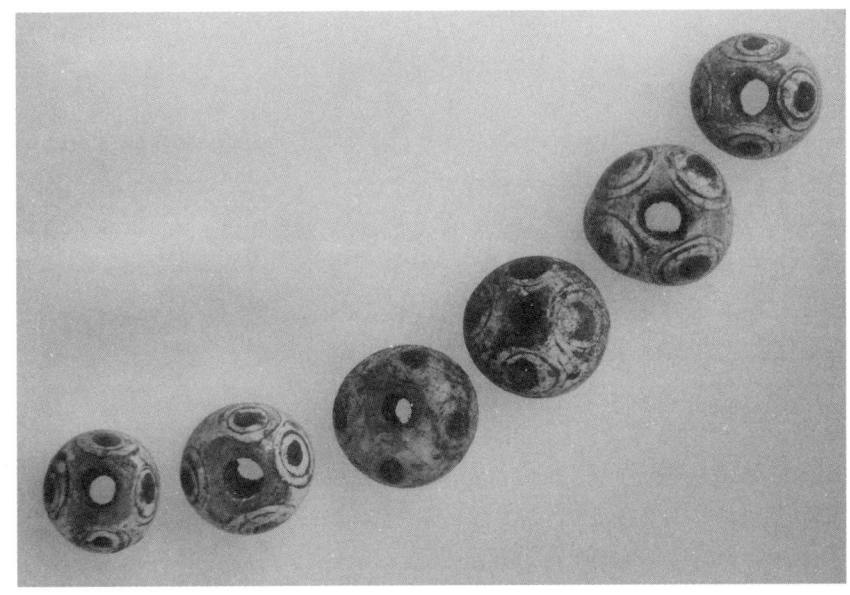

图四　新源县加嘎墓地 M2 出土蜻蜓眼玻璃珠饰

# 四、结　语

综上所述，伊犁河谷早期铁器时代玻璃珠饰出现年代较晚，均在公元前 1 千纪以内。而在哈密、乌鲁木齐、塔城、温泉、拜城等地，均发现有年代更早的玻璃珠。2002 年，在小河墓地曾采集到一条串珠项饰（编号 MC：115），除部分泥质岩、大理石珠外，有一定数量的黏土烧结珠饰，高 0.1—0.3、直径 0.3—0.6、孔径 0.1—0.3 厘米，呈白色，表面光洁细腻，可能属于釉砂[60]。近年对阿敦乔鲁遗址（1900—1500BC）、萨恩萨伊墓地（1800—1500BC）、天山北路墓地（1900—900BC）出土珠饰的分析，也证明了青铜时代釉砂的存在。目前伊朗高原最早的玻璃珠在公元前 13 世纪前后，而新疆发现最早的釉砂珠在公元前第 2 千纪初，与塔吉克斯坦塔什特佩（Tash-tepe）墓地[61]出土的玻璃珠年代相近或更早。因此，关于釉砂技术的传播不但存在由西向东的路径，还存在从欧亚草原由北向南的扩散趋势。

伊犁河谷出土的玻璃珠以单色为主，蚀花红玉髓珠和蜻蜓眼玻璃珠较少。外来玻璃珠的文化内涵与传播在伊犁河谷并不显著，主要还是作为宝（玉）石类饰物的替代物，以项链、手链的串珠为主，通常与其他材质的珠饰混串。由于绝大多数样本未进行科学检测，其化学成分及制造工艺有待于进一步研究[62]。通过考古类型学判断，部分珠饰除具有东、西方珠饰的共同特点外，还表现出本地文化的特征，不排除在当地生产的可能性。

附记：本文为国家自然科学基金青年项目"汉唐时期环塔里木盆地文化地理研究"（41901163）初期成果，在写作过程，得到中山大学刘文锁教授的悉心指导，特此致谢！

# 注　释

[1]　胡汝骥主编：《中国天山自然地理》，中国环境科学出版社，2004 年，第 20—64 页。

[ 2 ] 余太山:《早期丝绸之路文献研究》,商务印书馆,2013 年,第 1—20 页。

[ 3 ] 陈戈:《新疆史前文化》,《西北民族研究》1995 年第 1 期;刘学堂、关巴:《新疆伊犁河谷史前考古的重要收获》,《西域研究》2002 年第 4 期。

[ 4 ] 刘汉兴等:《新疆伊犁州墩那高速尼勒克段考古收获及初步认识》,《西域研究》2018 年第 3 期。

[ 5 ] 干福熹:《新疆拜城和塔城出土的早期玻璃珠研究》,《硅酸盐学报》2003 年第 7 期。

[ 6 ] 新疆文物考古研究所:《新源县别斯托别墓地考古发掘报告》,《新疆文物》2012 年第 2 期。

[ 7 ] L. S. Dubin, The history of Beads: from 30000. B. C. to the Present, Thames and Hudson, 1987: 70, fig.64.

[ 8 ] P. R. S. Moorey, Materials and Manufactures in Ancient Mesopotamia: The Evidences of Archaeology and Art, BAR International Series 237, 1985: 89.

[ 9 ] 新疆文物考古研究所:《尼勒克县穷科克一号墓地考古发掘报告》,《新疆文物》2002 年第 3、4 合刊。

[ 10 ] 新疆文物考古研究所、西北大学文化遗产与考古学研究中心、伊犁哈萨克自治州文物局:《尼勒克县加勒克斯卡茵特墓地发掘简报》,《新疆文物》2007 年第 3 期。

[ 11 ] 新疆文物考古研究所:《特克斯县库克苏西 2 号墓群考古发掘简报》,《新疆文物》2012 年第 2 期;新疆文物考古研究所:《新疆特克斯县阔克苏西 2 号墓群的发掘》,《考古》2012 年第 9 期。

[ 12 ] 新疆文物考古研究所:《伊犁恰甫其海水利枢纽工程南岸干渠考古发掘简报》,《新疆文物》2005 年第 1 期。

[ 13 ] 新疆文物考古研究所:《2005 年度伊犁州巩留县山口水库墓地考古发掘报告》,《新疆文物》2006 年第 1 期。

[ 14 ] 新疆文物考古研究所:《新源县加嘎村墓地考古发掘简报》,《新疆文物》2017 年第 1 期。

[ 15 ] 新疆文物考古研究所:《尼勒克县铁列克萨依墓地考古发掘报告》,《新疆文物》2012 年第 2 期。

[ 16 ] 伊犁州文管所:《昭苏县喀拉苏墓葬发掘简报》,《新疆文物》2002 年第 1、2 合刊。

[ 17 ] P. T. Nicholson, Egyptian Faience and Glass, Shire Pubication Ltd, 1993: 9.

[ 18 ] 赵德云:《西周至汉晋时期中国外来珠饰研究》,科学出版社,2016 年,第 40 页。

[ 19 ] 张庆麟:《珠宝玉石识别辞典》,上海科学技术出版社,2011 年,第 448 页。

[ 20 ] 新疆文物考古研究所:《伊犁州尼勒克县奇仁托海墓地发掘简报》,《新疆文物》2004 年第 3 期。

[ 21 ] 洛阳博物馆:《洛阳庞家沟五座西周墓的清理》,《文物》1972 年第 10 期。

[ 22 ] J. Westphal, Colour: Some Philosophical Problem from Wittgenstein, Oxford, 1987: 146-149.

[ 23 ] J. P. Mallory, In Search of the Indo-European: Language, Archaeology and Myth, Thames and Hudson, 1989: 130-135.

[ 24 ] 王炳华:《孔雀河青铜时代考古文化》,《孔雀河青铜时代与吐火罗假想》,科学出版社,2017 年,第 47 页。

[ 25 ] 刘学堂:《察吾乎沟Ⅳ号墓地墓葬制度研究》,《新疆文物》1996 年第 4 期。

[ 26 ] 中国社会科学院考古研究所新疆工作队等:《新疆塔什库尔干吉尔赞喀勒墓地 2014 年发掘报告》,《考古学报》2017 年第 4 期。

[ 27 ] 西北大学文博学院、新疆文物考古研究所:《尼勒克县加勒克斯卡茵特山北麓墓葬发掘简报》,《新疆文物》2006 年第 3、4 期;新疆文物考古研究所等:《新疆尼勒克县加勒克斯卡茵特墓地发掘简报》,《考古与文物》2011 年第 5 期。

[ 28 ] 王炳华:《古墓沟》,新疆人民出版社,2014 年,第 172 页。

[ 29 ] 〔俄〕A. П. 谢克林等,刘吉成译:《东萨彦岭首次发现青金石》,《地质科技动态》1998 年第 11 期。

[ 30 ] Carol Andrews, Egyptian Jewelry: Predynastic to the End of Dynastic Period, British Museum Publications, 1976: 68-76.

[ 31 ] Shinji Fukai, Persian Glass, Translated by Edna B. Crawford, Weatherhill/Tankosha, 1977: 16.

[ 32 ] 林梅村:《丝绸之路考古十五讲》,北京大学出版社,2006 年,第 68 页。

[ 33 ] 〔英〕A. 斯坦因著,肖小勇译:《从且末到若羌》,《新疆文物》1990 年第 4 期。

[ 34 ] 广东省博物馆:《广东徐闻东汉墓——兼论汉代徐闻的地理位置和海上交通》,《考古》1977 年第 4 期。

[ 35 ] 李银德:《徐州土山东汉墓出土封泥考略》,《文物》1994 年第 11 期。

[36] 石家庄地区革委会文化局文物发掘组:《河北赞皇东魏李希宗墓》,《考古》1977 年第 6 期。
[37] 宁夏回族自治区博物馆、宁夏固原博物馆:《宁夏固原北周李贤夫妇墓发掘简报》,《文物》1985 年第 11 期。
[38] 陈大为:《辽宁北票房身村晋墓发掘简报》,《考古》1960 年第 1 期。
[39] 苏伯民等:《克孜尔石窟壁画颜料研究》,《敦煌研究》2000 年第 1 期。
[40] 王进玉、郭宏、李军:《敦煌莫高窟青金石颜料的初步研究》,《敦煌研究》1995 年第 3 期。
[41] W. G. N. Van der Sleen, A Handbook on Beads, Librairie Halbart, 1973: 110.
[42] Peter Francis Jr., Asia's Maritime Bead Trade: 300B. C. to the Present, University of Hawaii Press, 2002: 93.
[43] 原州联合考古队:《北周田弘墓》,勉诚出版社,2000 年,第 51、52 页。
[44] 安家瑶:《夹金箔层的玻璃珠》,《宿白先生八秩华诞纪念文集》,文物出版社,2002 年,第 307—314 页。
[45] 王博、鲁礼鹏:《扎滚鲁克和山普拉古墓出土古代玻璃概述》,《丝绸之路上的古代玻璃研究》,复旦大学出版社,2007 年,第 126—138 页。
[46] A. Stein, Acient Khotan, Oxford University Press, 1907: 74.
[47] A. Stein, Inermost Asia, Volume I, Volume IV, Cosmo Publications, 1981: 23.
[48] 广州市文物管理委员会、广州市博物馆:《广州汉墓》,文物出版社,1981 年,第 292 页。
[49] 青海文物考古研究所:《上孙家寨汉晋墓》,文物出版社,1993 年,第 164、165 页。
[50] Niharika, A Study of Stone Beads in Ancient India, Bharatiya Kala Prakashan, 1993: 13,14.
[51] 作铭:《我国出土的蚀花的肉红石髓珠》,《考古》1974 年第 6 期。
[52] Joan Mowat Erikson, The Universal Bead, W. W. Norton & Company, 1993: 99-139.
[53] 中国社会科学院考古研究所新疆工作队、新疆巴音郭楞蒙古自治州文管所:《新疆轮台县群巴克墓葬第二、三次发掘简报》,《考古》1991 年第 8 期。
[54] 李青会等:《一批中国古代镶嵌玻璃珠的化学成分的检测报告》,《江汉考古》2005 年第 4 期。
[55] 新疆维吾尔自治区博物馆等:《新疆且末扎滚鲁克一号墓地发掘报告》,《考古学报》2003 年第 1 期。
[56] 〔英〕玛丽·道布森著,苏静静译:《疾病图文史:影响世界历史的 7000 年》,金城出版社,2016 年,第 145 页。
[57] 新疆文物考古研究所:《尼雅 95 一号墓地 3 号墓发掘报告》,《新疆文物》1999 年第 2 期。
[58] 王炳华主编:《新疆古尸——古代新疆居民及其文化》,新疆人民出版社,1999 年,第 120 页。
[59] 于志勇:《尼雅遗址出土的玻璃器及其相关问题》,《丝绸之路上的古代玻璃研究》,复旦大学出版社,2007 年。
[60] 新疆文物考古研究所:《2002 年小河墓地考古调查与发掘报告》,《新疆文物》2003 年第 2 期。
[61] V. M. 马松:《青铜时代文明的衰落与部落迁移》,《中亚文明史》(第 1 卷),中国对外翻译出版公司,2000 年,第 260 页。
[62] 赵志强等:《新疆丝绸之路沿线出土料珠初探》,《西部考古(第 10 辑)》,科学出版社,2016 年,第 220—228 页。

# Glass Beads of Early Iron Age in Ili River Valley, Xinjiang

Zhang Chi

(School of History and Culture, South China Normal University)

**Abstract:** The glass beads unearthed in the early iron age in Ili river valley of Xinjiang are mainly monochrome beads, which can be divided into six species: black, white, blue, green, yellow and colorless.

There are also a small number of decorated glass beads and dragonfly eye glass beads, the variety of glass beads is single and the number is less. The whole age of Ili's glass beads was later than the discovery of the northern edge of the Tarim basin. Based on the analysis of types and cultural factors, it can be seen that the producing area of glass beads in Ili river valley may be in the oasis zone on the north edge of Tarim basin, and its technological style is the product of the combination of eastern and western glass techniques.

**Keywords:** Ili River Valley, Early Iron Age, Single Coloured Glass Beads, Dragonfly Eye Glass Beads, Etched Carnelian Beads

# 重庆出土两晋以前青铜器概述

方 刚

（重庆市文化遗产研究院）

**内容摘要**：随着考古工作的不断开展，重庆地区出土了十分丰富的两晋以前的青铜器，在时代上分为商代中晚期到春秋早期、春秋中晚期到西汉早期、西汉中期以后三个阶段。重庆地区的青铜器经历了引进、创新、趋同的发展历程，形成了富有区域特色的形制特征，大致可以分为容器、兵器、乐器、杂器这四个类别。

**关键词**：两晋以前；青铜器；重庆

中国古代青铜文明十分发达，广汉三星堆青铜器群代表了西南地区青铜文明的最高成就，作为近邻的古代巴渝青铜文明虽相对失色，但仍然呈现出独特的区域特征和文化魅力。重庆地区的青铜器始于商，却极少发现；兴于战国，而以兵器为主；汉晋墓葬中青铜容器极为丰富。本文拟总结重庆地区两晋以前出土青铜器的资料，对其发展过程、类别及特征进行总结。战国至西汉早期时，重庆地区还出土了大量楚式、秦式、越式青铜器甚至中原地区的青铜器，但并非本文讨论重点，仅粗略涉及。

## 一、青铜器考古发现

重庆地区的青铜器在20世纪90年代之前发现较少，发现地点也集中于墓葬材料中，巴文化青铜器除了巴县冬笋坝[1]、涪陵小田溪[2]等较为集中以外，其余万州、开县、云阳等地仅有零星发现。汉代以来的青铜器较多发现在渝中临江支路西汉墓[3]、开县红华崖墓[4]，在巫山、奉节、万州、丰都等地也有零星发现。随着1997年三峡文物抢救工程的开展，全国七十余家考古机构在峡江地区开展了大规模的考古发掘，发掘上千处古代遗存，出土了两晋以前青铜器达上万件。在万州塘坊坪的早期巴文化遗址中发现有镞、钩、管等小型铜质渔猎工具和小饰件[5]，在巫山双堰塘西周时期遗址中也发现了铜镞、钩、刻刀、珠形器[6]；奉节永安镇[7]、云阳李家坝[8]、开县余家坝[9]、万州大坪[10]、涪陵小田溪[11]、陈家嘴[12]等地都有春秋中期到西汉早期的青铜器集中出土；巫山、万州、丰都、涪陵等地长江两岸的坡地土丘上汉墓密布，多数规模较大的墓葬中都有青铜器出土。如此多的考古发现证明了古代重庆地区并非青铜文明的"荒漠区"。

## 二、两晋以前青铜器发展阶段

重庆地区两晋以前的青铜器大致可以分为三个发展阶段。

第一阶段为商代中晚期到春秋早期，相比较于周边区域基本上处于萌芽期，仅在万州塘坊坪、巫山双堰塘发现小型青铜工具。在丰都石地坝[13]等地还发现有石质镞范等青铜铸造工具，万州黄柏溪也发现了疑似石范[14]。云阳李家坝1997年出土了半截钱范，杨华认为是夏商遗物，但是综合地层、器类特征，并非本文所述第一阶段遗物[15]。这一阶段最重要的发现应该是1980年出土于巫山大昌李家滩的三羊三鸟尊，属于中商中晚期，是重庆地区迄今发现最早的一件大型青铜器。除此之外的同时期遗址和墓葬中都没有发现大型青铜器。这表明在这一阶段重庆地区很可能还没有开始大规模的使用和制造青铜器，与三峡以东的两湖地区、以北的汉水上游地区和成都平原相比，重庆地区的青铜冶铸业十分落后。

第二阶段为春秋中晚期到西汉早期，这一阶段是重庆地区青铜文明的高峰期，奉节以东及奉节以西的长江沿岸直达忠县的区域都曾经处于楚国治下，青铜器与江汉平原未有区别。奉节以西地区包括小江、嘉陵江等支流区域属于巴国疆域，渝西地区的巴文化深受成都平原青铜文明的影响，巴式青铜器在形态特征等方面都与毗邻的蜀文化十分相似，也常常被并称为"巴蜀青铜器"，其相异之处主要是少数器类和纹饰特征的些许区别，渝东地区的巴文化青铜器深受楚文化影响。除此之外，楚式、秦式、越式甚至中原地区的青铜器都有发现，体现出重庆地区和周边地区文化交流的密切关系。

第三阶段为西汉中期以后，这一阶段是汉文化大一统时期，西汉武帝时期，随着政治的统一和经济的飞速发展带来的文化大融合，富有地方特色的青铜器群逐渐消失，墓葬中普遍出现的青铜器在器类、形制、纹饰方面已经和中原地区趋同，大部分与中原地区保持一致，仅仅是在杂器上有一些特色器类和特有造型。

## 三、两晋以前青铜器分类与特征

在长期的发展过程中，重庆地区的青铜器经历了引进、创新、趋同的发展历程，形成了富有区域特色的形制特征，总体来说，重庆地区两晋以前的青铜器大致可以分为容器、兵器、乐器、杂器四个类别。

（一）容器

**1. 第一阶段**

第一阶段除了巫山李家滩的三羊三鸟尊之外没有发现其他容器，虽然有研究者认为涪陵蔺市也发现有一件铜洗（盆），其口沿也属于这一阶段，但是作为参与发掘者，综合造型和同出器物等因素，笔者认为这件器物可能属于晚期地层扰乱器物[16]。

## 2. 第二阶段

第二阶段的土著文化（巴文化）严格来说并没有表现出礼制社会的迹象，出土的礼器基本上都是楚文化遗存，或属于楚文化铜器，很可能是通过经济、文化交流的方式进入重庆地区的，而且只有鼎、敦两种器类在奉节永安镇成组出现，其余的大型青铜器发现都是零星出土，很难确认其礼制用途，所以我们将其归入容器类。在涪陵小田溪 M1、M12 先后出土了两套俎、豆、夹组合，根据彭学斌的观点[17]，这套器物应该是与礼制有关的"俎"，6个豆内分别放置不同的食物，摆放于俎上（图一）。

图一 涪陵小田溪墓群 M12 出土青铜俎、豆、夹组合

属于巴式青铜器的鍪、釜、釜甑是春秋战国前后最为常见的青铜器组合，均为素面，与同时期重庆地区常见的同类陶器形制相同，底部经常有烟熏痕迹（图二），流行时代与釜、鍪相近，应该是从商周时期的陶鬲发展而来的，早期的釜甑上下连体，没有器足，晚期则上下分开，上部为有箅孔的甑，下部为釜，出现了双环耳和器足。鍪出现于春秋晚期，流行于战国，消失于西汉中期，各时期的器形变化不大，基本形状为侈口、束颈、圆鼓腹、圜底，肩部有一至两个竖环耳，主要是辫索形环耳从单环耳发展到双环耳，双环耳又从一大一小演变为对称大小。有些鍪还有器盖，通过铜链与环耳相连，盖纽周围有一圈回纹与联珠纹的组合图案，有的器盖或鍪口沿还刻有巴蜀符号。鍪主要流行于四川、重庆地区，战国晚期传入秦楚地区。釜的流行时代和分布范围与鍪基本一致。

这一阶段的巴文化墓葬中发现的外来文化青铜器往往不成组合出现。最常见的当属楚式青铜器，容器类以圆壶分布较为普遍，大小不一，多为直口、长颈、圆鼓腹、矮圈足，肩部多有对称铺首衔环，有的环上有铜链提梁，盖为穹顶，有三或四个鸟形器纽，部分壶表面还有刻画或嵌错金银纹饰（图三）。圆壶在中原和江汉地区往往具有礼器功能，但是在重庆地区似乎并没有证据证明这一点，很可能是作为酒水器使用。

图二 涪陵小田溪墓群 M12 出土釜甑

图三 涪陵小田溪墓群 M12 出土错银铜壶

图四 忠县将军村墓群 M130 出土蒜头壶

战国晚期至西汉早期的墓葬中还出土较多来源于秦文化的蒜头壶，造型与关中秦墓中出土同类器物十分类似（图四）。

### 3. 第三阶段

第三阶段的容器与中原地区墓葬中发现的铜器造型相似，往往出土时代晚于中原地区，体现出汉文化向西南地区传播的文化大一统现象，器类以钫、圆壶、鼎、盘、豆、盆、釜、鐎斗、刁斗、耳杯、卮、盒等为主。西汉中期较大规模的汉墓中往往出土有成对的钫、鼎、豆，均为素面，器壁较薄。釜和盆承袭了鍪的竖环耳，但底变为平底，耳也并非辫索纹，东汉时期的一些盆、盘底部还有纪年铭文。在这一阶段，鐎斗、刁斗、枓、耳杯、卮等温酒、饮酒器出现，从早到晚数量呈上升趋势，此前的第二阶段虽然出现疑似酒水器的圆壶，但是不论铜器还是陶器，都未发现其他类的饮酒（水）器。

## （二）兵器

### 1. 第一阶段

重庆地区第一阶段并未发现完整的兵器，但是在丰都石地坝[18]等地发现有青铜镞、石质青铜镞范，巫山双堰塘、江东嘴、万州塘坊坪、中坝子[19]、丰都玉溪也出土有较多铜箭镞，两翼宽阔，尾部尖锐。并未发现同时期在成都平原和江汉平原已经出现的剑、戈、矛等青铜兵器，丰都玉溪遗址的夏商时期青铜矛造型成熟，不似夏商时期的器类，反而与战国时期墓葬出土同类器形制相似，时代值得怀疑[20]。

## 2. 第二阶段

第二阶段的青铜器以兵器数量最多，也最有地域特色。其特殊之处一是剑、戈、矛、钺等近程格斗兵器发达，与中原地区同名而异形，远程兵器弩及甲胄等防御兵器基本是从外部传入，出现时间较晚，数量也不多；二是大部分兵器上都有巴蜀符号，以虎、鸟、蛇等动物符号最具特色。

戈是第二阶段使用时间最长、数量最多、特征最明显的兵器，分为直内长援、三角形、"十"字形、中胡长援四种造型，前两者考古发现很少，主要是后两种。"十"字形戈属于巴蜀特有器形，而中胡长援戈应该是仿照同时期中原地区流行的中胡三穿圭援戈制造的，并很快在巴蜀地区流行起来，小田溪M12的发现表明至少有一部分中胡长援戈应该是和宽骹狭刃无系矛组合成为"戟"来使用的（图五）。

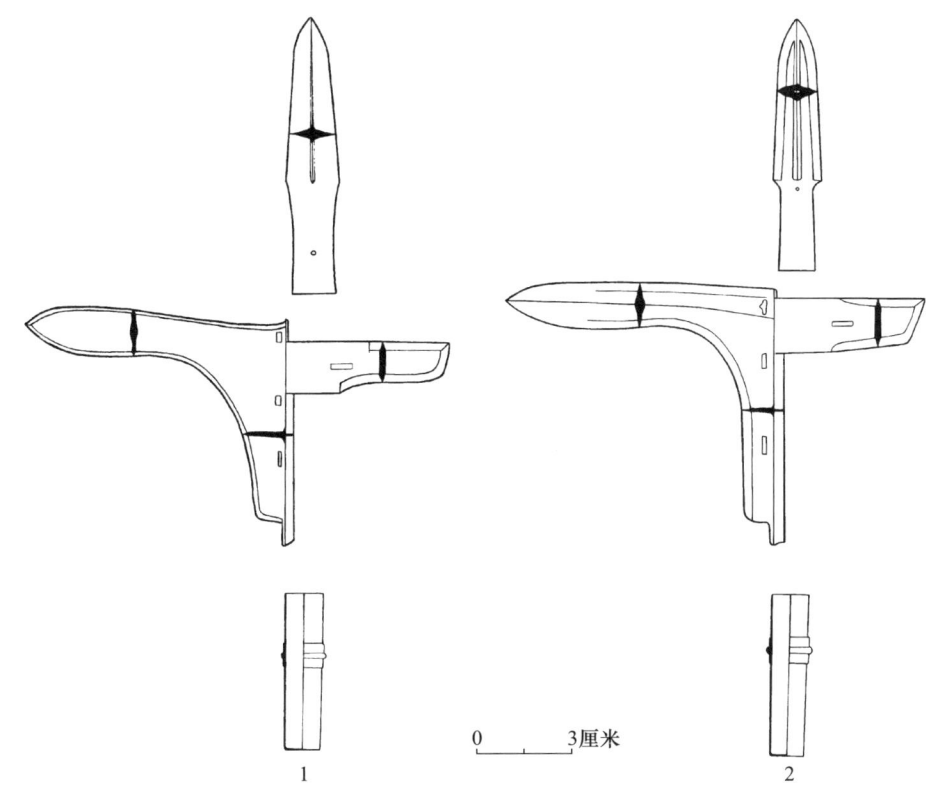

图五　涪陵小田溪墓群M12出土青铜戟
1. M12∶28、M12∶30、M12∶53　2. M12∶29、M12∶31、M12∶71

一般戈的援、胡均为弧形刃，中脊凸出，阑部多有浮雕虎、鸟等动物形巴蜀符号，有的援、胡、内上面还有巴蜀符号。矛是巴蜀地区另一种常见的兵器，柳叶矛最具地方特色，在重庆地区，从春秋中期到西汉初期都有大量发现，矛叶宽扁似柳叶，骹细长，两侧有弓形或弧形系，在骹的两侧多刻画有虎、蛇、蝉等动物符号或其他巴蜀符号。钺大部分是有銎平肩圆刃钺，体形大小不一，在墓葬中随葬数量较多。除此之外，部分墓葬中也发现了不对称弧刃的越式钺，数量较少。短兵器最常见的是柳叶剑，最早出现于川西，重庆地区在战国前后开始大量使用，到西汉初期消失。基本形制特征为扁平无格，器身呈柳叶形，柄端有一到两个穿。早期的剑是用木板夹紧剑柄，刃两端用铜片或者银片包裹，再缠以麻绳，最后髹漆；晚期的柳叶剑在柄与刃之间截出缺口，加装铜质剑格。大部分的柳叶剑表面铸有虎斑纹，剑近柄端两面还有动物符号和其他巴蜀符号。柳叶剑按照剑身长短又分为短剑和长剑两种，长剑剑鞘为竹木制，短剑有的有铜质剑鞘，小田溪的青铜剑鞘表面铸造有精美纹饰，并贴金箔（图六）。

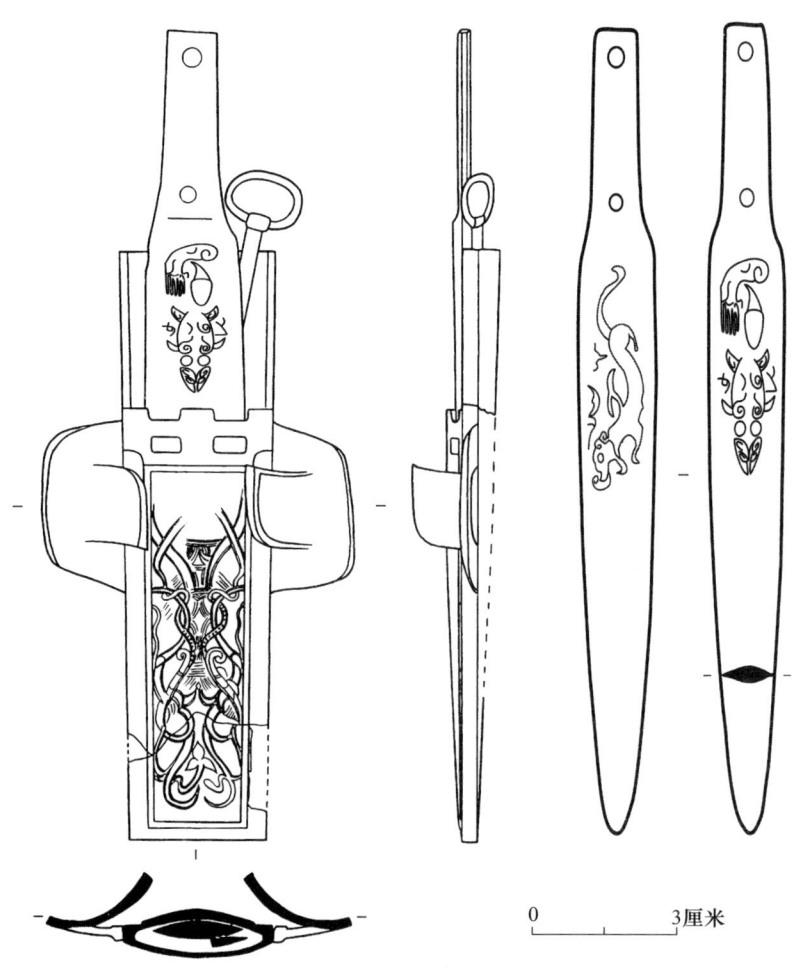

图六　涪陵小田溪墓群 M20 出土贴金铜鞘短剑

在重庆东部地区的楚文化墓葬以及秦汉之际的巴文化墓葬中还出土楚式剑，属于典型的楚文化器物。值得一提的是，小田溪 M12 出土两套玉具剑，保存基本完好，玉质精美，尤其是 M12：108 有玉剑首、后（镳饰）、珥、璏、珌 5 种剑饰，为国内目前仅见（图七）。这类器物虽然具备兵器的外形，但是根据文献来看，应该是中央王朝馈赠给外藩首领的礼物[21]。远程兵器仅有铜质弩机和箭镞两类，弩机出现机廓和望山，箭镞有三棱锥和两翼等样式。重庆地区没有发现铜质盔甲，仅在小田溪 M10、M15 发现 2 件铜胄顶，在小田溪 M12 发现 2 件器形和细部特征与 M10、M15 胄顶十分相似的器物，唯体形和重量较大，其功用有待商榷。

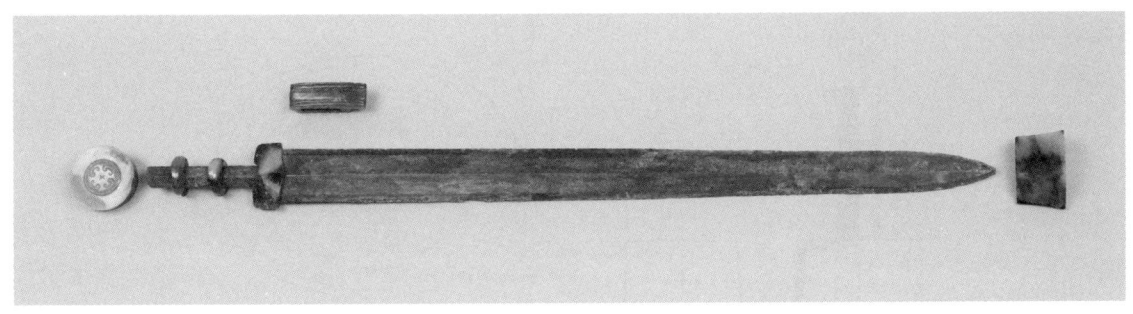

图七　涪陵小田溪墓群 M12 出土玉具剑

### 3. 第三阶段

第三阶段青铜兵器的种类和数量急剧减少，主要是箭镞，箭镞的类型有三棱锥、两翼等样式，部分箭镞的铤部已经变为铁质。铜剑、矛已经被铁质剑、矛取代，造型也有较大变化，体现出金属冶炼技术的进步趋势。

## （三）乐器

青铜乐器全部出自第二阶段，数量较少，器类也较为单一，器形多仿制中原地区的同类器物，仅在造型和纹饰上有本地特征，主要器类有虎纽錞于、钲、铃、甬钟、镈、编钟等（图八），大型乐器多出土于大型墓葬中，中小型墓葬中仅发现有铜铃。其中最重要的考古发现当属小田溪 M1 出土的一组 14 件编钟，形制为标准的楚文化铜器，同出有 4 件兽头形钟架饰件，表面有错银云纹，十分精美，其中 3 件刻有巴蜀符号。錞于是战国时期重庆地区最流行的乐器，器顶均有圆雕虎形悬纽，部分器物虎纽周围有巴蜀符号，部分钲、甬钟、镈的器身上也有巴蜀符号。

## （四）杂器

杂器包括车马器，斧、斤、锯、削等工具，勺、匕、夹、带钩、镜、灯、熏炉等日用器，以及印章、模型明器、棺饰件等诸多器类。

### 1. 第一阶段

第一阶段只有鱼钩等小型工具。

### 2. 第二阶段

第二阶段的青铜杂器大量出现，种类最为丰富。一些大中型墓葬中发现有盖弓帽、軎、杠箍、衔镳、当卢、铜泡等车马器部件，部分制作精美的车马器表面镀金（图九）。斧、斤等工具皆方銎、细身长条、窄刃，上部有的还有巴蜀符号。锯仅在小田溪发现一件单面刃短锯，锯齿较深。削的数量较多，分布也较为普遍，多为环首窄体曲刃，有的削刀上还有错金银的纹饰，制作十分精致。勺、匕、镜、带钩等器类多出现于墓葬中，勺为六棱形直銎柄圆斗式，匕为曲柄浅勺式，应该是来自楚文化，镜出现于战国晚期，形制和样式与同时期中原地区的铜镜一致。带钩器形基本上都是各种动物形状，有鸟首形、琵琶形、蛇形、虎形、犀牛形等，有的还有精美的错金银纹饰（图一〇）。

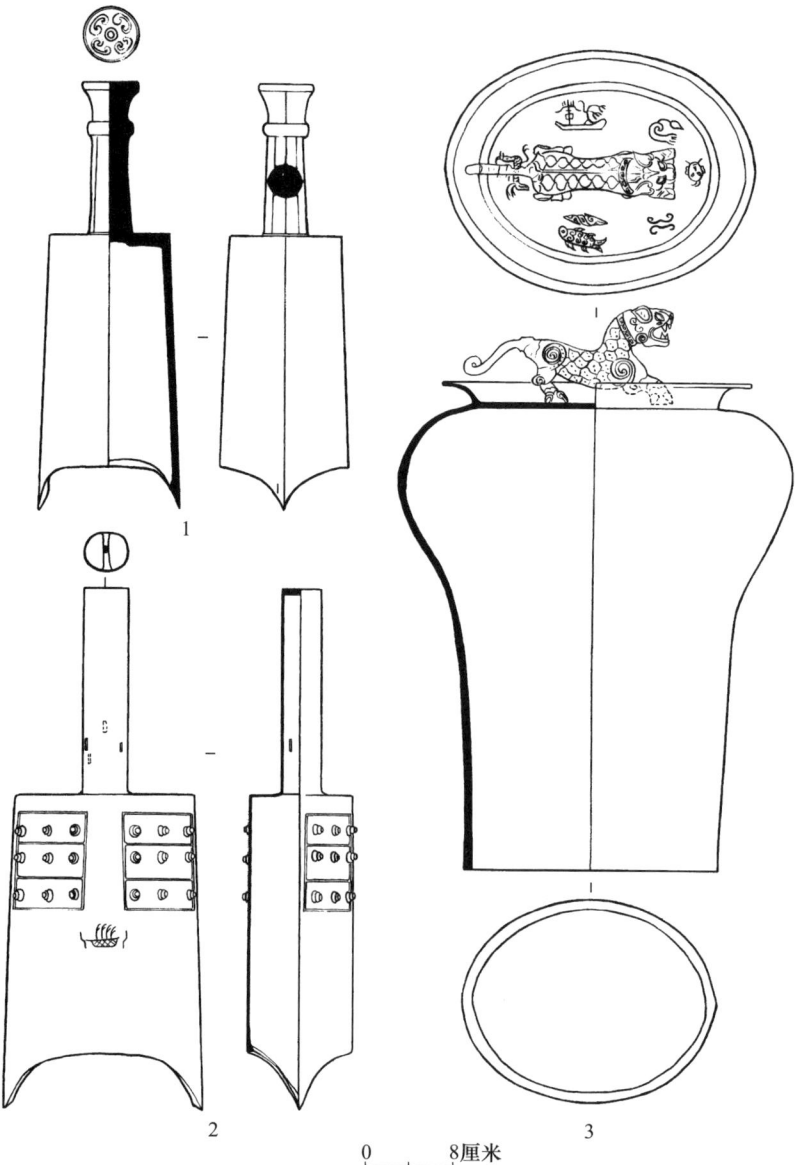

图八 涪陵小田溪墓群 M12 出土乐器
1. 钲（M12:33） 2. 甬钟（M12:34） 3. 錞于（M12:36）

图九 奉节永安镇遗址 M66 出土错金银车軎

战国晚期墓葬中多有印章出土，形状以圆形、方形、长方形等为主，也有少量八角形、月牙形异形章，纽有桥纽、鼻纽、兽纽等，印文基本上都是各种巴蜀符号，其内容难以解读，部分可能和族徽有关。

### 3. 第三阶段

第三阶段的青铜器中杂器占据绝大多数，较之第二阶段，斧、斤、勺、匕等器类基本消失，或为铁铸，或被同类漆器所取代。部分器类得到延续但是有所变化，例如，铜质车马器基本上只见盖弓帽一种；铜镜出现得较为频繁，草叶纹镜、星云纹镜、日光镜、重圈昭明镜均有发现，带钩器形变小，造型更加简单。在重庆地区的汉代铜灯较有特色，有羊形、雁形、龟形、人形等（图一一）。东汉晚期开始，部分灯盘中出现尖锥，表明这类灯是使用细长柱状的蜡烛而非灯油。奉节永安镇出土的几件熏炉盖镂雕蟠虺纹，制作精美，纹饰繁缛。熏

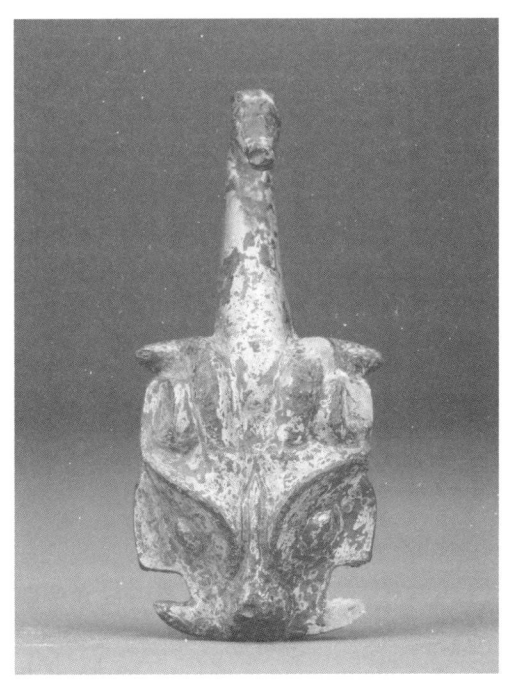

图一〇　奉节永安镇墓群出土带钩

炉盖除了沿袭原有的覆钵形，还出现了博山形，盖身榫接或者子母口套合（图一二）。西汉开始，印章出现名章和军职印章等，多为中下级官吏所有。

图一一　巫山龙洞一队汉墓出土羊形灯

图一二　巫山苏家坡烟厂汉墓出土博山炉

这一阶段还新出现了一些器类，大约从东汉前后开始，规模较大的墓葬中出土青铜人俑、马俑，体量较大，表情生动。东汉时期，巫山、丰都等地的墓葬中还发现了数量较多的棺饰，形状有圆形、方形、人形、动物形等，图案与宗教信仰有关，大部分表面鎏金，制作十分精致（图一三）。

图一三 巫山巫福公路汉墓出土西王母鎏金镂空饰牌

## 四、重庆两晋以前青铜器的区域特征

重庆地区的青铜器发达程度不及中原和周边地区，但是也有一些自身的特点。

首先表现在吸收外来文化因素的同时加上自身的艺术特色。重庆地区的青铜器一开始就是走引进—模仿的模式，很多器类都是在模仿周围地区器物的基础上，在器形、纹饰上做些改变，例如虎纽錞于就是从长江中游地区流传而来，器纽变成了巴族的白虎图腾，虎纽周围刻画一周巴蜀符号，形成晚期巴文化的特有青铜器并广泛流行。在一部分战国时期的青铜器上出现了嵌错金银丝或绿松石的镶嵌技艺，有学者认为这种装饰艺术是受中原文化影响而出现的，在本地的生产过程中加入了地方文化元素。

其次是纹饰特征极具地方特色。在战国至汉初的兵器、工具、乐器、印章等青铜器上，大量出现人形、动物形、几何纹样等图形符号，人形、动物形大多饰于戈援、矛骹和剑身近柄处，多为侧面图案，形象生动，具有独特的艺术特点。多数图形符号是以组合形式出现的，表达出特别的意义。严志斌、洪梅两位学者系统搜集了目前公布的巴蜀符号器物，首次区分出272种巴蜀符号，建立起比较可信的分类体系，并对符号数量组合的变化规律等问题进行了分析研究[22]，但是对于巴蜀符号的性质和组合意义的解读尚需进一步研究。

## 五、重庆两晋以前青铜器的工艺

重庆地区出土青铜器的铸造工艺研究较为薄弱。商代以降，重庆已经进入青铜时代，但是本地是否能够铸造大型青铜器还不得而知，苏荣誉先生对巫山李家滩的三羊三鸟尊进行研究，从铸造工艺分析这件器物属于南方工坊作品，并非重庆本地铸造[23]。万州塘坊坪、巫山双堰塘的考古发现表明，在商至西周时期已经能够制造小型工具，杨小刚根据彭水徐家坝遗址出土船形杯上的残留物检测结果，认为过去在丰都石地坝、忠县哨棚嘴等地发现的船形杯属于小型冶铸工具坩埚，时代在商代晚期[24]，这一证据再次证实了重庆地区至少在商代晚期已经能够铸造小型青铜工具。重庆地区青铜冶铸相关遗存考古发现较为集中的是在云阳旧县坪汉代遗址[25]，出土有陶范、石范、陶模以及保温砖、鼓风管等重要遗物，青铜器类有戈、矛、钺、刀、镞、剑、环、鼎足等。

姚智辉[26]、杨小刚[27]先后对重庆地区出土的部分青铜器做了科技检测。前者的实验证明，战国时期的大部分兵器和容器应该是重庆本土制造，其金属成分与周边地区有着较为明显的差别。在铸造工艺上掌握了浑铸、分铸技术，大量使用了活范块、铸接、垫片等技术，同时实践并应用了焚失法等特殊技艺。在合金配比方面与四川地区的青铜器更为接近，而湖北地区青铜器的锡、铅含量较高。在春秋战国时期，重庆青铜器的表面斑纹工艺使用了热镀锡和退火处理，耐腐蚀。在表面出现了打磨、铸补、錾刻、贴金、错金银、鎏金等多种工艺，一方面显示了重庆地区青铜器具有较高的工艺水平，另外大量的铸补痕迹也表明三峡地区青铜容器存在较多空洞、缩孔、气孔、裂纹等铸造缺陷，距离中原地区的青铜铸造技术还有一定差距。同时，对重庆三峡地区出土东周青铜器群的同位素数据分析的结果表明，制造它们的铅料很可能来自四川底苏、大梁子铅锌矿床。

## 六、结　　语

过去考古学对于青铜器的研究更多地承袭了器物学研究方法，注重青铜器本身的命名、分类、功能等。随着现代科技发展和学科交叉融合日益增强，一方面通过现代科技应用，跨越人的视界思域，对青铜器进行成分分析与组织检测，解答其材料成分、原料产地、加工过程、内部结构等疑问。另一方面基于学科综合研究，将青铜器的单体研究置于社会背景、文化背景、地理环境中，通过多学科交叉研究，分析古代遗存中更为丰富的"潜"信息，解决传统考古无法解决的诸多问题，开拓了新的考古研究领域，备受人们关注。

考古新材料不断被发现，学者们的研究也在不断深入，相信随着更多青铜器的出土、更多专业研究者的加入、更深入的研究成果的发布，对重庆地区古代青铜器的认识也会越来越清晰。

### 注　　释

[1] 前西南博物院、四川省文物管理委员会：《四川巴县冬笋坝战国和汉墓清理简报》，《考古通讯》1958年第1期；四川省博物馆：《四川船棺葬发掘报告》，文物出版社，1960年。

[2] 四川省博物馆等：《四川涪陵地区小田溪战国土坑墓清理简报》，《文物》1974年第5期；四川省文物管理委员会、涪陵地区文化局：《四川涪陵小田溪四座战国墓》，《考古》1985年第1期。M8材料未发表，实物大部分保存于重庆市涪陵区博物馆。

[3] 重庆市博物馆：《重庆市临江支路西汉墓》，《考古》1986年第3期。

[4] 四川省文物管理委员会、开县图书馆：《四川开县红华村崖墓清理简报》，《考古与文物》1989年第1期。

[5] 重庆市文化局三峡办、陕西省考古研究所三峡考古队：《万州塘坊坪遗址发掘报告》，《重庆库区考古报告集·1998卷》，科学出版社，2003年，第575—591页。

[6] 中国社会科学院考古研究所长江三峡工作队、巫山县文物管理所：《巫山双堰塘遗址发掘报告》，《重庆库区考古报告集·1997卷》，科学出版社，2001年，第31—64页；中国社会科学院考古研究所长江三峡工作队、巫山县文物管理所：《巫山双堰塘遗址发掘报告》，《重庆库区考古报告集·1998卷》，科学出版社，2003年，第58—102页；中国社会科学院考古研究所长江三峡工作队、巫山县文物管理所：《巫山双堰塘遗址发掘报告》，

《重庆库区考古报告集·1999卷》，科学出版社，2006年，第80—144页。

[7] 重庆市文化遗产研究院2005年发掘，资料尚未发表。

[8] 四川大学历史文化学院考古系、云阳县文物管理所：《云阳李家坝巴人墓地发掘报告》，《重庆库区考古报告集·1998卷》，科学出版社，2003年，第348—388页。

[9] 山东大学考古系：《四川开县余家坝战国墓葬发掘简报》，《考古》1999年第1期；山东大学东方考古研究中心等：《重庆市开县余家坝墓地2002年发掘简报》，《江汉考古》2004年第3期。

[10] 重庆市文物局、重庆市移民局：《万州大坪墓地》，科学出版社，2006年。

[11] 重庆市文物考古所等：《涪陵小田溪墓群发掘简报》，《重庆库区考古报告集·2002卷》，科学出版社，2010年，第1339—1376页；重庆市文化遗产研究院等：《重庆涪陵小田溪墓群M12发掘简报》，《文物》2016年第9期。

[12] 重庆市文化遗产研究院2005—2007年发掘，资料尚未发表。

[13] 重庆市文物考古所、丰都县文物管理所：《丰都石地坝遗址商周时期遗存发掘报告》，《重庆库区考古报告集·1999卷》，科学出版社，2006年，第702—737页；重庆市文物考古所等：《丰都石地坝遗址发掘简报》，《重庆库区考古报告集·2001卷》，科学出版社，2007年，第1613—1626页；重庆市文物考古所、丰都县文物管理所：《丰都石地坝遗址第四次发掘报告》，《重庆库区考古报告集·2002卷》，科学出版社，2010年，第1201—1224页。

[14] 重庆市文化局等：《万州黄柏溪遗址发掘报告》，《重庆库区考古报告集·1999卷》，科学出版社，2006年，第424页。

[15] 杨华：《三峡考古文化》，湖北人民出版社，2018年，第216页；四川大学历史文化学院考古系、云阳县文物管理所：《云阳李家坝遗址发掘报告》，《重庆库区考古报告集·1997卷》，科学出版社，2001年，第219页。

[16] 杨华：《三峡夏商时期考古文化》，科学出版社，2014年，第214页；重庆市文物考古所、涪陵区文物管理所：《涪陵蔺市遗址发掘简报》，《重庆库区考古报告集·1998卷》，科学出版社，2003年，第821页。

[17] 彭学斌、方刚：《试论重庆涪陵小田溪M12出土的青铜俎与豆》，《文物》2016年第9期。

[18] 重庆市文物考古所、丰都县文物管理所：《丰都石地坝遗址商周时期遗存发掘报告》，《重庆库区考古报告集·1999卷》，科学出版社，2006年，第702—737页；重庆市文物考古所等：《丰都石地坝遗址发掘简报》，《重庆库区考古报告集·2001卷》，科学出版社，2007年，第1613—1626页；重庆市文物考古所、丰都县文物管理所：《丰都石地坝遗址第四次发掘报告》，《重庆库区考古报告集·2002卷》，科学出版社，2010年，第1201—1224页。

[19] 西北大学考古队、万州区文物管理所：《万州中坝子遗址发掘报告》，《重庆库区考古报告集·1997卷》，科学出版社，2001年，第363页。

[20] 重庆市文物考古所：《丰都玉溪遗址勘探、早期遗存发掘简报》，《重庆库区考古报告集·1998卷》，科学出版社，2003年，第761页。

[21] （汉）班固：《汉书》卷94下《匈奴列传下》，中华书局，1962年，第3798页载"单于正月朝天子于甘泉宫，汉宠以殊礼，位在诸侯王上，赞谒称臣而不名。赐以冠带衣裳，黄金玺盭绶，玉具剑，佩刀，弓一张，矢四发，棨戟十，安车一乘，鞍勒一具"。

[22] 严志斌、洪梅：《巴蜀符号集成》，科学出版社，2019年。

[23] 苏荣誉：《巫山李家滩出土大口折肩青铜尊探微——兼据同类尊的风格和关键工艺探讨其年代和扩散》，《南方民族考古（第十四辑）》，科学出版社，2017年，第131—187页。

[24] 杨小刚等：《重庆彭水徐家坝遗址出土商周时期的船形杯功能研究》，《文物保护与考古科学》2012年第1期。

[25] 四川联合大学历史系考古专业：《四川省云阳县旧县坪遗址试掘简报》，《四川大学考古专业创建三十五周年纪念文集》，四川大学出版社，1998年，第425—439页；黑龙江省文物考古研究所：《云阳旧县坪遗址发掘报告》，《重庆库区考古报告集·1998卷》，科学出版社，2003年，第416—453页；吉林省文物考古研究所

等:《云阳旧县坪遗址发掘报告》,《重庆库区考古报告集·2000 卷》,科学出版社,2007 年,第 647—670 页。
[26] 姚智辉:《晚期巴蜀青铜器技术研究及兵器斑纹工艺探讨》,科学出版社,2006 年。
[27] 杨小刚等:《重庆云阳李家坝遗址出土汉代鎏金青铜器的扫描电镜分析》,《电子显微学报》2010 年第 4 期;杨小刚等:《李家坝遗址出土青铜器制作工艺初步分析》,《铸造》2011 年第 10 期;杨小刚:《涪陵小田溪墓群出土部分青铜器科技分析》,《文物春秋》2013 年第 3 期;杨小刚等:《重庆巫山地区出土鎏金和鎏银铜器初步研究》,《江汉考古》2013 年第 3 期。

# The Summary of Bronze Ware Before Jin Dynasty Excavated in Chongqing

Fang Gang

(Chongqing Cultural Heritage Research Institute)

**Abstract:** Abundant bronze wares before Jin dynasty have been excavated in Chongqing area with the continuous archaeological work. The discovery could be dated in three phases, from the early and mid-Shang dynasty to the early Spring and Autumn period, from the middle and late Spring and Autumn period to the early Han dynasty, and the time after mid-Han dynasty. The bronze ware in Chongqing area experienced a developing process of importing, innovating and converging, formed a regional characteristics, which could divided into four categories including container, weapon, musical instrument and the others.

**Keywords:** Before Jin Dynasty, Bronze Ware, Chongqing

# 2019年三国两晋南北朝考古发现与研究述评

郭晓涛

（中国社会科学院考古研究所）

**内容摘要**：本文立足于2019年度考古学界发表的数十篇考古发掘报告以及100余篇考古论文，主要回顾了2019年三国两晋南北朝时段的考古发现与研究。2019年，三国两晋南北朝考古取得了长足的进展，有许多重要的发现，也有许多真知灼见，这所有的一切，是推动学科进步的原动力，也是具有中国特色考古学研究领域的重要组成部分。本文从古城遗址、陵墓、墓葬、作坊、宗教、出土文献等多个方面对2019年三国两晋南北朝的总体情况进行了简要的总结。

**关键词**：2019年；三国；两晋；南北朝；考古

2019年适逢中华人民共和国成立70周年，站在这个时代节点，回顾70年来中国考古逐渐发展壮大的过程，这70年的考古发掘和研究见证了国家的繁荣昌盛，国家昌盛也助推了考古学研究的日新月异；同时，考古学的发现和研究不断丰富和充实着华夏文明孕育、缔造灿烂篇章的历史。贺云翱总结了70年来三国至隋唐时期考古学的发展历程，他认为这一时期是中华文化内生、传承、创新以及不断与世界其他文明互动的时期，贺先生将考古学上升到中华文明高度，家国情怀、赤子之心可见一斑。诚如斯言，考古学研究和见证了这一时期波澜壮阔文明共同体的发生、发展进程[1]。从这个意义上讲，国家和考古学之间，互相成就了彼此。

三国两晋南北朝的考古学在中国历史时期考古学中的地位尤为重要，近年来随着该时间段历史学井喷式研究成果的涌现，一方面，魏晋南北朝历史学、艺术史和考古学之间相互渗透、相互促进的发展趋势日益鲜明；另一方面，由以田野考古发现为核心的考古遗迹、遗物等建构的日益丰富多彩的历史文化图景，逐渐成为历史学和艺术史研究愈发重要的参照系。这两方面结合，具体来说，历史文献和考古发掘结合的两重证据的方法，不断被细化和深化。

其中还有一点是来自三国两晋南北朝考古学自身的创新和跨越，在考古发掘方法上，精耕细作持续深入，发掘上注重点、线、面结合，不再孤立地看待单体遗迹，而是将遗迹现象放在庞大的历史场景和社会空间中去观察，从而窥视中国古代社会的运作机制和社会肌理。同时，考古学研究从关心时间拓展到重视空间，在同一空间内又存在着不同时间的概念，历时性地在同一考古对象上的集中发掘，进一步丰富对其存在社会空间、形成机理的认知。这一点在本年度的研究中尤为凸显。

# 一、古代城市发掘与研究

## （一）都城的考古发掘与研究

都城形制的发展及其演变规律是目下古代都城考古研究的一个重要方面，都城制度和模式是体现古代王朝变迁的一个主要表象。本年度在遗址和墓葬考古发掘及研究上都有着可喜的成绩，其中以都城为代表的城址考古研究取得了长足的进展。

都城遗址田野考古发掘方面，东魏北齐邺城的南郭城区核桃园遗址的发掘进入到新的阶段，继1号建筑基址被确认为北齐佛寺塔基之后，中国社会科学院考古研究所河北工作队对2号建筑基址及其院落进行了大面积的发掘，揭露出一座规模宏大的殿堂类建筑及附属廊房等遗迹，为探讨北齐佛寺布局提供了重要资料。核桃园北齐佛寺是近年来在东魏北齐南郭区内发现的规模最大、等级最高的皇家佛寺，研究确认其是兴建于北齐天保九年的大庄严寺[2]。

从长时段来考察都城制度演变的规律方面，徐龙国通过对汉魏两晋南北朝都城的考古发现进行考察，提出都城考古研究中几个重要的指征：单一宫城、三城制、中轴对称布局、一门三道、都城建筑朝向等，这些特征都将成为研究都城模式的主要路径。经由秦汉帝国大一统到魏晋南北朝大分裂两个大的时段中不断的融合、变化，这些特征成为后世都城营造中的核心因素；同时，这些因素及其长时间的文化积淀，为隋唐时期宏大都城的设计奠定了坚实的基础[3]。

营邑立城，制里割宅，钱国祥在对汉魏洛阳城多年考古发掘的基础上，重新考虑以往考古资料带来的新变化。本年度，他对北魏外郭城、内城和宫城的规模形制、空间格局以及重要建筑的位置推定和里坊复原研究做了大量的工作[4]。北魏洛阳城近年来的考古新发现为城市空间格局的研究奠定了坚实的基础。研究认为，内城的城墙由多个时期不断增筑的夯土构成，时代从西周延及北魏，表明了洛阳城遗址各个空间有历时性差别。北魏内城城门均为一门三道，遵循了天子都城之规制；道路的区割将整个内城划分出不同的建筑空间[5]。

都城考古研究的空间不断深化、细化的同时，其领域也在逐渐扩大。继张学锋创新性地将历史时期都城圈的概念移植到都城考古研究中之后，越来越多的学者将都城的考古发掘和周边的遗址、墓葬融合在一起。这种研究视野和空间的扩大化，意味着学者们开始突破城垣的局限来思考城市和周边区域的社会互动、城乡等多元架构方式等社会命题。沈丽华在邺城考古上的研究是对上述方法论的实践。结合考古发掘，沈氏认为目前曹魏邺城的都城空间与汉末冀州郡治有较大关联，这种追溯对于理解邺城的空间功能安置有所裨益；比如说曹魏邺城开创了单一宫城制度，其帝陵的选择则沿袭传统，被安置于形胜之地[6]。此外，沈丽华还系统梳理了东魏北齐邺城的都城布局研究，指出目前复原研究的难点，并且认为东魏北齐邺城的研究应该和北魏洛阳城齐头并进，形成一个研究共同体[7]。协同研究应该是未来研究的趋势，也是考古学学科定位之使然，应该大力提倡各种形式的研究共同体诞生。

## （二）一般城址的考古发掘与研究

除了中心都城考古研究之外，中国古代大量的地方性一般城市的考古发掘与研究也在如火如荼的进行；近年来，城市考古在系统研究方面着重发力，一系列研究开始聚合，形成在考古学视角下对区域社会的诸多方面探索的研究新景象，这与国家文物局倡导的城市考古的方向密不可分。本年度，在辽上京遗址继续举办的"城市考古专题研修班"为中国的城市考古发掘与研究培养专业创新型人才；董新林提出了城市考古方法论的问题，认为要坚持城市考古在田野发掘方面的精耕细作，"古今重叠型城址"和"荒野型城址"两个类型的考古研究要互相促进，互通有无。

世纪之交就开始进行的黑龙江省三江平原腹地七星河流域汉魏时期遗址群的调查取得了重大的进展，其中规模最大的一处城址——汉魏时期黑龙江友谊县凤林城址考古报告的出版[8]，这是区域考古调查方法在历史时期聚落研究上的突出成就。充分证明除了在重点区域的考古发掘以外，科学、系统的考古调查是非常必要的。陈雍将这一调查称为历史时期聚落形态考古的七星河模式，七星河流域的调查模式移植于张光直先生的"浊大计划"，并在其基础上根据地域特色进行了部分调适，在相当程度上完成了三江平原地区历史构成的部分重建。陈氏对七星河流域聚落形态进行了结构分析，认为七星河流域存在着聚落体系的二元结构，由此反映出人群社会组织的二元结构。根据凤林城址的考古结果，凤林文化的年代应该在魏晋十六国时期，其下限已经进入到北魏时期。结合历史重建的命题，陈氏认为以凤林城址为代表的凤林文化应该与北沃沮社会联盟有关[9]。

刘文卿等尝试使用景观考古学理论来具体分析三江平原汉魏时期聚落的空间构成，认为以凤林城址为中心都邑，在三江平原形成一个山水围合、择中而立的王国体系。其内向式的地理布局决定了该文化的独立性，认为三江平原在汉魏时期已经形成早期的国家形态[10]。

南京博物院等多家单位对江苏省溧阳古县遗址进行考察，基本确认该遗址为三国两晋南北朝时期"永平""永世"县治所在，为深入了解三国至隋唐时期南方县治的构成奠定了良好的考古研究基础[11]。

广西文物保护与考古研究所首次正式发掘浦北县越州故城遗址，遗址始建于南朝宋，毁于隋。越州在南齐末年涵盖二十郡、五十五县。此次发掘的越州故城遗址当为越州州治所在地，是目前广西地区南朝时期面积最大的城址遗址。城址分为内外城，外城平面呈半椭圆形；内城居于外城内西部，平面呈长方形[12]。

内蒙古地区长城资源考古调查取得了重要收获，确定了北魏时期与长城有关的四条线路：北魏泰常八年长城、北魏长城南线、北线、太和长堑。四条长城线路有力地证明了北魏时期修筑长城的史实[13]。

2007—2018年，中国人民大学北方民族考古研究所对阴山以北，东至张家口，西到内蒙古乌拉特旗范围内的北方长城进行了九次田野考古调查。以调查资料为基础，魏坚等人结合周边长城的调查结果，具体分析北魏时期长城的起止位置以及其整体防御体系的情况，基本确定了北魏泰常八年长城的西端当在西汉五原郡范围内寻找，该长城大部分应该是沿用了战国赵北长城和秦汉长城。作者还结合文献推断了泰常八年长城和北魏六镇之间的空间位置关系。而在长城调查中还甄别出来了北魏太平真君七年所筑的畿上塞围，大致分析了畿上塞围的分布走向，其作用在于拱卫京师平城和金陵。通过实地考察，还基本确定了文献中记载的六镇长城和太和长堑的位置和走向，根据调查所得出的结论，文章认为北魏北部长城防线的主要防御对象是柔然，该防线随着北魏的国力增强不断北移[14]。

## 二、墓葬考古与研究

### （一）帝陵及高等级墓葬的考古发掘与研究

帝陵与高等级墓葬的考古发掘与研究也有很多新意。以洛阳西朱村曹魏大墓的研究为代表，本年度学界更多关注的是西朱村墓葬中出土的刻铭石牌，不同学科的学者聚焦于西朱村大墓，对其刻铭石牌反映的墓主身份、等级、丧葬习俗、文物制度等方面加以论证。李零对出土石牌进行了全面考释，认为这些石牌的性质是随葬品的签牌，他将石牌上的铭文共分为十三类，分别是饮食、衣服、起居、骑乘、佩剑、佩饰、礼乐、文房、游戏、海贝、树木、骨殖、其他[15]。曹锦炎考索石牌中的有关铭文，认为"玄三纁二"系天子葬仪所为，曹氏还着重对墓葬石牌铭文中一些与丝路有关的资料进行考释，认为西朱村曹魏墓葬M1当系帝陵[16]。赵超指出西朱村墓葬中的石牌应该叫作"楬"，是古代标识府库藏品的石牌；从铭文记载随葬品的分类看，大多数属于女性用品，基于此，墓葬的主要墓主为女性，他支持墓主人是平原懿公主和甄黄的合葬墓的说法[17]。刘连香从墓葬形制出发，墓葬具有曹魏前期墓葬特征，结合该时期历史主要人物的活动，刘氏认为墓主人是曹操的次子曹彰[18]。霍宏伟对洛阳西朱村曹魏墓葬中出土的铭文与镜鉴有关的石牌加以考证，其中主要涉及金错镜、车琚镜和镜台。认为金错镜是指较小的错金铁镜；而车琚镜则是目前见到最早的螺钿镜的记录；根据考古发现，石牌中所提及的纯金银镜台应该是已经修复的漆木器镜台。霍氏结合以上研究对墓主人的身份进行了推断，认为墓主人身份较高，应该在曹操和曹休之间寻找[19]。

从以上研究可以看出，墓葬研究中文字资料尤为重要；西朱村曹魏大墓中出土石牌的研究是了解三国时期帝陵丧葬制度不可多得的材料；尽管学界目前在墓主认知方面还存在着诸多分歧，但是随着研究的深入，三国时期的墓葬制度得以逐渐明晰。

苏州虎丘路新村土墩三国孙吴大墓发掘材料的公布，为研究三国孙吴时期高等级贵族墓葬提供新资料[20]。其中墓葬出土的石屏风沿用东汉"迎宾图"类画像石风格并有所发展，推测该墓葬的级别较高。

继2014年凤栖原十六国墓葬M9之后，在西安南郊凤栖原焦村又发现两座十六国时期的大型墓葬，均为长斜坡墓道的土洞墓，其中M25为土雕建筑的三室墓，是迄今发现十六国时期规模最大、等级最高且带有壁画的大型陵墓。出土文物具有浓郁的时代特征，发掘者认为墓葬体现了民族大融合背景下文化相互影响的特点[21]。

耿朔通过对建康、襄阳、洛阳等地陵墓石刻的分析比较，指出汉晋时期，襄阳—南阳地区的石刻与洛阳地区有着内在的关联；耿氏认为系衣冠南渡之后，寄居襄阳之北方士族坚守洛阳传统而致。及至南朝宋孝武帝时期礼制改革，打造建康中心天下观之初，在其父长宁陵的建设方面广采博收，吸纳洛阳地区碑、柱、兽三种石刻，形成南朝制度，并将之纳入帝陵制度的范畴[22]。

在以往的研究中，南朝砖印壁画墓被认为与南朝帝陵有着紧密的联系。近年来，此类壁画墓的研究因为《南朝真迹》的出版而风靡一时。本年度，这方面的研究成为学术热点。

耿朔等对南京石子冈墓葬中原本散乱的模印画像砖重新进行了整理，发现石子冈墓葬所用模印砖与宫山大墓极为接近，尤其是在七贤画像砖的题材方面。同时，他还指出石子冈模印砖的来源较为复杂，既有与宫山同模制作，也有相同题材重复的七贤画像砖，认为砖画的粉本可能来自屏风画[23]。

赵俊杰和耿朔一样，做了相同的复原拼对工作，但二者的研究旨趣存在分野。赵俊杰发现，石子冈砖画拥有着宫山墓没有的细节，他梳理出一条砖作的时间线，从早到晚分别是石子冈墓、宫山墓、金家村墓、吴家村墓。对石子冈和宫山墓的具体年代，赵氏推定在南齐晚期。画像砖拼对图像使用砖数量的多寡反映了墓葬的等级制度，文章对南朝画像砖墓的等级进行了初步分析[24]。

左骏等考察丹阳鹤仙坳南朝墓中的模印拼砌砖，对拼砌砖的制模、脱模、晾坯、砌墓等环节进行了全流程复原，其中细致到墓砖砌筑方向的推理；以鹤仙坳为中心，通过与金家村、吴家村、狮子冲的齐、梁间高等级墓葬的比对，重现了鹤仙坳拼砌砖画的整体空间布局，进而探讨了南朝帝陵墓室空间营造的理念形成过程[25]。

浙江余杭小横山南朝墓以出土画像砖引人注目。刘卫鹏分析画像砖的特征，同时比对建康和襄阳两地的同类材料，认为小横山墓地画像砖所透露出的创新和发展，对周边地域产生了直接的影响，以及对其他地区画像的影响。同时，本文也对小横山墓地的性质和相关史地信息进行了梳理和分析[26]。

《南京晓庄学院学报》的"六朝研究"专栏开通已有五年，其间多有六朝都城墓葬考古研究的创新文章。姚乐总结了五年来"六朝研究"专栏取得的成绩；从文献和考古研究结合的角度审视，认为对考古资料的研究存在两大路径，分别是以考古资料为对象和手段各自进行的研究。六朝陵墓的研究在考古资料的不断涌现下新意频出，对六朝墓葬所牵涉的墓主研究中，具有代表性的是对南京江宁上坊大墓、尧化门外北家边南朝陵墓石刻墓墓主的研究；墓葬中出土图像以及文字资料的研究也从多个角度展开，其中包括余杭小横山六朝墓葬墓砖文字、东晋南朝墓葬砖志、拼镶画像砖墓的新发现、走马楼吴简、苏仙桥晋简、南北朝墓志等，诸多研究的进展为我们了解两晋南北朝社会奠定了重要的研究基础[27]。

## （二）一般墓葬的考古发掘与研究

北京市文物研究所在北京市密云镇发掘西晋砖室墓一座，由墓道、甬道和墓室三部分构成[28]。北京市大兴区发现东魏时期朝鲜遗民韩显度的墓葬，墓葬中出土有纪年的铭文砖"元象二年四月十七日乐良（浪）郡朝鲜县人韩显度铭记"，墓葬形制为平面呈梯形的单砖室墓，显然继承了鲜卑葬俗[29]。

重庆江津区大路山墓地发现东汉至蜀汉时期两具合葬画像石棺墓，石棺上的画像题材与人物出行、天门、伏羲、女娲等升仙思想有关，石棺的画像内容与宜宾、泸州一带的同类遗存基本接近[30]。重庆丰都马鞍山墓群发现六朝墓葬4座，均为竖穴土圹砖室墓，出土器物以四系罐和盘口壶为主，具有典型的南朝特征[31]。

山东鲁南地区自汉代就盛行以石板构筑墓室，山东省文物考古研究院等单位在滕州发现北朝至隋代的石椁墓42例，多为平民墓葬。墓葬中出土瓷器应该与当地的陈郝瓷窑址有关[32]。

江苏邳州煎药庙遗址发现9座西晋时期的砖室墓，发掘者认为墓地应该是西晋时期下邳国的一处家族墓地[33]。镇江博物馆在润州山区域发掘了11座东晋至南朝的墓葬,均为小型墓葬[34]。江苏扬州梅岭魏庄发现六朝墓葬19座,出土有刘宋时期的"孝建四铢",发掘者认为是一处六朝时期的平民墓地[35]。

湖北郧县李营墓地发掘了7座东汉到三国时期的墓葬,为研究汉水流域汉代到三国时期的墓葬制度、随葬品制作技术等提供了一批重要资料[36]。襄阳柿庄发现古代墓葬27座,其中M1为东晋纪年砖室墓,纪年砖铭文为"泰元廿一年韩墓",该墓纪年应为东晋孝武帝泰元廿一年[37]。柿庄墓地M15为一座南朝时期画像砖墓,墓葬为竖穴长方形单砖室墓;墓葬画像砖内容有"千秋""万岁""郭巨埋儿""鼓吹奏乐""青龙""白虎"等。发掘者通过同地区墓葬的对比分析,认为该墓的年代当为南朝萧梁时期[38]。

江西赣州发现东晋砖室墓,出土有"零都令印"铜印章和"诸氏造"铭文砖等[39]。江西赣江新区发现大型古墓群——七星堆南朝古墓群,墓葬中的家族墓分布资料尤为重要,是探索南朝时期家族茔地制度绝佳的素材[40]。

山西大同二电厂北魏墓群的发掘资料在本年度得以公布,该墓群位于智家堡北魏石椁墓以南1.1千米处,分布有27座北魏墓葬,墓葬形制分为土洞墓和砖室墓两种。其中M16出土有"太和十四年"的铭文砖,墓主人为屈突隆业。发掘者据此确定该批北魏墓葬的年代为北魏平城时期[41]。

1993年,甘肃省永昌县乱墩子滩发现1座壁画墓,被盗,李勇杰今年通过重新调查和搜集散佚材料,重新确定该墓系曹魏时期的壁画墓[42]。佛爷庙湾墓群是敦煌地区一处重要的魏晋隋唐墓群,甘肃省文物考古研究所近年来在此处共清理墓葬182座,大部分是西晋五凉时期墓葬,本年度披露了其中的曹魏和隋唐时期墓葬,其中曹魏墓葬出土的陶斗瓶上的纪年铭文,分别涉及"正元二年、正始七年、甘露元年、甘露三年"[43]。2014年,甘肃省文物考古研究所在同一地点还清理出大量的家族墓,其中纪年墓有11座,时间段从西晋咸宁四年到后凉麟加六年[44]。

陕西省考古研究院在咸阳机场二期工程附近发现北周拓跋迪及其夫人宇文宣华的合葬墓,墓主人拓跋迪系北魏拓跋氏皇室近支。墓葬的发掘为了解北周高等级墓葬制度开启了新视窗[45]。在西安灞桥区江村发现了北魏墓葬10座,根据出土的铭文砖和墓葬形制综合推断,这一批墓葬可能是北魏年间略阳郡阿阳县移民的王氏家族墓地[46]。

李梅田从文献和考古资料方面对中古时期招魂葬进行了必要的梳理和辨析,作为先秦时期就已经产生的招魂仪式,招魂葬背后有着其魂魄观念的形成和演变过程,这一特殊的葬俗在中古时期成为特定人群的特定葬俗,作者还从几个方面说明了如何从考古资料中辨认出招魂葬的痕迹残留[47]。

付龙腾认为墓葬能够反映所处时代的整体文化取向,在此立论的基础上,他试图对关中地区十六国时期墓葬进行分析,认为墓葬文化体现出民族关系存在两方面的态势:融合与对峙。文章整体架构较为松散,第一部分关于十六国墓葬的学术史梳理与文章主旨基本无关。其后的论证过于薄弱,得出的结论基本上还是史料学研究的结论[48]。

马啟亮集中分析了广东地区已经发表的500多座两晋南朝时期的墓葬,通过类型学分析,对墓葬形制、出土遗物加以整理。文章在前人研究的基础上,重新建立了广东地区两晋南朝墓葬研究的年代学标尺,是该区域墓葬考古的基础研究[49]。

福建省近年来在邵武市、将乐县周边发掘的六朝墓葬,其资料足以对富屯溪流域六朝墓葬的时空框架有所架构,文章通过墓葬材料,对闽西北地区和福州区域墓葬在六朝前后期从趋同到差异等特征进行了详细的总结[50]。

## 三、遗物专题研究

考古出土各类文物的专题研究使得三国两晋南北朝时期的考古研究丰富多彩。

河南焦作嘉禾屯窖藏铜器的年代在学术界长久以来颇具争议,韩茗通过对窖藏铜器的形制进行比较研究,认为该窖藏的埋藏年代应该是在西晋末年。可能与八王之乱以及随后胡族南下河内事件有关。作者对窖藏中出现的衡量器的研究值得关注[51]。

葛彦关注东汉魏晋时期墓葬中出土的神兽形口衔耳杯器,按照形态将其分为辟邪、玄武、蟾蜍和狮子四类,同时认为之前对这类器物的命名"砚滴"不甚准确;结合器物在墓葬中的组合形态以及出土的位置考察,同时引用樊城菜越三国墓中出土同类器物腹壁中残留油脂的发现,葛彦将此类器物的功用与灯具联系起来,其在墓葬中担负有一定的祭祀功能,至于具体的祭祀行为如何表现,并没有说明。文章在结语中,又强调不排除该类器被作为文房器具使用的可能性,显示作者对自己的解释并不确定[52]。

1915年,斯坦因在吐鲁番阿斯塔那墓地发掘了两件彩绘木俑,王乐和朱桐莹辨识和研究这两件木俑的彩绘衣着,认为木俑上身着右衽襦,内里搭裲裆衫,下身为曳地间色裙,即墓地文书中记载的"绯碧裙"。服装上装饰纹样是当时的绞缬和蜡缬纹样。这些样式皆是十六国时期该地域的传统衣着式样[53]。

南北对峙是南北朝时期的主题,而徐州在其中充当着由南向北转圜的角色。墓葬中的陶俑风格亦能反映此道。韦正、乔苏婷整理徐州地区墓葬中出土的陶俑,认为徐州南北朝时期的陶俑经历了刘宋、北魏和北齐三个阶段,陶俑的变化和徐州时局的波动有着密切的联系[54]。

付承章集中研究大同北魏时期墓葬和遗址中出土的银器,认为封和突墓银盘人物应当与萨珊社会第二等级的王子有关,而银盘的来源可能是伊朗东部文化圈[55]。付承章还讨论大同南郊遗址中出土的人物纹饰银碗,徽章式人物的风格和萨珊风格有着较大的不同,可类比的材料有3—4世纪罗马玻璃碗上的同类人物形象,银碗的来源与中亚相关[56]。

卢亚辉分析作为神煞俑之一的伏听俑,认为墓葬中出现年代不晚于北朝末年,形象渊源应该与东汉武荣祠所见的雷法出行组合有关,目前见到最早的伏听俑出土在山东北齐崔博墓中[57]。

建筑材料的研究日趋细化,王子奇首先明确和细化了鸱尾概念的内涵,指出之前认为的两汉之际的鸱尾并不准确,明确定义鸱尾是屋顶正脊两端的装饰构件。王子奇认为在北朝隋唐时期,鸱尾逐渐定型,并不断发展,北朝时期的鸱尾整体呈羽毛状,大致可以分为两段。直至隋唐时期,鸱尾才逐步突出纵带,出现装饰性图案[58]。

王飞峰从纹样和遗址年代来探讨莲花化生瓦当存续的时空范围,认为北魏永固陵周边出土的该类瓦当年代较早,下一个阶段的代表则为云中古城出土的化生瓦当,随后则到了迁洛时期,双手合十的童子像由粗犷转向清秀[59]。

## 四、手工业考古研究

### （一）瓷窑

李梅田将岳州窑和长沙窑视为不同发展阶段的同一窑系，汉末两晋始烧的湘阴窑作为岳州窑的早期发展阶段，和唐时盛行的长沙窑可以归入统一的"岳州窑"系统，如此，可以从较长的历史维度观察这一区域窑业文化的历史发展进程和成因。作为岳州窑早期的湘阴窑产品，在三国两晋南北朝时期有着大量的输出，其中东吴早期都城鄂城是其在当时主要的输出方向，而在南北朝时期，北方中原地区大量出土的青瓷都源于湘阴窑[60]。

与岳州窑同为南方青瓷的洪州窑始烧于东汉，盛行于唐代，止于晚唐五代，延烧800余年。赖振敏总结了洪州窑青瓷的工艺特点：洪州窑青瓷的釉料主要以石灰釉为主，三国时期就开始点缀褐色点彩，洪州窑在东晋时期率先使用了用来测试窑炉温度的火照，同时装烧时仰覆扣烧技术是东晋时期洪州窑的典型特色[61]。

### （二）盐业考古

近年来，早期盐业考古发现与研究逐渐深入，带动了历史时期盐业考古研究的深入。舒显彩讨论北朝时期的盐业生产，沿海地区传承灶火煮盐法，而在河东一带则以自然漫生法与人工种晒法相结合。在同周边国家和地区互通有无的过程中，北朝凭借其优越的地理位置，成为连接西域、南亚和南朝盐业的重要纽带[62]。

### （三）冶金考古

湖南省文物考古研究所在张家界市桑植官田遗址发现一处东汉至三国时期大型的生铁制铁手工业作坊遗迹。出土的铁器以铸铁脱碳钢为主，并有少量生铁和炒钢制品。对于中国南方地区生铁冶炼技术的研究尤为关键[63]。

## 五、石窟寺与佛教考古研究

三国两晋南北朝是佛教中国化进程最快的一个阶段，在这一时段内，除了田野考古发现了与佛教有关的遗存，石窟寺的考古研究也是这一时间段的最大特色。

云冈石窟第五、六窟的窟顶发现一处北魏至辽金时期的佛教寺院遗址，其中发掘北魏塔基1座。北魏塔基平面呈方形，边长9米，塔身边缘由砂岩片石夹泥包砌而成，四周有回廊。这是目前在云冈石窟窟顶发现的第三处北魏塔基遗迹。发掘者认为窟顶北魏方形塔基的始建年代在北魏迁洛之前，宿白、冈村秀典等人之前都对云冈窟顶的寺院性质做过推定，此次发掘为窟顶寺院性质的进一步确认提供了坚实的考古资料[64]。

自1902年日本东京大学伊东忠太调查云冈石窟以来，日本考古学界对云冈石窟的研究已经持续 100 余年，徐小淑等人将日本学界研究云冈石窟的学术史加以述评，述评的重心以京都大学冈村秀典对云冈石窟及其周边相关遗址的考古调查研究为主，认为日本学者在云冈石窟研究的基础上不断向外波及，并考察佛教文化东渐的全过程[65]。

彭明浩从礼拜空间和视线的角度观察，认为云冈石窟经历了三次大的转变。其中云冈石窟第一期以昙曜五窟为代表，大佛所处的石窟在营造时未完全涉及礼佛的空间，从大佛的视角观察，礼佛以外侧远观、瞻礼为主；第二期以 5—13 窟为代表，部分石窟前加建石质前廊，礼佛必须通过前廊进入后室方可完成，瞻礼形式较第一期发生了较大的转变，由外向内，室内巡礼成为主要的参拜形式；北魏迁都以后，云冈石窟进入第三期，大量的窟檐建筑开始兴起，反映了这一时期各窟进入了统合管理的时期，窟面景观彻底被窟檐建筑所遮蔽。这一点和冈村秀典的观点极为近似，只是在时间点上稍有出入，冈村秀典认为云冈石窟在 490 年前后发展成为由石窟和木构组成的伽蓝布局。由此，彭明浩认为这时石窟开始逐渐模拟寺院建筑的空间，强调这种转变是佛教空间中国化的标志，同时又是向传统石窟入窟礼拜空间的一种回归[66]。这一观察角度还引发了云冈石窟分期的变化，使之成为学界对云冈石窟分期的新看法。

就云冈石窟 13 窟的营造时间问题，曾布川宽和冈村秀典均认为 13 窟的开凿时间应该是在昙曜五窟之后，该窟在开凿之后出现了一段时间的间歇期，之后石窟的开凿从皇家易手到民间。八木春生对上述认识提出了质疑，他通过对图像构成的对比分析，认为 13 窟的营建理念在开凿过程中曾经被修正，但是调整的中途，工程并没有中断，11、12、13 窟开凿的时间重合度非常高，根据 11 窟上层太和七年铭龛的记载，八木春生认为 12、13 窟的营造时间应该在 483 年或稍早[67]。

何利群梳理东魏北齐邺城的禅学传承脉络，考察邺城周边各类禅修遗存，认为邺城周边诸多石窟均与邺下佛教中的禅修思想相关，其中著名的有响堂山石窟、水浴寺石窟、灵泉寺石窟、小南海石窟等，通过对这些石窟造像、题记的研究，结合佛教典籍，确定邺下禅学当上承北魏洛阳传统。以僧稠为代表的跋陀系禅法和以慧可为代表的达摩系禅法均来自洛阳，随后影响至隋唐长安地区[68]。

延安市石窟调查队考察了黄陵县境内 5 处北朝摩崖造像，分别确定为北魏、西魏、北周时期，并且讨论了该地域造像与陇东、关中地区佛教造像的密切联系。作为陕北地区佛教造像的重要发现，为研究陕北地区佛教摩崖造像的分布、造像艺术及佛教在该地区的传播等有着非常重要的价值[69]。

就敦煌莫高窟第 285 窟西壁上日天和月天的图像来源而言，学术界大致认为这种图像来源于袄教，二者对称分布的配置或受到中国道教思想的影响。李银广认真比对了同类别图像，确定了西壁上的日天、月天图像来源于印度，应该与道教思想无关[70]。

董华锋认为成都万佛寺"天和二年"菩萨造像的题记之前的释读有误，应该是唐代元和二年对万佛寺佛像补修时的重新题记，而万佛寺菩萨造像的特征显示出长安传统和本地土著因素的融合[71]。

# 六、出土文献考古研究

凌文超从史学研究的角度总结了 2017—2018 年度魏晋南北朝的考古进展情况。他认为简牍、纸文书、碑志文献，以及以考古遗迹为代表的考古资料研究大大促进了本时段史学研究的进步，从目前的研究来看，历史学与考古人类学、艺术史相互渗透、促进的发展趋势，而考古学及遗迹、遗物等建构的日益丰富多彩的历史文化图景，逐渐成为历史学研究愈发重要的参照[72]。通观走马楼吴简，凌氏认为其不仅仅是反映临湘县廷的行政簿书，内容也事关临湘侯国上应孙吴政权的往来文书[73]。

许迪割米案是走马楼吴简研究中最受关注的案件之一，邓玮光对以往研究中展现的解释提出了疑点，认为该案并不简单是基层行政程序的纠错，而是来自尚书机构自上而下的一次精确打击。作者重新复核了案件告发人廖咨的相关检校文书，认为文中包括了呈报中央的上表，表明案件背后有来自孙吴中央的参与。作者推敲许迪案产生的背景，应该是孙吴在经历了军事失利和弥年灾馑，面临通货紧缩带来的财政危机，从而开始实施的一场自上而下的反贪风暴[74]。

简牍的发现是历史学研究的福音，作为发现简牍的考古学在简牍学研究领域所扮演的角色是否重要，从目前简牍学研究的生力军构成来说，虽然我们可以看到一些历史学者在研究过程中运用了考古学的方法揭剥简牍，但是总体来看，考古学者在研究层面的参与度并不高，研究重点大多集聚于简牍的内容方面，而对简牍出土的城址、地域的考古学研究则措意不多。如果我们忽视了简牍存在的历史环境和社会场域的大背景研究，那么我们的简牍考古学研究就极有可能滑向史料学的领域，相信这应该不是很多简牍考古学者的初衷。

过去的2019年，随着考古发掘的进展，有着太多令人惊喜的考古新发现，研究也在逐步深入和科学化，其中亮点颇多，很难用一篇述评简而概之。整理过程中形成了一点心得体会，姑且代表作者对本年度学科发展的粗浅认识。

首先，都城考古发掘与研究是本时段的学科优势所在。学科发展规划应该继续发扬优势传统，以三国两晋南北朝都城考古为主要目标，集中精力细化都城形制布局以及其之间的流变关系，探索都城考古和中国古代礼制思想两者之间的互动关系。

其次，墓葬考古学研究应该和墓志等出土文献的研究达到水乳交融，如此方能深度窥视中古社会丧葬习俗乃至社会生活的日常图景。面对同一研究对象，不同角度的切入研究使得研究的质量和深度都有所增强，这一点在本年度石子冈南朝墓的研究上体现得尤为充分。

最后，我们也要看到，虽然在过去的一年中，学界诞生了诸多学识新知，然仍不免有诸多的不尽如人意。自媒体时代大量信息的涌入，使得学界自身不可避免地充斥着不安全和彷徨感；科研评价量化考核体系倒逼出许多良莠不齐的研究论文，学界在一定程度上陷入到了一种表面虚假繁荣，而其实稍显迷失自我的境地。如果用积极的基调对待这一现象，我们可以称之为繁荣，但如果用消极的眼光对待，我们面临的恐怕不仅仅是学术质量的滑坡，更将是一场新时代的学术危机。基于此，所有的研究者必须保持足够的警醒，面对喧嚣的时代，要有一颗固守学术良知的初心，让我们的研究环境和研究心态不再浮躁。

## 注　释

[1] 贺云翱：《分裂到统一，传承和借鉴，共生与融合——新中国70年来三国至隋唐考古成就概述》，《中国文物

报》2019年12月6日第5版。

[2] 何利群、朱岩石、沈丽华：《河北临漳邺城遗址核桃园北齐佛寺2号建筑基址及院落》，《2018中国重要考古发现》，文物出版社，2019年，第125—130页。

[3] 徐龙国：《汉魏两晋南北朝都城模式及其演变》，《中原文物》2019年第1期。

[4] 钱国祥：《北魏洛阳内城的空间格局复原研究——北魏洛阳城遗址复原研究之一》，《华夏考古》2019年第4期；钱国祥：《北魏洛阳外郭城的空间格局复原研究——北魏洛阳城遗址复原研究之二》，《华夏考古》2019年第6期。

[5] 钱国祥：《北魏洛阳内城的空间格局复原研究——北魏洛阳城遗址复原研究之一》，《华夏考古》2019年第4期。

[6] 沈丽华：《曹魏邺城都城空间与葬地初论》，《芳林新叶——历史考古青年论集（第二辑）》，上海古籍出版社，2019年，第309—326页。

[7] 沈丽华：《东魏北齐邺城都城布局与复原研究述论》，《中古中国的都市与社会：南开中古社会史工作坊系列文集》，中西书局，2019年，第183—206页。

[8] 黑龙江省文物考古研究所：《凤林城：1998—2000年度考古发掘报告》，科学出版社，2019年。

[9] 陈雍：《历史时期聚落形态考古的七星河模式》，《北方文物》2019年第3期。

[10] 刘文卿、刘大平：《景观考古学视野下的聚落空间组织信息阐释——以三江平原汉魏聚落遗址为例》，《建筑学报》2019年第11期。

[11] 小波、史珂：《溧阳古县遗址考古成果论证》，《常州日报》2019年12月15日第A01版。

[12] 丰韵：《从南朝走来的千年故城——直击浦北县越州故城发掘现场》，《钦州日报》2019年12月25日第7版。

[13] 王大方：《内蒙古长城资源调查的重要收获》，《中国文物报》2019年9月13日第6版。

[14] 魏坚、孟燕云：《北魏长城考辨》，《文物》2019年第7期。

[15] 李零：《洛阳曹魏大墓出土石牌铭文分类考释》，《博物院》2019年第5期。

[16] 曹锦炎：《洛阳西朱村曹魏大墓墓主身份浅析——兼谈石牌铭文所记来自一带一路的珍品》，《博物院》2019年第5期。

[17] 赵超：《洛阳西朱村曹魏大墓出土石牌定名与墓主身份补证》，《博物院》2019年第5期。

[18] 刘连香：《洛阳西朱村曹魏墓墓主探讨》，《博物院》2019年第5期。

[19] 霍宏伟：《洛阳西朱村曹魏墓石牌铭文中的镜鉴考》，《博物院》2019年第5期。

[20] 苏州市考古研究所：《江苏苏州虎丘路新村土墩三国孙吴M1发掘简报》，《东南文化》2019年第6期。

[21] 徐秀丽：《国家文物局召开"考古中国"重要进展工作会》，《中国文物报》2019年5月7日第1版。

[22] 耿朔：《"于襄阳致之"：中古陵墓石刻传播路线之一瞥》，《美术研究》2019年第1期。

[23] 耿朔、杨曼宁：《试论南京石子冈南朝墓出土模印拼镶画像砖的相关问题》，《考古》2019年第4期。

[24] 赵俊杰、崔雅博：《南京石子冈M5所见南朝砖印壁画墓的几个问题》，《芳林新叶——历史考古青年论集（第二辑）》，上海古籍出版社，2019年，第32—48页。

[25] 左骏、张长东：《模印拼砌砖画与南朝帝陵墓室空间营造——以丹阳鹤仙坳大墓为中心》，《故宫博物院院刊》2019年第7期。

[26] 刘卫鹏：《余杭小横山南朝画像砖的特点和地位》，《东方博物》2019年第2期。

[27] 姚乐：《〈南京晓庄学院学报〉"六朝研究"专栏五年（2013—2018）成果综述》，《南京晓庄学院学报》2019年第1期。

[28] 北京市文物研究所、密云区文物管理所：《北京密云西晋墓发掘简报》，《中国国家博物馆馆刊》2019年第3期。

[29] 北京市文物研究所：《北京市大兴区三合庄东魏韩显度墓》，《考古》2019年第9期。

[30] 重庆市文化遗产研究院、江津区文物管理所：《重庆市江津区大路山东汉至蜀汉砖室墓发掘简报》，《四川文物》2019年第6期。

[31] 重庆市文化遗产研究院、丰都县文物管理所：《重庆丰都马鞍山墓群2013—2014年发掘简报》，《文物》2019年第6期。
[32] 山东省文物考古研究院、滕州市博物馆：《滕州前台北朝至隋代墓葬发掘简报》，《海岱考古（第十二辑）》，科学出版社，2019年，第115—154页。
[33] 南京博物院等：《江苏邳州煎药庙西晋墓地发掘》，《考古学报》2019年第2期。
[34] 镇江博物馆：《江苏镇江润州山六朝墓葬及窑址发掘报告》，《东南文化》2019年第2期。
[35] 扬州市文物考古研究所：《江苏扬州梅岭魏庄遗址六朝墓葬发掘简报》，《江汉考古》2019年第6期。
[36] 山西大学历史文化学院、郧县博物馆：《湖北郧县李营墓地2008年发掘简报》，《江汉考古》2019年第2期。
[37] 襄阳市博物馆：《湖北襄阳市柿庄一号东晋纪年砖墓》，《考古》2019年第1期。
[38] 襄阳市文物考古研究所：《湖北襄阳柿庄南朝画像砖墓发掘简报》，《文物》2019年第8期。
[39] 张嗣介等：《江西赣州文明大道东晋"零都令"墓发掘简介》，《地方文化研究》2019年第2期。
[40] 江西省文物考古研究院：《七星伴月，茔域千年》，《中国文物报》2019年12月6日第7版。
[41] 大同市考古研究所：《山西大同二电厂北魏墓群发掘简报》，《文物》2019年第8期。
[42] 金昌市博物馆：《甘肃永昌乱墩子滩1号壁画墓调查简报》，《甘肃广播电视大学学报》2019年第3期。
[43] 甘肃省文物考古研究所：《甘肃敦煌佛爷庙湾——新店台墓群曹魏、隋唐墓2015年发掘简报》，《文物》2019年第9期。
[44] 甘肃省文物考古研究所：《甘肃敦煌佛爷庙湾墓群2014年发掘简报》，《文物》2019年第9期。
[45] 陕西省考古研究院：《咸阳北周拓拔迪夫妇墓发掘简报》，《中原文物》2019年第3期。
[46] 西安市文物保护考古研究院、北京联合大学：《西安市灞桥区江村北魏王氏家族墓地发掘简报》，《文博》2019年第1期。
[47] 李梅田、李童：《魂归于墓：中古招魂葬略论》，《江汉考古》2019年第4期。
[48] 付龙腾：《关中十六国墓葬所见民族关系研究》，《云南民族大学学报》（哲学社会科学版）2019年第3期。
[49] 马啟亮：《广东两晋南朝墓葬分期研究》，《文博学刊》2019年第1期。
[50] 福建博物院文物考古研究所：《2018年度福建文物考古成果综述》，《福建文博》2019年第1期。
[51] 韩茗：《河南焦作嘉禾屯铜器窖藏年代及相关问题》，《中原文物》2019年第2期。
[52] 葛彦：《出土东汉魏晋时期口衔耳杯器考察》，《中国国家博物馆馆刊》2019年第5期。
[53] 王乐、朱桐莹：《阿斯塔那Ast.vi.4号墓出土的两件木俑——十六国时期服饰研究》，《考古与文物》2019年第2期。
[54] 韦正、乔苏婷：《论江苏徐州地区南北朝墓葬中的陶俑》，《东南文化》2019年第6期。
[55] 付承章：《大同北魏封和突墓银盘考》，《芳林新叶——历史考古青年论集（第二辑）》，上海古籍出版社，2019年，第244—253页。
[56] 付承章：《再论大同南郊北魏遗址所出人物纹银碗》，《中国国家博物馆馆刊》2019年第9期。
[57] 卢亚辉：《中古墓葬出土伏听的考古学研究》，《文博》2019年第5期。
[58] 王子奇：《北朝隋唐时期鸱尾发展中的几个问题》，《北方文物》2019年第1期。
[59] 王飞峰：《北魏莲花化生瓦当探析》，《四川文物》2019年第3期。
[60] 李梅田：《岳州瓷与岳州窑研究》，《故宫博物院院刊》2019年第9期。
[61] 赖振敏：《洪州窑青瓷研究》，《四川文物》2019年第6期。
[62] 舒显彩：《北朝时期盐业生产与消费探微》，《农业考古》2019年第6期。
[63] 湖南省文物考古研究所等：《湖南桑植官田冶炼遗址发掘简报及冶金分析研究》，《南方文物》2019年第3期。
[64] 山西省考古研究所等：《云冈石窟窟顶二区北魏辽金佛教寺院遗址》，《考古学报》2019年第1期。
[65] 徐小淑、孟红森：《21世纪以来日本对云冈石窟的考古学研究》，《山西大同大学学报》（社会科学版）2019年第3期。

[66] 彭明浩：《云冈大佛礼拜空间的转变》，《山西大同大学学报》（社会科学版）2019年第5期。
[67] 〔日〕八木春生：《关于云冈石窟第13窟的营造》，《石窟寺研究（第9辑）》，科学出版社，2019年，第93—128页。
[68] 何利群：《邺下北朝禅学史迹丛考》，《文物春秋》2019年第2期。
[69] 延安市洛川县博物馆、延安市文物研究所：《陕西黄陵洛河和沮河摩崖造像调查》，《洛阳考古》2019年第1期。
[70] 李银广：《莫高窟第285窟西壁日天与月天图考源》，《装饰》2019年第3期。
[71] 董华锋：《成都万佛寺出土"天和二年"铭菩萨像及相关问题研究》，《敦煌学辑刊》2019年第2期。
[72] 凌文超：《2017—2018年魏晋南北朝史研究述评》，《中国史研究动态》2019年第3期。
[73] 凌文超：《长沙吴简传写孙吴制度》，《中国社会科学报》2019年3月1日第6版。
[74] 邓玮光：《试析孙吴嘉禾年间的财政危机——以走马楼吴简许迪割米案为中心》，《文史》2019年第3期。

# Review the Archaeological Discoveries and Researches about the Three Kingdoms, the Western and Eastern Jin, Southern and Northern Dynasties in 2019

Guo Xiaotao

(Institute of Archaeology, Chinese Academy of Social Sciences)

**Abstract:** The paper reviewed the academic developments of the year 2019 as comprehensively as possible, based on more than 10 archaeological monographs and more than 100 thesises about archaeological excavations and research of the Three Kingdoms, the Western and Eastern Jin, Southern and Northern dynasties published in this year. In 2019, the archaeological researches about the Three Kingdoms, the Western and Eastern Jin, Southern and Northern dynasties made great gains from different spaces, different perspectives and different paths. The paper summarized the overall situation of archaeology in 2019 from multiple aspects, including ancient city sites, mausoleums, tombs, workshop, religion and unearthed documents, et al.

**Keywords:** the Year of 2019, the Three Kingdoms, the Western and Eastern Jin, Southern and Northern Dynasties, Archaeology

# 都兰热水墓群考古发现、研究的回顾与反思

韩建华

（中国社会科学院考古研究所）

**内容摘要**：青海都兰热水墓群自1982年发现以来，通过近40年的考古发掘与研究，形成了蔚为大观的学术成果，引起中外学术界和社会的关注。本文系统梳理了热水墓群的考古发掘与研究工作，回顾40年的考古历程，就热水墓群研究的相关热点，如丝绸之路、墓葬形制、墓主族属、中西文化交流和科技考古的成就等进行介绍和评析，总结40年的得与失，瞻望新时期热水墓群考古的思路和前景。

**关键词**：热水墓群；青海道；回顾与反思

考古学的魅力在于不断丰富和深化我们对历史的认知，同时也不断提出新的问题和疑问，促使人类对自身历史的认识和记忆更趋于科学和真实。新的考古发现不仅获取一定数量的遗迹和遗物，而且也在还原和复原人类社会的细节和缺环。热水墓群的考古发现正是在不断刷新我们对丝绸之路青海道的认知。1982年，青海省文物考古研究所在青海省海西州都兰县发现热水墓群，随着考古发掘的不断深入，对墓葬形制和出土文物的了解和认识逐渐加强，都兰成为青海道上重要的中转站，有了考古学的证据，这也被学界所认可。丝绸之路青海道的研究从过去单纯依靠文献的研究，转向考古发现和文献双驾马车并驾齐驱的局面，考古发现所担当的角色和作用不断被凸显。随着树木年轮、DNA等科技手段的介入，关于丝绸之路青海道的持续时间、相应的环境、气候以及青海道上来往人群的族属成为关注的焦点。

弹指一挥间，热水墓群考古发现已经38年了，在这38年间，考古发掘工作不断推进，新的墓葬资料不断出现，新的研究也随之不断深入。在丝绸之路青海道干线及支线、墓葬形制、丧葬习俗及仪轨、棺板画、丝织品、金银器、藏文木牍等方面涌现出一大批优秀成果。热水墓群从一无所知到现在的局面，离不开考古人执着的坚持与探索。回顾38年来热水墓群的考古学与历史学研究历程，总结经验得失，为更好地开展下一步的考古工作提供思路，为热水墓群的保护与展示提供科学的依据。正如刘庆柱先生所说："历史学作为一门科学，在考古资料的不断发现中、多学科结合的新方法不断应用中、学科理论的不断创新中，学科自身是在不断地纠正不正确、不准确的'人类记忆'中发展。考古学使人类对自身历史的认识和记忆更趋科学和真实，从宏观和微观两个方面，促使'历史学'越来越成为真实、科学的'学问'。"[1]

# 一、丝绸之路与青海道

丝绸之路是一条中西商贸之路，也是文化交流之路。这条道路在汉代就存在了，它连通中国、中亚和地中海的各个国家，是各国进行贸易运输和友好往来的主要通道。丝绸之路的干道形成于汉武帝时期，由张骞两次出使西域开辟而成。通常所说的丝绸之路，以长安或洛阳为起点，经过河西走廊，出玉门关和敦煌，进入西域，分北道、中道和南道三个方向，分别西行，最后到达地中海的各个国家。在4—7世纪初，占据青海的吐谷浑强盛，垄断了青海地区的交通和商贸，成为联系中国与漠北、西域、青藏高原、印度等地的交通中心，以青海为中心，向北、向东、向东南、向西、向西南都有着畅通的交通路线，这就是历史上的丝绸之路青海道。

西汉武帝时，张骞出使西域，"凿空"了西汉王朝与西域各国的交通，汉王朝打败匈奴，夺取河西走廊，设置了酒泉、武威、张掖、敦煌四郡，开通了一条起自长安，穿越河西走廊，出玉门关、阳关经新疆越葱岭沟通西亚的国际通道，便有了"丝绸之路"，这条道路有"驰命走驿，不绝于时月；胡商贩客，日款于塞下"[2]的景象。两千年来，丝绸之路成为东西文化交流的舞台，不同种族、不同信仰、不同文化背景的各色人群活跃在这条道路上，创造并传递着财富、智慧、宗教、艺术等。

当年张骞返回长安时，本"欲从羌中归"，因为匈奴阻隔，最终未能走羌中，显然羌中也有东西交通的道路。所谓羌中，就是羌人聚居的"以柴达木盆地为中心的地区"[3]。穿过羌中的东西交通道路称为羌中道，这是历史上丝绸之路青海道的雏形。张骞回到长安向汉武帝汇报出使大夏看到邛竹杖与蜀布的情况："臣在大夏时，见邛竹杖、蜀布。问曰：'安得此？'大夏国人曰：'吾贾人往市之身毒……'。今身毒国又居大夏东南数千里，有蜀物，此其去蜀不远矣。"[4]可见大夏与川蜀地区很早就有商贸往来。魏晋时，文献记载柔然"由河南道而抵益州"，从西域到益州的交通道路就是丝绸之路"河南道"。"丝绸之路河南道是丝绸之路的一支。该道的起点是益州（成都），终点是西域和漠北，因其沿线主要经过东晋南北朝时期的吐谷浑河南国，故而又被称作丝绸之路河南道。"[5]

1956年，青海省粮食厅在西宁市城隍庙街发现76枚萨珊波斯银币，夏鼐先生认为"发现的地点常可表示当时贸易和交通的线路"，"第四世纪末至第七世纪初，西宁是在中西交通的孔道上的。这条比较稍南的交通路线，它的重要性有一时期（第五世纪）可能不下于河西走廊"[6]。对于这项考古发现，徐苹芳先生指出："西宁波斯银币的埋藏虽已晚至唐代以后，仍可说明4至6世纪河西走廊被地方政权割据之后，从兰州（金城）经乐都（鄯州）、西宁（鄯城）、大通、北至张掖，或西过青海湖吐谷浑国都伏俟城至敦煌或若羌的这条'青海道'路线，它是通西域的丝绸之路上的重要路线"[7]。徐苹芳先生所描述的这条道路就是"湟中道"，"从关中过陇西，渡黄河进入湟水流域，经鄯州（乐都）抵达西平（西宁），并向西、南、北辐射，西接羌中道，南连河南道，北面通过乐都武威道、西平张掖道至凉州、张掖"[8]。通过考古发现，徐苹芳首次提出了丝绸之路"青海道"，把历史时期青海境内的所有沟通西域的路线统称为"青海道"。

丝绸之路青海道，就是由不同时期形成的羌中道、河南道和湟中道三条干线组成。这些分布在青海境内不同时期的区域交通道路，就是基于文献资料和不断的考古发现，逐渐被认知。学界对于青海道的认识，多以不同历史时期的交通道路为对象，贯以不同的名称，所以青海道有多个名称，有"吐谷浑路""河南道""青海路"等，其主干路线也不同。近年来，丝绸之路青海道的研究以热水墓群的考古发现为界分为两个阶段，前一阶段的研究成果，文献考证和单体文物研究的成果颇丰，一方面反映了青海道的重要地位和交通贸易的繁荣，另一方面也反映了青海道研究缺乏考古实证的支撑。中国历史研究，"二重证据法"和"上穷碧落下黄泉，动手动脚找资料"的研究范式早已经深入人心。这个阶段的研究奠定了基础，研究的代表有严耕望[9]、黄文弼[10]、唐长孺[11]、夏鼐[12]、周伟洲[13]、薄小莹[14]、初师宾[15]。后一阶段，基于热水墓群的考古发现，都兰为丝绸之路青海道上重要的节点被确认，经过都兰穿诺木洪至格尔木，转西北过茫崖镇至若羌的青海道路线得到考古实证的支撑，从而为寻找白兰城或者吐谷浑城提供了重要线索。更重要的是通过都兰热水墓群重新认识丝绸之路青海道的历史地位。"这样多的来自东、西两方面的文物集中于此，充分说明青海丝绸之路的地位和作用。很难想象财富仅仅来源于吐蕃进行的战争和掠夺。我们认为，这些物品的绝大多数应是吐蕃与中原、中亚、西亚进行贸易的结果。出土文物证明，在这一历史时期内，青海丝绸之路是畅通的，即使是在吐蕃控制下的七、八世纪，其与东、西方贸易的规模之大也是前代无法比拟的。那种认为青海丝绸之路只是辅助线路，七、八世纪吐蕃占领后衰落不振、隔绝不通的观点应予以纠正。"[16] 这一时期研究的代表有徐苹芳[17]、许新国[18]、霍巍[19]、陈良伟[20]。

丝绸之路青海道的繁盛期，是在吐谷浑控制青海地区的时期，所以青海道也就有"青海路""吐谷浑道""河南道"等别称。

松田寿男在《吐谷浑遣使考》中对青海路做过详细的论述："在公元五世纪至七世纪，以青海地区为中心的吐谷浑国，曾经向关中（秦、雍），或河西（凉土），或通过后者向鄂尔多斯和蒙古，或者是向蜀，或是经过这些地方向南朝频繁地转送过商队，同时与西藏高原和塔里木盆地保持着很深的交往，作为西域贸易的中转者在东西交通中起了重要的作用。因此，以北魏官吏宋云和僧侣惠生为首的入竺使一行，在进入西域时就要依靠吐谷浑的保护和向导，取道连接湟河、青海、柴达木、罗布泊南岸地区的所谓'青海路'。此外，在记载中也留下了经同一条道路东行或西行的若干僧侣。何况还有很多证据可以证明西域的商胡频繁往来于此路。的确，青海路与'河西路'是平行存在的。在吐谷浑占据前者而活跃的时期，对中原地区来说被看作东西交通干线的河西路并未能充分发挥作用。"[21]

唐长孺先生认为"这条道路的通行历史悠久，张骞在大夏见来自身毒的邛竹杖与蜀布是人所共知的事，以后虽然不那么显赫，但南北朝时对南朝来说却是通向西域的主要道路，它联结了南朝与西域间的政治、经济和文化，曾经起颇大的作用"[22]。

徐苹芳先生认为"青海道在丝绸之路沙漠路线有其特殊的作用。公元4世纪初，慕容鲜卑的一支——吐谷浑，从东北迁移至今甘肃、青海之间，都伏俟城，遗址在今青海湖西岸，墓地在伏俟城西南的都兰。公元7世纪中叶，吐蕃逐吐谷浑于凉州，伏俟城附近为吐蕃所占领。但是，有很多吐谷浑人并未离开其故地，仍在湟水和大通河流域聚屯自保，因此，都兰墓地在年代上虽已进入吐蕃占领时期，然而被埋葬的人有些仍可能是吐谷浑人。丝绸之路青海道是以伏俟城和都兰为枢纽的，有四条路线通过这里。第一条是从金城（兰州）经鄯州（乐都）、鄯城（西宁）过赤岭（日月山），沿青海湖南岸或北岸至伏俟城，西去小柴旦、大柴旦，北转当今口至敦煌；第二条是从伏俟城到都兰，经诺木洪至格尔木，转西北过茫崖镇至若羌；这两条路都是绕开河西走廊往西域去的。第三条是从伏俟城向东南，经贵德、同仁入四川松潘，南至益州（成都）再转东南沿长江而下至建康（南京）的路线，这是公元4—6世纪南朝通西域的主道，因中间要经过吐谷浑河南王的辖区，故又称'河南道'，当时许多高僧和商人从西域到中国南方便多经此路。第四条是从青海入西藏至尼泊尔、印度的路线，即唐道宣《释迦方志·遗迹篇》所记通印度三道中的东道，从鄯州、鄯城、承风戍（湟中拉脊山口）、青海湖、湖西南的吐谷浑衙帐（都兰），穿河源西侧，经七渡口过玉树去拉萨"[23]。这是有关青海道最为完备的表述。

青海道在吐谷浑控制时期，成为中外商贸和文化交流的大通道，也成为吐谷浑登上国际贸易舞台的支撑点和向西域扩张的出发点，同时起到连接南北朝及西部少数民族政权的纽带作用。隋炀帝远征吐谷浑，经营西域，后来吐蕃占领青海后，迅速扩张占领西域，都和"青海道"具有的重要战略、经济地位直接有关。

正如许新国所说"都兰出土的北朝至盛唐时期的蜀锦，使这一观点得到了纠正。证明从南北朝迄北宋这一漫长的时间内，这一条路线一直使用，并成为交通要道。今日都兰地区是中西交通的孔道，在当时中西交通路线上占有相当重要的地位，其地位的重要在当时绝不亚于河西走廊"[24]。

## 二、热水墓群的考古历程

都兰作为丝绸之路青海道的重要节点，在其所连接东西交通道路的沿线上，遗留大量重要遗迹、遗物。早在20世纪30年代，德国冒险家Filchner就曾穿越了都兰的南部，他在都兰发现了一些洞穴和佛塔，这些洞穴和佛塔有的保存完好，有的则已被破坏。在这些洞穴和佛塔中还发现银马鞍、金发饰和一尊重达25千克的石狮像，此外还有衣饰的残片。这是有关都兰考古探险的最早记载，但这些并未引起Filchner的重视，他没有将他的探险和研究深入下去[25]。

20世纪50年代初，青海省文物局考古工作队在都兰县的英德尔羊场旧场部和香加公社的科肖图发现吐蕃墓群，1957年12月，青海省人民政府将两处吐蕃墓群时代定为唐代（吐蕃），公布为第二批省级文物保护单位。

科学发现是人类认识发展的巨大杠杆。热水墓群的考古发现纯粹是一次偶然。1982年，青海省文物考古研究所许新国和同事到都兰调查岩画，夜宿在露斯沟藏民达洛家中，从达洛口中得知察汗乌苏河的对岸有许多古墓葬。许新国和同事便决定过河进行调查，当他们趟过冰冷刺骨的河水，穿过山口，"一座座圆形的坟堆散布在山根前和两山之间。我们忍不住内心的激动，奔向墓前"[26]。

"有的坟堆直径约十几米，高5—6米；有的已被盗掘者挖开，盗洞周围散布大小不等的石块。在距山口4.5千米处，耸立着一座巨大的古墓，平面梯形，堆上外形像两只叠在一起的'斗'，基座有160米宽。这座墓葬规模宏大，气势雄伟。周围还散布着十几座大小不等的墓葬。这就是达洛告诉我们的名为'九层妖楼'的大墓。我们登上了墓顶，估算大墓距地表的高度起码在20米以上。从墓顶和东面的两个盗洞观察，墓葬封土有明显的夯层，夯层之间还平铺整齐的柏木，顶部有明显的砾石堆积。这种类型的墓葬同青海东部的汉、魏、晋的砖室墓有很大的差异,究竟是什么时代的,是哪一民族的墓,当即引起我们极大的兴趣,决定争取一笔经费,当年即在此地进行小型的试掘。……都兰,这片神奇的土地不再沉默,它以无与伦比的文物和遗迹向我们诉说着它的历史沧桑和学术价值,引起了国内外学术界的轰动。"[27]

多年以后在许新国的文字描述中,还可以想象到那种发现时的喜悦和兴奋。这次发现是青海省文物考古研究所(原青海省文物局的考古工作队)首次在都兰热水墓群的考古工作。从1982年8月开始,一直到1985年11月,连续四年在热水墓群进行发掘,主要是对"热水一号大墓"的上层封土及其墓前的陪葬遗迹、陪葬小墓进行了发掘。1983年,"热水一号大墓"被文化部认定为"全国六大考古新发现"。

"热水一号大墓"为梯形双层封土。其北部与自然山岩相连,南部凸出山外,南宽北窄,依山面水,坐北朝南。上层封土叠压在下层封土之上,为等腰梯形,南北长58、南面宽65、北面宽55、高12米。封土由黄土、灰砂石、砾石、巨石等堆积而成,揭露出来的遗迹由穿木、混凝夯筑围墙、石砌围墙、围墙外房基、动物陪葬墓、"十"字形陪葬墓等组成。大墓南面平地上有殉马沟、殉牛坑、殉狗坑等组成的组合陪葬遗迹。根据古藏文木牍、木片,判断墓葬的族属是吐蕃,时代是唐代中晚期。

1986年5月27日,青海省人民政府将热水墓群公布为第四批省级文物保护单位,时代定为唐代(吐蕃)。

1994年开始,青海省文物考古研究所在都兰每年都会进行相应的发掘。

1994年9—11月,我们对都兰县夏日哈乡河北村的大什角墓地进行了发掘,发掘中小型墓葬9座。

1995年6—11月,我们对香加乡考肖图的宗教遗迹进行了发掘,同时在热水乡直尕日二村发掘中小型墓葬20座。

1996年,继续对香加乡考肖图遗址进行发掘,揭露了一批重要的遗迹,有佛塔建筑1座、覆斗形祭台1座和内外墙垣各一重,并出土了一批陶、铜、漆、骨、石、铁器等富有特色的遗物。

热水墓群1996年被国务院公布为第四批全国重点文物保护单位。当时认为热水墓群共有封土300余座,该墓地是盛唐时期的吐蕃遗存,也是青海境内面积最大、保存封土最多的一处吐蕃墓地。都兰吐蕃墓群的考古发现被国家文物局学术委员会评选为"1996年全国十大考古新发现"之一。

这个时期对热水墓群的布局有初步的认识:热水墓群分布在西至独山、卢斯沟一线,西南至卢斯沟岩刻,东北至扎玛日五队村东北的山脚缓坡地带,西南至垄根沟内的三处石框遗迹,南至河南岸涤沟口向南约2千米,北至北山根。分布区域东西长约9、南北约3千米。包括周边与墓群相关的历史环境,面积达54.51平方千米。墓葬分布于海拔3340—3500米之间、坡度在0°—30°之间的察汗乌苏河南北两岸,从热水乡至那日马拉黑山的察汗乌苏河两岸均有分布,墓群整体分布呈枝杈状。墓葬一般为倚山面河,以山脚缓坡地带和黄土层深厚的冲积扇台地上为主要分布地,但有少数墓葬分布在山顶、山腰或两山之间的平地上。墓群根据密集程度和所在地理位置分为南、北两个相对集中的区域。北区以血渭一号大墓为中心,在其东、西分布着若干墓葬,另外还有建筑基址、殉坑等。较大的墓葬有血渭 QM1 墓，羊圈墓等。墓葬大约 161 座。北区分区以热水一号大墓为中心，大墓以东（包括大墓在内）命名为北一区，大墓以西为北二区。南区墓葬以自然的小流域形成若干小的分布区，共分为四个区域，从东向西依次为南一区、二区、三区和四区。初步统计南区大中小型墓约 138 座。

从地表特征看，墓葬分为有封堆墓和无封堆墓，有封堆墓约占已登记墓葬的 89%。封堆墓墓葬可分为大型墓葬和中小型墓葬两种，部分大型墓葬还有墓上祭祀性建筑。其中，中小型墓葬分布较广泛，大型墓葬以"热水一号大墓"为代表。大型墓一般为覆斗状封堆，中小型墓一般为土丘状封堆，有的为夯土构成，有的堆以砾石后再覆盖夯土。封土堆均有遗迹，在夯层之间铺有沙柳枝条，夯土下方构筑平面为等腰梯形的石墙。夯土边缘常常砌有土坯或泥块，并在其外侧涂以红色石粉。

1998 年 6—10 月，对香加乡莫克力沟的 21 座墓葬进行了发掘，均有封土，高 1.5—5 米，一般封堆下方均有砾石，厚约 0.5 米，砾石下方为墓室，均铺有柏木盖顶。墓室分单室、前后室、前后室带侧室等几种。

1999 年 6—10 月，北京大学考古文博学院、青海省文物考古研究所在美国罗杰伟先生"唐研究基金会"的赞助下，在察汗乌苏河南岸发掘 4 座大、中型吐蕃墓葬。参加发掘的共计 17 位考古人员，北京大学有齐东方、林梅村二位教授及考古文博学院的博士、硕士研究生；青海省文物考古研究所有许新国、任晓燕等。墓葬分布在山脚下，与著名的热水一号大墓隔河相望。封土均为覆斗形，在墓室上叠压着 1—3 层柏木。4 座墓的墓室结构分别为长方形的前后室砖石柏木混筑结构、长方形的左中右三室柏木结构、"凹"字形的左中右三室石室墓、前中后左右五室的砖石柏木混筑结构。随葬品种类丰富，有丝织品、木器、金银饰件、陶器、皮革制品等。2005 年《都兰吐蕃墓》考古报告出版，这是有关热水墓群发掘的第一本考古报告，具有非凡的意义[28]。对热水墓群的墓葬形制与结构、墓地年代与布局都有了新的认识，为热水墓群吐蕃时期墓葬形制结构及墓地布局、宗教信仰与社会组织等研究提供了丰富的材料。这部考古发掘报告的另一特色是进行了多学科的研究，特邀国内著名古藏文专家、中央民族大学的王尧教授对古藏文木简和碑铭进行释读；中国社会科学院王育成研究员对出土的道符进行解读；吉林大学教授朱泓、周慧、崔银秋、段然慧对出土人骨进行了测试。此外，还组织专家对桦皮器残件、墓葬封土修筑过程进行复原研究；对出土彩绘木构件颜料、金属文物及埋藏环境对文物保存状况的影响等方面进行分析研究。

2000 年，青海省文物考古研究所对察汗乌苏河南北两岸、卢斯沟地区的被盗墓葬进行了清理，共清理墓葬 33 座。这一年，都兰境内的吐谷浑—吐蕃墓群被世界遗迹观察者基金会（World Monument Watch Foundation）列入世界上 100 个世界级的、濒临消失的人类文化遗产之一。

2002 年 5 月，在都兰县香日德镇以东 3 千米处的牧草村发掘了 4 座吐谷浑墓葬，系土坑竖穴形制，带土坯券顶。其中一座墓中出土了 1 枚拜占庭狄奥多西斯二世（408—450 年）时期的金币。说明吐谷浑统治时期，经柴达木盆地赴西域的青海丝绸之路在当时中西交通线上占有相当重要的地位。

2006 年，热水墓群首次被国家文物局列入《中国世界文化遗产预备名单》。

2007 年，青海省文物考古研究所在察汗乌苏河北岸，"热水一号大墓"东侧发掘一座墓葬，编号 2007QM1。该墓葬有石砌茔墙、祭祀建筑，墓道朝东，单室石室墓。随后在墓葬上盖起了保护大棚，这是热水墓群文物保护的新特点。

2012年，热水墓群再次被国家文物局列入《中国世界文化遗产预备名单》。2012年10月28日—11月2日，由青海藏族研究会主办，青海省文物考古研究所和都兰县政府等协办的"首届都兰吐蕃文化全国学术论坛"，在青海省海西州都兰县和青海省首府西宁市先后举办。

2014年4—9月，为配合哇沿水库的建设，青海省文物考古研究所与陕西省考古研究院合作，对水库涉及区域内的官却和遗址与古代墓群等进行了抢救性考古发掘，共清理房址10座、灶坑31个、灰坑14个、墓葬25座及殉马坑5座，揭露面积达7695平方米。这是在青海省境内首次发现的吐蕃时期聚落遗址[29]。

官却和遗址分东西两区，东区为集体烹食之所，其中葫芦形灶台30座，圆形灶台1座。遗址西面为生活居住区，密集分布有7座房址，其中单体单间房址2座，单体多间房址5座。清理石室墓19座、砖室墓1座、木椁墓3座、土坑墓2座、殉马坑5座。

大型石室墓1座，处于整个南岸墓地的核心位置，由封堆、墓圹、墓室三部分组成。封堆破坏严重，残存部分由石砌边框、土坯基础构成。殉马坑均分布在规格相对较高的石室墓附近。

墓葬随葬品主要有陶、铜、铁、金、石、漆、木、骨、琉璃、玛瑙、丝绸、皮革等各类质地的文物，近900余件。陶器主要有夹砂灰陶罐，夹砂灰陶灯。铜器有釜、盆、盘、勺等，此外还出土1枚"开元通宝"。饰品有镶绿松石金耳坠、蜻蜓眼石珠、蚀花肉红石髓珠、血珀坠饰、绿松石珠饰等。在部分木椁墓中出土卜骨，部分墨书古藏文卜骨或有墨绘人像，还出土有墨书古藏文木简等。

2018年，《青海都兰县哇沿水库古代墓葬2014年发掘简报》[30]发表，这是有关热水墓群的第一篇简报。这次考古发掘证明，察汗乌苏河两岸是存在聚落遗存的，不仅有墓葬，还有居住房址、灶坑、灰坑（沟）等。所以需要重新认识该地区的文化内涵，适当时候可以考虑以"热水遗址"代替"热水墓地"。

2016年，国家文物局《大遗址保护"十三五"专项规划》中将热水墓群列入规划，是"十三五"时期青海省五处国家大遗址之一，全国100处大遗址之一，并根据大遗址保护要求进行整体保护，适度展示利用；又将其作为丝绸之路跨国联合申报世界文化遗产的重要组成部分。

2017年7月，在青海省海西蒙古族藏族自治州人民政府和都兰县文化体育广播电视局的委托下，由中国建筑设计院有限公司建筑历史研究所完成《热水墓群保护总体规划2017—2030》（评审稿）的编制。

2018年破获的3.15热水墓群被盗事件震动全国。涉案文物达到646件，经国家文物管理部门专家鉴定，一级文物14组16件，二级文物49组77件，三级文物132件，一般文物421件。这些文物大致分为器皿和饰品两大类，器皿类分为金属器和玉石器，包括玛瑙、石榴石、松石等；饰品分为人身上、马身上、箱子上的装饰等。2018年，由青海省文物考古研究所和中国社会科学院考古研究所联合组队对被盗墓葬进行考古发掘。

2019年6月24日，为推动热水墓群的考古发掘与保护，国家文物局、青海省人民政府和中国社会科学院就共建热水墓群国家考古研究基地在北京签署框架协议，积极推进热水墓群国家考古研究基地建设，着力将其打造为集考古、研究、文物保护和科研培训等职能为一体的国家级科研中心和国际化、开放式的学术研究平台，依托基地系统、持续地开展热水墓群学术研究、安全防护监测巡查、大遗址保护和国家考古遗址公园建设工作，充分发挥基地在推动丝绸之路申遗和文物保护工作、促进青海省公共文化服务体系建设、培育和践行社会主义核心价值观等方面的核心作用[31]。

## 三、热水墓群的考古研究

截至目前，38 年来热水墓群考古发掘的墓葬至少在 150 座以上，发掘资料会在当年的《中国考古学年鉴》《中国文物报》和《中国重要考古发现》进行零星的披露，或者是在主持发掘者的研究论文里零星散见。正式报道的资料仅一本报告和一篇简报，报道墓葬数量仅 29 座，所以考古信息十分有限，热水墓群的研究就是在这样的情况下展开的。

"一时代之学术，必有其新材料与新问题。取用此材料，以研求问题，则为此时代学术之新潮流。"[32] 热水墓群考古发现，为认识这一时期墓地的分布与年代、墓葬形制与结构、营建技术与材料、丧葬礼仪、宗教信仰、社会组织以及人群构成等方面的研究提供了丰富的材料。虽然热水墓群考古报道的材料十分有限，但研究的视野和领域却十分广阔，研究成果可谓蔚为大观。

作为墓葬研究，热水墓群的研究符合墓葬研究的一般规律，"墓葬研究一般包括以下几个方面，即墓葬的分期研究、空间布局研究、形成研究及建立在骨骼材料分析基础之上的古人口统计、古病理、古食谱及人种、遗传研究，对时空度的把握是基础，对社会组织、意识形态的研究和对历史的复原，解释是核心，其最终目的还是要探索历史发展规律"[33]。墓葬考古学研究的这几个方面是逐层递进的。墓葬的分期和空间布局是考古学最基础的时空研究。

墓葬与墓地形成过程的探索相对比较复杂。单个墓葬的形成与墓葬的设计、规划和建造的先后顺序有一定关系；墓地的形成与社会组织结构、社会分工及社会习俗，以及埋葬习俗、观念等意识形态有关。这方面热水墓群的研究相对薄弱，甚至没有。

社会组织的研究"是墓葬研究最重要又最易发挥作用的课题之一"[34]。这主要表现在对葬俗葬仪、随葬品构成的研究，探讨墓葬所属族群，进而对其所反映的社会习俗、社会分化、社会组织结构、社会权利进行研究。人类不同群体对死亡的认知是不相同的，背后蕴含着不同的生死观念和精神图景，葬俗葬仪的不同是其主要表现方面。而葬俗葬仪产生于族群适应环境而积累起来的经验，这是在族群发展的长期过程中逐渐形成又慢慢沉淀下来的，本身是意识形态中最深层的东西，所以葬俗葬仪随社会发展变化的节奏很慢。

热水墓群的研究，受所发掘的墓葬基础材料的信息含量和墓葬信息刊布的限制，研究侧重于微观层次研究。以单个墓葬或者不同墓葬的随葬品为主要研究对象，涵盖对墓葬形制、葬具规模、结构、随葬品的种类、位置，放置顺序和相互间的平面关系，随葬器物的材质、工艺、来源、跨区域关系，以及对人骨本身的研究。这一类研究是热水墓群研究的主流，成果很多。热水墓群对随葬品的研究主要方面，包括丝织品、金银器、皮革、马具、漆木器、藏文木牍等。甚至还对墓葬出土各类器物上的纹饰进行研究，比如对织锦上纹饰的研究，包括含绶鸟织锦、太阳神图案织锦、人兽搏斗图像织锦，另外还对动物形银器、联珠纹等进行讨论，以探索器物背后大空间上的人群流动和社会关系，从空间和时间两个维度，从静态到动态的立体连接，最终讨论的落脚点都是要把墓葬研究同各种层面的社会研究结合起来。

近年来，总结热水墓群研究的文章也逐渐增多，分类标准不同，研究也就有不同的面像。像许新国[35]、阿米·海勒[36]、格桑本[37]、周毛先和宗喀·漾正冈布[38]、徐承炎和夏吾卡先[39]等都进行了总结。

在这些总结中，可以看出墓葬随葬品的研究成为热水墓群研究的主流，以丝织品、金银器为代表，这些器物的材料、形态与装饰可从视觉上直观地强化其人群、功能与等级，甚至其所蕴含的象征性。就像杰西卡·罗森所说："器物所显示的不同地理区域、不同社会的差别，揭示出这些群体通过自身特色的物质文化来建构特别的习俗，或许还包括习俗所支持的观念、意向和解释，以及使之恒久的特定方式。"[40]但是我们要看到，这些器物的研究注重单个器物，而忽视器物的组合。单个的器物在大多数情况下只是一个片段，而器物组合才可以提供一套容易辨明和可识别的复杂观念世界。

在热水墓群的研究中，科技考古的介入与应用是最大亮点。无论是树木年轮、人骨线粒体DNA，还是金属文物的金相分析、皮革文物的保护修复，都是以考古学的研究目标为指导，应用自然科学等相关学科的方法与技术，围绕考古学的问题开展研究，在研究中始终做到与考古学紧密结合，解决了年代、气候、人种以及文物保护等问题，这是以往的考古学研究中无法探讨的课题。通过自然科学相关学科的独特方法定量分析，以探求相关的环境、气候、人种、技术等方面的问题，最终强调研究的考古学目的。

热水墓群研究中的艺术史方面的考古学研究，德令哈彩绘棺板画的研究是主要方面。2002年，德令哈郭里木乡清理发掘了两座被盗墓葬，出土3具木棺，棺板上的彩绘内容有四神图、狩猎图、商旅图、宴饮图、帐居图、男女双身图、射牛图、妇女图、人物服饰和赭面现象等，学界对棺板上的彩画进行了全面、深入的解读。这些图像研究给考古学研究带来了许多新的方法、视野、角度和实践，成果丰硕。棺板画研究从画面内容的解读等基础研究层面入手，拓展到当时人的服饰、习俗，并深入到思想观念、宗教信仰等精神世界的领域，研究当时人对图像的制作和理解、知识与技术及其在社会上的传播等崭新的领域。

在热水墓群研究成果蔚为大观的情况下，我们也明显地感受到其短板，受考古工作本身的局限，热水墓群考古发掘的新材料未能及时进行系统整理，材料刊布的不规范和不及时，限制了研究的深入开展，所以研究缺少系统性和整体性。截至目前，热水墓群的墓地范围、墓葬数量、墓葬形制、墓地布局、分区、葬式，这些墓葬研究最基本的材料仍不十分清楚。

就以"热水一号大墓"的研究为例，该墓是热水墓群规模最大的墓葬，1982—1985年，青海省文物考古研究所对该墓及其附属遗迹进行了发掘。主持发掘的许新国先生对墓葬形制的描述："M1大墓为梯形双覆斗形封土。其北部与自然山岩相连，南部凸出山外。南宽北窄，依山面水，墓葬底部南面宽160米，北部连接山岩最窄处达60米。封堆顶部距南面地平面高达30—35米。上部封堆叠压在下部封堆之上，平面呈南宽北窄的梯形，与北部山岩相连接，其上部南北长58米，南部最宽处达65米，北部最宽处为5米，高11—11.5米。我们即对此上部封土进行了发掘，另在封土北部与自然山岩的连接处开了一条东西向的大探沟，部分了解了下部封土的结构，并对大墓封堆南部地平上的动物陪葬遗迹进行了大面积的揭露。"[41]

根据许新国的文章，基本可以复原出"热水一号大墓"的结构：大墓封土由上下两部分组成。上层封土为等腰梯形，揭露出来的遗迹有穿木、混凝夯筑围墙、石砌围墙、围墙外房基、动物陪葬墓、"十"字形陪葬墓等。下层封土未发掘，情况不明，但许先生推测墓主人的墓葬在下层封土中。墓葬南边有组合陪葬献祭遗迹，由五条长条形殉葬坑和其东西两侧的圆形殉葬坑组成。五条殉葬沟居中，东西向横列，有完整的殉马 87 匹。其东西两侧的殉葬坑呈圆形，共有 27 个，13 座殉牛头、牛蹄，8 座殉完整的狗，另有巨石以及砸碎的镀金银器残片。整个分布范围长约 30、宽 50 余米。在封土东北的探沟还发现一座陪葬墓。

但是对于发掘出来的遗迹性质认定存在争议，特别是下层封土的性质，究竟是人工堆积还是自然堆积，争议未决。但下层封土最终没能发掘，所以导致墓葬报告未整理出版。墓葬发掘主持者许新国先生曾在《吐蕃墓的墓上祭祀建筑问题》[42]和《都兰吐蕃墓葬发掘和研究》[43]两篇文章中描述了墓葬形制，但却没有附墓葬平面图。"热水一号大墓"的研究就是在这样的情况下展开的，主要集中在墓葬年代、族属、葬俗、葬制和随葬品等方面。

在这个墓葬的研究过程中，有个有趣的现象，该墓的命名相当混乱，经过对已经发表的各类文章（不包括专著和硕博论文）的统计，有近 30 种之多，诸如血渭 M1、热水血渭一号大墓、热水血渭 1 号墓、热水一号唐代吐蕃墓、热水一号墓、热水一号大墓等，不一而足。在墓葬发掘主持人许新国的《都兰吐蕃墓葬发掘和研究》文章中，就有血渭 M1、热水血渭一号大墓、热水血渭 1 号墓三种称呼，其混乱可想而知了！

因为"热水一号大墓"没有出土任何明确的纪年遗物，也没有采用科技手段对墓葬进行有效的断代。该墓的年代也是众说纷纭，有 7 世纪末—8 世纪初、8 世纪中叶、7—9 世纪等多种说法。

以热水一号大墓为中心的整个热水墓群的族属归属，是研究中纷争最为激烈的问题。"希望赋予特定器物或纪念物某种身份，一直是考古学探究的核心，而这种身份经常是用族群或者创造它们的'人群'来表示"[44]。这是 20 世纪考古学主流分析的模式，称为"文化—历史考古学"的范式。其基本原理就是将一定范围内同质性的文化实体与特定人群、族群、部落和（或）人种相对应。族属对应某种考古学文化，成为考古学研究的一种模式。所以在"热水一号大墓"的族属研究中出现了吐蕃文化，这是立足文化与族群身份认同的设想之上。许新国关于热水墓群的族属研究，发表了一系列文章，从推定的吐蕃族属，进而确认为吐蕃文化，这就是这种研究范式的反映。同时，这种族属研究在历史考古学中有天然的优势，把历史文献记载中提到的特定族群与考古发掘的相关遗址和遗物简单对应，也就可以贴上族群的标签。其实这是比较危险的做法。

热水墓群族属的争论可分为三种观点：吐蕃说、吐谷浑说、吐蕃统治下吐谷浑说。对热水一号大墓的墓主身份有 7 世纪活跃于吐蕃东境的禄东赞[45]、吐谷浑王夸吕[46]、吐蕃册封的首位吐谷浑王并薨于 694 年的垄达延墀松[47]三种观点。霍巍从吐蕃治下吐谷浑邦国的地位入手，对热水一号大墓的墓主身份提出了几种推测：一是吐蕃封立的"吐谷浑小王"之类的王室贵族；二是下嫁吐谷浑的吐蕃公主；三是已投降归顺吐蕃的吐谷浑原王室残部；四是受吐蕃支配的吐谷浑军事首领[48]。这几种推测相对比较客观，容易接受。

三十多年来，以热水墓群为中心的都兰地区同时期墓葬的考古调查与发掘，不仅提供了大量全新的材料，而且对于认识青藏高原魏晋南北朝、隋唐时期该地区的考古文化面貌，民族交流与融合，中西文化交流状况，均具有重要的学术意义。考古研究成果丰硕，尽管分歧不断，学术研究的氛围和热情不减，特别是在"一带一路"倡议的促进下，热水墓群在丝绸之路青海道研究方面奠定了较好的学术基础。

## 四、热水墓群的未来瞻望

热水墓群是丝绸之路青海道沿线重要的墓地遗存，是东西方文化接触、渗透、碰撞与交流的重要证据，利用聚落考古学手段开展热水墓群的考古学研究，对认识都兰在丝绸之路上的历史地位、都兰与区域内多民族文化的交流，以及热水墓群游牧聚落的形成过程等有深刻的现实意义。

热水墓群的田野考古与相关研究，仍存在着较多不足之处，主要表现在以下几个方面。

（1）热水墓群空间布局尚不清晰。目前热水墓群最主要的问题，是对墓地布局认识不清。热水墓群的布局认识仍然是初步和大略的，不够准确。热水墓群以察汗乌苏河为界，至少可以分为南北两大区，每区墓葬的数量、规模、布局都不清楚。目前虽初步了解墓葬是族葬，但是族葬的墓葬分布规律、中心大墓与陪葬墓、殉牲坑的分布仍不十分清楚。这一系列问题不仅影响到许多重大学术问题的研究，同时也影响了遗址的保护工作。热水墓群遗址保护迫在眉睫，但相关文物保护部门尚不能提供重点保护区域的依据。文化遗产保护对象的范围、目标不明确，将直接影响到热水墓群的整体保护和展示。因此，开展田野工作，搞清墓地布局，是相关学术问题研究与热水墓群保护之必需。

（2）多学科综合研究所需资料非常匮乏。由于时代局限等原因，以往的田野考古工作和相关研究多注重文化遗物，对于自然遗物的采集非常缺乏，致使多学科综合研究甚为薄弱。诸如殉坑的马、牛、狗等动物骨骼采样甚少，另外墓葬出土的棺板、圆木、核桃等植物遗存取样甚少，导致动、植物考古等未充分开展，此外，还有丝织品、金银器、人骨DNA等方面的科技考古十分有限。随着新时期田野考古与研究的要求，获取多学科综合研究所需资料，已成为热水墓群田野考古的必要内容。

（3）田野考古缺少新理论和新思路。例如墓葬族属判断，一直是热水墓群争论的焦点问题之一，也是热水墓群考古的难题。对热水墓群族属难以判定，其主要原因就是判断方法和标准还不完善。近十多年来，随着对自身的反省与对国外考古学、人类学和社会学理论与方法的借鉴，中国考古学研究逐渐发生了一些转变，如在以往考古学文化区系类型研究的基础上，注重文化因素分析在考古遗存中的应用。文化因素分析法就是研究考古学文化内涵的"利器"，是探讨考古学文化的分期、属性、源流，进而探讨相邻文化之间的关系，构建考古学文化区系类型的有效手段。这些转变需要新的田野考古工作，一方面可逐步完善以往的考古学理论方法，另一方面可促进上述重大学术问题研究的进展。

针对热水墓群存在的问题，拟提出以下思路，改进热水墓群的研究局面。

（1）加快推进热水墓群发掘报告的整理与出版。热水墓群从1982年发现至今，发掘墓葬上百座，仅出版了由北京大学考古文博学院和青海省文物考古研究所1999年在察汗乌苏河南岸发掘的4座墓葬的考古报告——《都兰吐蕃墓》。考古报告的整理出版严重滞后，这是不可回避的现实问题，也是制约热水墓群研究的关键因素，更是限制热水墓群大遗址保护的瓶颈。考古学研究的基础是考古资料，考古资料通过考古发掘而获得，考古报告就是对考古发掘资料客观、全面、系统的公开报道，包括遗址的自然地理环境、历史沿革、既往工作、发掘经过与方法、文化堆积与分期、遗迹与遗物、编写者的重要认识等，是反映考古发掘成果的唯一证明。考古发掘报告通常以文字、图表、照片、科技分析报告等形式记录考古发掘成果。完成考古发掘报告并公开发表，标志着考古发掘项目的完成。考古发掘与考古发掘报告是相辅相成的因果关系，考古发掘报告是考古学的基础性资料、原创性成果、经典性文献，具有永久性的学术价值，也是文物学、博物馆学、文化遗产学、古代史、美术考古等专题考古和诸多专门史最重要的资料来源和参考书目。

按要求整理、编纂完成考古报告是从事田野考古发掘的工作者的职责所在。国家文物局的《考古发掘管理办法》中对考古发掘报告的编写与出版有明确的规定："考古发掘报告的编写工作要在发掘结束后的3年内完成。年度发掘报告应在当年完成编写工作。"

热水墓群的考古发掘报告是学界翘首以盼的重要考古报告，特别是热水一号大墓的报告，对认定墓葬形制、墓主身份，以及丧葬习俗、丝绸之路青海道的功能和历史地位都具有重要意义。另外，当年主持发掘的许新国先生已经退休多年，已是近八旬的高龄，所以报告整理已刻不容缓。

（2）改进田野考古理念与思路，提升热水墓群的田野工作质量。墓葬作为逝者的安息之地，那么相对就会有生者的居住地。墓葬、居址和其他功能区就构成聚落，所以墓葬与墓地不是孤立存在的遗存，而是整个聚落的有机组成部分。在这个意义下，墓葬和墓地研究就可以采用聚落考古的研究方法。在整个聚落变迁过程中，墓葬与墓地的研究，就必须结合居住址、墓葬区、其他功能分区综合考虑。热水墓群2014年发现官却和遗址，遗址分东西两区，东区为集体烹食之所，其中葫芦形灶台30座，圆形灶台1座；遗址西面为生活居住区，密集分布有7座房址，其中单体单间房址2座，单体多间房址5座。另外在鲁丝沟发现摩崖造像、寺院建筑，在其附近调查发现城址，所以针对游牧部落，我们可以采取古代游牧民族聚落考古研究的理论和方法，将居住遗址、墓葬和岩画这"三位一体"结合，进行综合研究。

（3）运用聚落考古手段，拓展热水墓群的研究空间。墓葬研究是在科学获取材料的基础上展开的，所以田野考古质量决定研究的深度与广度。根据墓葬研究的宏观、中观和微观的三个层级，开展不同层级的热水墓群研究。这就要求研究要有宏观的视野，中观的尺度把握，微观的具体操作。基本是针对单个墓葬的研究，这一类研究中，重点可以涵盖墓葬规模、结构，随葬品的种类、数量、位置，放置顺序和相互间的平面关系，随葬器物的材质、工艺、来源、跨区域关系，以及对墓葬人体骨骼材料的研究，应用体质人类学的研究方法对其分析整理，了解当时社会居民人种、病理、食谱和血缘关系等诸多方面。这些都是微观层面研究的主要组成部分。热水墓群的分布可以总结为"大分散、小聚拢"的家族式分布，所以墓葬空间布局和墓地的选择往往是主观因素的反映，其研究"包含了四个层次的内容，即墓葬之内、墓地之内各墓葬之间、墓地之间以及墓地同聚落内其他遗迹之间。它同聚落形态的空间分类相似，但墓地一般只作为聚落的一个有机组成部分而存在"。研究墓地形成的动因和过程、墓葬空间布局、分期、墓葬排列顺序问题，是在利用多学科合作的基础上，以全方位获取田野考古信息为终极目的。

## 五、结　语

7—9 世纪，在亚欧大陆形成大食、吐蕃和唐帝国三足鼎立的政治格局，所以热水墓群的研究应该在这样的历史背景下展开，热水墓群的文化遗产研究必须具备世界史的视野。

热水墓群的文化遗产，是以丝绸之路为媒介的东西方文明交流的产物，对于保持人类文化多样性，促进世界各国、各民族之间的相互尊重和理解，具有重要的社会价值；同时，对于认识中华民族多源共识，增强民族团结具有很重要的现实意义，对于传承中华民族的优秀文化，弘扬和培育民族精神，增强民族自豪感和凝聚力，具有无可替代的意义和作用。因此，如何很好地研究和保护热水墓群的文化遗产，并在保护传承的基础上，维护中国文化的多样性和创造性，保护社会不断向前发展，同时，如何通过热水墓群文化遗产的开发利用，最大化地、最有效地转化为当地全面发展的软实力，带动当地经济和文化的同步发展，实现经济增长模式的良性发展，改善当地居民的民生，促进当地社会的和谐与稳定，真正做到文化建设与经济建设、政治建设、社会建设和生态文明建设全面协调可持续发展，是新时期文化遗产保护对热水墓群提出的新课题及其面临的新问题。

## 注　释

[1] 刘庆柱：《阿房宫考古发现与研究》之"序"，文物出版社，2014 年。
[2] （南朝宋）范晔等：《后汉书·西域传》，中华书局，1965 年，第 2931 页。
[3] 吴礽骧：《也谈"羌中道"》，《敦煌学辑刊》1984 年第 2 期。
[4] （汉）司马迁：《史记·大宛列传》，中华书局，2013 年，第 3166 页。
[5] 陈良伟：《丝绸之路河南道》，中国社会科学出版社，2002 年，第 1 页。
[6] 夏鼐：《青海西宁出土的波斯萨珊朝银币》，《考古学报》1958 年第 1 期；夏鼐：《综述中国出土的波斯萨珊朝银币》，《考古学报》1974 年第 1 期。
[7] 徐苹芳：《考古学上所见中国境内的丝绸之路》，《燕京学报》1995 年第 1 期，又收于《徐苹芳文集——丝绸之路考古论集》，上海古籍出版社，2017 年，第 31 页。
[8] 张得祖：《古玉石之路与丝绸之路青海道》，《青海师范大学学报》（哲学社会科学版）2008 年第 5 期。
[9] 严耕望：《唐代交通图考·河陇碛西区》，《"中央研究院"历史语言研究所》专刊八十三，1985 年。
[10] 黄文弼：《古楼兰国历史及其在中西交通上之地位》，《史学集刊》1947 年第 5 期。
[11] 唐长孺：《南北朝期间西域与南朝的陆道交通》，《魏晋南北朝史论拾遗》，中华书局，1983 年，第 168—195 页；唐长孺：《北凉承平七年（449）写经题记与西域通往江南的道路》，《向达先生纪念论文集》，新疆人民出版社，1986 年，第 104—117 页。
[12] 夏鼐：《青海西宁出土的波斯萨珊朝银币》，《考古学报》1958 年第 1 期；夏鼐：《综述中国出土的波斯萨珊朝银币》，《考古学报》1974 年第 1 期。
[13] 周伟洲：《古青海路考》，《西北大学学报》1982 年第 1 期；周伟洲：《丝绸之路东段的另一支线——青海道》，《西北历史资料》1985 年第 1 期。
[14] 薄小莹：《吐谷浑之路》，《北京大学学报》1988 年第 4 期。
[15] 初师宾：《丝路羌中道开辟小议》，《西北师大学报》（社会科学版）1982 年第 2 期。
[16] 许新国：《海西州都兰县热水吐蕃墓葬发掘述要》，《青海地方史志》1984 年第 1 期。
[17] 徐苹芳：《考古学上所见中国境内的丝绸之路》，《燕京学报》1995 年第 1 期，又收于《徐苹芳文集——丝绸

之路考古论集》，上海古籍出版社，2017 年，第 31 页。
[18] 许新国：《吐蕃墓出土蜀锦与青海丝绸之路》，《藏学学刊》（第 3 辑），四川大学出版社，2007 年，第 93—116 页。
[19] 霍巍：《文物考古所见古代青海与丝绸之路》，《青海民族大学学报》2017 年第 1 期；霍巍：《粟特人与青海道》，《四川大学学报》（哲学社会科学版）2005 年第 2 期。
[20] 陈良伟：《丝绸之路河南道》，中国社会科学出版社，2002 年。
[21] 〔日〕松田寿男著，周伟洲译：《吐谷浑遣使考》（上、下），《西北史地》1981 年第 2、3 期。
[22] 唐长孺：《南北朝期间西域与南朝的陆道交通》，《魏晋南北朝史论拾遗》，中华书局，1983 年，第 168—195 页。
[23] 徐苹芳：《考古学上所见中国境内的丝绸之路》，《燕京学报》1995 年第 1 期，又收于《徐苹芳文集——丝绸之路考古论集》，上海古籍出版社，2017 年，第 31 页。
[24] 许新国：《吐蕃墓出土蜀锦与青海丝绸之路》，《藏学学刊》（第 3 辑），四川大学出版社，2007 年，第 93—116 页。
[25] Filchner, Bismil2lah, Leipzig 莱比锡，1938 年，第 102、103 页，转引自阿米·海勒著，霍川译：《青海都兰的吐蕃时期墓葬》，《青海民族学院学报》（社会科学版）2003 年第 3 期。
[26] 许新国：《寻找遗失的"王国"——都兰古墓的发现与发掘》，《柴达木开发研究》2001 年第 2 期。
[27] 许新国：《寻找遗失的"王国"——都兰古墓的发现与发掘》，《柴达木开发研究》2001 年第 2 期。
[28] 北京大学考古文博学院、青海省文物考古研究所：《都兰吐蕃墓》，科学出版社，2005 年。
[29] 《都兰县扎麻日村吐蕃时期遗址》《都兰县官却和吐蕃时期遗址》，均出自《中国考古学年鉴（2015 年）》，中国社会科学出版社，2016 年。
[30] 青海省文物考古研究所、陕西省考古研究院：《青海都兰县哇沿水库古代墓葬 2014 年发掘简报》，《考古与文物》2018 年第 6 期。
[31] 《〈共建热水墓群考古和文物保护研究基地框架协议〉签约仪式在京举行》，见国家文物局网站。
[32] 陈寅恪：《陈垣敦煌劫余录序》，《"中央研究院"历史语言研究所集刊》第一本第二分册上，1930 年。
[33] 韩建业：《墓葬的考古学研究——理论与方法论探讨》，《南方文物》1992 年第 Z1 期。
[34] 韩建业：《墓葬的考古学研究——理论与方法论探讨》，《南方文物》1992 年第 Z1 期。
[35] 许新国：《都兰吐蕃墓葬发掘和研究》，《7—8 世纪东亚地区历史与考古国际学术讨论会论文集》，科学出版社，2001 年，第 26—30 页。
[36] 阿米·海勒著，霍川译：《青海都兰的吐蕃时期墓葬》，《青海民族学院学报》（社会科学版）2003 年第 3 期。
[37] 格桑本：《都兰吐蕃墓群的发掘研究概述》，《青海藏族》2015 年第 2 期。
[38] 周毛先、宗喀·漾正冈布：《都兰吐蕃古墓考古研究综述》，《西藏研究》2016 年第 4 期。
[39] 徐承炎、夏吾卡先：《青海吐蕃墓的考古发现与研究》，《西藏研究》2019 年第 1 期。
[40] 杰西卡·罗森：《祖先与永恒：杰西卡·罗森中国考古艺术文集》，生活·读书·新知三联书店，2017 年。
[41] 许新国：《关于都兰县热水乡血渭一号大墓的族属与年代》，《青海藏族》2012 年第 1 期。
[42] 许新国：《吐蕃墓的墓上祭祀建筑问题》，《西陲之地与东方文明》，北京燕山出版社，2006 年。
[43] 许新国：《都兰吐蕃墓葬发掘和研究》，《7—8 世纪东亚地区历史与考古国际学术讨论会论文集》，科学出版社，2001 年，第 26—30 页。
[44] 〔英〕希安·琼斯著，陈淳、沈辛成译：《族属的考古：构建古今的身份》，上海古籍出版社，2017 年。
[45] Wang Tao, "Tibetan or Tuyuhun: the Dulan site Re-visited". in From Nisa to Niya: New Discoveries and Studies in Central And Inner Asian Art and Archaeology. Edited by Madhuvanti Ghose and Rusell-Smith, Saffron, 2003.
[46] 程起骏：《打开吐谷浑古国之门的钥匙——关于都兰热水古墓群札记之一》，《柴达木开发研究》2001 年第 2 期。

[47] 仝涛:《青海都兰热水一号大墓的形制、年代及墓主人身份探讨》,《考古学报》2012 年第 4 期。
[48] 霍巍:《论青海都兰吐蕃时期墓地考古发掘的文化史意义———兼评阿米·海勒〈青海都兰的吐蕃时期墓葬〉》,《青海民族学院学报》(社会科学版) 2003 年第 3 期。

# Review and Reflection on the Archaeological Discovery and Research of Dulan Reshui Tomb Group

Han Jianhua

(Institute of Archaeology, Chinese Academy of Social Sciences)

**Abstract:** The Reshui tombs group in Dulan county, Qinghai province, have been found and excavated since 1982, through nearly 40 years archaeological excavation and research, it has made great academic achievements which has attracted the attention of the academia and the society at home and abroad. The paper reviewed the archaeological research history of Reshui tomb group in 40 years, there have many research focus, such as the silk road, tomb shape, the ethnicity of tomb owners, the golden and silver artifacts, silk fabric, which dispersed abroad by various channels, scientific archaeology achievements and analyzes. Summarize 40 years of experiences and lessons, looking forward the prospect of the Reshui tombs group archaeological ideas in the new period.

**Keywords:** the Reshui Tomb Group, the Qinghai Road, Review and Reconsidering

# 唐代鎏金发钗研究

王洋洋

（宁夏回族自治区文物考古研究所、北方民族大学丝绸之路历史文化协同创新中心）

**内容摘要**：唐代鎏金发钗有鎏金铜钗和鎏金银钗两类，是发钗中具有代表性的品种，通过研究，不仅揭示了唐代发钗自身的演变规律，同时从侧面反映了唐代鎏金技术的发展和手工业生产格局的变化。

**关键词**：鎏金发钗；类型；使用方式

隋唐女性华美多样的发髻，历来是文人墨客吟咏歌唱的对象，高峻华美的发髻，离不开簪、钗、假发一类的配件，其中发钗用途颇广，使用频率较高，兼具实用性与艺术性，具有一定的研究价值。

## 一、发钗研究史

隋唐发钗的研究，大致可以分为三个阶段。

第一阶段，20世纪上半叶—80年代，发钗等饰品在服饰研究中占有较小的部分，华梅《古代服饰》对此作了较全面的总结[1]。

第二阶段，20世纪八九十年代—20世纪末，一方面，簪钗等头饰仍作为服饰的附属部分被提及，以《中国古代服饰研究》[2]为先河，涌现一大批相关著作。周汛、高春明[3]将中国古代簪钗进行了系统梳理，认为以两种或两种以上材料制成，并在钗首制出各种形状的花朵，这是隋唐时期发钗的特点。孙机认为唐代后妃、命妇所戴的"花树"，实际上就是较大的花钗[4]。另一方面，发钗作为金银器而被提及。如《唐代金银器》[5]、《海内外唐代金银器萃编》[6]、《唐代金银器研究》[7]等。

第三阶段，21世纪以来，发钗等饰品研究进一步深化，主要表现在三个方面。首先，精美的展览图册和高质量考古报告的出版，为研究者仔细观察和进一步研究奠定了基础。其次，隋唐时期发钗的研究也趋于细化。《中国古代服饰名物考》[8]将发钗作为一个单独的门类进行论述，王彬[9]则对唐墓壁画中的簪钗等进行了分析。扬之水结合文献记载对隋唐五代的首饰名称和样式进行了探讨[10]。葛龙将研究的焦点集中于金银发钗，注意到由唐至宋金银发钗的发展变化等问题[11]。近年来，隋唐时期发钗的分期研究同样引起了注意[12]。随着李倕冠饰、隋炀帝萧后冠的发现和成功修复，激起了隋唐女性头饰研究的高潮，发钗在高等级冠饰中的复杂用途得到了很好的诠释[13]。再次，发钗加工技术层面的分析和研究也有所推进[14]。

可以看出，以往的研究或重于考证，或以壁画中的材料为研究对象，取得了一定成果，值得注意的是，发钗本身也存在着一定的发展规律，在梳理发钗资料的过程中，可以发现钗的质地、形制与使用人群有很大关系。鎏金类发钗可以反映唐代发钗的基本特征和发展规律，具有一定的典型性，所以我们拟以此为切入点，展开对相关问题的讨论。不足之处敬祈批评指正。

## 二、发钗的类型分析

钗的基本形制是"U"形两股，少数为三股，由钗首和平行并列的钗股两部分组成，钗的基本作用是固定、装饰发髻。唐代鎏金发钗可分为鎏金铜钗和鎏金银钗两类。

（一）鎏金银钗

鎏金银钗可以分为两种类型。

A 型 "U"形双股，可分为二亚型。

Aa 型 钗首自然弯曲，钗股錾刻纹样。

Ab 型 钗首呈大半环形向外凸出。

江苏丹徒丁卯桥唐代银器窖藏出土 580 支银钗，其中 15 支 Aa 型鎏金刻花银钗，纹样有蔓草、菱形、联珠等，长 25—34 厘米（图一，1）[15]；同时出土 166 支 Ab 型银钗，其中有 2 支为鎏金刻花，长 19.5—26 厘米（图一，2）[16]。窖藏年代一般认为在 9 世纪以后[17]。

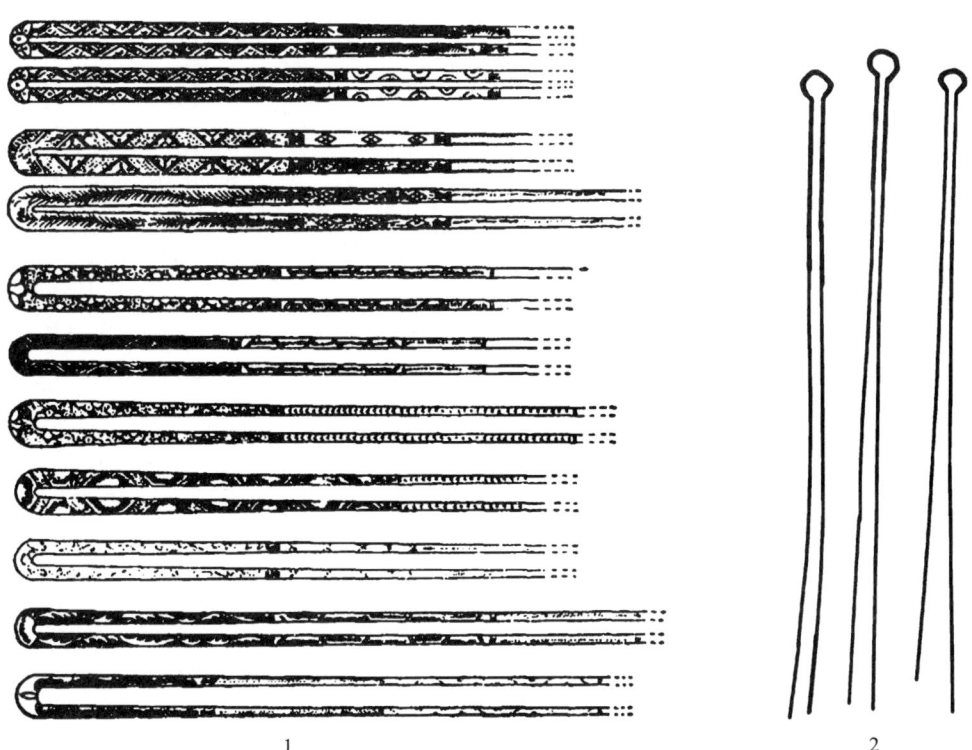

图一 A 型鎏金银钗（江苏丹徒丁卯桥唐代银器窖藏出土）
1. Aa 型 2. Ab 型

B 型　钗首和钗股一体制成，钗首或装饰立体的动植物纹样，或装饰镂空的剪纸形。

Ba 型　钗首为立体纹样。

浙江长兴下莘桥晚唐银器窖藏中发现1件绞丝银钗，长29.8厘米；1件蝉纹银钗，长37.5厘米；1件鱼形银钗，残长32.8厘米。钗首均鎏金（图二，1）[18]。

河南洛阳龙康小区唐墓（C7M2151）出土2件鎏金银钗，共三股，钗首装饰一五瓣花形，背面铆一圆饼形饰。钗首以鱼子纹为地，錾刻几何形图案和花叶纹，通长18.8厘米，墓葬时代在9世纪中晚期（图二，2）[19]。

广东广州市皇帝岗唐木椁墓出土11件鎏金银钗，钗首装饰植物纹，共3对，每对形制、纹饰相同。圆锥形钗首者1对，长27.4厘米；花穗钗1对，通长27.6厘米；缠枝钗1对，钗股扁平，残长19.4厘米；鎏金花鸟纹银钗1对，钗股扁平，钗头分成两叶，通长26.6厘米，同时出土3件素面银钗及下颚托等，墓葬年代在晚唐时期[20]（图二，3）。

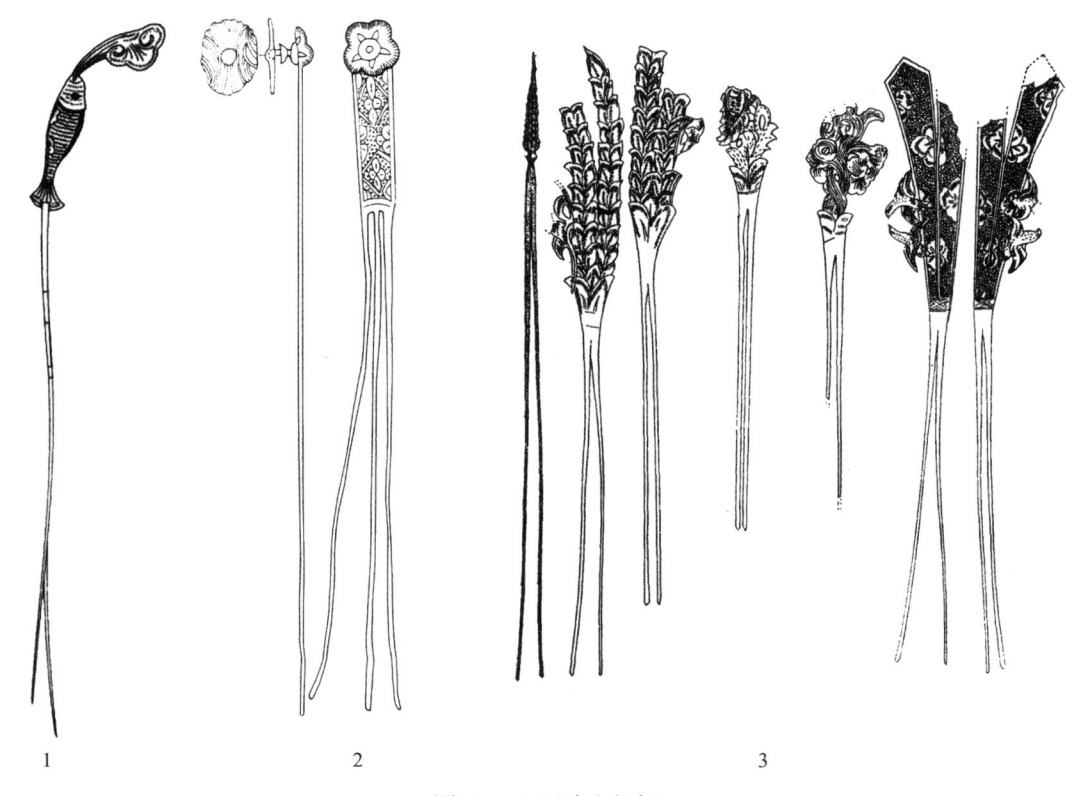

图二　Ba 型鎏金银钗
1. 浙江长兴下莘桥银器窖藏出土　2. 河南洛阳龙康小区唐墓出土　3. 广东广州市皇帝岗唐木椁墓出土

Bb 型　钗首呈剪纸状。

陕西西安南郊惠家村大中二年（848年）唐墓出土2件银钗、5件鎏金银钗，钗股扁平，钗首呈菱形，表面镂空，錾刻图案，5件鎏金银钗长均为37厘米，另外2件银钗为剪纸形，长均为38厘米（图三，1）[21]。

河南三门峡市区唐墓出土的1件鎏金银凤钗，圆杆形钗股，钗首为镂空的叶形，其上錾刻卷草、山岳背景上衔绶带的飞鸟，长23.3厘米（图三，2）[22]。

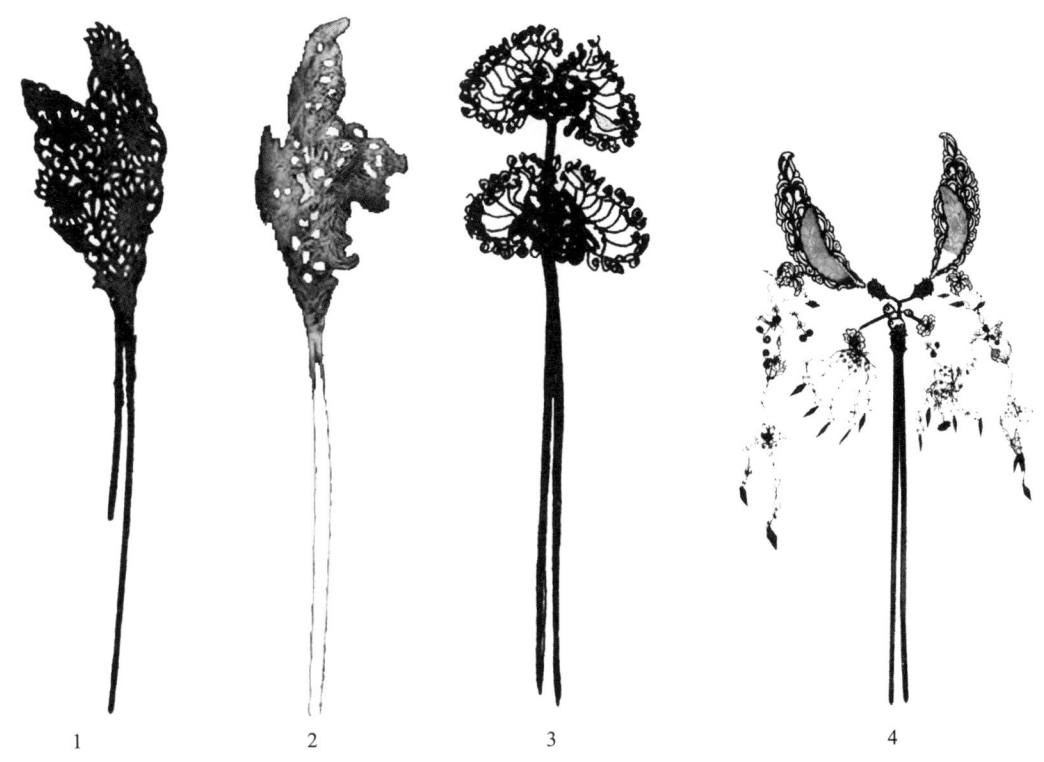

图三 Bb 型鎏金银钗
1. 陕西西安南郊惠家村唐墓出土 2. 河南三门峡市区唐墓出土 3、4. 安徽合肥西郊南唐墓出土

安徽合肥西郊保大四年（946年）南唐墓，墓主系范阳郡汤氏县郡，墓中出土的3件金镶玉钗，钗股扁平，钗首呈剪纸形，内镶嵌一月牙形的玉片，长28厘米（图三，3、4）[23]。

（二）鎏金铜钗

鎏金铜钗发现数量较少，但装饰华丽。

A 型 "U" 型双股，钗首钻孔或呈云瓣状。

Aa 型 钗首较厚，且较圆顿，表面鎏金，开元二十四年（736年）李倕墓中出土了一件精美的冠饰，冠饰中有一鎏金铜钗，顶部有空，金丝花环通过此孔固定在钗首上，金丝上装有绿松石、玉质的花瓣等（图四）[24]。

图四 Aa 型鎏金铜钗及其花饰（陕西西安李倕墓出土）

Ab 型 钗首呈云瓣形。

陕西陇县店子村唐墓出土铜钗5件。其中3件尾端为鎏金花瓣形。另外2件为叉形，较细长，顶上呈云瓣形，向外凸出，但所属具体墓葬不明，该墓群年代约在唐代中晚期（图五）[25]。

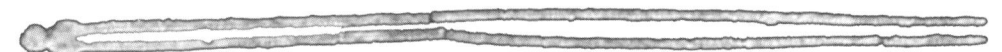

图五 Ab 型鎏金铜钗（陕西陇县店子村唐墓出土）

B型 "U"型双股，钗首附加花饰。

Ba型 钗首鎏金附加花饰，钗首及其上的花饰和铜质钗股分别制成，然后套合在一起。

贞观二十二年（648年）萧后墓共出土12支鎏金铜钗，发钗表面鎏金，由钗首和钗脚两部分以木签连接，木签包裹棉花，将其固定紧实。第一种11支，仅钗首处有纹饰，均长约13厘米（图六，1、2）。第二种1支，长约30厘米，钗脚三分之二以上部分满布纹饰，发钗长度二分之一处有一花瓣状结构连接于两只钗脚之间。主体纹饰为掐丝镶嵌纹饰，地纹由珠子组成（图六，3）[26]。

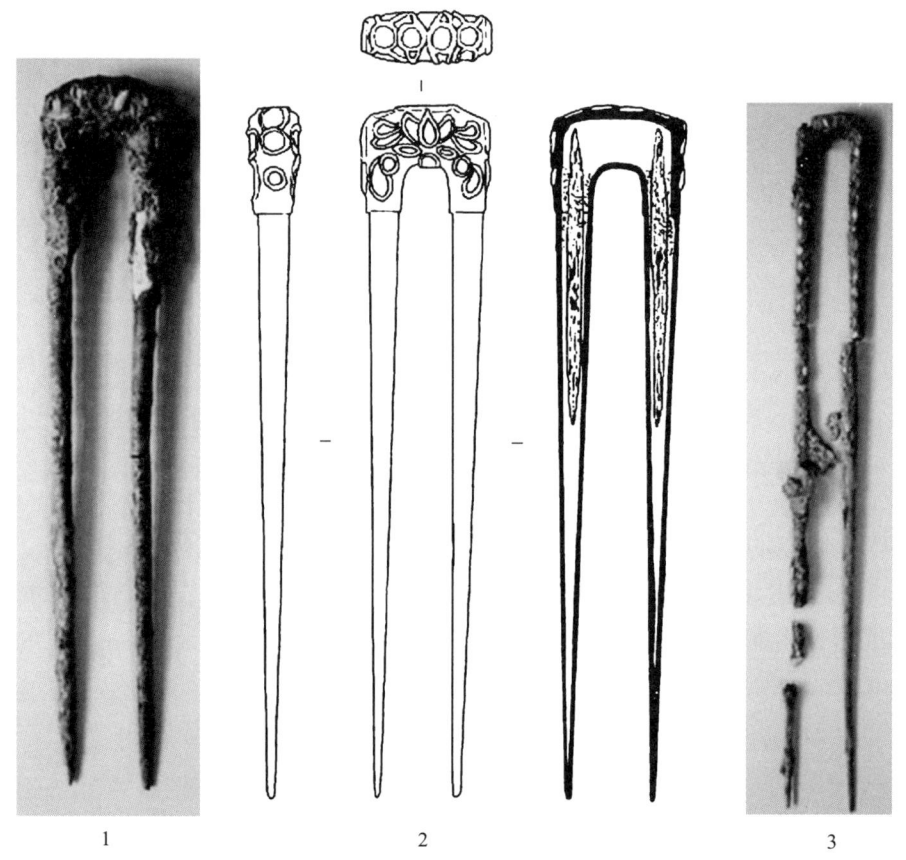

图六 Ba型鎏金铜钗（江苏扬州曹庄萧后墓出土）
1、2. 第一种 3. 第二种

Ba型鎏金铜钗，有学者称之为"钿头钗"[27]，在金钗中同样存在此种类型。湖北安陆王子山唐吴王妃墓出土4件金钗，墓葬年代在贞观年间（图七，1）[28]。开元十七年（729年）苏三夫人墓出土2件金钗，其一为钿头钗，残长7、宽2.2厘米（图七，5）[29]。河南宝丰小店唐墓出土的2件金钗、1件鎏金铜钗也属于这一类型（图七，2、7），墓葬年代在开元年间[30]。《唐钗琐谈》一文收录了2件纽约市立博物馆藏"镶金细工铜花钗"（图七，3、4）[31]。香港沐文堂收藏的金钗首也与此接近[32]（图七，6）。

Bb型 钗首花饰和钗体分别制成，以缠丝等形式进行组合。

开元二十四年（736年）李倕墓中出土的冠饰中发现4件鎏金铜钗，1件金钗，2件铁钗。其中2件鎏金铜钗一纵一横插入冠饰，作为主要部件，在发钗分叉处各固定一个"凤形"饰件（图八，

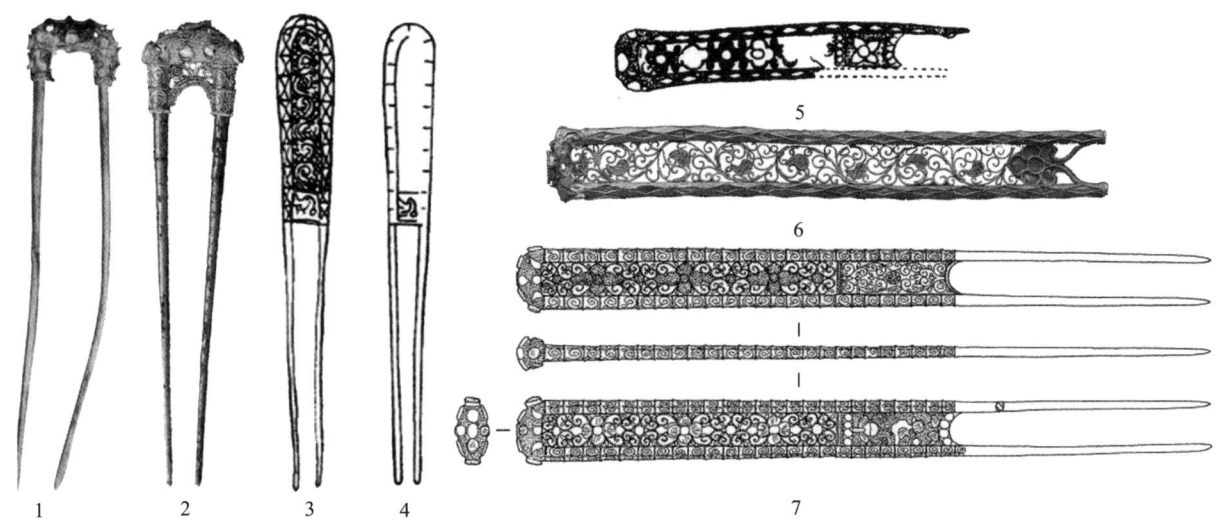

图七 Ba 型钗
1. 湖北安陆王子山唐吴王妃墓出土金钗  2. 河南宝丰小店唐墓出土鎏金铜钗  3、4. 纽约市立博物馆藏鎏金铜钗
5. 苏三夫人墓出土金钗  6. 香港沐文堂藏金钗首  7. 河南宝丰小店唐墓出土金钗

1)[33]。升元元年（937年）扬州田氏墓出土的4件鎏金铜钗，主体为铜质，表面鎏金，钗首均以银丝、弹簧等连接摇叶花饰等（图八，2）[34]。

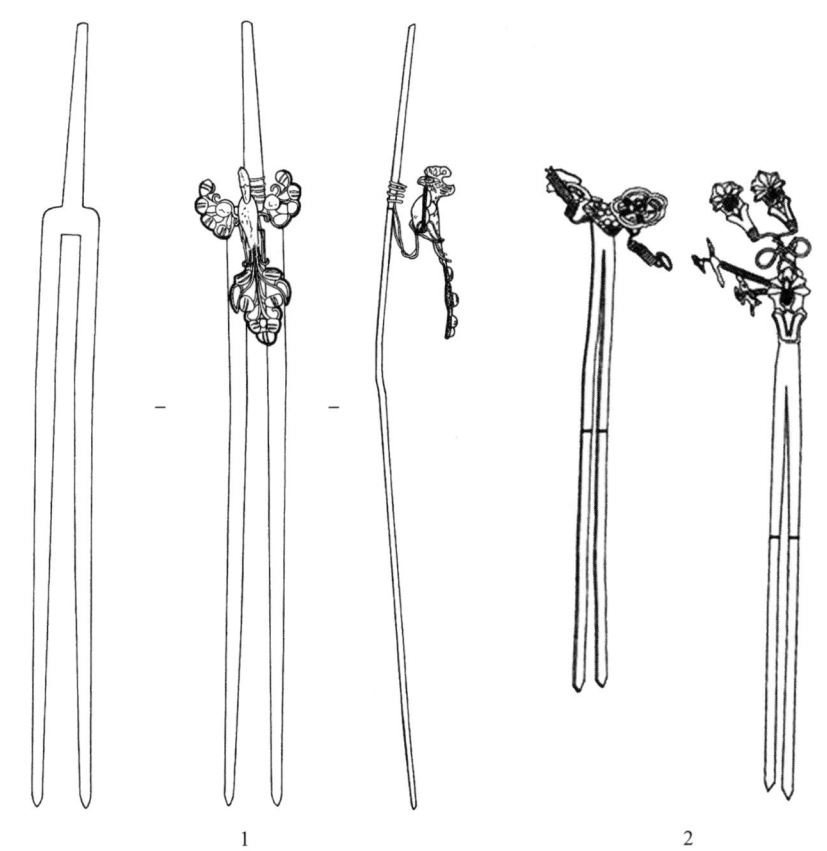

图八 Bb 型鎏金铜钗
1. 陕西西安李倕墓出土  2. 江苏扬州田氏墓出土

**Bc 型** 钗首附加花饰，和钗股系一体制成。

陕西西安郊区张家坡 M201 出土 2 件铜钗，钗首鎏金，形制相同，呈葫芦形，其上錾刻花朵及圆点纹，长 26.1 厘米（图九，1）[35]，同时出土 2 件鎏金拨形铜簪，该墓为斜坡墓道折背刀型土洞墓，墓葬年代在 8 世纪中叶以后。

陕西西安西郊热电厂基建工地 M125 出土 1 件鎏金铜钗，钗首系模压雕镂成一展翅回首的凤鸟，残长 17.5 厘米（图九，3）[36]。墓中未见陶俑，但出土有兽柄短流白瓷注子、玉璧底白瓷瓜棱盂、青釉褐花粉盒等，墓葬年代当在 9 世纪以后。

陕西西安郊区韩森寨 M521 出土 5 件铜钗，钗股扁平，钗首均鎏金，其中 3 件钗首装饰左右对称的菊花形纹饰（图九，2），其中 1 件残长 15.9 厘米；另外 2 件钗首为对鸟花枝纹（图九，4）[37]，墓中同时出土有细长深腹罐 1 件，墓葬年代应为 8 世纪末以后。

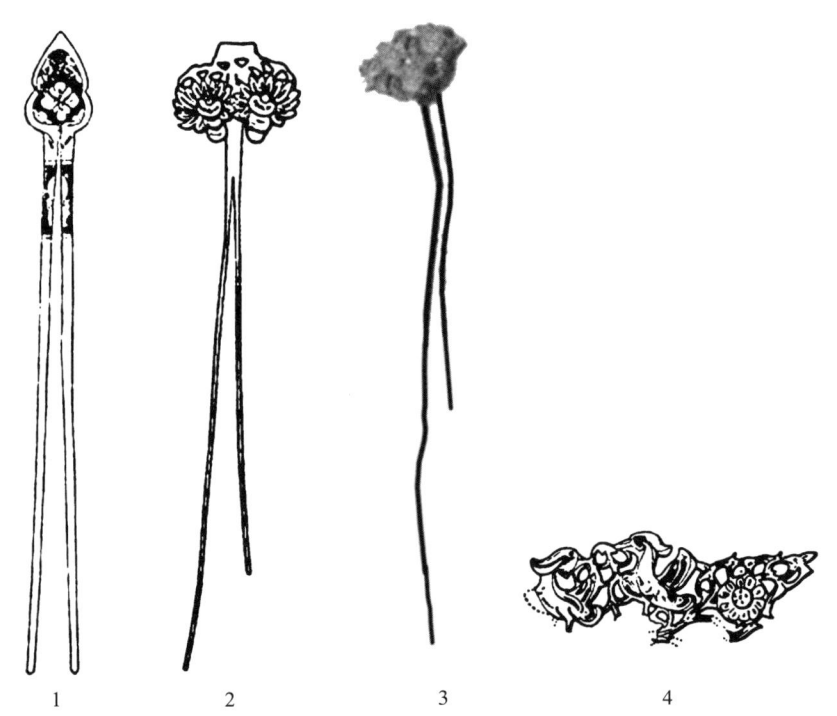

图九 Bc 型鎏金铜钗
1. 陕西西安郊区张家坡 M201 出土  2、4. 陕西西安郊区韩森寨 M521 出土  3. 陕西西安西郊热电厂基建工地 M125 出土

唐代的鎏金铜钗、鎏金银钗，根据目前的考古发现，可以大致分为前后两个时期，前一阶段以贞观二十二年（648 年）扬州隋炀帝萧后墓出土 12 支鎏金铜钗、开元二十四年（736 年）西安李倕墓出土 4 支鎏金铜钗、开元年间河南宝丰小店唐墓出土的鎏金铜钗为代表，该阶段目前已发现鎏金铜钗，但尚未发现鎏金银钗，其中 Ba 型的鎏金铜钗装饰手法同样见于该时期的金钗中。后一阶段以江苏丹徒丁卯桥窖藏、浙江长兴下莘桥窖藏、陕西西安南郊惠家村大中二年（848 年）唐墓出土的 5 件鎏金银钗、广州市皇帝岗唐木椁墓出土的 11 件鎏金银钗、升元元年（937 年）扬州田氏墓出土的 4 件鎏金铜钗为代表，该阶段鎏金铜钗、鎏金银钗均有发现，尤其是鎏金银钗得到了长足的发展（表一）。

表一　唐代鎏金发钗分期表

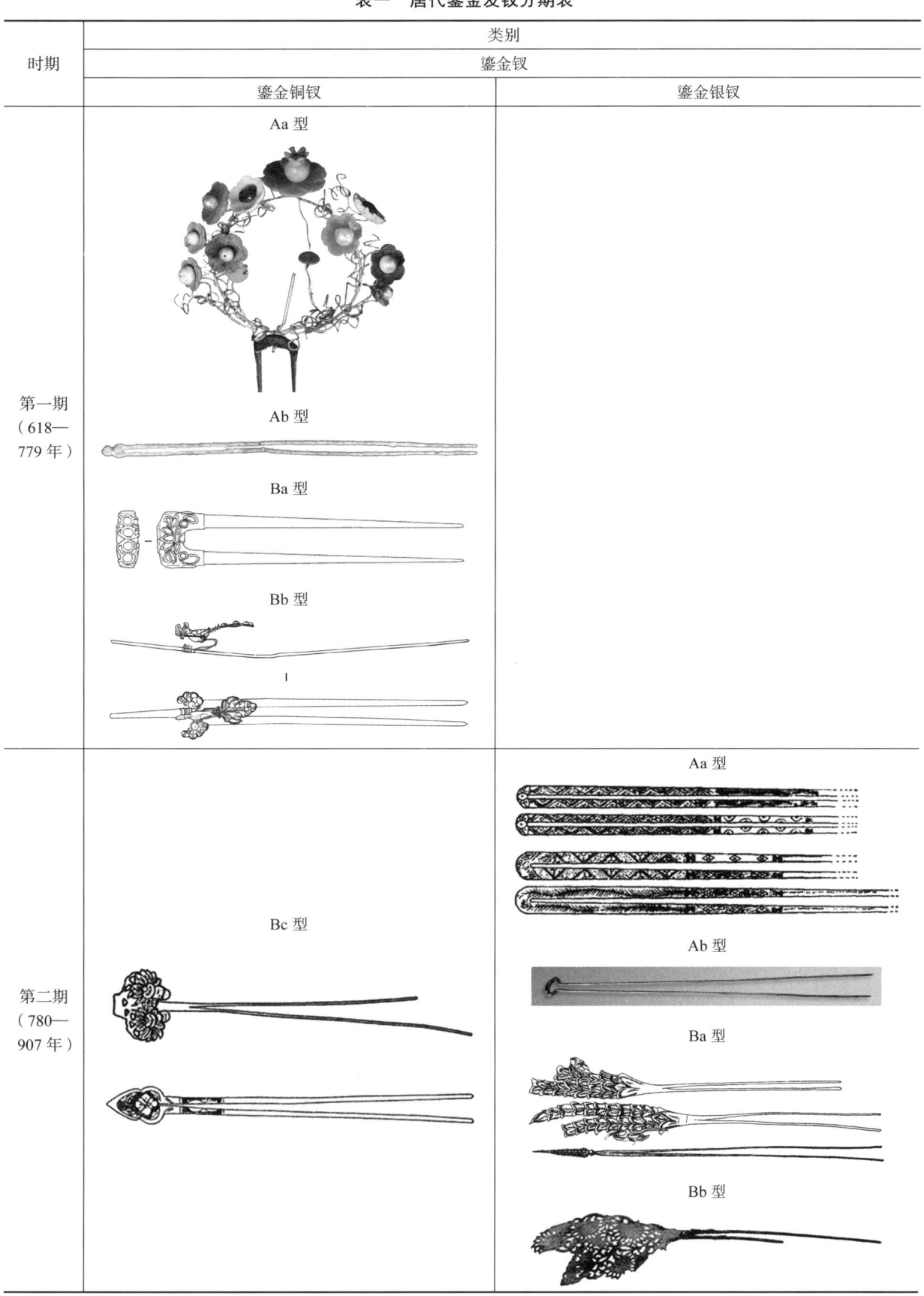

## 三、发钗的生产制作

唐代发钗，质地多样，种类各异，其生产机构及制作技术也相应存在差异。

### （一）原料来源

《新唐书·地理志》[38]记载，当时全国上贡金银器的地方共有五处：淮南道扬州上贡"金银铜器"、江南西道宣州上贡"银铜器"、剑南道绵州上贡"镂金银器"、岭南道桂州上贡"银铜器"、贵州上贡"金银铝器"。唐代中央政府熔铸铜器的是少府监掌冶署，常贡的州府有扬州、润州、宣州和桂州[39]。

### （二）制作技术

最为常见的"U"形双股钗，有铸造成型，也有打作而成者。形制规整、表面有较少的二次加工痕迹者一般为铸造而成；钗股轮廓略呈波浪形、形制不甚规整者为捶制而成。唐代中晚期流行的上端为剪纸状的簪钗，则是锤揲和錾刻工艺结合的典型代表，薄如纸片，图案刻划细致，反映了高超的技艺。在金属质钗中，鎏金工艺运用得很广泛，可分为银鎏金和铜鎏金两类。卢兆荫推测唐代银器上的花纹鎏金，可能受到萨珊金银器等中亚、西亚的金银器工艺启发产生，金花银器在盛唐时期非常流行，唐代晚期更加普遍[40]。齐东方总结唐代鎏金工艺有两种方法，一是刻好花后再鎏金，二是鎏金后再刻花，前者主要流行于唐前期，后者可能流行于中晚唐[41]。第一期的鎏金装饰发钗，钗体一般仅做鎏金处理，花纹部分均系附加而成，第二期的鎏金发钗，均在钗体鎏金后，在钗首以锤揲和錾刻等手法做出花饰。西安市长安区紫薇田园都市唐墓出土的鎏金银簪钗，经分析后认为是银铜合金或铜合金[42]，根据金相结构可知使用了退火处理和冷锻工艺。为了解唐代后期的金属发钗制作提供了重要的参考。

### （三）生产管理部门

发钗等头饰品是手工业中的一类，其制作机构分为中央政府管辖的官营手工业生产部门和地方性的官、私营性质的手工业作坊。金银质头饰品的制作一般由设在都城长安的金银作坊院和文思院负责，金银作坊院隶属于少府监。文思院是唐代晚期出现的专门为王室制造金银器的机构，文思院制作的金银器，都标明制作年代、器物名称、重量、制造机构的长次官、审验官、工匠头等人的姓名，形成一套固定的格式[43]。其他质地头饰品的制作管理则隶属于少府监所辖的中尚署和掌冶署两个部门。《唐六典》[44]在"少府监"条下有明确的记载。《新唐书·百官志》[45]中的记载略有出入，"掌冶署"条下增加了"涂饰琉璃玉作"的工种。

隋炀帝萧后墓、安陆王子山唐吴王妃墓、西安李倕墓等出土的金簪金钗，精美绝伦，采用掐丝、焊接、镶嵌等多种工艺制成，墓主都为王室贵族，所以这些头饰品很可能属于官府机构的产品。

地方性的官、私营手工业，也是头饰品生产中的一支重要力量，唐代中晚期，南方地区官、私营手工业蓬勃发展,并向王室进奉。浙西观察使李德裕"今所须脂盝妆具,度用银二万三千两、金一百三十两,寻令合并圣节进奉金银,造成两具进纳讫。今差人于淮南收买,旋到旋造,星夜不辍,竭力营求,深忧不殆"[46]。《册府元龟》卷一百六十九《帝王部·纳贡献》记载:"(长庆四年)八月,淮南节度使王播进宣索银妆奁三……十月,淮南、淮西又各进宣索银妆奁三。"[47]在上贡的金银器中有"妆奁",其中也应包含有发钗在内的头饰品。

江苏丁卯桥窖藏出土760件银钗,形制相对简单。有学者认为这批出土物很可能是唐代少见的官、私金银器制作作坊的遗物[48]。浙江长莘桥共出土102件银器,其中有47件银钗,共25件素面"U"形双股钗,其余为钗首呈剪纸状、装饰华丽的银钗等,被认为属于私营手工作坊的遗物[49]。唐代中晚期的发钗,以江苏丹徒丁卯桥、浙江长兴下莘桥、浙江临安水邱氏墓、陕西蓝田杨家沟窖藏等处最为集中,这些遗迹单位中出土的金银器一般被认为属于南方金银器[50],那么其中的发钗也应当是南方地区的产品。

可以看出,唐代的发钗生产制作既有中央政府所辖的作坊,也有大量的私营手工业作坊、地方性官营手工业作坊的存在,既满足了王室贵族的奢华生活,也生产出大量面向普通群众的产品。隋至唐代中期以前的贵金属钗,总体而言发现数量较少,一般出土于两京及其附近的贵族女性墓葬,制作工艺复杂,用料考究,多以金、玉、宝石等多种材料组合而成,显示出雍容华贵的气质。安史之乱以后,发钗发现地以南方居多,数量和种类上都有所增加,剪纸状的鎏金银钗和鎏金铜钗是其中的典型代表,总体呈现出平民化和多样化的趋势。

## 注　释

[1] 华梅:《古代服饰》,文物出版社,2004年,第220—224页。
[2] 沈从文:《中国古代服饰研究》,上海书店出版社,2002年。
[3] 周汛、高春明:《中国历代妇女妆饰》,学林出版社,1998年,第52—71页。
[4] 孙机:《唐代妇女的服装与化妆》,《文物》1984年第4期。
[5] 镇江市博物馆、陕西省博物馆:《唐代金银器》,文物出版社,1985年。
[6] 韩伟:《海内外唐代金银器萃编》,三秦出版社,1989年。
[7] 齐东方:《唐代金银器研究》,中国社会科学出版社,1999年,第290页。
[8] 高春明:《中国古代服饰名物考》,上海文化出版社,2001年,第102—113页。
[9] 王彬:《唐墓壁画中的妇女发饰》,《东南文化》2004年第6期。
[10] 扬之水:《隋唐五代金银首饰的名称与样式》,《艺术设计研究》2014年第1、2期。
[11] 葛龙:《唐宋时期金银发钗探析》,郑州大学硕士学位论文,2013年。
[12] 王家梦、郭永利:《唐钗的类型和分期》,《华夏考古》2017年第1期。
[13] 杨军昌等:《江苏扬州市曹庄M2隋炀帝萧后冠实验室考古简报》,《考古》2017年第11期;陕西省考古研究院、德国美因茨罗马-日耳曼中央博物馆:《唐李倕墓:考古发掘、保护修复研究报告》,科学出版社,2018年;扬眉剑舞:《从花树冠到凤冠——隋唐至明代后妃命妇冠饰源流考》,《艺术设计研究》2017年第1期;王永晴、王尔阳:《隋唐命妇冠饰初探——兼谈萧后冠饰各构件定名问题》,《东南文化》2017年第2期。
[14] 杨忙忙:《唐代妇女发饰的技术分析与研究》,《文物保护与考古科学》2007年第3期;党小娟等:《隋炀帝萧后墓出土发钗材料与工艺初步研究》,《文物保护与考古科学》2018年第4期。
[15] 刘建国、刘兴:《江苏丹徒丁卯桥出土唐代银器窖藏》,《文物》1982年第11期。
[16] 刘建国、刘兴:《江苏丹徒丁卯桥出土唐代银器窖藏》,《文物》1982年第11期。

[17] 韩伟:《海内外唐代金银器萃编》, 三秦出版社, 1989年, 第20页; 齐东方:《唐代金银器研究》, 中国社会科学出版社, 1999年, 第34页。
[18] 毛波:《长兴下莘桥出土的唐代银器及相关问题》,《东方博物》(第四十四辑), 浙江大学出版社, 2012年, 第9—21页。
[19] 洛阳市文物工作队:《洛阳龙康小区唐墓(C7M2151)发掘简报》,《文物》2007年第4期。
[20] 广州市文物管理委员会:《广州皇帝岗唐木椁墓清理简报》,《考古》1959年第12期。
[21] 阎磊:《西安出土的唐代金银器》,《文物》1959年第8期。
[22] 三门峡市文物考古研究所:《三门峡文物精粹(图册)》, 北京燕山出版社, 2004年, 第156页。
[23] 石谷风、马人权:《合肥西郊南唐墓清理简报》,《文物参考资料》1958年第8期; 扬之水:《中国古代金银首饰》(卷一), 故宫出版社, 2014年, 第94页。
[24] 陕西省考古研究院、德国美因茨罗马-日耳曼中央博物馆:《唐李倕墓: 考古发掘、保护修复研究报告》, 科学出版社, 2018年, 第207—215页。
[25] 陕西省考古研究所宝中铁路考古队:《陕西陇县店子村汉唐墓葬》,《考古与文物》1999年第4期。
[26] 党小娟等:《隋炀帝萧后墓出土发钗材料与工艺初步研究》,《文物保护与考古科学》2018年第4期。
[27] 扬之水:《隋唐五代金银首饰的名称与样式》,《艺术设计研究》2014年第1、2期。
[28] 孝感地区博物馆、安陆县博物馆:《安陆王子山唐吴王妃杨氏墓》,《文物》1985年第2期。
[29] 王长启、高曼、唐龙:《唐苏三夫人墓出土文物》,《文博》2001年第3期。
[30] 郑州大学历史学院等:《河南宝丰小店唐墓发掘简报》,《文物》2020年第2期。
[31] 张广立、徐庭云:《唐钗琐谈》,《文物天地》1991年第6期。
[32] 关善明、孙机:《中国古代金饰》, 香港沐文堂美术出版社有限公司, 2003年, 第347—349页。
[33] 陕西省考古研究院、德国美因茨罗马-日耳曼中央博物馆:《唐李倕墓: 考古发掘、保护修复研究报告》, 科学出版社, 2018年, 第215页。
[34] 扬州市文物考古研究所:《江苏扬州南唐田氏纪年墓发掘简报》,《文物》2019年第5期。
[35] 中国科学院考古研究所:《西安郊区隋唐墓》, 科学出版社, 1966年, 第76页。
[36] 西安市文物管理处:《西安西郊热电厂基建工地隋唐墓葬清理简报》,《考古与文物》1991年第4期。
[37] 中国科学院考古研究所:《西安郊区隋唐墓》, 科学出版社, 1966年, 第76页。
[38] (宋)欧阳修、宋祁:《新唐书》, 中华书局, 1975年, 第1051—1117页。
[39] 尚刚:《唐代工艺美术史》, 浙江文艺出版社, 1998年, 第217、218页。
[40] 卢兆荫:《试论唐代的金花银盘》,《中国考古学研究——夏鼐先生考古五十年纪念论文集》, 文物出版社, 1986年, 第286—300页。
[41] 张静、齐东方:《古代金银器》, 文物出版社, 2008年, 第95页。
[42] 杨忙忙:《唐代妇女发饰的技术分析与研究》,《文物保护与考古科学》2007年第3期。
[43] 韩伟:《磨砚书稿: 韩伟考古文集》, 科学出版社, 2001年, 第123页。
[44] (唐)李林甫等撰, 陈仲夫点校:《唐六典》, 中华书局, 1992年, 第567页。
[45] (宋)欧阳修、宋祁:《新唐书》, 中华书局, 1975年, 第832—834页。
[46] (宋)欧阳修、宋祁:《新唐书》, 中华书局, 1975年, 第4118页。
[47] (宋)王钦若等:《册府元龟》, 中华书局, 1960年, 第2034页。
[48] 齐东方:《丁卯桥和长辛桥唐代金银器窖藏刍议》,《文博》1998年第2期。
[49] 齐东方:《丁卯桥和长辛桥唐代金银器窖藏刍议》,《文博》1998年第2期。
[50] 冉万里:《唐代南方金银器的发现及其特征》,《西北大学学报》(哲学社科版)1994年第4期。

# The Research of the Gilding Hairpins of the Tang Dynasty

Wang Yangyang

(Ningxia Institute of Cultural Relics and Archaeology, Silk Road Historical and Cultural Collaborative Innovation Center, North Minzu University)

**Abstract:** The hairpins of Tang dynasty including gilt bronze and gilt silver, which is a decorative varieties. On the one hand it reflects the development of tang gilt technology and handicraft production pattern changes, on the other hand reveals the evolution of hairpin.

**Keywords:** Hairpins, Typology, the Usage

# 丝绸之路与中外文化交流

## 藤座、束帛藤座与筌蹄
### ——一种坐具从图像到实物的传播与演变

冉万里

（西北大学文化遗产学院）

**内容摘要**：在佛教造像及其他世俗的图像资料中，有一种藤编坐具，它多被称为"筌蹄"等，笔者认为应该统一为"束帛藤座"，或者略称为"束帛座"。本文依据图像资料及考古发掘出土物等，对其传播区域及在各地区所表现出来的形象特征进行论述，认为它与佛教的传播路线大体吻合，即随着佛教自犍陀罗—新疆—敦煌—云冈、关中、长安、邺城、青州等地区，并且在各传播地区表现出了各自的特征。一直到东魏、北齐，特别是北齐时期，图像资料中的束帛藤座逐渐趋向统一，而且开始出现于世俗生活的图像资料中，这似乎暗示了束帛藤座存在一个从图像粉本的传播到实物传入的过程，而实物传入的时间大约在东魏、北齐时期。东魏、北齐时期的束帛藤座样式还传到朝鲜半岛和日本。从束帛藤座的特征来看，朝鲜半岛和日本的半跏思惟菩萨像明显受到了东魏、北齐的深刻影响，反映了这一时期东亚世界的文化交流样相。

**关键词**：藤座；束帛藤座；筌蹄；佛教；传播；交流

在佛教造像及其装饰题材中，常见一种圆形束腰或者不束腰、上部束帛的坐具，对于这种坐具，各类论著中的称呼不一致，有藤座、筌蹄与束帛藤座、束帛座（亦略称帛座）、细（束）腰圆凳等，有的则笼统地称为台座。但在更多的情况下，被认为是文献所记载的"筌蹄""筌台"等，所以称为"筌蹄"者较多，特别是在各类简报或者报告中尤其多见。在极个别的资料中，针对云冈石窟的束帛藤座，有人按照字面的意思，直接解释为"束帛座就是以捆起来的丝织物作为座的形式"，对此，解释者本人也充满疑问，不知所以[1]。为了论述方便，加之这些座子以藤编为主，因此，笔者在行文中将其统称为"束帛藤座"，需要分析其特征时，再使用具体的名称。对于束帛藤座，杨泓先生[2]和孙机先生[3]等都有精到的考证和论述。上述研究，更多的是从文献资料进行论证，在论证过程中再辅以个别的图像资料。本文在先贤们的思路下，依据各种图像资料，按地域对其形制进行分类，并根据其样式变化，着重探讨其传播路线、在中国境内不同时期的形制特点以及最后的定型时间等问题。通过对古印度图像资料中的束帛藤座进行梳理，认为束帛藤座的传播可以分为图像粉本的传播与实物传播，图像的传播要早于实物的传播。而大量新图像资料的发现，也为这一探讨提供了可能。不足之处，尚祈指正。

在先贤的论述中，有的将藤座、束帛座和筌蹄作为同一种坐具来看待，实际上，它们存在地域和时代的差异，也即存在传播和演变的可能性。从目前所知的图像资料来看，它们有一个明显的自西向东的传播过程，而且传播路线清晰，在传播过程中形制不断发生变化，还存在多种形制并存的现象。同时，从地域分布上看，主要见于新疆、河西走廊、长安、大同、洛阳、邺城、青州等地区，而南方地区的图像资料中则较为罕见。与此同时，束帛藤座与佛教造像一起，还传播到了朝鲜半岛和日本，特别是朝鲜半岛的束帛藤座样式与北齐时期的束帛藤座样式惊人的一致，可见这一地区对朝鲜半岛影响之深刻。

要探讨束帛座的传播和形制变化的问题，其注目点应该在印度和巴基斯坦以白沙瓦为中心的犍陀罗地区。在印度和犍陀罗地区的古代佛教造像雕刻中，一开始就出现了束帛藤座，而未见到被称为"筌蹄"的坐具。虽然它们与中国现存图像资料中的束帛藤座不同，但似乎这种坐具不是以最初的形式传播过来的，而是在传播过程中逐渐演变为后来的"筌蹄"样式的。这也是本文探讨这一问题的出发点，即从其源头地区造像中所见的束帛座论述起。

# 一、印度的藤座

从目前图像资料来看，古印度人的生活起居，或席地而坐，或坐于坐垫之上，或坐于三足凳上，仅有少部分图像资料中出现束帛藤座的形象，它们与本文所要探讨的问题关系密切，这里主要将这些相关的图像资料进行分类介绍。

A 型　不束帛的藤座。这类藤座大多数呈圆筒形，或者呈上部直径略小的圆筒形，图像中露出藤条编织形成的纹理，比较逼真。

如在印度中央邦公元前 1 世纪的巴尔胡特塔栏楯之上，雕刻一幅猿猴本生故事[4]，其中猿猴和仙人分别坐于圆筒状或者略呈上小下大的圆形藤座之上，藤座上看不到束帛的痕迹（图一）。但这类藤座的形象在图像资料中的表现较少。

B 型　呈上小下大的圆形，形如圆鼓，其上束帛。在座子的上下部位各束缚一条带子，使得束帛座中部鼓起，侧面看起来上部、中部、下部三部分凸出。在束帛座中部一般用斜线菱形格纹表示布帛的纹饰，下部雕刻圆弧状的布帛下摆。

如印度阿玛拉瓦蒂出土的 2 世纪的佛传故事石刻上，占梦场景中的占相师和摩耶夫人所坐者即是这类束帛座的样式（图二）[5]。纳加尔朱纳康达出土的 3 世纪后半叶的佛传故事石刻上，占梦场景中的占相师和摩耶夫人也坐于这类束帛座上（图三）[6]。还有纳加尔朱纳康达出土的 3 世纪后半叶表现难陀出家的石刻上，难陀也坐于这类束帛座上（图四）[7]。类似的图像在纳加尔朱纳康达出土的石刻上还有不少，如窣堵波石刻（图五）[8]等。由此可见，这类束帛座主要流行于南印度地区。

在南印度造像中的藤座中，还有一种上下对称、束腰、形如腰鼓的藤编器物，如在前文提到的纳加尔朱纳康达出土的 3 世纪后半叶的佛传故事石刻上，就可以看到。但从画面中的特征来看，它

图一 印度中央邦巴尔胡特塔栏楯上的雕刻

图二 印度阿玛拉瓦蒂出土佛传故事图像（局部）

图三 印度纳加尔朱纳康达出土佛传故事图像（局部）

们置于人物面前，原来是用来置物的，而不是坐具。

从印度恒河流域及南印度的佛教造像来看，与中国的藤座、束帛藤座等相似或者接近的图像，几乎不见于佛教造像上，也就是无法在这些造像上找到中国同类器物的祖型。从这一现象来看，中国的藤座、束帛藤座直接来自印度这一点似乎可能性较小，应该存在一个发展演变过程，也就是说，得从别处的造像探讨其传入的问题。这里沿着北传佛教的传播路线，将着眼点放在下一个重要的地区，即下文要提到的犍陀罗地区。

图四　印度纳加尔朱纳康达出土难陀出家图像（局部）

图五　印度纳加尔朱纳康达出土窣堵波石刻图像

## 二、巴基斯坦犍陀罗地区造像中的束帛藤座

在目前所知的巴基斯坦犍陀罗造像中，各类束帛座常见，而且较为清晰。虽然与新疆等地区的束帛座有一定的差异，但如果仔细观察，可以看到在其侧面有明显而清晰的藤编纹理。从造像的正面观察，其形制可以分为方形和圆形两种。但不论是方形还是圆形，其上部都束帛，由于其下垂的

布帛边缘不及座的中部，可以观察到暴露出的藤条编织形成的各种镂空状花纹。在图像资料中，圆形束帛藤座占绝大多数，而方形或者长方形束帛藤座则数量较少。从图像资料的表现方式看，这类束帛座实际上是在藤座上束帛，可称之为"束帛藤座"。按照其形制可以分为 A、B 二型。

A 型　束帛藤座呈横长方形或者方形。

日本平山郁夫丝绸之路美术馆藏犍陀罗莲花手交脚弥勒菩萨像，坐于横长方形的束帛藤座上（图六）[9]。日本静冈县妙法寺藏结跏趺坐菩萨像，坐于方形的束帛藤座上，手执净瓶（图七）[10]。

图六　日本平山郁夫丝绸之路美术馆藏犍陀罗莲花手交脚弥勒菩萨像

图七　日本静冈县妙法寺藏犍陀罗结跏趺坐菩萨像

B 型　束帛藤座呈圆形。圆形束帛藤座可以分为三种：一是上下大小一致，犹如圆筒状；一是上部略小，下部略宽大，呈圆弧形；一是犹如圆筒状，但上下出沿，隐约可见上部的束帛。为了叙述方便，分别用 Ba、Bb、Bc 型来表示。

Ba 型　呈圆筒状。

在目前所知的例子中，这类束帛座在犍陀罗造像中所占比例较高，为绝大多数，是一种普遍的存在。相对而言，菩萨的束帛座雕刻得比较华丽，往往多以镂空技法雕刻出藤条编织形成的花纹。而其他一些个体较小的造像的束帛座，雕刻得比较简约或者粗糙。比较典型的有以下几例：

巴基斯坦白沙瓦博物馆藏的表现释迦婚礼的造像中，耶输陀罗坐于圆形束帛座上，在其前方是熊熊燃烧的火焰（图八）[11]。

日本松户市立博物馆（图九）[12]、松冈美术馆（图一〇）分别藏一尊半跏思惟菩萨像，均坐于圆形束帛座上，上半部束帛，下半部露出采用镂空技法雕刻的藤条编织花纹[13]。

图八　巴基斯坦白沙瓦博物馆藏释迦婚礼图像

图九　日本松户市立博物馆藏犍陀罗半跏思惟菩萨像

图一〇　日本松冈美术馆藏犍陀罗半跏思惟菩萨像

英国伦敦大英博物馆藏半跏思惟菩萨像（图一一）及伦敦个人收藏的半跏思惟菩萨像（图一二），均坐于圆筒状束帛座上，上半部束帛，下半部露出采用镂空技法雕刻的藤条编织花纹[14]。

日本平山郁夫丝绸之路美术馆藏半跏思惟菩萨像（图一三）[15]、加尔各答印度博物馆藏头部

图一一　英国伦敦大英博物馆藏犍陀罗半跏思惟菩萨像　　图一二　英国伦敦个人收藏犍陀罗半跏思惟菩萨像　　图一三　日本平山郁夫丝绸之路美术馆藏犍陀罗半跏思惟菩萨像

缺失的半跏思惟菩萨像（图一四）[16]、澳大利亚新南威尔士州美术馆藏半跏思惟菩萨像（图一五）[17]，其中的束帛藤座均呈圆筒状，侧面可以清晰地看到采用镂空技法雕刻出的藤条编织花纹。

图一四　加尔各答印度博物馆藏犍陀罗半跏思惟菩萨像　　图一五　澳大利亚新南威尔士州美术馆藏犍陀罗半跏思惟菩萨像

一些交脚弥勒菩萨像也采用这种束帛藤座，但与半跏思惟菩萨像相比较，数量较为罕见。如伦敦大英博物馆藏一件交脚弥勒菩萨坐像所坐的束帛藤座（图一六）[18]。

在日本收藏的一尊北朝末至隋代或者北周的黄花石半跏思惟菩萨像（图一七），其藤座与已经本土化了的束帛藤座相比较，形制较为特殊，仍然保留着犍陀罗地区圆筒状束帛藤座的样式，这也是目前所知唯一与犍陀罗造像中的束帛座完全相同的造像[19]。虽然它是唯一的，但对于了解犍陀罗造像中的"束帛藤座"对中国的影响，其意义却是巨大的，或者说这是一个非常重要的线索。同时，对于在束帛藤座下部加饰莲花瓣的传播，也具有重要的参考意义。

图一六　英国伦敦大英博物馆藏犍陀罗交脚弥勒菩萨坐像

图一七　日本个人收藏半跏思惟菩萨像

**Bb 型**　上部略小，下部宽大，顶面呈圆弧形，上部束帛。

这类束帛藤座多见于佛传故事的占梦部分，为占梦师所坐，但数量较少。如巴基斯坦白沙瓦博物馆藏占梦场景中的占梦师所坐者（图一八）[20]。

**Bc 型**　形如圆筒，上下出沿。

这类束帛藤座在犍陀罗造像佛传故事的占相部分中常见，一般占相师坐于其上。如日本个人收藏的一件犍陀罗造像上占相师所坐者，侧面以斜线刻出菱形格纹饰（图一九）[21]。在犍陀罗造像龛像中的半跏趺思惟菩萨像，也有思惟菩萨坐于其上者。如日本个人收藏的一尊半跏思惟菩萨像龛像，思惟菩萨即坐于形如圆筒、上下出沿的束帛藤座上（图二〇）[22]。

将上述分类的结果，与中国境内的古龟兹地区石窟壁画中的束帛藤座进行比较，可知其中的Ba、Bb型对其影响较大，是古龟兹地区图像资料中束帛藤座的源头。下面接着来论述古龟兹地区图像资料中的束帛藤座。

图一八　巴基斯坦白沙瓦博物馆藏犍陀罗佛传故事的占梦画面

图一九　日本个人收藏犍陀罗造像中的占相画面

图二〇　日本个人收藏犍陀罗半跏思惟菩萨像

## 三、新疆地区石窟壁画中的束帛藤座

新疆地区的束帛藤座，主要见于古龟兹地区的石窟寺壁画，其形象与犍陀罗地区造像中的Ba、Bb型束帛藤座相似，明显受其影响，但也有较大变化。在造型上，古龟兹地区的束帛藤座吸收了Ba型的高大，借鉴了Bb型上部的圆弧形，将二者结合在一起，从而表现出强烈的地域性特征。其形制特征表现为：束帛座整体较宽大，束腰部分更加明显，并束有色彩对比强烈的宽带，上面所束之布帛下垂至束腰部分以下，有的则几乎与座底部边沿平齐，视觉效果看起来似乎更加宽大、舒适和柔软，但一般情况下未露出藤条编织形成的纹理。由于是彩色壁画，束帛及束腰部分的带子色彩鲜明清晰，而且其束缚的样式也极其逼真。这些束帛座上所束缚之布帛，其色彩有白色、蓝色等，表面以颜色或淡或深的纵向线条表示所束布帛包裹藤座时形成的褶皱，同时在束帛的下部边沿还绘制出波浪状边饰，束腰部分的带子不仅较宽而且多呈白色，其中以白色表现的束帛和带子，可能就是文献中所说的"白叠（棉布）"吧。古龟兹地区的束帛座，以克孜尔石窟壁画中所绘者为代表，可以称之为"龟兹式束帛藤座"。从克孜尔石窟壁画中坐这类束帛藤座的人物来看，主要为半跏思惟菩萨、听法菩萨、仙人、金刚力士、妓女、外道等，鲜有以之为佛座者。比较典型的例子有：

第123窟的树下观耕图中，菩萨半跏趺坐，束帛座虽有残缺，但仍然可以看出其形状为束腰形，所束布帛为白色，不及座子底部，以宽带束腰，下半部露出编织藤条形成的花纹，不过绘制得较为复杂（图二一）[23]。类似的坐于束帛座上的半跏思惟菩萨像，也见于克孜尔石窟第123窟主室正壁北甬道口上方壁画（图二二）[24]，其中的束帛藤座下部露出与犍陀罗造像中的束帛藤座极其相

图二一 克孜尔石窟第123窟树下观耕图

图二二 克孜尔石窟第123窟主室正壁
半跏思惟菩萨像

似的藤条编织纹理，这幅图像对于认识那些未露出这种纹理的座子是不是藤座，提供了有力证据。

第38窟前壁窟门上左右两侧的半跏思惟菩萨像（图二三）[25]，束帛藤座的样式与树下观耕图中的半跏思惟菩萨像一致。

图二三　克孜尔石窟第38窟前壁窟门上方半跏思惟菩萨像
1. 左侧　2. 右侧

第14窟正壁龛左侧的听法菩萨像，其下部绘制一个硕大的上部呈白色、下部束帛边缘呈蓝色的束帛藤座（图二四）[26]，视觉效果看起来较为宽大。

第14窟主室券顶右侧壁"兔焚身施仙人本生"壁画中，仙人所坐束帛藤座上部呈白色，并以红褐色双线表示束帛的褶皱（图二五）[27]。

第14窟券顶东侧壁菱形格本生故事画中，绘制的菩萨坐于束帛藤座之上，所束布帛呈白色，边缘部分呈蓝色，束在藤座腰部的带子呈黑色，下部露出藤座本体，以斜线菱形格纹表示藤条编织纹理（图二六）[28]。

第175窟主室正壁绘制的金刚力士，坐于束蓝色布帛的束帛藤座上，束腰部分的带子呈白色勾边的深蓝色（图二七）[29]。类似的坐于束帛藤座上的金刚力士，也见于森木塞姆石窟第41窟主室正壁（图二八）[30]。

第178窟主室左壁佛像右侧的妓女菴摩罗女（图二九），坐于束蓝色布帛的束帛藤座上，束腰部分的带子呈白色，束帛藤座下部露出以赭色勾边的编织藤条形成的花瓣状纹理。佛像左侧的菴摩罗女则坐于束蓝色布帛的束帛藤座上（图三〇），束腰部分的带子呈白色[31]。

第80窟主室正壁上方所绘的三尊外道像，他们均坐于束帛藤座上（图三一）。束帛不及座底，

图二四 克孜尔石窟第14窟正壁龛左侧听法菩萨像

图二五 克孜尔石窟第14窟主室券顶右侧壁"兔焚身施仙人本生"壁画

图二六 克孜尔石窟第14窟券顶东侧壁菱形格本生故事画

图二七 克孜尔石窟第175窟主室正壁金刚力士像

图二八　森木塞姆石窟第 41 窟主室正壁金刚力士像

图二九　克孜尔石窟第 178 窟主室左壁佛像右侧的妓女菴摩罗女像

图三〇　克孜尔石窟第 178 窟主室左壁佛像左侧的妓女菴摩罗女像

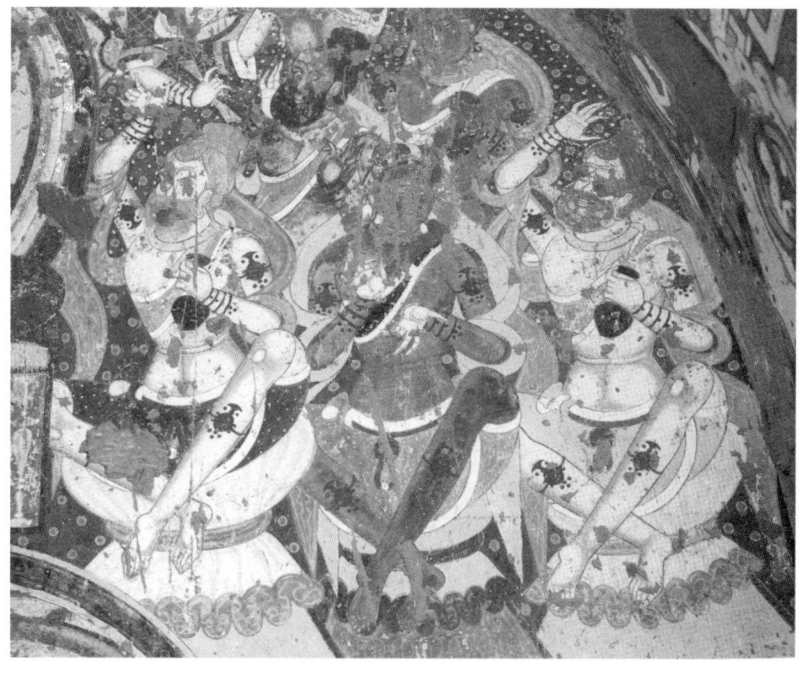

图三一　克孜尔石窟第 80 窟主室正壁上方的外道像

帛的色彩有白色、绿色，下部露出的座本身呈绿色、蓝色。中央外道所坐者，还绘出藤条编织形成的花纹[32]。

在古龟兹壁画中，还可见一种方形的藤编座，但比较少见，不属于新疆地区有代表性的束帛藤座。如克孜尔石窟第207窟主室右壁壁画中的执金刚神所坐者（图三二）[33]，即是此类。这类束帛座与犍陀罗地区的A型束帛座比较接近，可能是受其影响的结果。

## 四、敦煌至长安以西地区的束帛藤座

在敦煌莫高窟、永靖炳灵寺以及北凉石塔等的壁画、塑像及线刻中，宽大的束帛藤座与细高的上下对称的腰鼓形束帛藤座并存，而以后者为主。根据其样式的不同可分为二型。

A型 呈宽大的上下不对称的束腰状，束腰在其中部，而且较为明显，并可见凸起的束腰帛带之类，表面所束布帛的褶皱以纵向阴线条刻成平行线状。

图三二 克孜尔石窟第207窟主室右壁执金刚神像

这种形制的束帛藤座在敦煌莫高窟多见泥塑形式，个别的也见于壁画中。比较典型的是莫高窟北凉时期第275窟中南、北壁双树龛中半跏思惟菩萨像所坐者（图三三）[34]。在西魏第285窟南壁绘制的五百强盗成佛图中，佛陀坐于宽大的上部束缚白色布帛的束帛座上（图三四）[35]。

1　　　　　　　　2　　　　　　　　3

图三三 莫高窟第275窟半跏思惟菩萨像
1. 南壁对树龛　2、3. 北壁对树龛

图三四　莫高窟西魏第285窟南壁五百强盗成佛图（局部）

从莫高窟这种束帛藤座的形制来看，似乎更多地受到了"龟兹式束帛座"的影响，可以看作这种束帛藤座是自西向东传播的，并沿着河西走廊一直传播至炳灵寺一带，如在酒泉北凉石塔上雕刻的佛教造像中，也线刻有坐于束帛座上的菩萨像。如北凉承阳二年（426年）马德惠造石塔上部侧面线刻的说法弥勒菩萨像所坐的束帛藤座（图三五）[36]；北凉承玄元年（428年）高善穆塔（图三六）和北凉大缘二年（436年）程段儿造石塔（图三七）下部线刻神王所坐的束帛藤座[37]；永靖炳灵寺石窟169窟第17龛西秦时期思惟菩萨像所坐的束帛藤座（图三八，1）[38]。再向东，这

图三五　北凉承阳二年（426年）马德惠造石塔上部线刻说法弥勒菩萨像

图三六　北凉承玄元年（428年）高善穆塔下部神王像线刻图

图三七　北凉大缘二年（436年）程段儿造石塔下部神王像线刻图

1　　　　　　　　　　　　　　2

图三八　永靖炳灵寺石窟及麦积山石窟塑像中的束帛藤座
1. 永靖炳灵寺石窟 169 窟第 17 龛西秦半跏思惟菩萨像　2. 麦积山石窟第 169 龛交脚弥勒菩萨像

种形制的束帛藤座在河西走廊以东地区的造像中仍然可以看到，如麦积山石窟第 100 号北魏交脚弥勒菩萨像、第 148 龛正壁左侧北魏半跏思惟菩萨像、第 169 龛交脚弥勒菩萨像（图三八，2）等，前两者下部露出呈"八"字形外撇硕大的束帛藤座下部，其上以阴线表示束于其上之帛[39]，但未露出上半部，而第 169 龛则雕塑得更逼真，布帛及束带明显。在河西走廊以东地区的单体造像中也有发现，如美国华盛顿弗利尔美术馆藏北魏永平四年（511 年）姚羔□造像，在背面上部雕刻的交脚弥勒菩萨坐于一个硕大的束帛座之上（图三九）[40]。另外，下文要讨论的关中地区及邺城、青州地区为中心的东魏、北齐时期的束帛座中，可以看到其形象或者因素，说明其传播路线与佛教的传播路线大体上是吻合的。

B 型　呈上下对称的束腰状，整体高瘦，这种束帛座未见于敦煌以西地区，应该是在"龟兹式束帛座"的基础上演变而来的，属于新兴的束帛座。根据其上下边沿有无莲花瓣，可以分为 Ba、Bb 型两种。

Ba 型　上下边沿无莲花瓣。

在莫高窟北凉时期第 275 窟月光王施头本生故事画中，月光王所坐束帛座即为上下沿无莲瓣者，束帛座的侧面以纵向分布的黑白两色表示束帛（图四〇）[41]。甘肃秦安出土的北周保定四年（564 年）王文超造像碑维摩和文殊所坐的束帛藤座（图四一）[42]，其中的束帛藤座还略带有"龟

图三九　美国华盛顿弗利尔美术馆藏北魏永平四年（511 年）姚羔□造像背面

兹式束帛藤座"的影子，显得宽大。初唐时期第 331 窟东壁窟门上部绘制的法华经变中，其中四天王所坐者呈上下对等的束腰状，特别是其中两个天王所坐者，侧面为褐色及绿色相间，束腰部分束一白色的带子，显然是坐在束帛座之上；另外两个天王所坐者，虽然为单一的绿色及深黑色，但其坐具束腰部分的带子则很明显，分别呈黑色及白色，说明也是束帛藤座（图四二）[43]。但从整个莫高窟地区的图像资料来看，这种束帛座的数量明显不占主流。

Bb 型　上下边沿绘制或塑莲花瓣。

这种类型的束帛座，虽然也呈上下对称状，但在上下边沿加上了莲花瓣，形成了束腰形莲花座。这似乎可以看作是后来束腰较高，上下沿饰莲瓣的所谓"莲花座"的雏形。这种形制的束帛藤座大量流行于隋唐时期，流行时间较长。如莫高窟第 295 窟隋代涅槃变相中，涅槃佛像头部一端所绘制的佛母摩诃摩耶所坐者（图四三）[44]，其表面光素，未绘制出布帛褶皱，也未见露出藤条，但束腰部分明显可以看出束带，似乎暗示其上束缚有平整无褶皱的布帛之类。但在其他壁画或者塑像中，则直接以色彩表示交叉状的藤条，暗示其上未束布帛。如莫高窟隋代第 417 窟西龛外南北两侧泥塑而成的半跏思惟菩萨像所坐者（图四四）[45]，莫高窟隋代第 423 窟窟顶西坡绘制的半跏趺坐摩顶授记、供养弥勒中的弥勒菩萨所坐者（图四五、图四六）[46]。不过，值得注意的是，不论是泥塑还是绘画，这种形制的束帛座，均用色彩绘制出编织的藤条，而未见所束之布帛，是名副其实的

图四〇 莫高窟北凉时期第 275 窟月光王施头本生故事画

图四一 甘肃秦安出土北周保定四年（564 年）王文超造像碑

图四二 莫高窟初唐时期第 331 窟东壁窟门上部法华经变（局部）

图四三 莫高窟第 295 窟隋代涅槃变相（局部）

图四四 莫高窟隋代第 417 窟西龛外南北两侧泥塑半跏思惟菩萨像

图四五 莫高窟隋代第 423 窟窟顶西坡供养弥勒菩萨像

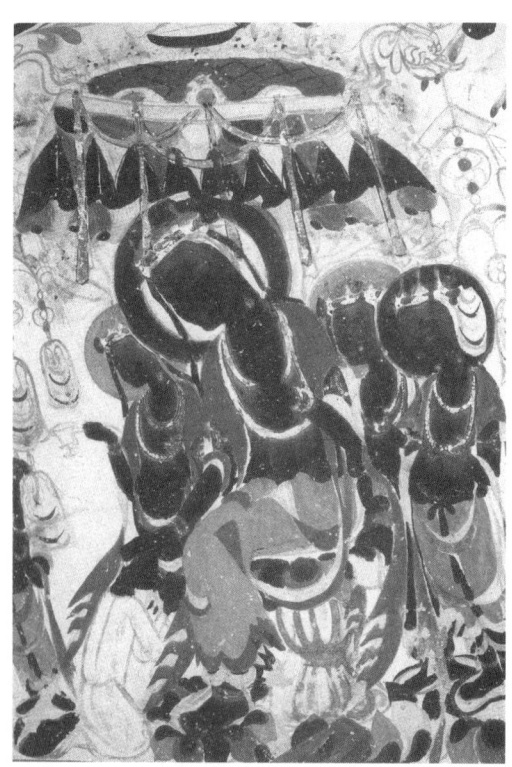
图四六 莫高窟隋代第 423 窟窟顶西坡供养弥勒菩萨像

"藤座"。从时代上而言，这种样式的藤座或束帛藤座在敦煌莫高窟出现的年代，要晚于将在下文讨论的以邺城、青州地区为中心的东魏、北齐时期造像中上下对称饰莲瓣的束帛藤座，这似乎反映了敦煌莫高窟与这一地区之间的关系。虽然这种上下边沿绘制或塑莲花瓣的藤座在敦煌莫高窟出现时代较晚，但却流行于敦煌莫高窟壁画或塑像中。

在甘肃敦煌莫高窟、永靖炳灵寺、天水麦积山的塑像或者壁画中，古龟兹壁画中常见的宽大、矮胖的"龟兹式束帛座"虽然也有雕塑，但数量较少，可见这种束帛座在河西一带的影响已处于末流之势。自龟兹至敦煌，这种形制束帛座的承袭关系非常明显。所不同的是，敦煌莫高窟所见的宽大束帛座，因为是塑像的原因，其侧面表示布帛褶皱者为阴刻线条。

## 五、云冈石窟及其影响下的束帛藤座

（一）云冈石窟中的束帛藤座

云冈石窟的束帛座颇有特点，其上部的束帛呈向内弯曲的样式，从视觉效果上而言，可以看到大多数坐于其上的半跏思惟菩萨、供养菩萨等的臀部与座上部表面偏离，好像没有在其上坐实一般，画面不大协调，而且束帛座的上部明显呈向后侧弯曲的圆弧状。这种不协调感，似乎暗示了当时北魏平城一带的人们，对于这种座子本身并不熟悉，仅凭粉本进行雕刻，没有从其实际的视觉效果去考虑。特别是在早期石窟中，竟然在束帛藤座上方或侧面又雕刻有垫子或者带足的坐具，如早期的第18窟南壁下层西侧龛两侧的半跏思惟菩萨像（图四七）[47]、第17窟明窗东壁交脚弥勒佛两侧的半跏思惟菩萨像（图四八）[48]，所坐的束帛藤座即是这种样式[49]。可见雕刻者确实不熟悉"束帛藤座"。坐于其上者以半跏思惟菩萨像为主。束帛藤座侧面以阴刻线条表示布帛的褶皱。这种石雕样式影响极为广

图四七　云冈石窟第18窟南壁下层西侧龛

图四八　云冈石窟第 17 窟明窗东壁龛

泛，似乎可以称为"云冈式束帛藤座"。在洛阳、长安等地区同时代或者稍晚的佛教造像中多见这种束帛藤座，可见它们基本是以云冈石窟中所雕刻的束帛藤座为粉本，并形成了流行相同的"云冈式束帛藤座"的区域，这个区域就具体地点而言，有云冈石窟、龙门石窟、关中地区等。

在云冈石窟中，坐于束帛藤座上的尊像身份较为固定，主要为半跏趺坐思惟菩萨，也有少量的占相的阿私陀、鹿头梵志、婆薮仙、鬼子母和半支迦、供养天人（僧侣）。还有一些立菩萨像之下也雕刻束帛藤座作为座子，菩萨站立其上，个别上部表面雕刻出一个较为低矮的小平台。在云冈石窟第 6 窟佛传故事出东门见老人图像中，老人也坐于束帛座上。维摩像中也有坐于束帛藤座上者，但束帛藤座较为低矮、宽大，与上述高瘦的束帛座不同。云冈石窟中的束帛藤座数量较多，下面以人物身份为序分类列举几例：

半跏思惟菩萨像类：第 19-1 窟前壁下层龛内两侧的半跏思惟菩萨像（图四九）[50]、第 5 窟南

图四九　云冈石窟第 19-1 窟前壁下层龛

壁龛内两侧半跏思惟菩萨像（图五〇）[51]、第 10 窟前室西壁第三层交脚弥勒菩萨两侧的半跏思惟菩萨像（图五一）[52]、第 11 窟中心柱南面上层龛内两侧的半跏思惟菩萨像（图五二）[53] 等。

图五〇　云冈石窟第 5 窟南壁龛

图五一　云冈石窟第 10 窟前室西壁第三层龛

图五二　云冈石窟第11窟中心柱南面上层龛

善跏趺坐菩萨像类：第7窟主室西壁一佛二菩萨像中菩萨所坐者（图五三）[54]，也有人认为这表现的是梵天劝请的题材。

站立的供养菩萨像类：第7窟后室南壁明窗东壁（图五四）、西壁（图五五）站立的供养菩萨像[55]，第8窟后室南壁明窗西壁的供养菩萨像（图五六）[56]等，均站立在束帛藤座上。

比丘类：第18窟南壁比丘图像中的束帛藤座（图五七）[57]。

图五三　云冈石窟第7窟主室西壁龛

图五四　云冈石窟第7窟后室南壁明窗东壁供养菩萨像

图五五　云冈石窟第7窟后室南壁明窗西壁供养菩萨像

图五六　云冈石窟第8窟后室南壁明窗西壁供养菩萨像

图五七　云冈石窟第18窟南壁比丘图像

阿私陀占相：第 6 窟中心柱下层北面阿私陀占相图像中，阿私陀所坐束帛藤座（图五八）[58]。

鹿头梵志和婆薮仙类：第 9 窟前室北壁明窗东西两侧的鹿头梵志和婆薮仙坐像（图五九）[59]，第 12 窟前室西壁第三层南侧说法图像中的鹿头梵志和婆薮仙（图六〇）[60]，第 1 窟南壁中层东侧造像中瘦骨嶙峋的外道人物（图六一）[61]等，其中的鹿头梵志等人物均坐于束帛藤座上。

图五八　云冈石窟第 6 窟中心柱下层北面阿私陀占相

图五九　云冈石窟第 9 窟前室北壁明窗东西两侧的鹿头梵志和婆薮仙

图六〇　云冈石窟第12窟前室西壁第三层南侧说法图

图六一　云冈石窟第1窟南壁中层东侧造像

鬼子母和半支迦类：第9窟后室南壁第二、三层西侧下方龛内的鬼子母和半支迦所坐束帛藤座（图六二）[62]。

老人：第6窟后室东下层南侧佛传故事中的出东门见老人图像中，老人坐于束帛座上（图六三）[63]。

在云冈石窟的一些龛外两侧下方，也雕刻出束帛藤座，不过其上站立着自龛楣部延伸下来的龙的前半身，例如第7窟后室上层佛龛多如此，有的相邻佛龛龛尾的龙身还共用一个束帛藤座，其中后室上层西南角佛龛即是如此（图六四）[64]。有的下部还有力士承托，如第13窟东壁第四层中间

图六二　云冈石窟第 9 窟后室南壁第二、三层西侧下方龛鬼子母与半支迦

图六三　云冈石窟第 6 窟后室东下层南侧佛传故事

龛两侧的龛柱，分别有一个站立的力士双手托起束帛藤座，藤座上部站立龛楣楣尾反顾的龙的前半身（图六五）[65]。它们实际上充当了柱头的作用。虽然功能不同，但形状与束帛藤座完全一致，这种样式在其他地区的石窟雕像或者壁画中罕见。这似乎更进一步说明，工匠们并不知道这种器物的真实情况。

自北魏中期开始，云冈石窟的束帛藤座发生了一些变化：第一，是上部表面开始变得平整，不再像早期那样看起来呈圆弧形；第二，束帛藤座的侧面开始装饰莲瓣纹，并以之代替此前纵向的褶皱状装饰；第三，束帛藤座开始变得上下对称，其分界线在束腰部分。如第 12 窟东壁的供养僧侣及供养菩萨像所坐者即是如此（图六六）[66]。到了北魏晚期，开始出现一种不同于上述样式的束帛藤座，除了其上部也呈水平状、以束腰部位为分界线之外，与侧面形成"折沿"的样子，表面变得光

图六四　云冈石窟第 7 窟后室上层西南角龛

图六五　云冈石窟第 13 窟东壁第四层中间龛

素，不再出现条带状褶皱。如北魏晚期第 26 窟北壁上层交脚弥勒菩萨像两侧的半跏思惟菩萨像所坐的束帛藤座（图六七）[67]。这是一个巨大的变化，这种变化被下面要讨论的邺城、青州地区为中心的东魏、北齐造像所继承，并成为其束帛藤座的主要特征。

图六六　云冈石窟第 12 窟东壁供养僧侣及供养菩萨像

图六七　云冈石窟第 26 窟北壁上层龛

### （二）龙门石窟的束帛藤座

作为云冈石窟的继承者，洛阳龙门石窟及其周围地区的石窟寺造像中所雕刻的束帛座大都与云冈相类似。如在龙门石窟莲花洞北壁第 6 龛内上方两侧，分别雕刻一尊半跏思惟菩萨像（图六八）[68]，菩萨所坐束帛座上下对称，较为规整，侧面表现出编织的藤条或者是褶皱较为散乱的束帛。类似的半跏思惟菩萨所坐的束帛藤座在莲花洞第 41 龛龛内左右两侧均有雕刻（图六九、图七〇）[69]，半跏思惟菩萨像特征及束帛藤座特征与第 6 龛龛内图像完全一致。坐于同样的束帛藤座上的半跏思惟菩萨像，也见于魏字洞（图七一）、普泰洞（图七二）等[70]。从龙门石窟北魏时期造像中的束帛藤座来看，其上所坐的思惟菩萨臀部偏离束帛藤座的样子，以及侧面表现束帛的褶皱特征，都明显是对云冈石窟因素的因循，只是束帛座更加规整了。

图六八　龙门石窟莲花洞北壁第 6 龛内上方两侧图像拓片

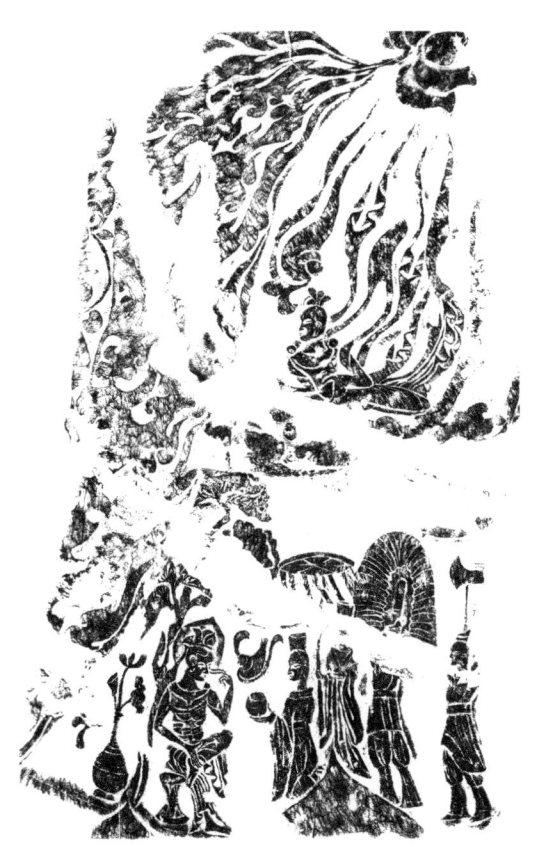

图六九　龙门石窟莲花洞第 41 龛龛内左侧图像拓片　　图七〇　龙门石窟莲花洞第 41 龛龛内右侧图像拓片

（三）关中地区的束帛藤座

关中地区所见北朝时期造像中的束帛藤座，明显具有云冈石窟式束帛藤座的特征，只是从其上部表面侧视观察，变得更为平整，臀部偏离束帛藤座的现象少见，但与云冈石窟束帛藤座一样，整体比较高瘦，均在侧面雕刻出束帛的褶皱，这是非常明显的云冈束帛藤座的特征。按照其具体的造像来看，"云冈式束帛藤座"所占比例较大，有极个别的束帛藤座，可以看到"龟兹式束帛藤座"的因素。关中地区北朝造像中的束帛藤座，还出现一些自身特点，如双束帛藤座和加饰莲瓣的束帛藤座等。

图七一　龙门石窟魏字洞半跏思惟菩萨像

图七二　龙门石窟普泰洞半跏思惟菩萨像

图七三　陕西西安未央区出土景明四年（503年）杜供达造像碑侧面

A型　云冈式束帛藤座。

这类束帛藤座，主要以双半跏思惟菩萨所坐者为主，虽然双半跏思惟菩萨像不似云冈石窟那样雕刻于龛内或龛外两侧，但却往往配置于造像碑的两侧或者上方两侧，这显然也受到了云冈石窟的影响。西安博物院藏西安未央区出土的景明四年（503年）杜供达造像碑，侧面的半跏思惟菩萨坐于束帛藤座上（图七三）[71]，藤座侧面雕刻出束帛的褶皱，与云冈石窟的束帛藤座基本一致；西安未央区六村堡东席村出土北魏造像碑上方两侧，分别雕刻一尊半跏思惟菩萨像，均坐在束帛藤座上（图七四）[72]，不论是藤座还是菩萨像的样式都受到了云冈石窟的影响，只是座子上部较为平整；西安碑林博物馆藏北魏造像碑背面上部中央雕刻的弥勒菩萨和中部左侧占相的阿私陀的坐具（图七五）[73]，都是束帛藤座，其图像虽然以浮雕技法雕刻而成，但束帛的褶皱均呈平行线式；陕西铜川耀州区药王山（以下简称药王山）西魏释迦多宝佛对坐说法造像碑左侧的降魔成道变相中，释迦牟尼坐于两个束帛藤座上（图七六）[74]，藤座高瘦，侧面线刻出密集的束帛褶皱，束帛下垂的边沿呈叶片状。

B型　下部装饰莲花瓣的束帛藤座。

这种样式的束帛藤座比较罕见，目前公布的资料仅见于药王山造像碑，如药王山西魏释迦多宝佛对坐说法造像碑碑阳下部的释迦多宝佛对坐[75]，释迦与多宝佛分别坐于两个束帛藤座上，束

图七四　陕西西安未央区六村堡东席村出土北魏造像碑

帛藤座下方线刻莲花瓣（图七七）；北周保定三年（563年）田元族造像碑碑阳说法图中，佛像坐于束帛藤座上（图七八）[76]等。这在自新疆至云冈、龙门石窟的造像中，是非常罕见的，其他的束帛藤座几乎未见有佛坐于其上者。又从其下方线刻的莲瓣纹来看，在西魏、北周时期的关中地区，已经开始在束帛藤座的下部边沿加饰莲瓣，这与莫高窟以及东魏、北齐造像中饰莲花瓣的束帛藤座有一定关系。

C型　束帛藤座相对比较宽大，具有明显的"龟兹式束帛藤座"的特征。

如西安未央区三桥南闫庄出土北魏永兴三年（532年）魏阿金造像碑背面上部（图七九，1）[77]，雕刻维摩文殊对坐，二者所坐束帛座上部浑圆，与龟兹式束帛藤座完全一致，但二者臀部偏离藤座表面的做法，却明显具有云冈石窟的特征；西安莲湖区广仁寺出土的北朝晚期造像碑侧面[78]，雕刻有半跏思惟菩萨像（图七九，2），菩萨坐于宽大的束帛藤座上，束帛座侧面未雕刻表示所束布帛的褶皱，而且座体宽大，与"龟兹式束帛藤座"非常相似，仅其上部较平齐。

总的来看，云冈式束帛藤座的影响较大，除前面论述的影响之外，还对天龙山石窟、甘肃庆阳北石窟寺以及一些单体造像产生了影响。如日本大阪市立美术馆藏来自天龙山石窟的6世纪左右半跏思惟菩萨所坐的束帛藤座（图八〇）[79]，庆阳北石窟寺楼底村第1窟下层龛龛楣上的半跏思惟菩萨像（图八一）[80]。这两尊半跏思惟菩萨像都身躯瘦削，属于北魏晚期的作品，特别是楼底村第1窟的半跏思惟菩萨像，臀部偏离束帛藤座及座子上部弧曲的样子，简直就是云冈式束帛藤座的翻版。另外，日本大阪市立美术馆藏出土地点不明的5世纪后半叶北魏交脚弥勒菩萨像，背面浮雕

图七五　陕西西安碑林博物馆藏北魏造像碑背面

图七六　陕西铜川耀州区药王山西魏释迦多宝佛对坐说法造像碑左侧

图七七　陕西铜川耀州区药王山西魏释迦多宝佛对坐说法造像碑碑阳

图七八　陕西铜川耀州区药王山田元族造像碑碑阳说法图

图七九　关中地区造像碑上的束帛藤座
1. 西安未央区三桥南闫庄出土北魏永兴三年（532年）魏阿金造像碑背面　2. 西安莲湖区广仁寺出土北朝晚期造像碑侧面

图八〇　日本大阪市立美术馆藏天龙山石窟半跏思惟菩萨像

图八一　甘肃庆阳北石窟寺楼底村第1窟下层龛龛楣上的半跏思惟菩萨像

双半跏思惟菩萨像（图八二）[81]，造像的构成元素是交脚弥勒菩萨及双半跏思惟菩萨，在前文所列举的关于云冈石窟束帛藤座的例子中，也是将交脚弥勒菩萨与两个半跏思惟菩萨雕刻在一起，大阪市立美术馆藏的这尊造像只是由于载体不同，使得交脚弥勒菩萨与半跏思惟菩萨的布局略有差异而已，但其本质是相同的。可见其影响之深远，这也就是宿白先生称其为"云冈模式"的原因吧。特别值得一提的是，日本藤井齐成会有邻馆藏北魏太安元年（455年）结跏趺坐佛像，其两侧的半跏思惟菩萨所坐的束帛藤座（图八三）[82]，是云冈石窟开凿前后的作品[83]，对于了解云冈石窟造像中的束帛藤座样式的发展，是很重要的参考资料。

图八二　日本大阪市立美术馆藏交脚弥勒菩萨像背面

图八三　日本藤井齐成会有邻馆藏北魏太安元年（455年）结跏趺坐佛像

从上述内容也可以看出，关中地区虽然受到云冈的一定影响，但也有自身的特征，而且束帛藤座形象杂乱，似乎雕刻者对其了解还不够深入，可能这种束帛藤座仍是一种图像流传，而不是对实物的图像化。

## 六、邺城、青州地区的束帛藤座

以邺城、青州地区为中心的北魏、东魏、北齐时期的束帛藤座，其造型一方面继承云冈石窟早期束帛藤座的样式，另一方面也继承发展了云冈石窟晚期束帛藤座的样式，特别是后者，成为其束帛藤座的主流。有相当一部分的束帛藤座，还可以看到犍陀罗Ba型束帛藤座以及"龟兹式束帛藤座"的影子。还包括脱胎于犍陀罗Ba型的束帛藤座，但将束帛加长的束帛座样式。总体来说，其造型样式较多，反映了邺城、青州地区为中心的东魏、北齐造像的多元文化因素。

A型　束帛藤座呈圆筒状，或者略束腰，一般侧面光素，有的侧面雕刻出纵向线条，表示束帛的褶皱。

这种样式的束帛藤座，与犍陀罗造像中的Ba型束帛藤座相似，其源头应该是犍陀罗地区。比较典型的有：河北邺城北吴庄窖藏（以下简称北吴庄）北齐天统四年（568年）普弁造弥勒像像座的束帛藤座，呈圆筒形，略束腰，侧面光素（图八四）[84]。河北藁城北贾同村出土的北齐武平元年（570年）双半跏思惟菩萨像中的束帛藤座（图八五）[85]，隐约可见表示褶皱的纵向线条，其中一个上部束带。河北正定文物保管所藏北齐武平四年（573年）双半跏思惟菩萨像中的束帛藤座（图八六）[86]，形如圆筒，略束腰，其上以纵向线条表示束帛的褶皱。另外，河北曲阳修德寺遗址出土的北齐双半跏思惟菩萨像中的束帛藤座（图八七），形如圆筒，略束腰，其上可以明显观察到以纵向线条表示束帛的褶皱。

B型　束帛藤座一般较宽大，束腰部位在其中部，或者在略偏上的位置，上部圆鼓，与"龟兹式束帛藤座"非常接近。

图八四　河北邺城北吴庄北齐天统四年（568年）普弁造弥勒像像座

图八五　河北藁城北贾同村出土北齐武平元年（570年）双半跏思惟菩萨像

图八六　河北正定文物保管所藏北齐武平四年（573年）双半跏思惟菩萨像

这类束帛藤座比较典型的有：北吴庄出土的北魏谭副造释迦像背面的难陀龙王所坐束帛藤座（图八八）[87]，特别是其上部以双阴线表示束帛褶皱的样式以及下部呈波浪状的花边，与龟兹式束帛藤座表现出惊人的相似性。另外，北吴庄出土的东魏半跏思惟菩萨像（图八九、图九〇）、北齐双

图八七　河北曲阳修德寺遗址出土北齐双半跏思惟菩萨像

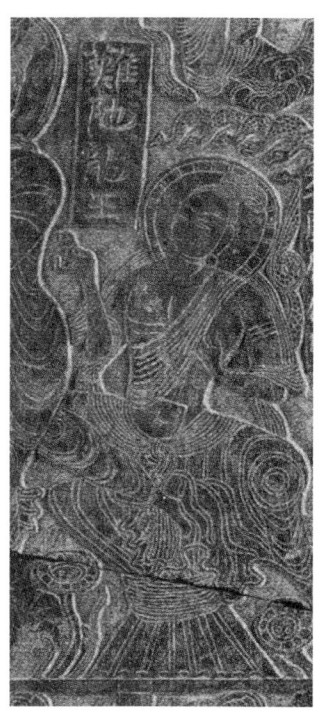

图八八　河北邺城北吴庄窖藏出土北魏
谭副造释迦像背面的难陀龙王

图八九　河北邺城北吴庄窖藏出土东魏
半跏思惟菩萨像背面

图九〇　河北邺城北吴庄窖藏出土东魏
半跏思惟菩萨像侧面

半跏思惟菩萨像中的束帛藤座（图九一）[88]，河北临漳马辛庄村西北采集的北齐五尊背屏式造像中善跏趺坐佛像所坐者（图九二）[89]，河北临漳洪山村南漳河内采集的背屏式造像背面半跏思惟菩萨所坐的束帛藤座（图九三）[90]等，都属于此种类型。

图九一　河北邺城北吴庄窖藏出土北齐双半跏思惟菩萨像　　图九二　河北临漳马辛庄村采集造像

C型　束帛藤座一般较高瘦，几乎呈圆筒形，内收部分一般在座沿近下方，束腰部位以上犹如一个圆鼓外凸的"坐垫"。整体侧视犹如一个顶部较平的粗壮"蘑菇"。

这种束帛藤座可以看到犍陀罗造像中Ba型束帛藤座的因素，应该是脱胎于犍陀罗造像中的Ba型束帛藤座，只是所束布帛较长，而且将藤座全部包裹，藤条编织纹理不外露。这种形制的束帛藤座在邺城、青州地区较为流行，是这一地区特征突出的束帛藤座样式，而且对朝鲜半岛的束帛藤座产生了巨大的影响。比较典型的例子有：日本书道博物馆藏东魏武定二年（544年）半跏思惟菩萨像的束帛藤座（图九四）[91]，北吴庄窖藏出土的东魏思惟菩萨像（图九五）、两尊北齐思惟五尊像（图九六、图九七）中的束帛藤座[92]。

D型　束帛藤座一般高瘦，其侧面雕刻较细密的线条表示布帛的褶皱，这一点则继承了云冈式束帛藤座的样式。但也有变化，即束帛藤座的上部变得较为平整。

比较典型的例子有：北吴庄出土的东魏武定二年（544年）张景章造观世音像（图九八）、东魏武定六年（548年）仵文贤造释迦像（图九九）等造像背面半跏思惟菩萨像中的束帛藤座[93]。

图九三　河北临漳洪山村南漳河内采集造像

图九四　日本书道博物馆藏东魏武定二年（544年）半跏思惟菩萨像

图九五　河北邺城北吴庄窖藏出土东魏半跏思惟菩萨像侧面

图九六　河北邺城北吴庄窖藏出土北齐半跏思惟菩萨像

图九七 河北邺城北吴庄窖藏出土北齐半跏思惟菩萨像

图九八 河北邺城北吴庄窖藏出土东魏武定二年（544年）张景章造观世音像背面

**E型** 束帛藤座上下基本对称，侧面表现的束帛褶皱较宽，与D型束帛藤座侧面的细密线条有明显区别。有的上部表面与侧面形成"折沿"的样式，有的则呈圆鼓形。这种束帛藤座的样式，对隋唐时期长安地区的束帛藤座影响较大。

比较典型的有：北吴庄出土的东魏天平四年（537年）法敬造菩萨像背面爱马告别场景中的束帛藤座（图一〇〇）、东魏菩萨立像背面半跏思惟菩萨像中的束帛藤座（图一〇一）[94]等，上海

图九九 河北邺城北吴庄窖藏出土东魏武定六年（548年）伃文贤造释迦像背面

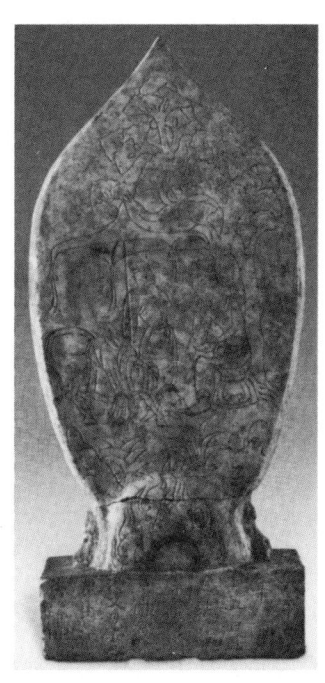

图一〇〇 河北邺城北吴庄窖藏出土东魏天平四年（537年）法敬造菩萨像背面

博物馆藏北齐天保四年（553年）比丘道常造半跏思惟菩萨像中的束帛藤座（图一〇二）[95]，由于是圆雕作品，立体感强烈，更能体现这种束帛藤座的特征。

图一〇一　河北邺城北吴庄窖藏出土东魏　　图一〇二　上海博物馆藏北齐天保四年（553年）
　　　　　立菩萨像背面　　　　　　　　　　　　　　　比丘道常造半跏思惟菩萨像

特别值得一提的是美国克利夫兰美术馆藏北齐造像碑背面半跏思惟菩萨像中的束帛藤座（图一〇三）[96]，其上部圆鼓呈球形，与龟兹式束帛藤座相似。但同时，菩萨的臀部偏离束帛座，这种现象与云冈石窟中菩萨所坐束帛藤座的样式相似，应该也受到云冈石窟的影响。这一些细节，显示了邺城、青州地区与云冈石窟的渊源关系。也就是说，东魏、北齐，特别是北齐时期的束帛藤座，在受其他地区影响的同时，也融入了"云冈式束帛藤座"的因素，其承袭关系清晰。

F型　束帛藤座上下基本对称，有的束腰部分略偏下，表面光素，束腰部分束缚带子状物。

这种样式虽然发端于云冈石窟晚期，但却在邺城、青州地区的造像中常见。比较典型的有：北吴庄出土的东魏武定五年（547年）弄女造弥勒像，其背面表现爱马告别场面的半跏思惟菩萨像中的束帛藤座（图一〇四）[97]；北吴庄出土北齐七尊残像像座的爱马告别场面中的束帛藤座（图一〇五）[98]；保利艺术博物馆藏一尊北齐半跏思惟菩萨像（图一〇六），菩萨所坐的束帛藤座呈束腰状，束腰部位偏下，在束腰部位束缚一宽带状物，上部平整，与侧面形成折沿状，侧面光素无纹[99]；山东青州出土的一尊北齐半跏思惟菩萨像，菩萨所坐束帛藤座上下对称，中部束腰，腰部束缚两条带状物，上部与侧面形成折沿状，侧面光素无纹（图一〇七）[100]；山东青州隆兴寺遗址出土两尊北齐半跏思惟菩萨像，其束帛藤座的样式与前者相似（图一〇八、图一〇九）[101]。

这种形制的束帛藤座形象，还出现在佛教造像以外的石刻上，如山东益都北齐墓葬出土屏风石榻上的线刻人物所坐者（图一一〇）[102]。这幅图像是世俗生活的反映，没有宗教属性，应该是现实生活场景的写照。由此可知，这种形制的束帛藤座在北齐的现实生活中已经出现，从图像走向了实用。

图一〇三　美国克利夫兰美术馆藏北齐释迦说法像背面

图一〇四　河北邺城北吴庄窖藏出土东魏武定五年（547年）弄女造弥勒背面像

图一〇五　河北邺城北吴庄窖藏出土北齐七尊造像（局部）

此外，在邺城、青州地区还有在束帛藤座下部边沿加饰莲花瓣的图像资料，其数量较少，在下文讨论相关问题时再进行论述，此不赘述。

通过上述分析可以看出，在以邺城、青州地区为中心的造像中，束帛藤座的样式多种多样，这显然经历了一个从各种图像粉本到实物摹写的发展过程，而这一过程就是从图像传入变为实物传入。从图像资料来看，大约在东魏、北齐，特别是北齐时期，束帛座变得规整起来，呈上下对称的样式，犹如捕鱼的工具筌蹄，这一时期的文献中才有了"筌蹄"这样的说法[103]。进一步来看，

图一〇六　保利艺术博物馆藏北齐半跏思惟菩萨像

图一〇七　山东青州出土北齐半跏思惟菩萨像背面

图一〇八　山东青州隆兴寺遗址出土北齐
半跏思惟菩萨像

图一〇九　山东青州隆兴寺遗址出土北齐
半跏思惟菩萨像

"筌蹄"作为一个比喻用词，仅说明其样式而已。既然采用比喻的说法，也恰恰说明当时的人不知道这是什么东西而采取的一个方案。这似乎暗示了这样一个重要事实：正是因为东魏、北齐时期出现了规整的、上下对称的束帛藤座，人们才自然地想到与"筌蹄"来对应，从而可证，这种束帛藤座大约是东魏、北齐时期才开始正式传入我国的，特别是前文提到的山东益都北齐时期粟特人墓葬中出土屏风石榻上反映世俗生活的线刻纹样，出现了坐于束帛藤座上商谈生意的场景，那么，束帛藤座的传入似乎与粟特人也有着密不可分的关系，这也自然让人联想起北齐的胡化（粟特化）问题，此不赘述。进一步来说，如果当时传入的是犍陀罗造像中的 Ba 型（圆筒形）束帛座的话，其形制与"筌蹄"相去甚远，那怎么可能称为"筌蹄"呢？这也可以作为笔者上述观点的一个反证。

图一一〇　山东益都北齐墓葬出土屏风石榻上线刻图像

从目前所见的图像资料来看，虽然可能以藤编为主，但也不排除其他材质等问题，而且其上往往束帛，似乎称为"束帛藤座"或者"束帛座"更为确切一些。据孙机先生研究，因为玄应《一切经音义》云"筌蹄"出昆仑，先生因此认为此处的昆仑是指南海昆仑，而且进一步指出它是从东南亚一带传入我国的[104]。但从笔者对图像资料的梳理来看，隋唐以前的传播路线是清晰的，它明显地表现出与佛教传播路线大体相当的一个传播过程：即随着佛教自犍陀罗—新疆—敦煌—云冈、关中、长安、邺城、青州等地区，它的传播路线与北传佛教的传播路线基本上是吻合的。令人惊讶的是，这种束帛座反而罕见于南朝地区的图像资料中，这说明至少在隋唐以前，束帛藤座自东南亚一带传入中国的可能性较小。至于作为解释者的唐代僧人玄应，他没有去过印度等地，对于其具体情况也不了解，他所能看到的也只是流行于这一时期，已经自北齐开始规整化了的束帛藤座，而且他生活的时代是大一统的唐代，原则上而言自东南亚传入是可能的。也就是说，其传播路线至少有两条，一条是沿着"丝绸之路"的大动脉伴随着佛教、佛教造像一起传入中国，这条路线的传播经历了从图像到实物的传播过程；在隋唐时期也有自东南亚地区传入者，这一路线较前者而言，最多只能算是另外一条传播路线而已，而且年代要晚得多。在隋唐时期，受这种外来器物的影响，在南方地区也能制作出漂亮的束帛藤座了，如《北户录》卷三记载："琼州出五色藤合子，书囊之类。花多类走兽飞禽，细于锦绮，亦藤工之妙手也"，"新州（广东新兴）作五色藤台，皆一时之精绝。昔梁刘孝仪《谢太子五色藤筌蹄一枚》云：'炎州采藤，丽穷绮褥。'得非筌台与筌蹄语讹与？按侯景篡位，著白纱帽而尚青袍，或牙梳插髻，床上常设胡床及筌蹄。今海丰岁贡五色藤镜匣一，筌台一是也。"[105]这段话中，段公路也对"筌台"和"筌蹄"的用词发生了疑惑，至少说明晚唐唐人称其为"筌台"。可见对于其称呼也随着时代的变化而变化，并不是一成不变的。另外，人们多根据侯景常在床上设"筌蹄"来论证南朝出现筌蹄一事。但侯景在东魏末年叛归梁，他本人又是朔方人，习染胡气，生活中仍然保持着在北方养成的习惯，所以在床上常设胡床及筌蹄，但能被史书如此详细地记载下来，反而说明筌蹄不是南朝梁的日常用品，因其奇特而被人所关注。将侯景的北方生活习惯展现得淋漓尽致者，是其篡位时的南郊之事，"于是南郊，柴燎于天，登坛受禅文物，并依旧礼。以辒车床载鼓吹，橐驼负牺牲，辇上置筌蹄，垂脚坐"[106]。在受禅过程中，前面依旧礼，后面则一派他在北方的生活景象。同时，侯景叛逃与篡位的时间也在东魏末至北齐初，他在这一段时间能在床上常设胡床及筌蹄、受禅辇上置筌蹄，恰与笔者所推断的从图像到实物的输入在东魏、北齐时相吻合。某种程度上而言，所谓"筌蹄"是东魏、北齐影响了同时期的南方地区，可能这才是历史的真实。

至此，还得回答一个前面所遗留的问题。那就是敦煌莫高窟上下沿装饰莲瓣的束帛座来自何处呢？笔者以为，从其自隋代开始流行这一点来看，显然来自敦煌以东，即东魏、北齐时期的邺城和青州地区，以及西魏北周时期的关中地区。从时代上而言，比较早出现在东魏时期，如东魏武定元年（543年）吴易兴造彩绘观世音菩萨像，背面朱绘一半跏思惟菩萨像（图一一一），坐于束帛藤座上，座下沿绘红色覆莲瓣[107]。韩国国立中央博物馆藏一尊北齐半跏思惟菩萨像，菩萨坐于A型圆筒状束帛藤座上，其下部边沿加饰覆莲瓣（图一一二）[108]。由此可见，这种加饰莲瓣的束帛藤座的源头在东魏北齐—西魏北周时期，从其开始流行的年代来看，应该是经过统一的隋王朝传播过去的。

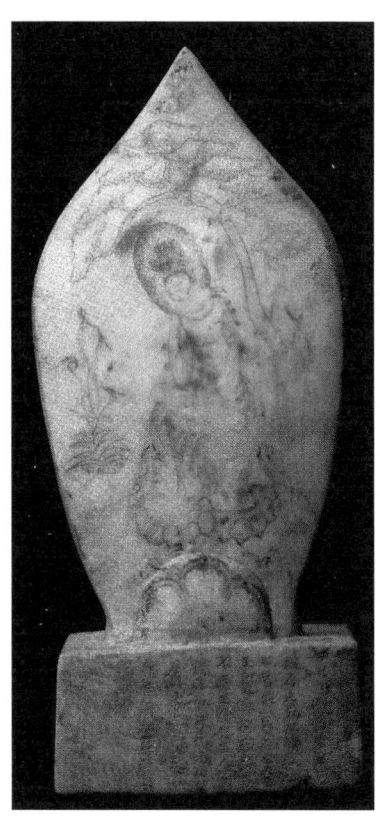

图一一一　东魏武定元年（543年）吴易兴造彩绘观世音菩萨像背面朱绘半跏思惟菩萨像

图一一二　韩国国立中央博物馆藏北齐半跏思惟菩萨像

## 七、天下大一统时期的束帛藤座

前面基本按照佛教的北传路线及束帛藤座样式的变化和影响进行了论述。但进入到大一统时代的隋唐时期，束帛藤座的样式不仅发生了变化，而且还出现了一些新名称，下面主要根据隋唐时期的中心——京师长安地区出土的一些实物来进行论述。

西安临潼博物馆藏隋代韩氏等一百人造像碑，碑阳和碑阴上龛主尊、碑左侧上下龛与碑右侧上龛主尊均坐于束帛藤座上，形制特征一致。上束布帛，细腰部雕出一凸起的束腰带[109]。其中碑侧龛主尊的座子，明显可以看出其上部硕大、束腰、所束布帛及其较宽的褶皱（图一一三），这些都明显表现出邺城、青州地区的E型束帛座的特征，显然是受其影响的结果。这些主尊虽然已残，但从衣着和龛的位置可以判断是一尊弥勒菩萨。

看起来比较挺拔、形制规整的束帛座则多见于唐代造像。如药王山南庵院内唐墓出土唐代初年的半跏思惟菩萨（图一一四）、足踏双狮善跏趺坐菩萨像（图一一五），均坐于束腰的束帛座上，座上部表面雕刻出莲瓣[110]。1972年，在陕西陇县火烧寨乡寺院遗址出土一尊汉白玉半跏思惟菩萨像，现藏保利艺术博物馆，造像圆润，坐于束帛藤座上（图一一六）[111]，比较真实地反映了唐代束帛藤座的使用情况。这些规整的束帛藤座，与邺城、青州地区造像中所见的E型束帛藤座一致，特别是与上海博物馆藏比丘道常造半跏思惟菩萨像的束帛藤座基本相似，可以看出其承袭关系。

图一一三　西安临潼博物馆藏隋代韩氏等一百人造像碑

图一一四　陕西铜川耀州区药王山南庵院内唐墓出土唐代初年半跏思惟菩萨

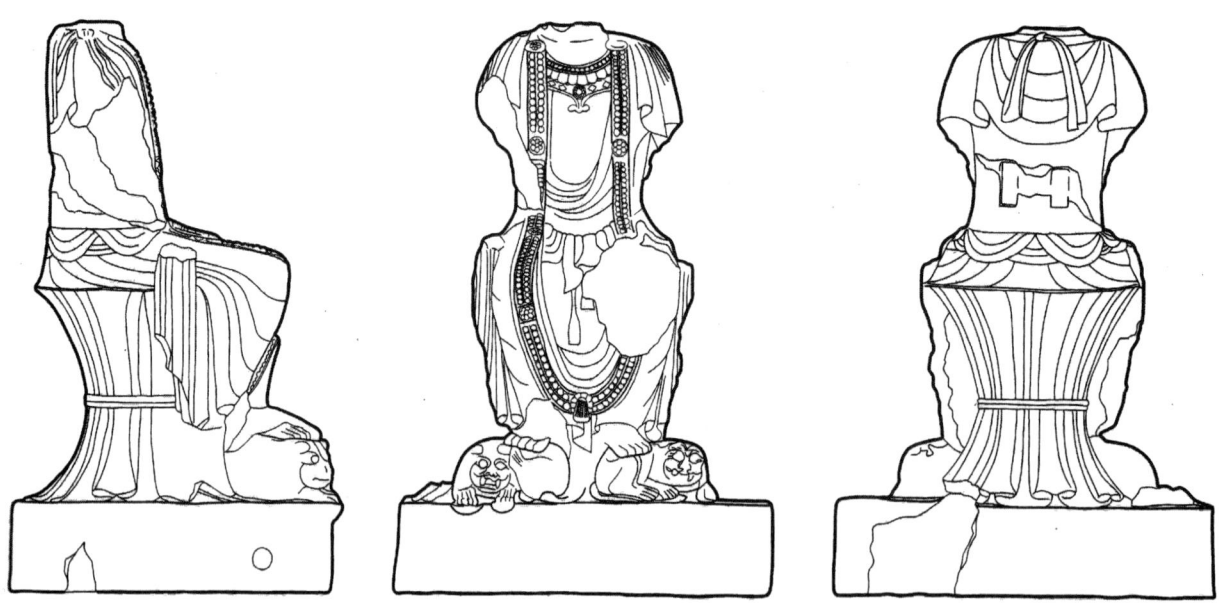

图一一五　陕西铜川耀州区药王山南庵院内唐墓出土足踏双狮善跏趺坐菩萨像

还有一些早期的束帛藤座形象出现在长安地区，如药王山南庵院内唐墓出土的唐代初年结跏趺坐像座，在其八棱形的束腰部彩绘佛传故事，其中两幅彩绘的善跏趺坐菩萨像，即坐于束腰的束帛座上[112]，但显然已经不是主流，可以视之为孑遗。

值得注意的是，在药王山、临潼等地的北朝至隋代造像碑上，博山式香炉的圈足部分也呈束帛藤座的样式，如果以圈足部分的形制称呼这些香炉，几乎可以称其为束帛藤座式香炉了，如北周保定三年（563年）田元族造像碑左侧上部雕刻的香炉（图一一七）[113]。这与此前的西魏、北魏造像碑上的博山式香炉完全不同。

图一一六　保利艺术博物馆藏唐代半跏思惟菩萨像

图一一七　北周保定三年（563年）田元族造像碑左侧图像

图一一八　山西太原隋虞弘墓石椁图像

在隋唐时期的其他载体上，也出现大量形制规整的束帛藤座形象。如山西太原隋虞弘墓石椁线刻，束帛座侧面以红色双线条表示布帛（图一一八、图一一九）[114]。在唐代长安地区的墓葬中，出土了大量坐于规整束帛藤座上的女俑[115]，如西安南里王村唐墓（M36）出土的汉白玉女俑，高13.5厘米（图一二〇）[116]；西安王家坟唐墓出土的三彩坐姿女俑（图一二一）[117]；日本东京国立博物馆藏三彩坐姿女俑，高43.7厘米（图一二二）[118]；1953年，西安白家口出土三彩坐姿女俑，高28.5厘米，女子坐于束帛藤座上（图一二三）[119]。另外，日本根津美术馆藏三彩坐姿女俑，高28厘米（图一二四）[120]；洛阳北窑出土三彩坐姿女俑，高27厘米（图一二五）[121]；山西长治唐景云元年（710年）李度墓出土三彩抱鸭形壶坐姿女俑，坐于色彩艳丽类似束帛藤座之上（图一二六）[122]；《世界陶磁全集》11《隋·唐》收录的三彩坐姿女俑，高32厘米（图一二七）[123]等。

从隋唐时期世俗图像中的人物及三彩女俑等坐于装饰华丽的束帛藤座上这一点来看，这时的束帛藤座已经确实从一个图像样式发展成为日常生活中的一种坐具，这一变化是在东魏、北齐时期，而大量流行于隋唐时期，反映了唐人由坐榻转向垂足而坐。目前所见的唐代日常生活中使用的束帛藤座装饰华丽，坐于其上者多为女性，而且个别三彩女俑呈左手持镜、右手准备梳妆状，说明其比较适合女性坐着化妆。这似乎又从一个侧面反映了当时女性是使用这一时髦的外来坐具的引领者。

图一一九　山西太原隋虞弘墓石椁图像

图一二〇　陕西西安南里王村唐墓（M36）出土汉白玉女俑

藤座、束帛藤座与筌蹄——一种坐具从图像到实物的传播与演变 ·249·

图一二一　陕西西安王家坟唐墓出土三彩坐姿女俑

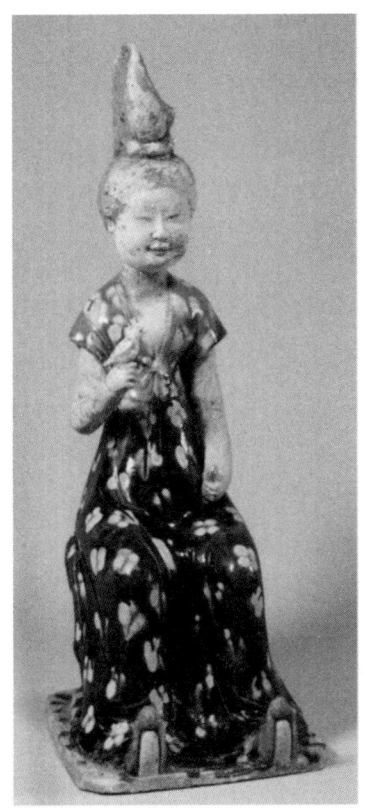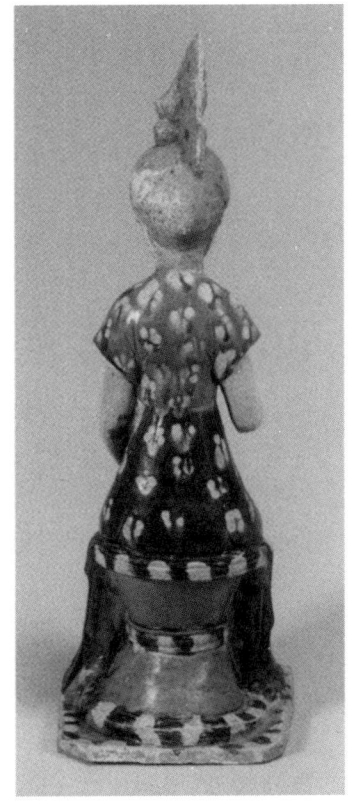

图一二二　日本东京国立博物馆藏唐三彩坐姿女俑

图一二三　陕西西安白家口出土三彩坐姿女俑

图一二四　日本根津美术馆藏三彩坐姿女俑

图一二五　河南洛阳北窑出土三彩坐姿女俑

图一二六　山西长治唐李度墓出土三彩抱鸭形壶坐姿女俑

从前面的论述来看,在东魏、北齐造像或者其他载体上,出现了比云冈石窟更加规整的束帛座,上下表面均平整,束腰位于束帛座的中部,这种特征为隋唐时期所继承。这一普通的日常坐具的样式,明显地影响到了隋唐长安地区,反映出隋王朝在统一北方之后,造像和绘画中更多吸收并继承了北齐的某些因素,甚至日常生活的坐具也被接受,这似乎与陈寅恪先生对隋唐政治制度渊源问题的论述不谋而合,或者说是其大论的一个好注脚。

值得注意的是,有些佛教造像的莲花座造型,似乎应该是在上下边沿添加了莲花瓣的束帛座,不论其形制还是束腰部分,都表现出强烈的束帛藤座的意蕴,甚至有些在其侧面还可以看到束帛的痕迹。如敦煌研究院陈列中心藏一件初唐胡跪供养菩萨像的像座即是如此(图一二八)[124],其意匠完全是来自束帛藤座的样式,只是添加了莲花瓣作为装饰而已。

图一二七 《世界陶磁全集》11《隋·唐》收录三彩坐姿女俑

图一二八 敦煌研究院陈列中心藏胡跪供养菩萨像

作为束帛座的孑遗,在唐代金铜造像上,也可以看到为数不少金铜造像的座子呈束帛座式,这在以往多以莲花座等来描述,但笔者无论如何也看不出其莲花座的样式,其高瘦束腰的样式,更多的接近束帛藤座。这些都是以后的研究中需要注意的问题。

## 八、坐束帛藤座的人物身份变化与束帛藤座的传播问题

新疆地区石窟壁画中坐于其上的尊像身份多样,有听法菩萨、金刚力士、外道、仙人、菴摩罗女等,还有本生故事中作为佛前世的菩萨等形象。但值得注意的是,佛多坐于方形或者横长方形的

座子上，也就是佛经中所云的"床"，仅有极个别的佛像坐于这类束帛座上。如克孜尔石窟第38窟主室顶部的佛传故事图像中，佛坐于龙舟上，但龙舟下部却绘制一个束帛座，座上部呈淡蓝色，下部呈绿色，束腰部分有以赭色勾边的束帛带（图一二九）[125]，这在龟兹石窟中是比较少见的。

图一二九　克孜尔石窟第38窟主室顶部佛像

敦煌莫高窟、炳灵寺石窟等的壁画或塑像中，坐于束帛座之上的尊像身份主要有半跏思惟菩萨、佛母摩诃摩耶、本生故事中的国王等。

从云冈石窟等地的束帛座来看，敦煌以东地区坐于束帛座上的尊像身份以思惟菩萨、弥勒菩萨、佛母摩诃摩耶、胁侍菩萨为主，而且越往东，坐于束帛座上的尊像身份越明确和单一，绝大多数为半跏趺坐的思惟菩萨，少数为占相的阿私陀、鹿头梵志、婆薮仙等，极个别坐于其上的尊像身份是佛像。

但不论在敦煌以东还是敦煌以西的石窟寺雕刻或壁画中，半跏思惟菩萨像和以占相的阿私陀为主的仙人，则是雷打不动的束帛座的"主人"，这种固定的身份，可能也是依据粉本而不是依据实物的缘故吧，这一点也可以证明前述的推测。

又据《佛本行集经》卷三十《向菩提树品》云："尔时彼河尼连禅主，有一龙女，名尼连荼耶（隋言不寡），从地踊出，手执庄严天妙筌提，奉献菩萨。菩萨受已，即坐其上。坐其上已，取彼善生村主之女所献乳糜，如意饱食。"[126]这本隋代翻译的佛经中所用"筌提"一词，应该是定型规整化之后的束帛藤座。但根据犍陀罗造像来看，其本意应该是本文所云的流行于犍陀罗地区的Ba

型圆筒形束帛藤座。但这段经文中有一个重要信息值得注意,即悟道成佛前的释迦牟尼坐于束帛藤座之上。那么,前面所云束帛藤座图像粉本的源头,应该在犍陀罗地区,只是其样式在传播过程中不断发生变化而已。

## 九、束帛藤座对朝鲜半岛和日本佛教造像中束帛藤座的影响

在朝鲜半岛的佛教造像中,半跏思惟菩萨像也多采用束帛藤座的样式,但其样式多为圆筒状,其上束布帛,在座上部略加束缚,不像莫高窟、云冈、龙门石窟中所见的束腰在座子的中部,束缚布帛部分偏上,约在座子上部的三分之一处,反而更接近于邺城、青州地区为中心的东魏、北齐时期的C型束帛藤座。当然,束帛藤座传入到朝鲜半岛后,也发生了一些变化,即束帛藤座往往在其下部露出藤条编织形成的纹理。既然其样式受到邺城、青州地区的强烈影响,此亦可反证邺城、青州地区确实是束帛藤座。与邺城、青州等地区相同,坐于这种束帛藤座上的尊像身份也以半跏思惟菩萨像为主。朝鲜半岛这种造像的典型代表,如韩国国立中央博物馆藏一尊6世纪后半叶的金铜半跏思惟菩萨像,座子的下部露出编织的藤条(图一三〇),同馆藏另一尊7世纪的金铜半跏思惟菩萨像(图一三一)[127];还有日本东京国立博物馆藏一尊6—7世纪三国时代的金铜半跏思惟菩萨像(图一三二)[128]。与之类似的金铜半跏思惟菩萨造像,数量较多,而且束帛藤座的样式基本相似,反映了这种来自邺城、青州地区的C型束帛藤座是朝鲜半岛的主流,进而可以推知,朝鲜半岛的同类造像也应该是受了邺城、青州地区的深刻影响。

图一三〇　韩国国立中央博物馆藏金铜半跏思惟菩萨像

图一三一　韩国国立中央博物馆藏金铜半跏思惟菩萨像

图一三二　日本东京国立博物馆藏金铜半跏思惟菩萨像

在日本飞鸟至奈良时期（7—8世纪）的木雕半跏思惟菩萨像中，也有类似邺城、青州地区的E型束帛藤座，如京都广隆寺的一尊半跏思惟菩萨像中的束帛藤座（图一三三）[129]，但在束帛藤座下方添加了莲花座，与束帛藤座是分开的。从造像本身特征来看，明显具有朝鲜半岛同类造像的特征，显然，这种束帛藤座是通过朝鲜半岛传播过去的，但与邺城、青州地区的间接关系是不可否认的。

## 十、结　语

从以上对束帛藤座的分类来看，其传播与演变非常清晰，不同地域不同时代的束帛藤座特征明显，似乎与"筌蹄"无关，只是其形象类似于"筌蹄"，而被人们冠以"筌蹄"的名称而已。笔者通过论述，认为称呼这种坐具为"筌蹄形坐具"是可以的，但不可以一概而论的称为"筌蹄"，因为它们虽然类"筌蹄"，但不是"筌蹄"，而且也不是所有的束帛藤座都可以称为"筌蹄"。既然实际的形制差异较大，而且在称呼上存在模糊性和不确定性，让人捉摸不透，还不如根据实际情况——即具体的研究对象所表现出的特征，称之为"藤座""束帛藤座"，或干脆略称为"束帛座"等，似乎更为准确。

图一三三　日本京都广隆寺木雕半跏思惟菩萨像

从束帛藤座的传播来看，它最初仅仅出现于佛教造像中，世俗生活的图像资料中，始见于北齐时期的石葬具，隋代的石椁上也有类似的线刻图像。到了唐代，则出现了不少坐于束帛藤座上的三彩女俑，而且制作得非常华丽。这说明束帛藤座从宗教走向世俗、从图像的传播到实物的传播与流行，经历了一个较为漫长的过程，而这一过程是伴随着古代人们起居方式的改变而逐渐融入社会生活中的。这一点也反映了文化交流过程中必须适应或者融合才能产生影响。

在以往的论述中，大多认为这种外来的束帛藤座在南北朝时期已经在中国流行。通过上述论述，笔者以为早期的传播只能视为一种图像的传播，从云冈石窟中坐在其上却不自然的表现来看，反而说明工匠们对其不甚了解。就考古发掘的资料看，目前也没有具体的实物出土，也许是因其材质的缘故。客观而言，完全说束帛藤座是外来器物是不全面的，它从传入到最后定型，有一个发展演变过程。从图像资料可以清晰地看到，其最初的改变是在古龟兹地区，其形制完全变成"筌蹄"样式，从而定型化，则是在东魏、北齐时期。因为没有实物资料可资对比，笔者所云的演变过程也只能是一种图像的演变过程。这一发展演变结果，可以反映出通过丝绸之路传入的外来物品，总是在传入之后，经过不断改造而最终实现中国化的。这件器物虽小，但却折射出古代中国人对待外来的文化或者物品时，不仅多采取包容的态度，而且还有很强的选择性，后者主要表现在不断地改造，直到适合自己的使用方式和审美为止。

### 注　释

[1]　王恒：《云冈石窟辞典》，江苏美术出版社，2012年，第181页。
[2]　杨泓：《敦煌莫高窟与中国古代家具史研究之一——公元5至6世纪中国家具的演变》，《敦煌石窟研究国际讨

论会文集·石窟考古编（1987）》，辽宁美术出版社，1990年；杨泓：《考古所见魏晋南北朝家具（下）》，《紫禁城》2011年第1期。

[3] 孙机：《中国圣火——中国古文物与东西文化交流中的若干问题》，辽宁教育出版社，1996年，第210页。

[4] 〔日〕肥塚隆、宫治昭：《世界美術大全集·東洋編》第13卷《インド（1）》，小学館，2000年，第33頁，図版27。

[5] 〔日〕肥塚隆、宫治昭：《世界美術大全集·東洋編》第13卷《インド（1）》，小学館，2000年，第130頁，図版112。

[6] 〔日〕肥塚隆、宫治昭：《世界美術大全集·東洋編》第13卷《インド（1）》，小学館，2000年，第144頁，図版128。

[7] 〔日〕肥塚隆、宫治昭：《世界美術大全集·東洋編》第13卷《インド（1）》，小学館，2000年，第149頁，図版132—134。

[8] 〔日〕肥塚隆、宫治昭：《世界美術大全集·東洋編》第13卷《インド（1）》，小学館，2000年，第143頁，図版127。

[9] 〔日〕財団法人平山郁夫シルクロード美術館：《ガンダーラ仏像のふるさと》，財団法人平山郁夫シルクロード美術館，2009年，第40頁，図版29。

[10] 〔日〕奈良国立博物館：《日本仏教美術の源流》，株式会社天理時報社，1978年，第4頁，図版2。

[11] 笔者于2019年2月拍摄于巴基斯坦白沙瓦博物馆。

[12] 〔日〕松戸市立博物館：《開館5周年記念特別展——シルクロードとガンダーラ》，大塚巧芸社，1997年，第23、63頁，図版36。

[13] 〔日〕松岡美術館：《館藏古代東洋雕刻》，松岡美術館，1994年，第23頁，図版36；〔日〕栗田功：《ガンダーラの美術Ⅱ（改訂増補版）》，二玄社，2003年，第61頁，図版151。

[14] 〔日〕栗田功：《ガンダーラの美術Ⅱ（改訂増補版）》，二玄社，2003年，第17、56頁，図版26、139。

[15] 〔日〕龍谷大学龍谷ミュージアム：《平山郁夫：悠久のシルクロード》，龍谷大学龍谷ミュージアム、日本経済新聞社、京都新聞社，2013年，第88頁，図版69。

[16] 〔日〕栗田功：《ガンダーラの美術Ⅱ（改訂増補版）》，二玄社，2003年，第157頁，図版156。

[17] 星云大师总监修，罗世平、如常主编：《世界佛教美术图说大典·雕塑③》，湖南美术出版社，2017年，第1150页。

[18] 〔日〕栗田功：《ガンダーラの美術Ⅱ（改訂増補版）》，二玄社，2003年，第29頁，図版61。

[19] 〔日〕长广敏雄：《世界美術全集》第14卷《中国（3）六朝》，角川書店，1961年，彩版21。

[20] 笔者拍摄于巴基斯坦白沙瓦博物馆。

[21] 〔日〕栗田功：《ガンダーラの美術Ⅱ（改訂増補版）》，二玄社，2003年，第61頁，図版70。

[22] 〔日〕栗田功：《ガンダーラの美術Ⅱ（改訂増補版）》，二玄社，2003年，第60頁，図版147。

[23] 新疆龟兹石窟研究所：《中国新疆壁画·龟兹》，新疆美术摄影出版社，2008年，第153页，图版一三六。

[24] 新疆维吾尔自治区文物管理委员会等：《中国石窟·克孜尔石窟》（三），文物出版社、株式会社平凡社，1997年，图版198。

[25] 新疆维吾尔自治区文物管理委员会等：《中国石窟·克孜尔石窟》（一），文物出版社、株式会社平凡社，1989年，图版87、88。

[26] 新疆维吾尔自治区文物管理委员会等：《中国石窟·克孜尔石窟》（一），文物出版社、株式会社平凡社，1989年，图版41。

[27] 新疆龟兹石窟研究所：《中国新疆壁画·龟兹》，新疆美术摄影出版社，2008年，第77页，图版六六。

[28] 新疆维吾尔自治区文物管理委员会等：《中国石窟·克孜尔石窟》（一），文物出版社、株式会社平凡社，1989年，图版47。

［29］ 新疆龟兹石窟研究所：《中国新疆壁画·龟兹》，新疆美术摄影出版社，2008年，第114页，图版一〇〇。
［30］ 新疆龟兹石窟研究所：《中国新疆壁画·龟兹》，新疆美术摄影出版社，2008年，第290页，图版二六一。
［31］ 新疆龟兹石窟研究所：《中国新疆壁画·龟兹》，新疆美术摄影出版社，2008年，第164页，图版一四五。
［32］ 新疆龟兹石窟研究所：《中国新疆壁画·龟兹》，新疆美术摄影出版社，2008年，第129页，图版一一三。
［33］ 新疆龟兹石窟研究所：《中国新疆壁画·龟兹》，新疆美术摄影出版社，2008年，第134页，图版一一八。
［34］ 敦煌研究院主编：《敦煌石窟艺术全集》第21册《石窟建筑卷》，同济大学出版社，2016年，第67页，图版39。
［35］ 敦煌研究院主编：《敦煌石窟艺术全集》第18册《山水画卷》，同济大学出版社，2016年，第27页，图版14。
［36］ 甘肃省博物馆：《甘肃省博物馆文物精品图集》，三秦出版社，2006年，第180、181页。
［37］ 张宝玺：《北凉石塔艺术》，上海辞书出版社，2006年，第116、120页；赵荣：《长安丝路东西风》，三秦出版社，第58页，"佛陀东渐"部分的图版五。
［38］ 甘肃省文物工作队、炳灵寺文物保管所：《中国石窟·永靖炳灵寺》，文物出版社、株式会社平凡社，1989年，第130页，图29。
［39］ 文化部、社会文化事业管理局：《麦积山石窟》，文物出版社，1954年，图版八七；中国美术全集编辑委员会：《中国美术全集·雕塑编8·麦积山石窟雕塑》，人民美术出版社，1988年，第18、26页，图版一七、二四。
［40］ 星云大师总监修，罗世平、如常主编：《世界佛教美术图说大典·雕塑③》，湖南美术出版社，2017年，第1207页。
［41］ 敦煌文物研究所：《中国石窟·敦煌莫高窟》（一），文物出版社、株式会社平凡社，1982年，图版14。
［42］ 甘肃省博物馆：《甘肃省博物馆文物精品图集》，三秦出版社，2006年，第193页。
［43］ 敦煌研究院主编：《敦煌石窟艺术全集》第7册《法华经画卷》，同济大学出版社，2016年，第47页，图版34。
［44］ 敦煌文物研究所：《中国石窟·敦煌莫高窟》（二），文物出版社、株式会社平凡社，1984年，图版41。
［45］ 敦煌研究院主编：《敦煌石窟艺术全集》第8册《塑像卷》，同济大学出版社，2016年，第69页，图版49、50。
［46］ 敦煌研究院主编：《敦煌石窟艺术全集》第6册《弥勒经画卷》，同济大学出版社，2016年，第36、37页，图版17、18。
［47］ 云冈石窟文物保管所：《中国石窟·云冈石窟》（二），文物出版社、株式会社平凡社，1994年，图版174。
［48］ 张焯：《中国石窟艺术·云冈》，江苏美术出版社，2011年，第170页，图版135。
［49］ 中国石窟雕塑艺术全集编辑委员会：《中国石窟雕塑艺术全集》2《云冈》，重庆出版社，2001年，第212页，图版二一二，说明文字参见第76页。
［50］ 中国石窟雕塑艺术全集编辑委员会：《中国石窟雕塑艺术全集》2《云冈》，重庆出版社，2001年，第220页，图版二二〇，说明文字参见第76页。
［51］ 张焯：《中国石窟艺术·云冈》，江苏美术出版社，2011年，第60页，图版21。
［52］ 中国石窟雕塑艺术全集编辑委员会：《中国石窟雕塑艺术全集》2《云冈》，重庆出版社，2001年，第108页，图版一〇七，说明文字参见第37页。
［53］ 中国石窟雕塑艺术全集编辑委员会：《中国石窟雕塑艺术全集》3《云冈》，重庆出版社，2001年，第126页，图版一二五，说明文字参见第44页。
［54］ 张焯：《中国石窟艺术·云冈》，江苏美术出版社，2011年，第71页，图版67。
［55］ 云冈石窟文物保管所：《中国石窟·云冈石窟》（一），文物出版社、株式会社平凡社，1991年，图版151、152。
［56］ 云冈石窟文物保管所：《中国石窟·云冈石窟》（一），文物出版社、株式会社平凡社，1991年，图版186。
［57］ 张焯：《中国石窟艺术·云冈》，江苏美术出版社，2011年，第181页，图版149。

[58] 云冈石窟研究院:《云冈石窟》,文物出版社,2008年,第45页;张焯:《中国石窟艺术·云冈》,江苏美术出版社,2011年,第79页,图版43。

[59] 云冈石窟文物保管所:《中国石窟·云冈石窟》(二),文物出版社、株式会社平凡社,1994年,图版6、7。

[60] 中国石窟雕塑艺术全集编辑委员会:《中国石窟雕塑艺术全集》3《云冈》,重庆出版社,2001年,第150页,图版一四九,说明文字参见第52页。

[61] 中国石窟雕塑艺术全集编辑委员会:《中国石窟雕塑艺术全集》3《云冈》,重庆出版社,2001年,第7页,图版五,说明文字参见第2页。

[62] 云冈石窟文物保管所:《中国石窟·云冈石窟》(二),文物出版社、株式会社平凡社,1994年,图版42。

[63] 中国石窟雕塑艺术全集编辑委员会:《中国石窟雕塑艺术全集》3《云冈》,重庆出版社,2001年,第46页,图版四四,说明文字参见第16页。

[64] 云冈石窟文物保管所:《中国石窟·云冈石窟》(一),文物出版社、株式会社平凡社,1991年,图版145。

[65] 中国石窟雕塑艺术全集编辑委员会:《中国石窟雕塑艺术全集》3《云冈》,重庆出版社,2001年,第162页,图版一六一,说明文字参见第56页。

[66] 云冈石窟研究院:《云冈石窟》,文物出版社,2008年,第78页。

[67] 中国石窟雕塑艺术全集编辑委员会:《中国石窟雕塑艺术全集》2《云冈》,重庆出版社,2001年,第235页,图版二三五,说明文字参见第80页。

[68] 刘景龙:《莲花洞——龙门石窟第712窟》,科学出版社,2002年,第114页,图6。

[69] 刘景龙:《莲花洞——龙门石窟第712窟》,科学出版社,2002年,第163、164页,图59、60。

[70] 中国石窟雕塑艺术全集编辑委员会:《中国石窟雕塑艺术全集》3《龙门》,重庆出版社,2001年,第61、64页,图版五八、六一,说明文字参见第22、23页。

[71] 西安市文物保护考古所:《西安文物精华·佛教造像》,世界图书出版西安公司,2010年,第18页,图版16。

[72] 西安市文物保护考古所:《西安文物精华·佛教造像》,世界图书出版西安公司,2010年,第44页,图版38。

[73] Annette L. Juliano: Buddhist Sculpture from China: Selections from the Xi'an Beilin Museum Fifth Through Ninth Centureies, Art Media Resources, Ltd. 2007: 35.

[74] 张燕:《陕西药王山碑刻艺术总集》第二卷《西魏造像碑》,上海辞书出版社,2013年,第162—165页,图155—177。

[75] 张燕:《陕西药王山碑刻艺术总集》第二卷《西魏造像碑》,上海辞书出版社,2013年,第162—165页,图155—177。

[76] 张燕:《陕西药王山碑刻艺术总集》第三卷《北周造像碑》,上海辞书出版社,2013年,第52—67页,图59、69、71。

[77] 西安市文物保护考古所:《西安文物精华·佛教造像》,世界图书出版西安公司,2010年,第26页,图版22。

[78] 西安市文物保护考古所:《西安文物精华·佛教造像》,世界图书出版西安公司,2010年,第90页,图版85。

[79] 〔日〕齋藤龍一(大阪市立美術館):《大阪市立美術館——山口コレクション中国彫刻》,図書印刷株式会社,2013年,第75页,图版33。

[80] 甘肃省文物工作队、庆阳北石窟寺文管所:《庆阳北石窟寺》,文物出版社,1985年,第22—25页,图版二四之3。

[81] 〔日〕齋藤龍一(大阪市立美術館):《大阪市立美術館——山口コレクション中国彫刻》,図書印刷株式会社,2013年,第22、23页,图版2。

[82] 〔日〕龍谷大学龍谷ミユージアム、読売新聞社:《特別展〈仏教の来た道——シルクロード探検の旅〉》,野崎印刷紙業株式会社,2012年,第77页,图版52。

[83] 云冈石窟的始凿时间有两说,一说在兴安二年(453年),一说在和平初年(460年)。

[84] 中国社会科学院考古研究所、河北省文物研究所:《邺城北吴庄出土佛教造像》,科学出版社,2019年,第

192、193页。
[85]〔日〕東京国立博物館、朝日新聞社:《中国国宝展》,朝日新聞社,2000年,第207页,图版139。
[86]〔日〕東京国立博物館、朝日新聞社:《中国国宝展》,朝日新聞社,2000年,第212页,图版120。
[87] 中国社会科学院考古研究所、河北省文物研究所:《邺城北吴庄出土佛教造像》,科学出版社,2019年,第2—5页。
[88] 中国社会科学院考古研究所、河北省文物研究所:《邺城北吴庄出土佛教造像》,科学出版社,2019年,第56、60、190页。
[89] 中国社会科学院考古研究所等:《邺城文物菁华》,文物出版社,2014年,第131页。
[90] 中国社会科学院考古研究所等:《邺城文物菁华》,文物出版社,2014年,第127页。
[91]〔日〕台東区立書道博物館:《台東区立書道博物館図録》,株式会社二玄社,2007年,第72页,图版96。
[92] 中国社会科学院考古研究所、河北省文物研究所:《邺城北吴庄出土佛教造像》,科学出版社,2019年,第58、184—189页。
[93] 中国社会科学院考古研究所等:《邺城文物菁华》,文物出版社,2014年,第144、151页。
[94] 中国社会科学院考古研究所、河北省文物研究所:《邺城北吴庄出土佛教造像》,科学出版社,2019年,第35、36、42页。
[95] 星云大师总监修,罗世平、如常主编:《世界佛教美术图说大典·雕塑①》,湖南美术出版社,2017年,第226页。
[96] 星云大师总监修,罗世平、如常主编:《世界佛教美术图说大典·雕塑①》,湖南美术出版社,2017年,第5页。
[97] 中国社会科学院考古研究所、河北省文物研究所:《邺城北吴庄出土佛教造像》,科学出版社,2019年,第52—55页。
[98] 中国社会科学院考古研究所、河北省文物研究所:《邺城北吴庄出土佛教造像》,科学出版社,2019年,第198、199页。
[99]《保利藏珍》编辑委员会:《保利藏珍——石刻佛教造像艺术精品选》,岭南美术出版社,2000年,第154—160页。
[100] 金维诺:《中国古代佛雕——佛教造像样式与风格》,文物出版社,2002年,第194页,图版三二—三五;常越:《宝相庄严》,文物出版社,2003年,第42—45页。
[101]〔日〕東京国立博物館、朝日新聞社:《中国国宝展》,朝日新聞社,2004年,第134页,图版99;〔日〕大広:《中国☆美の十字路展》,株式会社東京印書館,2005年,第188页,图版158。
[102] 夏名采:《益都北齐石室墓线刻画像》,《文物》1985年第10期。
[103] 孙机:《中国圣火——中国古文物与东西文化交流中的若干问题》,辽宁教育出版社,1996年,第210页。
[104] 孙机:《中国圣火——中国古文物与东西文化交流中的若干问题》,辽宁教育出版社,1996年,第210页。
[105]（唐）段公路:《北户录》,《丛书集成初编》,商务印书馆,1936年,第41、42页。侯景"自篡立后,时著白纱帽,而尚披青袍,或以牙梳插髻。床上常设胡床及筌蹄,著靴垂脚坐",事见（唐）姚思廉:《梁书》,中华书局,1973年,第862页。
[106]（唐）姚思廉:《梁书》,中华书局,1973年,第859页。
[107]《保利藏珍》编辑委员会:《保利藏珍——石刻佛教造像艺术精品选》,岭南美术出版社,2000年,第189—193页。
[108] National Museum of Korea: Masterpieces of Rarly Buddhist Sculpyure, 100BCE—700CE, National Museum of Korea, 2015: 257, 258.
[109] 张燕:《陕西药王山碑刻艺术总集》第七卷《临潼、渭南地区造像碑》,上海辞书出版社,2013年,第216—226页,图104—110。

[110] 张燕:《陕西药王山碑刻艺术总集》第五卷《唐代造像碑及历代雕塑和壁画》，上海辞书出版社，2013年，第82—91页，图92—98。

[111] 《保利藏珍》编辑委员会:《保利藏珍——石刻佛教造像艺术精品选》，岭南美术出版社，2000年，第228—231页。

[112] 张燕:《陕西药王山碑刻艺术总集》第五卷《唐代造像碑及历代雕塑和壁画》，上海辞书出版社，2013年，第94、95页，图202。

[113] 张燕:《陕西药王山碑刻艺术总集》第三卷《北周造像碑》，上海辞书出版社，2013年，第52—67页，图59、69、71。

[114] 山西省考古研究所等:《太原隋虞弘墓》，文物出版社，2005年，图版五〇、五一。

[115] 考古发掘出土的各类坐姿俑，其中有许多都坐于束帛藤座上，但令人遗憾的是，资料的公布者在多数情况下，只给出正面的图像，而没有给出侧面以及背面的图像，使得许多信息无法获得，只能选取其中一部分作为参考。

[116] 刘云辉:《北周隋唐京畿玉器》，重庆出版社，2000年，第35页，图38。

[117] 冀东山主编:《神韵与辉煌·陶俑卷》，三秦出版社，2006年，第96、97页，图版61；〔日〕齋藤龍一:《大唐王朝女性の美》，中日新聞社，2004年，第80、81页，図版39。

[118] 〔日〕東京国立博物館、朝日新聞社:《遣唐使と唐の美術》，朝日新聞社，2005年，第101頁，図版62。

[119] 中国历史博物馆:《中国历史博物馆——华夏文明史图鉴》（四），朝华出版社，2002年，第199页，图版202。

[120] 〔日〕根津美術館学芸部:《根津美術館百花撰》，根津美術館，2013年，第90頁，図版67。

[121] 王绣:《洛阳文物精萃》，河南美术出版社，2001年，第162、163页，图版26。

[122] 长治市博物馆:《长治市西郊唐代李度、宋嘉进墓》，《文物》1989年第6期；〔日〕斋藤龍一:《大唐王朝女性の美》，中日新聞社，2004年，第78、79页，図版38。

[123] 〔日〕座右宝刊行会 後藤茂树:《世界陶磁全集》11《隋·唐》，小学館，1976年，第81页，彩版61。

[124] 敦煌研究院主编:《敦煌石窟艺术全集》第8册《塑像卷》，同济大学出版社，2016年，第142页，图版126。

[125] 新疆维吾尔自治区文物管理委员会等:《中国石窟·克孜尔石窟》（三），文物出版社、株式会社平凡社，1997年，图版183。

[126] 隋天竺三藏阇那崛多译:《佛本行集经》，《大正藏》第3册，No.0190，第0772a页。

[127] National Museum of Korea: Masterpieces of Rarly Buddhist Sculpyure, 100BCE—700CE, National Museum of Korea, 2015: 266-275.

[128] National Museum of Korea: Masterpieces of Rarly Buddhist Sculpyure, 100BCE—700CE, National Museum of Korea, 2015: 279, 280.

[129] 〔日〕奈良国立博物館:《日本仏教美術の源流》，株式会社天理時報社，1978年，第51頁，図版50。

# Tengzuo, Shubotengzuo and Quanti: the Spread and Evolution of a Kind of Seat from Image to Object

Ran Wanli

(School of Culture Heritage, Northwest University)

**Abstract:** In Buddhist statues and other secular images, there is a kind of rattan seat which is called

Quanti. The author thinks that it should be unified as Shubotengzuo, or Shubozuo. This paper is based on the image data, discussing its spread area and image features in various areas. Shubotengzuo which showed their own characteristics in different spread area is roughly in line with the spread routes of Buddhism, from gandhara to Xinjiang, Dunhuang, Yungang, Guanzhong, Chang' an, Yecheng, Qingzhou and other regions. Until the Eastern Wei and Northern Qi dynasties, especially the Northern Qi dynasty, Shubotengzuo gradually tended to be unified in the image data as well as began to appear in images of mundane life. It seems to suggest that Shubotengzuo has a process from the image to the material object. The material object was introduced in about Eastern Wei and Northern Qi dynasties. At that time, the type of Shubotengzuo was spread to the Korean peninsula. From the characteristics of Shubotengzuo, the image of contemplating with one leg in the lap Bodhisattva in the Korean peninsula should also be deeply influenced by the Eastern Wei and Northern Qi dynasties.

**Keywords:** Tengzuo, Shubotengzuo, Quanti, Buddhism, Spread, Communication

# 佛教考古研究中的"中心环节缺失"现象
## ——以敦煌和四川的唐代瑞像为例

于 春　宋 瑞

（西北大学文化遗产学院）

**内容摘要**：唐代的敦煌壁画与四川摩崖造像在瑞像的题材和图像上相似度较高，但二者之间的媒介应是唐代的佛教传播中心——长安。阿弥陀佛与五十菩萨图像隋代自北齐地区传入长安；贞观初年传入四川北部；贞观十四年前后传入敦煌，其间，令狐家族可能担当了重要媒介。敦煌"于阗样式"天王像的出现与车道政传像入长安事件有关；"新样式"天王像综合了于阗样式与长安样式；吐蕃占领敦煌时期产生的吐蕃式毗沙门天王像，流传到了长安后又传到日本和我国四川。研究不同地区造像时不能忽视"中心环节"的媒介作用。

**关键词**：阿弥陀佛与五十菩萨；令狐氏；毗沙门天王；长安；传播

## 一、引　言

宿白先生曾经说过，四川石窟是中国佛教石窟的最后一朵奇葩。四川地区的佛教造像自东汉末出现，历经南朝、隋、唐、五代的发展，到宋代形成了以安岳、大足为中心的繁荣景象。距离四川西北2000多千米的河西走廊西端，敦煌莫高窟、榆林窟保存了大量壁画和塑像，延绵上千年，是我国古代佛教的重要传播之地。四川与敦煌唐代造像的相似性，随着文物普查、两地佛教考古调查和研究的广泛开展而逐渐成为学者们关注的焦点[1]。例如，敦煌壁画与四川摩崖造像在瑞像题材上的共性是令人惊叹的，净土经变、毗沙门天王、千手观音等在四川和敦煌都有较多遗存，二者在图像上的相似度也较高。据此，有的学者认为四川与敦煌之间存在直接的佛教文化艺术传播渠道。比较直接的证据大致有两类，一是敦煌的写经题记中有"西川真印本"题记、《维摩诘经》"西川静真禅院写"题记、《诸经摘录》沙门慧觉题记等[2]；二是四川巴中等地的造像题记中有来自河西的"凉商"[3]。但是，这些证据材料的时代都集中在晚唐和五代。

让我们把目光投向更早的时代。汤用彤先生曾经认为："（南朝）宋时蜀中禅法之盛，本与北凉有关。"[4]北凉时期，蜀中的贤护、法绪均来自河西；刘宋中叶，法献由巴蜀至于阗取经；北魏西行求法僧智猛曾长住凉州，后入蜀传授禅学，元嘉末寂于成都等。实际上，四川地区历年来发现了多处东汉至三国时期的佛像遗存，最著名的是乐山麻浩一号崖墓门楣上的石刻如来坐像（图一）、绵阳等地汉墓中出土摇钱树上的如来坐像等，成为研究早期佛教"南传"道路的重要材料。但是，

图一 乐山麻浩崖墓佛像

四川出土早期佛像的样式明显与犍陀罗艺术风格更为接近。进而，雷玉华曾论北凉时期的四川可能是南朝的建康、襄阳等地通往西凉、北凉的通道[5]。由此可见，在十六国、南北朝时期，四川与西北地区的直接交流也是存在的。

从上述史料和实物来看，不管是北凉时期还是晚唐五代，四川与河西或者敦煌之间的直接交流是可能存在的。在这些时期，两地的宗教文化相对独立而且发达，各自成了西北和西南地区的佛教文化中心，相互产生了吸引力，僧人和商人的往来也促进了佛教文化的交流。但是，笔者通过对四川和敦煌的相似题材造像和文献的梳理，发现这种"直接交流"并不是一直存在和持续的，至少在唐王朝统治的鼎盛时期，都城长安在四川与敦煌佛教艺术之间的相似性上扮演了非常重要的媒介角色——中心环节。但是，因为历史以来的破坏，这个"中心环节"的同类遗存没有被保存到今天。下文将通过四川与敦煌的阿弥陀佛与五十菩萨像和毗沙门天王像这两种瑞像进行分析。

## 二、阿弥陀佛与五十菩萨像[6]

阿弥陀佛与五十菩萨像是四川初唐时期最有特色的净土题材造像。如绵阳碧水寺第19龛（图二，1），龛内中央为阿弥陀坐像，两侧各有一尊胁侍菩萨立像，四周围绕着五十尊较小的菩萨坐像。阿弥陀佛的大衣为通肩样式，衣纹保存完好，雕刻遒劲有力，棱角分明。如来右侧的第2号菩萨可见手持莲茎，裙纹为连续"S"形，裙短露踝，并饰足钏（图二，2）；如来左侧的第3号菩萨，双手持联珠璎珞，这些特征都被认为带有较多的古印度笈多艺术风格。再如梓潼卧龙山1号龛（图三，1），有贞观八年（634年）纪年，其主尊如来和胁侍菩萨身形略显纤细，衣纹雕刻略柔和，菩萨裙长遮踝，未见脚钏（图三，2）。碧水寺第19龛的主尊如来与胁侍菩萨在龛内所占位置为正壁中上部，其余五十菩萨身形较大，比较凸出；而卧龙山1号龛的主尊如来和胁侍菩萨三尊像几乎占据了正壁所有位置，五十菩萨身形较小，表现不凸出。笔者曾考证碧水寺造像为"令狐元轨"在贞观五年（631年）任巴西（今四川绵阳）县令时所造[7]，碧水寺第19龛的时代应略早于卧龙山1号龛的贞观八年。从造像风格来看，碧水寺第19龛更具笈多造像风格，而卧龙山1号龛更具有中国化风格。

1　　　　　　　　　　　　　2

图二　绵阳碧水寺第19龛
1. 形制　2. 主尊及左、右胁侍

1　　　　　　　　　　　　　2

图三　梓潼卧龙山1号龛
1. 形制　2. 主尊及左、右胁侍

敦煌莫高窟的阿弥陀佛与五十菩萨图像有三铺，分别是初唐第332窟东壁南侧、盛唐第23窟顶部北披与第171窟西壁龛内。时代最早的是第332窟东壁南侧的一铺，大约绘制于7世纪末的武周圣历元年（698年）。画面下部的莲池中伸出一根主莲茎，向上支撑如来和胁侍菩萨立像的莲花座，两侧分叉支撑较小的菩萨像，小菩萨或游戏坐，或单腿跪，面朝主尊如来方向做听法状。如来头顶有豪华的垂珠华盖（图四）。这铺壁画虽然比绵阳碧水寺第19龛和卧龙山1号龛晚了60多年，但它们在布局和细节上惊人的相似：主尊如来结说法印，着通肩大衣，与碧水寺第19龛完全一致；主尊两侧菩萨的天衣、璎珞、裙都与卧龙山1号龛菩萨样式接近，而且莲座同为多层仰莲瓣。

图四　敦煌莫高窟第332窟东壁

那么，四川和敦煌的阿弥陀佛与五十菩萨像之间是否存在直接的影响关系呢？恐怕我们首先要回答的是阿弥陀佛与五十菩萨像的来源问题。目前，我们能见到的关于此题材的最早记载是初唐道宣在《集神州三宝感通录》里介绍的长安地区的五十菩萨像：

　　……隋文开教，有沙门明宪从高齐道长法师所得此一本，说其本起与传符焉，是以图写流布遍于宇内。时有北齐画工曹仲达者，本曹国人，善于丹青，妙尽梵迹传模西瑞，京邑所推。故今寺壁正阳皆其真范[8]。

此记载有两条重要信息，一是长安地区隋代已有此图像传布；二是此图像具有曹国画家曹仲达的西域画风。遗憾的是，长安的隋唐佛教造像绝大部分已经湮灭不存，但是从文献上仍然可以看到关于阿弥陀净土题材的蛛丝马迹。例如唐张彦远在《历代名画记》卷三之"记两京外州寺观画壁"中，对长安寺院的净土题材绘画进行了简略的记载：

云花寺小佛殿，有赵武端画净土变；

大云寺，门东两壁鬼神、佛殿上菩萨六躯，净土经变阁上婆叟仙，并尉迟画；

昭成寺……香炉两头净土变、药师变，程逊画；

光宅寺，东菩萨院内，北壁东西偏，尉迟画降魔等变。殿内吴生、杨廷光画，又尹琳画西方变；

净上院……吴画金刚变，工人成色损。次南廊吴画金刚经变及郗后等，并自题。小殿内吴画神菩萨帝释，西壁西方变，亦吴画；

敬爱寺……西壁西方佛会（赵武端描）……东西两壁西方弥勒变。

同样是根据道宣《集神州三宝感通录》，碧水寺19号龛的发愿主令狐元轨的"庄所"在"岐州"。岐州位于唐长安城之西，所辖范围大致与今宝鸡市相近，著名的法门寺也在岐州境内。令狐元轨在巴西（今四川绵阳）的任职结束后，又赴"冯翊"（今陕西大荔）任职[9]。由此可见，令狐元轨是频繁活动在长安周边地区的官员。再观碧水寺19号龛菩萨像的衣饰，"其体稠叠而衣服紧窄"[10]，确有"曹衣出水"之风，说明碧水寺19号龛阿弥陀佛与五十菩萨像的图像粉本直接来自长安地区的可能性很大。

令狐元轨的世系无所考，仅知其固定居所在长安附近。道宣很明确地记载了他"信敬佛法，欲写法华金刚般若涅盘等"经书，很容易让人联想到北魏时期敦煌的令狐家族也热衷于佛教传播和传抄经文。杜斗城等曾论述：敦煌令狐氏家族人员在官方佛教写经中占据了绝对的优势地位；除了官方佛教写经，敦煌令狐氏信众私人抄写佛经也非常普遍[11]。至隋唐时期，敦煌令狐氏开始进一步在中央的政治、文化等领域发挥重要影响，形成了特征鲜明的家族文化，尤其以令狐德棻、令狐楚的文学素养著称。据学者考证，令狐楚父子就多有与僧人来往的事迹[12]。虽然我们无法确定令狐元轨是否为敦煌令狐氏家族成员，但是从《集神州三宝感通录》作者道宣的角度出发，采录令狐元轨写经的感通故事，恐怕与敦煌令狐氏北魏以来写经、宣扬佛法的行为不无关系。

由此，我们可以绘制出一幅阿弥陀佛与五十菩萨图像的传播线路图：隋代自北齐地区传入长安；初唐流行于长安，贞观初年由赴四川任职的令狐元轨传入四川北部；随着贞观十四年侯君集擒高昌王，打通了河西走廊的西端，长安地区的佛教图样向西传入敦煌，莫高窟的窟形、壁画题材和样式都发生了巨大的变化，阿弥陀佛与五十菩萨像也随之传入。可见，长安是阿弥陀佛与五十菩萨图像的传播源，是联系四川和敦煌同类图像的中心环节；其间，令狐氏担当了不可忽视的重要媒介。

## 三、毗沙门天王像

毗沙门天王像是另一个四川和敦煌唐代造像中共同流行的瑞像题材。敦煌地区现存毗沙门天王像图例达80幅以上，从盛唐兴起，流行于中唐、晚唐、五代并持续到宋代[13]。毗沙门天王像也是四川唐代造像的重要题材，据笔者的不完全统计，单龛毗沙门天王造像的数量超过60龛，绝大部分集中在成都平原的西南侧和东南侧山地，时代自中晚唐时期到宋代。其中，四川夹江千佛岩就有毗沙门天王造像7龛。

敦煌最早的毗沙门天王像出现于盛唐时期。第103窟（盛唐）甬道北壁的毗沙门天王立像（图五，1），其身体直立，略朝左侧偏。头结高髻，戴三面宝冠，冠带飘向左右后方；甲胄形制为上半身着开襟胸甲，两胸及腹部有三个圆形甲片，用璎珞状绳索结成"X"形；胸前两条横向皮带将身甲紧扣于正中。上臂着小鳞甲片缀连的袖甲，肘部为鳍袖；前臂袖衣上的肘部有圆形护具，手腕戴钏；腰部可看到部分皮带状的腰带。覆盖整个腿部的长裙甲被认为是于阗式铠甲[14]，与初唐时期汉地天王的短裙甲差别很大。佐藤有希子认为这尊毗沙门天王像属"于阗样式"。另外，第154窟（盛唐）南壁下侧天王像也属"于阗样式"（图五，2），身瘦长，细腰，着紧身长甲，胸前衣襟呈"Y"字形，横扣两条束带；下半身着长裙甲，由小铠甲片组成，其上有前楯、腰当和佩剑。

1　　　　　　　　　　　2
图五　于阗样式天王像
1. 敦煌莫高窟第103窟甬道北壁的毗沙门天王　2. 敦煌莫高窟第154窟南壁下侧毗沙门天王

同样在盛唐时期的第154窟南壁，上侧还有一尊天王立像（图六，1），下身着长裙甲、脚下有地天的特征与于阗样式天王相同，但是上身铠甲的肩甲、腹甲、腹带等结构，却是初唐长安地区天王像常见的[15]，其略显臃肿的面部和凸出的肚腩也是长安盛唐风格。佐藤有希子称之为"新样式"天王，新样式天王是于阗和长安两种天王形象的结合。

四川夹江千佛岩第159龛毗沙门天王立像也应属此类"新样式"（图六，2）。其身体较肥硕，面

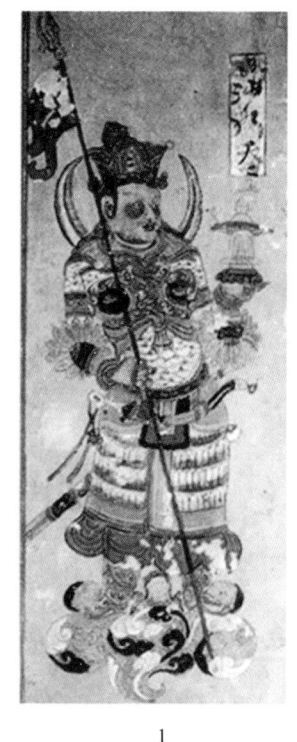 

图六 新样式天王像
1. 敦煌莫高窟第 154 窟南壁上侧天王像  2. 四川夹江千佛岩第 159 龛

部丰腴，下颌部肥大，腹部浑圆。其左手托塔，右手持长棍状物。头戴三面宝冠，饰耳珰，肩部有焰肩；上身甲为对襟，肩甲有卷草纹，胸甲和腹甲中部有圆形牌；袖部上臂附竖长小铠甲片和鳍袖；前臂为袖衣；下身长裙甲由小铠甲组成，其上有腰带、前楯和腰当；裙甲长垂至小腿，靴覆甲，长甲裙摆盖脚踝；前楯前垂有"U"型飘带；左腰佩长剑。

与敦煌第 154 窟新样式天王不同的是，夹江千佛岩第 159 龛天王除了脚下有地天、小鬼，两侧还多了四尊眷属像：左侧的夜叉像及天女像、右侧的长髯老者像及神将像。大岛幸代考证此二龛天王像两侧的四尊眷属立像是前文所述《毗沙门仪轨》中记载的天宝元年（742 年）传入长安的天王四眷属：独健、那吒、吉祥天女、婆薮仙人[16]。可知夹江千佛岩第 159 龛天王的时代不会早于天宝元年。

至 8 世纪后半叶吐蕃占领敦煌前后，敦煌出现了另一种样式的毗沙门天王像。最典型的是榆林窟第 25 窟前室北侧的天王像（图七，1），这尊毗沙门天王面部和手部皮肤为黑色，体型瘦长，与之前的天王像差别显著。天王双腿直立，左手屈臂托塔，右手屈臂于肩侧握三叉戟柄；戴三面宝冠，饰耳珰；肩部有焰肩，长裙甲垂至小腿，其上有腰带、前楯和腰当；前楯前垂有"U"型飘带；脚下有地天，并有两尊小鬼像支撑着天王二足。这些特征是上述于阗式天王样式的特征。另外，天王同样略面朝左侧，上身胸甲对襟而开，肩甲有卷草纹，戴胸甲、人面腹甲等，是前述新样式天王的特征。而且，天王左、右侧都有胁侍立像。

沙武田对榆林窟第 25 窟进行了深入研究，认为此窟开凿于瓜州沦陷吐蕃后、沙洲陷落前，即 8 世纪后半叶的 776—786 年，而且此窟是吐蕃与唐之间短暂交好的产物，是"盛唐吐蕃期"的典型洞窟[17]。故笔者将榆林窟第 25 窟的毗沙门天王像称为"吐蕃式"天王。四川夹江千佛岩第 134

图七　吐蕃式天王像
1. 榆林窟第 25 窟毗沙门天王像　2. 四川夹江千佛岩第 134 龛

龛毗沙门天王（图七，2）与榆林窟第 25 窟的"吐蕃式"毗沙门天王像非常接近。其两侧的四位眷属则与夹江千佛岩第 159 龛毗沙门天王像相同，时代亦不会早于天宝元年。

另外，在第 134 龛下侧的第 136 龛也有一尊毗沙门天王像（图八），其服饰、持物、眷属与第 134 龛几乎完全相同，属于"吐蕃式"天王，但其姿态为倚坐。

从上述材料我们可以梳理：敦煌最早的毗沙门天王像出现在盛唐时期，有两种样式，一是于阗样式，二是混合了于阗和长安风格的新样式。至吐蕃占领敦煌前后的 8 世纪后半叶，新出现了吐蕃式毗沙门天王。据笔者调查，四川地区目前没有发现于阗式天王像，夹江千佛岩盛唐—中唐时期的毗沙门天王像属于新样式天王，有四眷属；同时还有吐蕃式天王立像及倚坐的吐蕃式毗沙门天王像。不难看出，敦煌与四川的毗沙门天王像既有共性，也有差别。二者之间有直接的传播关系吗？

要回答这个问题，可能要从毗沙门天王信仰的兴起和图像传播入手。毗沙门天王信仰兴起于西域的于阗国。现存的于阗国造像有热瓦克遗址东、南墙的天王塑像，年代在 4—6 世纪，塑像仅存下半身，外披长甲，内着裙，脚着长靴，脚间有地神托举着天王，此像被认为是最早的单尊毗沙门塑像。另一例是丹丹乌里克 2 号佛寺遗址壁画旁的天王像，塑像仅存下半身，天王披长甲，着长靴，脚踩地神。但是 4—6 世纪于阗的毗沙门天王图像并没有同时流传到邻近的敦煌。

文献记载，毗沙门天王信仰大约在盛唐开元年间传入长安地区，于阗国毗沙门天王像于盛唐开元十三年（725 年）传入长安，并且流行于 8 世纪后半叶。宋郭若虚《图画见闻志》卷五"相兰十绝"条记载"（大相国寺十绝之）其八，西库有明皇先敕车道政往于阗国传北方毗沙门天王样来，至开元十三年封东岳时，令道政于此依样画天王像为一绝"[18]。张彦远在《历代名画记》卷十

图八　四川夹江千佛岩第 136 龛

"唐朝下"内写道:"高江、车道政二人并善写貌。道政兼善佛事,迹简而笔健。"从此二条记载可知,开元十三年之前,唐玄宗曾经派擅长佛画的车道政远赴于阗抄画毗沙门天王图像,并在开元十三年于大相国寺画于阗毗沙门天王像。

敦煌虽然距离于阗国很近,但是敦煌最早的"于阗样式"毗沙门天王像的时代为盛唐时期,与长安地区迎来于阗国天王像的开元十三年时代接近。这说明敦煌出现"于阗样式"天王像与车道政远赴于阗抄画毗沙门天王图像并传入长安的事件可能有密切关系。

敦煌新样式毗沙门天王像的出现与长安也不无关系。初唐长安地区的墓葬中流行一种天王俑,其身着短裙甲,身体略扭曲,脚下踩小鬼(图九,1)。这种长安天王图像也出现在敦煌莫高窟隋代至初唐时期的洞窟中。例如第 313 窟(隋)北壁(图九,2)、第 380 窟(隋—初唐)北壁和东壁北侧(图九,3)、第 322 窟(初唐)西壁龛内北侧(图九,4)等。敦煌这些身体略扭曲、脚下踩小鬼的天王形象无疑是受到长安天王俑的影响。敦煌的"新样式"毗沙门天王,即于阗样式与长安样式的结合,亦是在长安天王像的影响下出现的。

文献记载,盛唐天宝元年(742 年),龟兹地区的毗沙门图像再次传入长安。毗沙门信仰经典《毗沙门仪轨》中记载了一则"安西城退兵"的故事,故事的最后,唐玄宗收到安西城的上表文,说借由毗沙门天王的神力得以抵御西域诸国的侵袭,并附有毗沙门天王画像,记曰:"天宝元载四月二十三日、内谒者监高慧明宜。天王第二子独健、常领天兵护其国界。天王第三子那吒太子、捧塔常随天王。吉祥天女、亦名功德天、自有真言。婆薁仙、大广智云是观世音菩萨化身。"[19] 从此记载可知,至迟在天宝元年,有独健、那吒、吉祥天女、婆薮仙人等四身眷属的毗沙门天王图像

图九　初唐天王像

1. 陕西历史博物馆藏初唐青铜天王像　2. 敦煌莫高窟第313窟（隋）天王　3. 敦煌莫高窟第380窟（隋—初唐）天王
4. 敦煌莫高窟第322窟（初唐）天王

就进入了长安地区。夹江千佛岩第134、136、159龛等天王像均有四眷属，与从"安西城"传入长安的毗沙门天王图像应有密切关系。

而且，第159龛天王臃肿的体态，应该与长安地区盛唐至中晚唐流行的丰腴臃肿审美有关。西安碑林博物馆藏一尊汉白玉雕刻的天王立像（图一〇，1），应该是这个时期长安地区代表性的天王像，其体态臃肿，肚腩凸出，着短裙甲，立于岩石上。这种丰腴臃肿的长安风格同样出现在8世纪后半叶的敦煌地区。最有意思的是，上述榆林窟第25窟的毗沙门天王南侧，绘有一尊身体肥硕的南方天王立像（图一〇，2），面白，头戴胄，系领巾，着唐式天王俑的短铠甲，右手持长剑竖直朝上。其体型肥硕臃肿，面部丰满，下颌赘肉垂到肩上，腹部较大，腰粗，是典型的长安地区盛唐至中唐时期流行的臃肿风格。

另外，张彦远在《历代名画记》"宝应寺"条中记载了韩干（706—783年）画毗沙门天王："（长安）宝应寺，多韩干白画，亦有轻成色者。佛殿东西二菩萨，亦干画，工人成色损。西南院小堂北壁，张璪画山水。院南门外，韩干画侧坐毗沙门天王。"从韩干的生卒年来看，至迟在8世纪中下叶，倚坐的毗沙门天王像已经出现在长安。由此可见，倚坐毗沙门天王像的源头也应在长安。

榆林窟第25窟的"吐蕃式"天王像，应是在新样式天王像的基础上，加入了黑皮肤、站立的眷属像等因素创造出的，如前文所述，其出现与吐蕃占领敦煌的历史事件可能密切相关。那么，夹江千佛岩第134、136龛的吐蕃式毗沙门天王图像是直接来自敦煌还是有可能来自长安呢？

为了回答这个问题，我们必须把目光转向日本。

图一〇　长安风格天王像
1. 西安碑林博物馆藏唐代天王像　2. 榆林窟第 25 窟南方天王像

## 四、结语：佛教考古研究中的"中心环节"缺失

京都的东寺藏有一尊著名的木雕"兜跋毗沙门天"立像（图一一），自 20 世纪 30 年代以来就引起了学者们的关注[20]。根据 14 世纪后半的文献杲宝（1306—1362 年）撰《东宝记》所载，这尊"兜跋毗沙门像"本来安置在平安京的正门罗城门，所用木材是产自中国的樱木（魏氏樱桃）[21]。关于这尊天王像的时代，神田雅章对入唐僧人"唐八家"请到日本的毗沙门天王经像进行了统计，最早是最澄在延历二十三年（804 年）请来《多闻天法》一卷，在延历二十四年（805 年）请来《青面北天陀罗尼法》一卷，还有空海于延历二十三年请来《毗沙门天王经》一卷等，认为东寺毗沙门天王像时代是 8—9 世纪初[22]。冈田健通过文献梳理和与中国现存的类似天王像的对比，认为其时代应为 9 世纪中叶之后。无论东寺毗沙门天王像的时代如何，最澄和空海等入唐僧人的记载说明，至迟在 9 世纪初，所谓的"兜跋毗沙门天"图像就已经传到了日本。

图一一　日本东寺"兜跋毗沙门天"

令人奇怪的是，关于毗沙门天王信仰的汉译经典中，毗沙门天王的名号之前都没有"兜跋（刀拔）"二字。此二字具有什么含义呢？日本学者松本文三郎曾经对此词进行考证，他认为"兜跋"二字最早出现在日本平安时代（中国南宋）时期的一部伪经《阿娑缚抄》所引《大梵如意兜跋藏王咒经》中，其时代远远晚于所谓的"兜跋（刀拔）毗沙门天王"像出现的9世纪初。所以，此"兜跋"并不是"兜跋藏王"之"兜跋"。松本文三郎还列举了"兜跋"可能的含义，例如实物钵、胄、国名、神名、梵语音译等，但都被他一一否定。最后他提到"兜跋"即"吐蕃"音转写这一观点是现在主流的观点，但是他并不认为毗沙门天王像与吐蕃有任何关系，而是考证得出"兜跋"应该是藏地的一种长披风式的服饰，"兜跋毗沙门天王"即为"穿着长外套上衣的毗沙门天"[23]。

笔者不认同其观点。从京都东寺"兜跋毗沙门天王"的风格来看，无疑应该是属于前文所讨论的"吐蕃式"天王，虽然木雕像颜色已经脱落，但是其铠甲样式和瘦削的身体与榆林窟第25窟毗沙门天王像非常相似。所以，我们不必执念于"兜跋"这两个汉字的具体含义，因为在前文所引日本14世纪的文献中也记为"刀拔"，重点应在此二字的发音，笔者认为应该是唐言"吐蕃"的变音。

日本入唐僧人最主要的学习地点是长安，例如空海于唐德宗贞元二十年（804年）入唐求法，到达长安后居西明寺（805年），后来又跟随青龙寺惠果学习，回国时携带了大量的佛经、佛像、佛舍利和密乘法物。《册府元龟》卷五二《帝王部·崇释氏第二》记载，宪宗元和十年（815年），原本在西明寺的毗沙门神像被迁入开业寺。可以想象，空海在西明寺居住时应该见到过类似的毗沙门天王像吧，故传入日本的"兜跋毗沙门天王"很可能来自长安。由此可见，"新样式"毗沙门天王像在敦煌产生之后，其图像流传到了长安，并被入唐僧人带回了日本。因此，夹江千佛岩的吐蕃式毗沙门天王像，也不能排除来自长安城的可能性。

无独有偶，回到前文提到的阿弥陀佛与五十菩萨像。日本法隆寺金堂有一铺绘制于7世纪末的阿弥陀佛与五十菩萨壁画（6号壁画），但主尊如来和胁侍菩萨的周围只绘制了二十五尊小菩萨像（图一二，1）[24]。著名日本画家平山郁夫先生曾经写道："莫高窟的220窟壁画有贞观十六年（642年）题记，是具有时代铭文的石窟壁画。1976年我曾用1年的时间摹写法隆寺金堂3号壁的观音菩萨（图一二，2），发现两处壁画的观音像从画风到肌肤的颜色、线条、衣纹、璎珞的颜色完全一样，令人惊讶。"[25]能把7世纪末的敦煌和日本联系到一起的，无疑也应该是长安城吧！

遗憾的是，由于唐代"会昌灭佛"在长安肇始，又经历后周世宗灭佛，唐代长安的佛教艺术遗存绝大部分灰飞烟灭，除了部分石造像保存下来以外，寺院、壁画和有机质造像绝大多数荡然无存，不管是于阗式天王像，还是吐蕃式天王像，在长安地区都已经难觅踪迹。曾经联系了我国敦煌、四川和日本的"中心环节"长安城，如今处于"缺失"的状态。

这样的现象不仅仅体现在唐代的敦煌与四川佛教造像的关系上：南朝造像作为我国北朝造像、朝鲜半岛造像、越南造像的"中心环节"，也正处于缺失状态；环顾辽、西夏、回鹘和四川宋代造像，不能忘记曾经辉煌一时的汴梁。基于此，我们在研究上述地区同时期造像的相似性时，不能绕过"中心环节"的影响力；同时，也可以用被影响地区的遗存来尝试复原"中心环节"的佛教艺术面貌。如何正确理解"中心环节"的意义、复原"缺失"的佛教艺术，是我们面临的一个重要课题。

图一二　日本法隆寺壁画
1. 法隆寺金堂 6 号壁画　2. 法隆寺金堂 3 号壁菩萨

附记：本文是陕西省教育厅哲学社会科学重点研究基地"丝绸之路文化遗产保护与考古学研究中心"《川北广元地区唐代佛教造像中的长安因素研究》（项目编号 19JZ057）项目成果。

## 注　释

[1] 胡文和：《四川和敦煌石窟中"西方净土变"的比较研究》，《考古与文物》1997 年第 6 期。
[2] 魏郭辉：《晚唐五代敦煌与四川佛教文化交流研究——以敦煌写经题记为中心》，《中华文化论坛》2014 年第 9 期。
[3] 姚崇新：《试论广元、巴中两地石窟造像的关系——兼论巴中与敦煌之间的古代交通》，《四川文物》2004 年第 4 期。
[4] 汤用彤：《汉魏两晋南北朝佛教史》，北京大学出版社，1998 年，第 572 页。
[5] 雷玉华：《四川南北朝造像的分期及渊源诸问题》，《四川出土南朝佛教造像》，中华书局，2013 年，第 220 页。
[6] 全国的阿弥陀佛与五十菩萨图像大约有三四十铺，集中分布在我国四川、敦煌地区、河南龙门和浚县千佛洞，日本亦有零星分布。王惠民先生曾经以《一佛五十菩萨图源流考》为题，对现存的该题材图像进行了统计、考释和源流分析。参见王惠民：《一佛五十菩萨图源流考》，《麦积山石窟艺术文化论文集（上）——2002 年麦积山石窟艺术与丝绸之路佛教文化国际学术研讨会论文集》，兰州大学出版社，2004 年，第 544—560 页。
[7] 于春、王婷：《四川绵阳市碧水寺摩崖造像的相关问题》，《四川文物》2009 年第 3 期。
[8] （唐）道宣：《集神州三宝感通录》卷中"隋释明宪五十菩萨像缘"，《大正新修大藏经》第五十二卷，第 0421 页。
[9] （唐）道宣：《集神州三宝感通录》卷下"令狐元轨"，《大正新修大藏经》第五十二卷，第 0428 页："贞观五年，有隆州巴西县令令狐元轨者，信敬佛法，欲写法华金刚般若涅盘等，无由自检，凭彼土抗禅师检校。抗乃为在寺如法洁净，写了下帙。还岐州庄所经留在庄，并老子五千文同在一处。忽为外火延烧。堂是草覆一时灰荡。轨于时任冯翊，令家人相命拨灰取金铜经轴，既拨外灰，其内诸经宛然如故，黄色不改，唯箱帙成

灰。又觅老子便从火化。乃收取诸经，乡村嗟异。其金刚般若经一卷题字焦黑，访问所由，乃初题经时，有州官能书，其人行急，不获洁净直尔立题，由是被焚。其人见在，瑞经亦存，京师西明寺主神察目验说之。"

[10]（宋）郭若虚著，俞剑华注释：《图画见闻志》卷一"论曹吴体法"条，江苏美术出版社，2007年，第27页。
[11] 孔令梅、杜斗城：《十六国北朝时期敦煌令狐氏与佛教关系探究》，《敦煌研究》2010年第5期。
[12] 潘玉渠、马强：《隋唐时期敦煌令狐氏家族文化研究》，《唐史论丛》2016年第1期。
[13] 敦煌现存毗沙门天王像图例达80幅以上。盛唐至中唐，持戟和托塔的毗沙门天王立像占绝大多数；晚唐以后又增加了两种坐像形式。〔日〕佐藤有希子著，牛源译：《敦煌吐蕃时期毗沙门天王像考察》，《敦煌研究》2013年第4期。
[14] 田峰：《于阗毗沙门天王信仰研究》，《西北民族大学学报》（哲学社会科学版）2013年第4期。
[15]〔日〕佐藤有希子著，牛源译：《敦煌吐蕃时期毗沙门天王像考察》，《敦煌研究》2013年第4期。
[16]〔日〕大岛幸代：《夹江千佛岩摩崖造像的毗沙门天王龛——关于其造型特点与建造时期》，《四川夹江千佛崖唐代佛教造型艺术研究》，四川人民出版社，2017年，第161—177页。
[17] 沙武田：《榆林窟第二五窟の造营年代に関する諸問題》，《奈良美術研究》第9号，2010年，第35页。
[18]（宋）郭若虚著，俞剑华注释：《图画见闻志》卷五，江苏美术出版社，2007年，第187页。
[19]《大正新修大藏经》卷二十一，第0228页。
[20]〔日〕松本文三郎：《兜跋毗沙門天攷》，《東方学報》第10冊第1分冊，1939年；源丰宗：《兜跋毗沙門天像の起源》，《仏教芸術》第15号，第43、44頁。
[21]〔日〕冈田健：《東寺兜跋毗沙門天像——羅城門安置説と造立年代に関する考察（上）》，《美術研究》第370号，东京国立文化財研究所，1998年，第259—284頁。
[22]〔日〕神田雅章：《城門楼上の毗沙門天について—東寺兜跋毗沙門天立像の羅城門安置をめく＿って》，《美術史学》第16号，1994年，第33—74頁。
[23]〔日〕松本文三郎著，金申译：《兜跋毗沙门天考》，《敦煌研究》2003年第5期。
[24]〔日〕肥田路美：《金堂壁画》，《法隆寺美術論争の視点》，株式会社ゲテヮ社，1998年，第326頁。
[25]〔日〕平山郁夫著，杨晶、李建华译：《悠悠大河》，生活·读书·新知三联书社，2008年，第28页。

# The Phenomenon of "Lack of Central Link" in the Study of Buddhist Archaeology: Take the Tang Dynasty Statues of Dunhuang and Sichuan as an Example

Yu Chun, Song Rui

(School of Cultural Heritage, Northwest University)

**Abstract:** Dunhuang murals in Tang dynasty and cliff sculptures in Sichuan have a high similarity in subject matter and image, but the media between them should be Chang'an, the Buddhist communication center in Tang dynasty. The images of Amitabha and fifty Bodhisattvas were introduced to Chang'an from the Northern Qi region in the Sui dynasty, to northern Sichuan in the early years of Zhenguan, and to Dunhuang around the 14th year of Zhenguan, during which Linghu family may play an important role in media. The appearance of the "Khotan style" Vaisravana statue in Dunhuang is related to the event that the image of driveway politics was transferred from Chang'an; the "new style" Vaisravana statue integrated Khotan style and Chang'an style; the Tubo style Vaisravana statue produced during the occupation of Dunhuang by Tubo spread to Chang'an and then spread to Japan and Sichuan, China. The media function of "central link" should not be ignored in the study of image making in different areas.

**Keywords:** Amitabha and Fifty Bodhisattvas, Linghu, Vaisravan, Chang'an, Spread

## 科技考古与文物保护

# 怎样处理制陶技术考古学中的十种关系

李文杰

（中国国家博物馆）

**内容摘要**：制陶技术考古学是专门研究古代制陶技术的一门学问，是中国考古学的一个分支。制陶技术考古学的十种关系是：黏土颗粒大小与可塑性及收缩率大小的关系、可塑性范围与成型方法的关系、黏土泥料及坯体的含水率与工艺流程的关系、烧成温度高低与陶胎硬度大小的关系、重点与一般的关系、微观研究与宏观研究的关系、考察实物与逻辑推理及模拟实验的关系、纵向研究与横向研究的关系、考古学与其他学科的关系、目标与路径的关系。由于处理好了十种关系，才终于创建了制陶技术考古学。

**关键词**：制陶技术考古学；十种关系

2018年10月，笔者接受中国考古网记者荼荼的采访时，谈过《如何创建制陶技术考古学》的问题，主要讲创建的过程。本文要讲在创建过程中遇到的十种关系，他们之间错综复杂，只有理顺关系，找到规律，才能将制陶技术考古学建立在科学的基础上。现将十种关系叙述如下。

## 一、黏土颗粒大小与可塑性及收缩率大小的关系

可塑性是指泥料在外力作用下发生形变而不开裂，失去外力后仍然保持变化后的形状的性质。

黏土的颗粒越小，可塑性越大，结合性越好，收缩率越大；黏土的颗粒越大，可塑性越小，结合性越差，收缩率越小。结合性是指黏土能结合一定细度的瘠性原料，即羼和料，形成可塑性泥团并有一定干燥强度的性能。判定收缩率的方法是：黏性强可塑性大的黏土收缩率较大，反之则较小；含有机物呈现青灰色或黑色的黏土收缩率较大；细腻的黏土收缩率较大，质粗的砂质黏土收缩率较小。

模拟实验表明：湖北省枝江市雅畈的白黏土、北京市昌平区红泥沟的红黏土，颗粒较小，可塑性及收缩率较大。北京市门头沟区的坩子土（学名煤页岩，是煤层上面一层还没有变质为煤的硬质黏土，其矿物组成以高岭土为主，其次还有石英等），含碳素较多，烧后碳素消失变成白色，可塑性及收缩率较大。河南省渑池县班村黄河边的沉积土，颗粒较大，可塑性及收缩率较小。

## 二、可塑性范围与成型方法的关系

模拟实验表明,各种黏土泥料的可塑性范围宽窄不一。

普通易熔黏土泥料的可塑性范围较宽,适宜成型的含水率为26%—18%,含水率较高时可用于快轮拉坯成型,较低时可用于手制法或模制法成型。

印纹硬陶是指外表有拍印或滚印的纹饰(多为几何形印纹)、质地坚硬、吸水率低的陶器,是夏代至汉代陶器中的特殊品种,分布在南方各地,其原料是高硅质黏土,例如江西清江县(今樟树市)吴城遗址商代印纹硬陶的化学组成中,$SiO_2$占比67.64%—80.08%(大多数在70%以上),$Al_2O_3$占比11.82%—22.04%,助熔剂(氧化钾、氧化钠、氧化钙、氧化镁、氧化铁、氧化钛等)总和占比6.51%—9.96%,具有高$SiO_2$、低助熔剂的特征[1]。这种黏土的可塑性范围狭窄,适宜成型的含水率为22%—19%。而快轮拉坯适宜成型的含水率为26%—25%,由于达不到拉坯成型的要求,都采用泥条筑成法成型。

## 三、黏土泥料及坯体的含水率与工艺流程的关系

含水率问题贯穿坯体制作工艺的全过程,从成型、修整到装饰,每一道工序都必须在各自适宜的含水率范围内进行,哪些工序安排在前,哪些工序安排在后,都取决于泥料及坯体的含水率高低。

泥料及坯体的含水率是指泥料及坯体中所含水的重量与泥料重量(湿重)之间的百分比,即含水率=(湿重-干重)÷湿重×100%。由于水分在空气中逐渐蒸发,含水率逐渐由高向低变化,泥料及坯体的颜色逐渐由浅变深再变浅,其性质(包括黏性、可塑性、韧性、吸附性、脆性,其中以可塑性最为重要)也在不断发生变化,制陶者根据性质的变化,依次进行各道工序(包括成型、整形、修整、装饰、阴干、装窑)。制陶者在制坯过程中,不是采用测定方法去了解含水率变化,而是凭借经验观察泥料及坯体上颜色变化和性质变化,以此判断含水率变化,即透过现象看本质,因此,密切注视颜色和性质变化,对于正确安排整个工艺流程相当重要。模拟实验表明,在含水率允许的范围内,可以适当将某道工序提前或推迟,有时几道工序可以交替进行,安排工序时,可以有一定的灵活性。然而,如果违背工艺流程与含水率之间的关系,制坯工作是不会成功的。

## 四、烧成温度高低与陶胎硬度大小的关系

古代的制陶者已经善于控制各种陶器烧成温度的下限和上限,在耐火度(又称耐熔度,表征物体抵抗高温而不熔化的性能指标)允许范围内尽可能使陶器达到较高烧成温度,以便提高陶器的硬度,使其具有较好的使用功能。

据测定,新石器时代晚期的仰韶文化、大汶口文化、大溪文化、红山文化陶器烧成温度为600—1000℃。以普通易熔黏土为原料制作的实用陶器烧成温度下限为600℃,因为高于600℃时,

陶器才会具有一定的硬度和使用功能；烧成温度上限为1050℃。例如汉代长安城陶窑出土的陶俑，致密度高，硬度强，烧结情况良好，经测定，烧成温度为1000—1050℃。假如高于1050℃，所含的氧化钾、氧化钠、氧化钙、氧化镁等易熔物质就会熔化，出现软化、变形、烧流现象，失去其使用功能。

陶器烧成温度的上限主要由陶胎的化学组成决定，氧化硅、氧化铝含量稍高的陶器烧成温度上限稍高，助熔剂总和含量稍高的陶器烧成温度上限稍低。

山西省曲沃县、翼城县天马—曲村西周墓葬的折肩罐 M6158∶1（图一），夹砂灰陶，砖灰色，质地坚硬，击之有清脆的声音，烧制时朝向火源一面的折棱以上部位接近于烧流，由于外表层的易熔物质被熔化，产生类似釉色的光泽，但不是人为施加的釉层，估计烧成温度约1050℃。

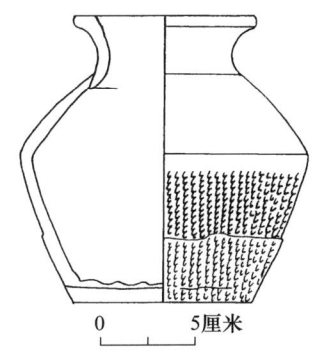

图一　山西天马—曲村西周墓葬出土折肩罐（M6158∶1）

严格控制烧成温度上限是烧制夹蚌陶的关键，由于含有蚌壳碎片，烧成温度上限受到制约。笔者仿制了一批夹蚌陶，在马弗炉内烧制到840℃，存放一个时期后胎壁全都胀裂酥散，陶胎内的蚌壳碎片变成白色粉末；烧制到700℃的夹蚌红陶罐，蚌壳碎片仍有亮光。另外还仿制了一件夹蚌罐坯体，置于湖北省枝江市马家店镇陶器厂的龙窑内，烧制到约850℃，出窑时器表的蚌壳碎片已经消失。笔者将陶罐浸入水中，由于胎心的蚌壳碎片吸水后逐渐膨胀，致使内外表皮一块块剥落，表明陶胎内所含的蚌壳碎片已经分解。

碳酸盐一般在700—800℃时开始分解，因此，夹蚌陶的烧成温度一般在700—800℃之间。如果烧成温度高于800℃，蚌壳碎片的主要成分碳酸钙就会分解为氧化钙和二氧化碳，反应式如下：$CaCO_3 \rightarrow CaO + CO_2 \uparrow$。氧化钙会逐渐吸收空气中的水蒸气，生成氢氧化钙，反应式如下：$CaO + H_2O \rightarrow Ca(OH)_2$，这时体积逐渐膨胀并且变成粉末状。这种体积膨胀现象会产生很大的作用力，致使陶胎出现裂纹，表皮一块块剥落，乃至整件陶器成为碎片。

# 五、重点与一般的关系

处理原则是突出重点、兼顾一般。体现在三个方面。

### 1. 从所用资料看

以实地考察的资料为重点，例如湖北省枝江市关庙山遗址，山西省垣曲县古城东关遗址，山西省曲沃县、翼城县天马—曲村周代居址、墓地的资料，都详细介绍。

以引自文献的资料为一般，但是其中也有重要的资料，例如山西省垣曲县古城宁家坡遗址铜石并用时代早期的陶窑、山东省胶州市三里河遗址铜石并用时代晚期的薄胎黑陶高柄杯、陕西省铜川市唐代黄堡窑的快轮装置，也详细介绍。

### 2. 从时代看

以新石器时代早期至铜石并用时代晚期的资料为重点，详细介绍，其他资料为一般，但是其中也有重要的资料，例如周代的陶鬲、唐代的三彩器，也详细介绍。

### 3. 从工艺流程看

以成型工艺为重点，详细介绍，其他工艺为一般，但是其中也有重要的资料，例如新石器时代晚期大溪文化陶器的渗碳工艺（包括窑内渗碳和窑外渗碳）也详细介绍。

## 六、微观研究与宏观研究的关系

这是最复杂、最难处理的关系，包括三个问题。

### （一）什么是微观研究

微观研究是通过考察和分析古代陶器上遗留的痕迹和现象，还原先民的制陶技术，还要透过现象看本质。其特点是有局部性、具体性、细节性、真实性。其意义在于为宏观研究奠定可靠的基础。

对单个遗址制陶工艺进行局部性、具体性的研究，属于微观研究，例如《枝江关庙山》[2]、《大溪文化的制陶工艺》[3]、《广西桂林甑皮岩遗址陶器的成型工艺》[4]、《舞阳贾湖》（下卷）第五章第一节"陶制品制造工艺"[5]、《城背溪文化的制陶工艺》[6]、《深圳咸头岭：2006年发掘报告》（下篇）第三章"咸头岭遗址出土陶器工艺研究"[7]、《垣曲古城东关遗址制陶工艺研究》[8]、《山西襄汾陶寺遗址制陶工艺研究》[9]、《肖家屋脊遗址石家河文化制陶工艺》[10]、《渑池县郑窑遗址二里头文化制陶工艺研究》[11]、《曲贡遗址制陶工艺实验研究》[12]、《垣曲商城陶器的制作工艺》[13]、《盘龙城遗址普通陶器、硬陶、釉陶工艺研究》[14]、《大同南郊北魏墓群》下编第六章"陶器的制作工艺"[15]。其中，对枝江市关庙山遗址（大溪文化、屈家岭文化晚期、石家河文化）的陶器观察得最仔细，研究得也最深入，因为笔者在1978—2013年期间经历了田野发掘、整理资料、编写田野考古报告的全过程。

从表面上看，微观研究只是罗列多篇考古发掘报告和论文的目录，实际上所花的时间最长，所费的精力最大，绝大部分时间和精力都用在周密考察出土实物上，一点一滴的积累新知识、新资料、新经验和心得体会，整个过程好比"摸着石头过河"，有时觉得好像"走钢丝"那样难，因为没有先例可以借鉴，要谨慎前进。笔者深深体会到：梦想一步登天，轻易直达彼岸是不可能的，只有不断学习，长期坚持，克服一切困难，才能获得成功。

微观研究要从细节着手，细节可分三种。

### 1. 痕迹

在制陶技术中，痕迹是用手指或工具直接施于坯体表面的印痕，可以看到或触摸到，它与制陶者的行为有直接关系。

1）手指痕迹

螺旋式拉坯指痕。这是新石器时代晚期至汉代的轮制陶器内壁常见的痕迹，有时也见于外表。

以铜石并用时代晚期，山西省垣曲县古城东关遗址龙山文化的陶罐 IH254：18（图二）为例，所谓"螺旋式"就好像螺蛳壳内壁的阴螺旋纹那样，从正面看为一条条凹槽与一条条棱脊相间排列，从剖面看为一段段弧线相连接，它在内底不是同心圆，在内壁不是水平线，即不与器底平行。由于陶轮旋转方向的不同，拉坯的方向也不同，这导致阴螺旋纹分为顺时针方向阴螺旋纹和逆时针方向阴螺旋纹两种。陶轮按逆时针方向旋转时，采用正手操作法拉坯，左手在内侧，右手在外侧，主要靠右手用力，坯体内壁产生顺时针方向阴螺旋纹。陶轮按顺时针方向旋转时，采用反手，即"左撇子"操作法拉坯，右手在内侧，左手在外侧，主要靠左手用力，坯体内壁产生逆时针方向阴螺旋纹。从中国古代轮制陶器上看，顺时针方向阴螺旋纹常见，逆时针方向阴螺旋纹少见，因为大多数制陶者习惯用右手。所谓"拉坯"是指利用轮盘快速旋转时产生的离心力和惯性力，用双手将泥料直接提拉成坯体，在泥料与坯体之间没有经过泥片或泥条等中间环节。所谓"指痕"是指手指前端从坯体表面压过时遗留的痕迹。"螺旋式拉坯指痕"的产生与制陶者利用快轮拉坯的行为有直接关系。

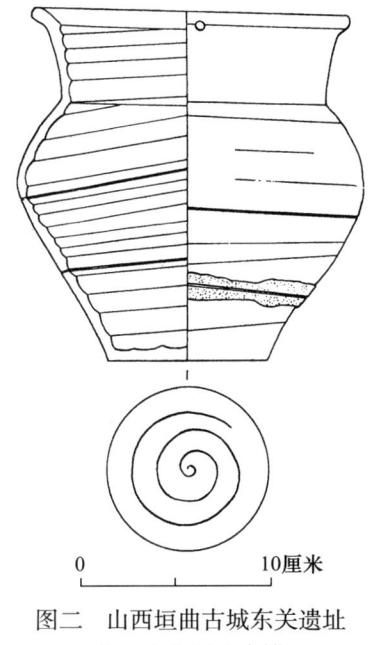

图二　山西垣曲古城东关遗址龙山文化出土陶罐（IH254：18）

指窝。以铜石并用时代早期，山西省垣曲县古城东关遗址庙底沟二期文化的器盖ⅢH28：1（图三）为例，采用正筑泥条盘筑法成型，口外的指窝排列成一周，都朝逆时针方向，这是右手食指印痕。指窝的产生与制陶者捏泥条的行为有直接关系。

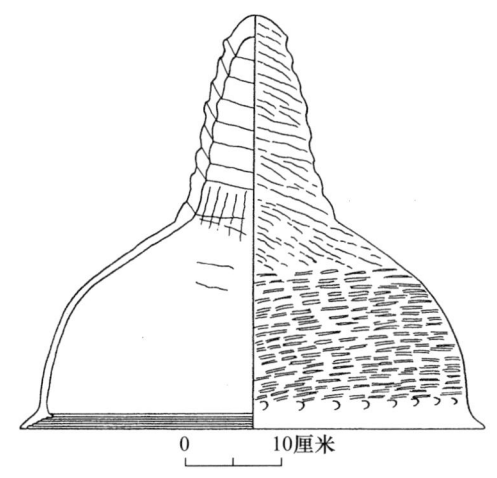

图三　山西垣曲古城东关遗址庙底沟二期文化出土器盖（ⅢH28：1）

2）工具痕迹

新石器时代晚期，河南省渑池县班村遗址仰韶文化庙底沟类型的葫芦瓶 H2133：35（图四，1），内壁有纵向刮抹痕迹，割断泥条缝隙，是用细圆棍伸入坯体空腔内自下而上连刮带抹所致，与制陶者的行为有直接关系。

## 2. 现象

在制陶技术中，如果说痕迹是"主要产物"，那么，现象则是"副产物"，是附带产生的。现象可以从坯体表面看到或触摸到，它不是用手指或工具直接施于坯体表面的印痕，换言之，与制陶者的行为没有直接关系，只有间接关系。由此可见，现象与痕迹是两个不同的概念。举例如下。

1）钩状包裹现象

新石器时代早期，广西桂林甑皮岩遗址的陶器，从发掘报告中可以看到，第三期的未定名器 DT6⑰：001（图五，1）、DT6㉑：009（图五，2）、敞口罐 DT3⑪：005（图五，3）、DT4㉔：016（图五，4），第四期的敞口罐 DT4⑮：002、DT4⑫：006、DT4⑭：004、DT4⑮：008、KDT7：008、DT3⑤：004、DT4⑨：011（图六，1—5、7、8）、高领罐 DT4灶1：001（图六，6）的口边

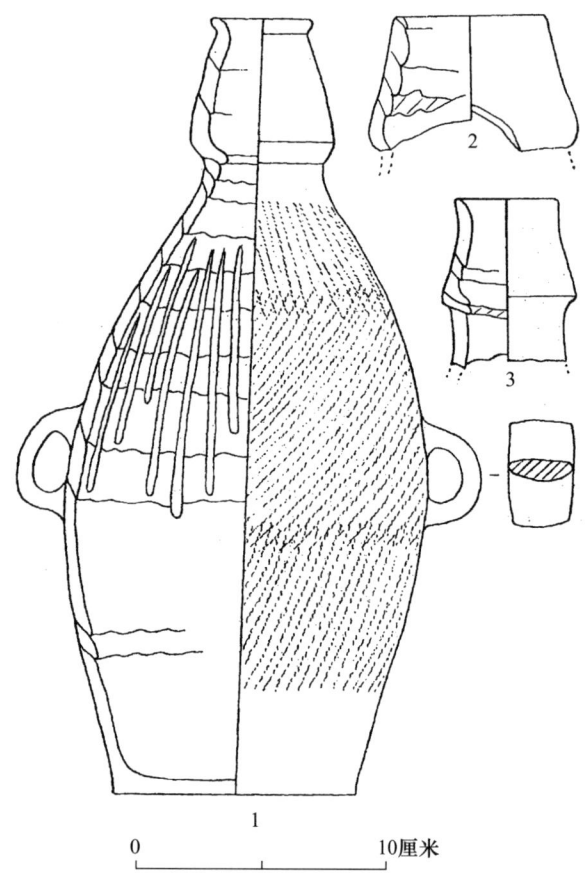

图四 河南渑池班村遗址仰韶文化出土葫芦瓶
1. H2133∶35  2. H2018∶11  3. G206⑥∶27

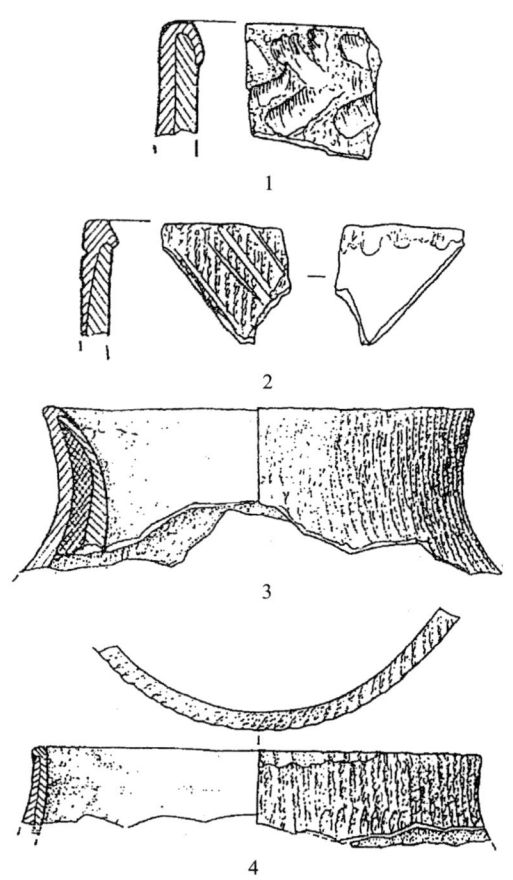

图五 广西桂林甑皮岩遗址第三期陶器
1、2. 未定名器（DT6⑰∶001、DT6㉑∶009）
3、4. 敞口罐（DT3⑪∶005、DT4㉔∶016）

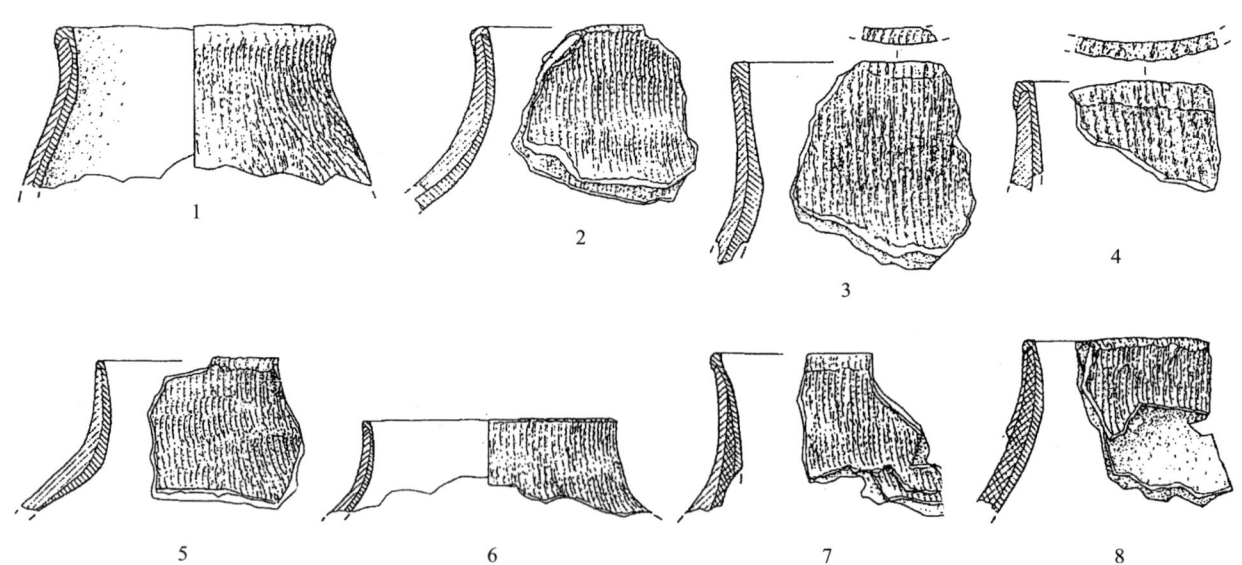

图六 广西桂林甑皮岩遗址第四期陶器
1—5、7、8. 敞口罐（DT4⑮∶002、DT4⑫∶006、DT4⑭∶004、DT4⑮∶008、KDT7∶008、DT3⑤∶004、DT4⑨∶011）  6. 高领罐（DT4灶1∶001）

都有钩状包裹现象。笔者抓住这一细节，对每块陶片的成型方法进行逻辑推理：口边钩状包裹现象只有在口朝上的条件下才能产生，制陶者用手将口边的泥片上端向内或向外按压，使其产生弯曲形变。可见，口边钩状包裹现象是这批陶器采用正筑泥片贴筑法成型的直接证据，钩状包裹现象的产生与制陶者贴泥片的行为有间接关系。

2）泥条扭转皱纹

新石器时代晚期，河南省渑池县班村遗址仰韶文化庙底沟类型的葫芦瓶采用正筑泥条盘筑法成型，H2018∶11、G206⑥∶27（图四，2、3）口部的泥条上有向左斜的皱纹，这是右手大拇指往下、食指和中指往上错动，使泥条向器内扭转所致，扭转皱纹的产生与制陶者捏泥条的行为有间接关系。手指上下错动可以使上、下两根泥条之间呈现斜茬相接，即"套接"（陶器剖面上的接触缝隙呈现倾斜状），斜接就是套接，从侧视角度称为斜接，从俯视角度称为套接，其接缝长，接触面大，相接牢固；平接不是套接，其接缝短，接触面小，相接不牢。因此，古人都采用斜接方式。笔者仿制陶器时也采用这种手法。

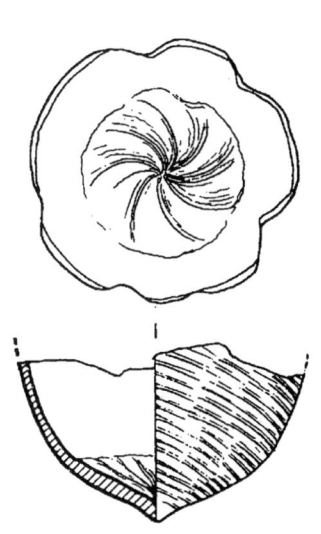

图七　山西襄汾陶寺遗址庙底沟二期文化小口尖底瓶底部
（F332∶4）

3）放射状褶皱

铜石并用时代早期，山西省襄汾县陶寺遗址庙底沟二期文化的小口尖底瓶底部F332∶4（图七），下半身为倒筑，内底留有放射状褶皱，褶皱纹理为右旋（类似佛祖胸前的符号卍，两个Z相交为右旋，汉语念万），据此断定，封底时陶轮按顺时针方向转动，右手持篮纹拍子从下往上拍打外表。

铜石并用时代晚期，山西省垣曲县古城东关遗址龙山文化的陶鬲IH83∶1（图八），采用倒筑泥条盘筑法成型，用绕绳圆棍进行滚压封底时，由于胎壁收缩，器身尖底的内壁留有放射状褶皱，褶皱纹理为左旋（类似纳粹符号卐，两个反Z相交，反万），据此断定，封底时陶轮按逆时针方向转动，左手持绕绳圆棍从下往上滚压外表。

上述放射状褶皱的产生与制陶者拍打或滚压外表的行为有间接关系，通过胎心在内壁表现出来。前一件纹理为右旋，后一件纹理为左旋，二者恰好相反。

4）纵向褶皱

铜石并用时代早期，山西省垣曲县古城东关遗址庙底沟二期文化的器盖ⅢH28∶1（图三），用右手持粗圆棍拍打管状纽外表，使管状纽的胎壁收缩成圆锥形，纽外表留有向右斜的粗条纹，纽内壁下部产生纵向褶皱

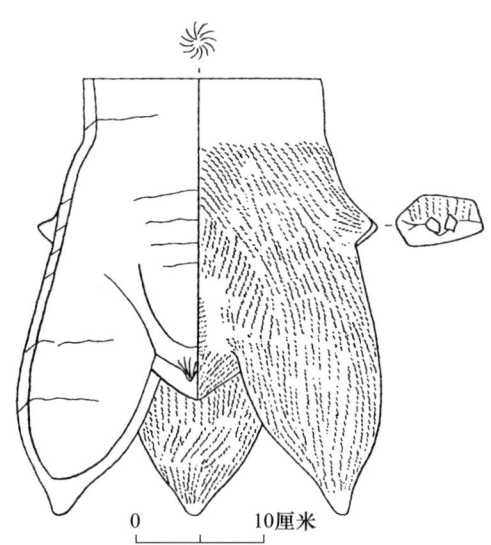

图八　山西垣曲古城东关遗址龙山文化
出土陶鬲
（IH83∶1）

（类似并排的"川"字）。纵向褶皱的产生与制陶者拍打外表的行为有间接关系，通过胎心在内壁表现出来。

5）麻花状扭转皱纹

这是轮制陶器上罕见的现象，细心观察才能看到。"麻花状扭转"是指在制坯所用泥料含水率较高（泥料较软）的条件下，在快轮拉坯（产生螺旋式拉坯指痕）的同时，坯体上产生的一种扭转现象。"麻花状扭转"是指陶轮和双手将坯体上下两端分别向相反方向用力扭转，这一动作好像拧麻花那样。"皱纹"是指坯体表面由于扭转而产生纤细、斜向、一凸一凹的实线状或虚线状的纹理。

笔者从古代轮制陶器上看到三批麻花状扭转皱纹。

第一批，铜石并用时代晚期的良渚文化，浙江省余杭区南湖遗址的双鼻壶和上海马桥遗址的双鼻带盖壶，二者颈部内壁都有纤细、向左斜、实线麻花状扭转皱纹，但未绘图。

第二批，山西省曲沃县、翼城县天马—曲村居址春秋晚期的细柄豆 K9T1166③B∶18、K9H2、K9H20①∶2、K9J5（图九），笔者亲自绘成线图，柄内壁都有实线麻花状扭转皱纹。其中，K9J5（图九，4）柄内壁既有顺时针方向螺旋式上升的拉坯指痕，又有纤细、向左斜、实线麻花状扭转皱纹，两种纹理的倾斜度不同，相交成网格状。

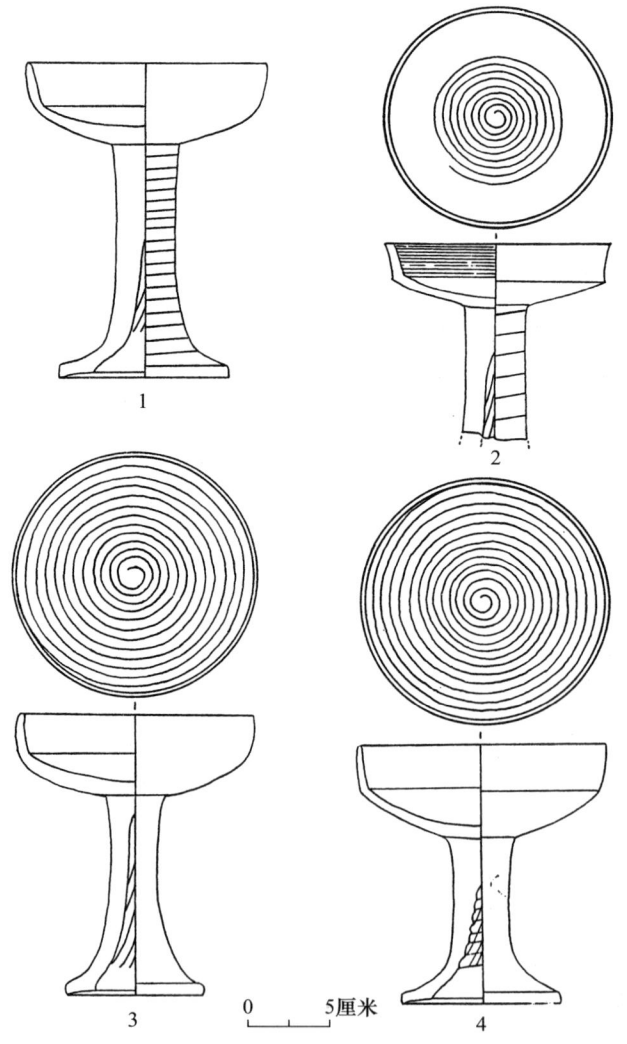

图九　山西天马—曲村居址出土春秋晚期细柄豆
1. K9T1166③B∶18　2. K9H2　3. K9H20①∶2　4. K9J5

第三批，山西省大同市南郊北魏墓群的陶器，由绘图人员绘成线图，陶罐领部有虚线麻花状扭转皱纹：平沿罐 M239：2（图一〇，1）领部外表有向右斜、虚线麻花状扭转皱纹；矮领罐 M239：3（图一〇，2）、平沿罐 M117：4（图一〇，3）领部内壁都有向左斜、虚线麻花状扭转皱纹。

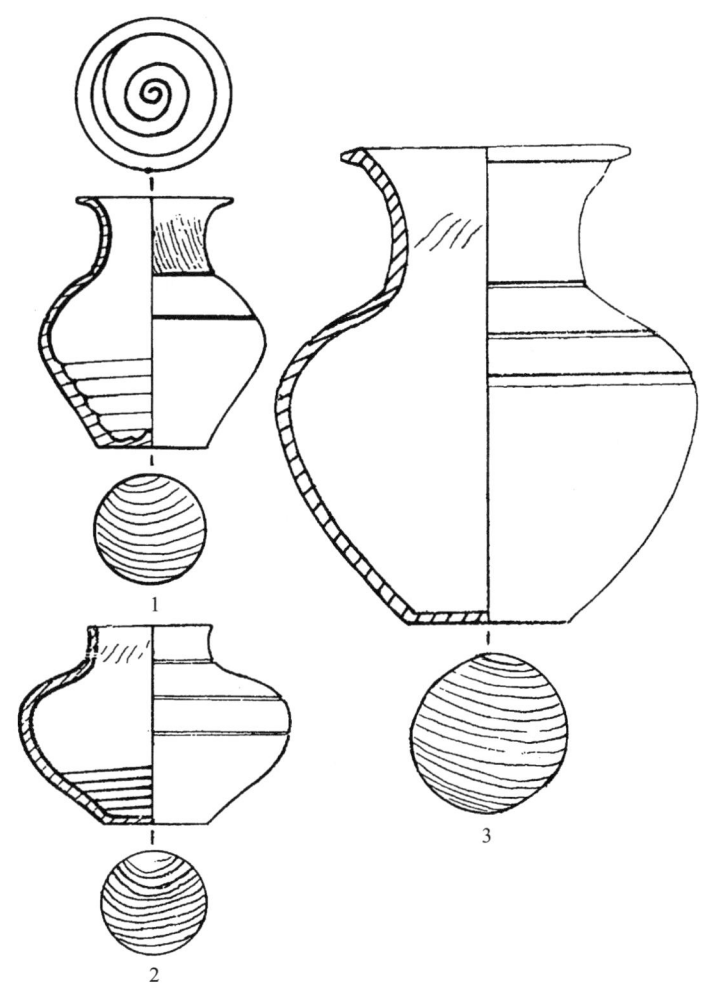

图一〇　山西大同南郊北魏墓群出土陶器
1、3. 平沿罐（M239：2、M117：4）　2. 矮领罐（M239：3）

上述三批麻花状扭转皱纹都与制陶者利用快轮拉坯的行为有间接关系，拉坯时陶轮按逆时针方向旋转，双手按顺时针方向用力拉坯。

## 3. 透过现象看本质

现象是事物的外在表现，可以看到或触摸到，而本质是隐藏在现象背后的根本性质，看不见摸不着，只能运用抽象思维，间接被认识到。举例如下。

1）技术思想

它是指人在进行技术活动时的逻辑思维、设计理念和贯穿始终的主导思想，透过工艺流程可以将技术思想揭示出来。夏商时代，内蒙古赤峰市敖汉旗大甸子遗址夏家店下层文化的彩绘长筒鬲 M751：3、M853：12（图一一），其工艺流程是：采用泥质的泥料；坯体上段和中段采用手制法成型，下段采用模制法成型，空足里面有"凸起的绳纹"，即反绳纹（阳纹），是从内模的绳纹（阴纹）上翻印下来的；慢轮修整后，将器表磨光；经过低温烧制和窑内渗碳；最后在器表上着色绘画。各道工序之间具有内在联系：泥质的器表便于磨光，而光洁的器表便于绘彩；低温烧制可节省燃料和烧制时间，省工省力；经过窑内渗碳可使器表呈现黑色或黑灰色作为底色，为白彩、红彩、橙黄彩起衬托作用，使彩绘图案显得更加清晰而美观。由此可见，制陶者始终在"只求形似，不求实用"，追求华而不实的技术思想支配下，选择最佳方案，制造出成批非常华丽却不实用的彩绘陶明器作为死者的随葬品。从中可以看到，在制陶者心目中，生者与死者之间有一条明显界线：生者的实用器要经久耐用，死者的随葬品只求形似即可。

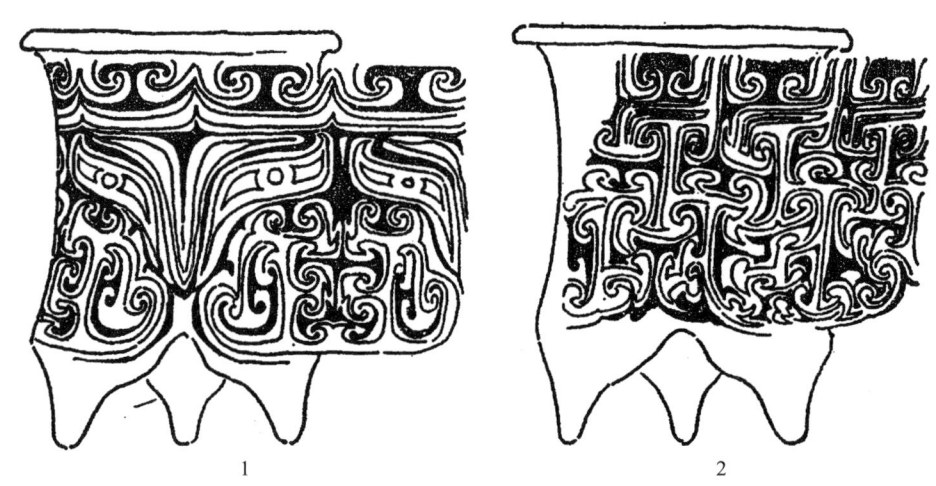

图一一　内蒙古赤峰敖汉旗大甸子遗址夏家店下层文化出土彩绘长筒鬲
1. 有"目"（M751：3） 2. 无"目"（M853：12）

2）民族性格

它是指各民族在形成和发展过程中凝结起来的表现在民族文化特点上的心理状态，是一个民族的共同特征。

铜石并用时代早期，宁夏固原县红圈子墓地的彩陶单耳罐88：111、88：192、88：124、88：147（图一二，1—4）、双耳罐89：223、88：63（图一二，5、6），其图案均为"开放式"，即腹部竖条纹或菱格纹的下端参差不齐，其腹下部没有绘平行条纹以做封闭，不受约束的彩陶图案反映出制陶者具有豪放的民族性格。

山西省大同市南郊北魏墓群的暗纹是最有鲜卑民族特色的一种纹饰。陶壶M54：10、M52：5（图一三，1、3）腹部的竖向暗纹，M136：1（图一三，2）腹部的折线暗纹均为"开放式"，其下端参差不齐，没有设置横向的暗纹以做封闭。鲜卑族原先是游牧民族，不受约束的暗纹反映了鲜卑族豪放的民族性格。

3）数学概念

它是制陶者头脑中一种数学思维形式，表现在印纹硬陶的纹饰上，数量关系用几何形图案表现出来，几何形图案靠数量关系来说明，二者不能独立存在，是相辅相成的。

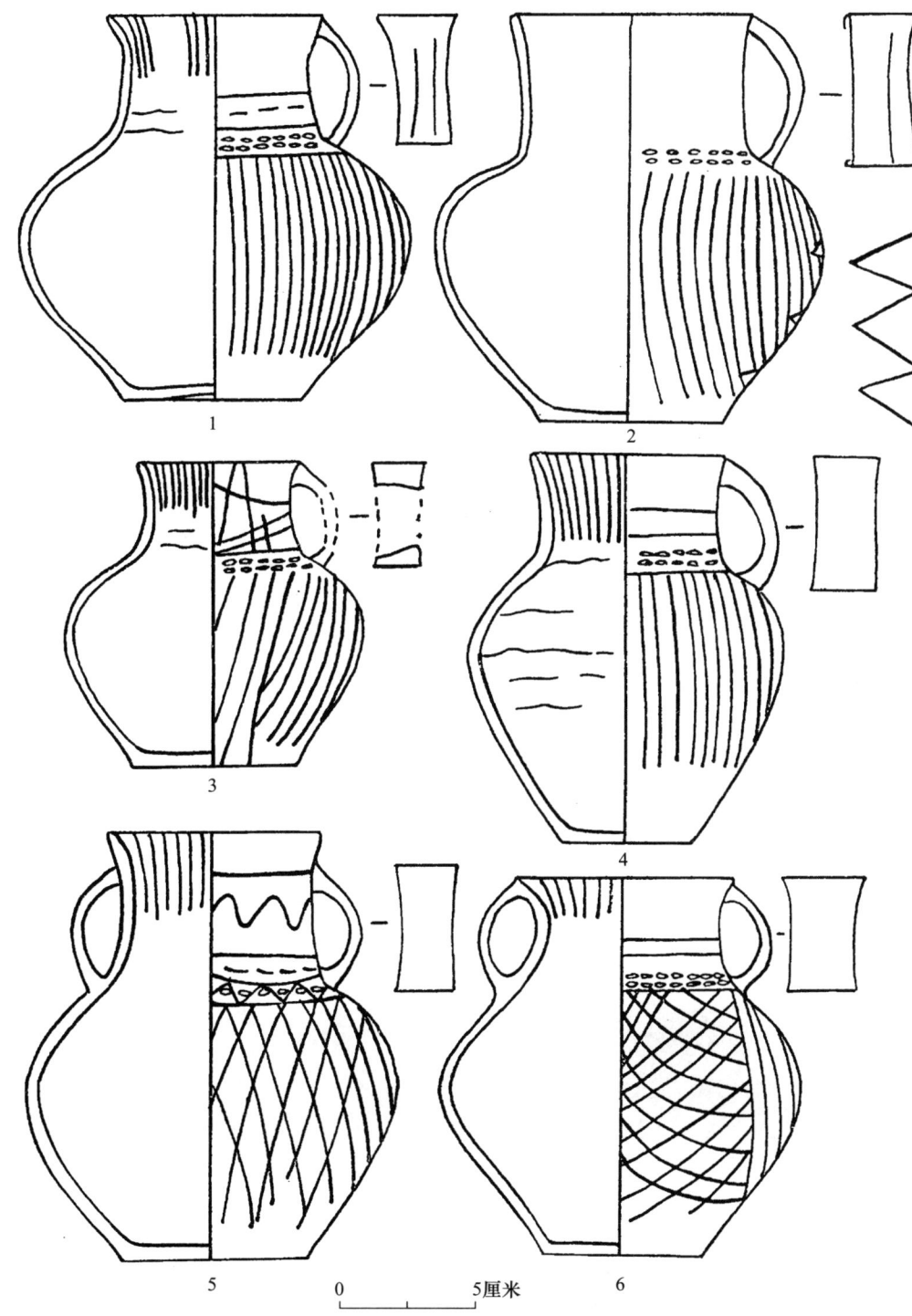

图一二　宁夏固原红圈子墓地出土红彩彩陶罐

1—4. 单耳罐（88：111、88：192、88：124、88：147）　5、6. 双耳罐（89：223、88：63）

　　江西地区战国时期印纹硬陶的"米"字纹（图一四，1），为单线正方格与单线斜方格交叉重叠的"米"字纹；复线交叉纹（图一四，2），为单线正方格与双线斜方格交叉重叠的"米"字纹；复线交叉纹（图一四，3），为单线正方格与四线斜方格交叉重叠的"米"字纹；叶纹（图一四，4），为单线正方格与十余条斜线方格交叉重叠的"米"字纹。

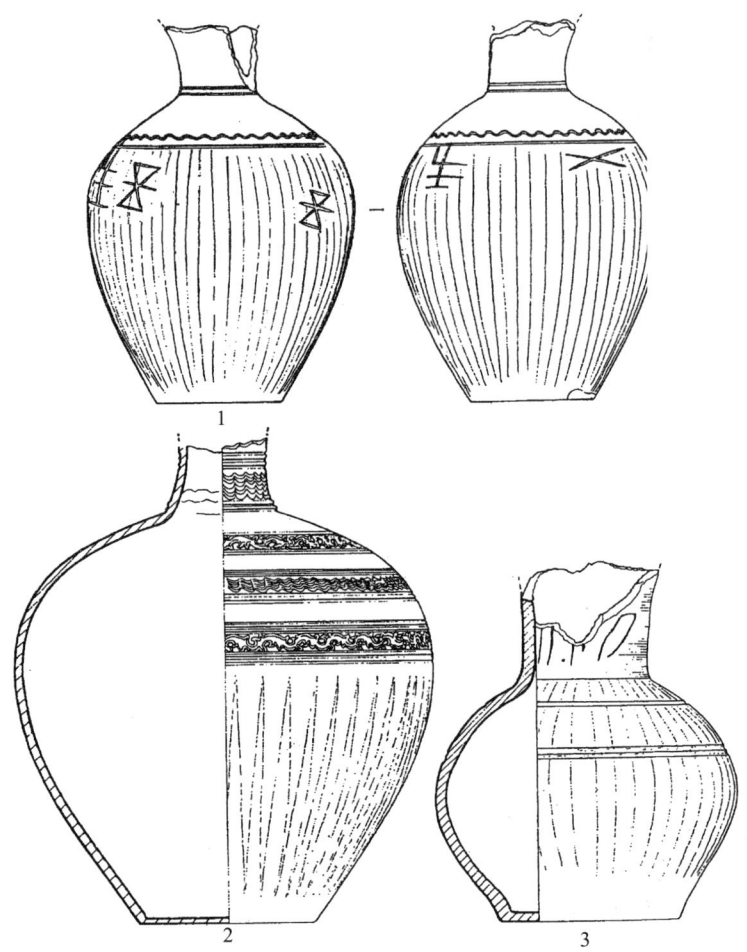

图一三　山西大同南郊北魏墓群出土陶壶
1. M54∶10　2. M136∶1　3. M52∶5

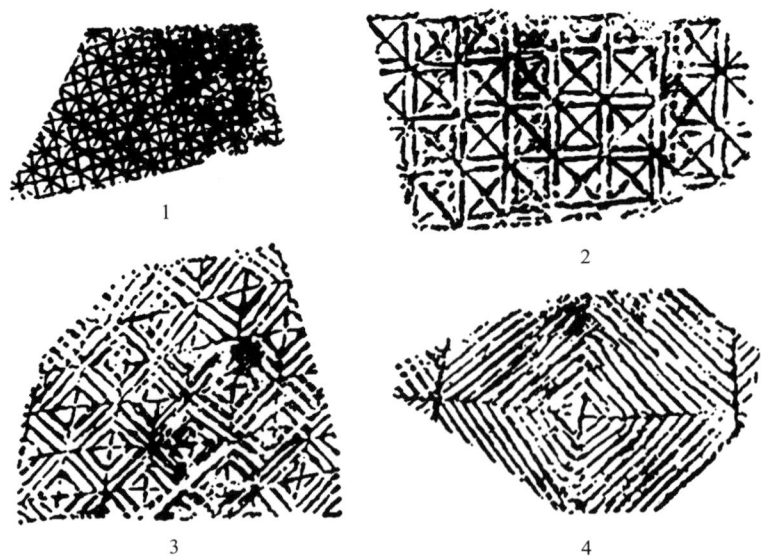

图一四　江西地区战国时期印纹硬陶的"米"字纹图案
1. "米"字纹（九江县大王岭，泥质灰陶）　2. 复线交叉纹（九江县大王岭，泥质红陶）　3. 复线交叉纹（九江县大王岭，泥质灰陶）　4. 叶纹（新干县粮仓，泥质灰陶）

从数学角度看，单线正方格纹是"常数"，斜方格纹是"变数"。二者的数量关系是 1∶1 → 1∶2 → 1∶4 → 1∶10 余；几何形图案由小而简单变为大而复杂，比例的变化体现了制陶者具有比较复杂的数学概念。

（二）什么是宏观研究

宏观研究是在微观研究的基础上进行总体研究。其特点是有全局性、综合性、规律性、前瞻性。宏观研究有三种形式。

### 1. 地区性宏观研究

例如《黄河流域新石器时代制陶工艺的成就》[16]、《黄河流域快轮制陶的历程和问题》[17]、《长江以南地区古代制陶工艺的成就》[18]。

### 2. 宏观专题研究

例如《中国古代的轮轴机械制陶》[19]、《关于快轮制陶的新概念、新判断和新理论》[20]。

### 3. 全国性宏观研究

例如《中国古代制陶工程技术史》[21]。

（三）微观研究与宏观研究的关系

微观研究是宏观研究的基础，宏观研究是微观研究的高度综合。

在对各时代、各地区、各遗址的快轮制陶技术进行微观研究的基础上，挑选出重要的"痕迹"与"现象"，经过连贯起来的思索和高度综合，得出两个具有规律性、前瞻性的结论。

### 1. 快轮制陶的直接证据

"螺旋式拉坯指痕"是轮制陶器特有的"痕迹"，"麻花状扭转皱纹"是轮制陶器特有的"现象"，二者都是快轮制陶的直接证据。至于偏心涡纹只能作为快轮制陶的旁证。有时在手制陶器的外底也能看到偏心涡纹，例如陕西省西安市临潼区姜寨遗址仰韶文化的瓮棺葬具陶器 T8W233∶2，其外表留有不规整的泥条痕迹，外底留有偏心涡纹，这是在慢轮带动坯体旋转条件下用线绳切割时遗留下来的痕迹，在泥条痕迹与切割痕迹并存的情况下，应以泥条痕迹为依据断定这件陶器采用手制法成型，而偏心涡纹不能作为快轮制陶的证据。

### 2. 快轮制陶的起源

新石器时代晚期，湖北省枝江市关庙山遗址大溪文化第一至第三期的陶器全部为手制成型，唯独第四期出现轮制陶器。山东省曲阜市西夏侯遗址下层墓和上层墓、上海市青浦区崧泽遗址中层墓葬第三期、青浦区福泉山遗址灰黑土层都出现轮制小陶器。三者都出现了"螺旋式拉坯指痕"，但未发现互相传播的情况，据此得出结论：黄河下游地区的大汶口文化中期偏晚、长江中游地区的大溪文化晚期、长江下游地区的崧泽文化晚期，三个地区各自独立发明了快轮制陶技术。

如果说微观研究所花的时间最长，所费的精力最大，那么，宏观研究则是费脑子最多，因为它是从具体形象思维发展到抽象思维、从感性认识上升为理性认识的飞跃，既要高度综合已往的全部资料，去粗取精，去伪存真，又要找到古代制陶工程技术的发展规律，为今后的研究指明方向。

## 七、考察实物与逻辑推理及模拟实验的关系

处理三者关系的原则是：以田野考古为基础，以出土陶器上遗留的痕迹和现象作为研究结论最可靠的证据；以逻辑推理设想制作工艺流程；以模拟实验作为验证结论的手段。通俗地说，模拟实验就是踏着古人留下来的足迹重新走一遍，在实验过程中去亲身感受问题、发现问题和解决问题。忽视古人的足迹，"闭门造车"做实验，就是本末倒置，不是真正意义上的实验考古学。

笔者处理考察实物与逻辑推理及模拟实验的关系，曾经采用过三种模式。

### 1. 甑皮岩模式

先根据考古发掘报告，讲述广西桂林市甑皮岩遗址陶片口部的钩状包裹"现象"；再经过逻辑推理，讲述泥片贴筑法的工艺流程。没有做模拟实验。

### 2. 陶寺模式

先报道出土陶器上遗留的制作"痕迹"；再经过逻辑推理，在陶器上比划制作方法，由绘图人员参考笔者的动作绘成制作工艺流程图；回到北京后进行模拟实验，证实所绘的工艺流程图是正确的。

### 3. 曲村模式

对于山西省曲沃县、翼城县天马—曲村周代居址、墓地陶鬲的制作工艺，先根据出土陶器上遗留的制作"痕迹"和"现象"，用米格纸绘成详细的陶器底图；回到北京后经过逻辑推理，绘成仿制品设计图，再进行模拟实验，在实验中发现泥筒上端必须切除三个倒三角形，才能合拢成裆，据此修改了设计图，然后再进行模拟实验，终于成功了；最后自己绘成制作工艺流程图。

将三种模式综合在一起，就形成考察实物→逻辑推理→模拟实验三部曲。其中，考察实物上遗留的"痕迹"和"现象"是基础，极为重要。逻辑推理是必由之路：陶寺模式是先进行逻辑推理，再于陶器上比划制作方法，曲村模式是先进行逻辑推理，再绘成仿制品设计图，二者略有差别；逻辑推理是无形的，比划制作方法、绘成仿制品设计图都是有形的，从无形到有形是二者的共同点。模拟实验是验证结论的手段，在实验中发现问题，知错就改，这是正确态度。

## 八、纵向研究与横向研究的关系

以轮轴机械制陶为例，先进行纵向研究，发现有阶段性：新石器时代中期出现了慢轮制陶；新石器时代晚期出现了快轮制陶；铜石并用时代晚期，在黄河中下游地区和长江中下游地区普遍呈现

出快轮制陶技术的第一次高潮；汉代呈现出快轮制陶技术的第二次高潮。

再进行横向研究，发现各文化的快轮制陶技术发展不平衡：铜石并用时代早期，长江中游地区的屈家岭文化，快轮制陶技术走在前列，黄河中游地区的庙底沟二期文化刚开始出现少量轮制陶器；铜石并用时代晚期，黄河下游地区的山东龙山文化轮制技术高度发达，中游地区的河南龙山文化轮制技术比较发达，而上游地区的齐家文化迄今为止未见轮制陶器。

## 九、考古学与其他学科的关系

研究古代制陶技术除了注重考古发掘资料外，还要有广博的文理知识，进行跨学科交叉研究。笔者自学了物理、化学、制陶工艺学知识，还亲自做了大量模拟实验，获得经验和第一手资料，将这些知识和经验融会贯通，形成新的知识体系，用通俗的语言表达出来，并且，多学科思维还增强了综合研究能力。

## 十、目标与路径的关系

研究目标是创建中国特色制陶技术考古学，路径是从起点到终点的全程路由，具体地说，分为两个阶段：《中国古代制陶工艺研究》[22]，实际上是一部论文集，处于创建制陶技术考古学的初级阶段；《中国古代制陶工程技术史》[23]将丰富的研究成果进行梳理和整合，达到系统化、规范化的程度，以时代先后分章，以工艺流程分节加以论述，形成真正意义上的专著，处于创建制陶技术考古学的高级阶段。两个阶段的共同点是：研究对象都是中国古代陶器，研究方法都是从中国国情出发，在中国理论指导下进行研究，土生土长，充满中国特色。经验表明，瞄准目标就不会迷失方向，路径正确才能够实现目标。

总之，前四种关系揭示了古代制陶技术的内在规律；后六种关系阐明了制陶技术考古学的路径和方法。由于处理好了十种关系，才终于创建了制陶技术考古学。

附记：本文曾在首都师范大学考古文博系列讲座2019年度第十一讲讲授。本文得到首都师范大学历史学院考古学系王涛老师的大力支持，在此表示衷心的感谢。

### 注　释

［1］李文杰：《长江以南地区古代制陶工艺的成就》，《中国国家博物馆馆藏文物研究丛书·陶器卷》，上海古籍出版社，2015年，第289—308页。

［2］中国社会科学院考古研究所：《枝江关庙山》，文物出版社，2017年。

［3］李文杰、黄素英：《大溪文化的制陶工艺》，《中国原始文化论集——纪念尹达八十诞辰》，文物出版社，1989年。

［4］李文杰：《广西桂林甑皮岩遗址陶器的成型工艺》，《文物春秋》2005年第6期。

［5］河南省文物考古研究所：《舞阳贾湖》，科学出版社，1999年。

［6］湖北省文物考古研究所：《宜都城背溪》附录三"城背溪文化的制陶工艺"，文物出版社，2001年，第293页。

[7] 深圳市文物考古鉴定所:《深圳咸头岭:2006年发掘报告》,文物出版社,2013年,第275页。
[8] 中国历史博物馆考古部、山西省考古研究所、垣曲县博物馆:《垣曲古城东关》附录三"垣曲古城东关遗址制陶工艺研究",科学出版社,2001年,第532—569页。
[9] 李文杰:《山西襄汾陶寺遗址制陶工艺研究》,《襄汾陶寺:1978—1985年考古发掘报告》,文物出版社,2015年,第1268—1310页。
[10] 湖北省荆州博物馆、湖北省文物考古研究所、北京大学考古学系石家河考古队:《肖家屋脊:天门石家河考古发掘报告之一》附录二"肖家屋脊遗址石家河文化制陶工艺",文物出版社,1999年,第435页。
[11] 李文杰、张居中:《渑池县郑窑遗址二里头文化制陶工艺研究》,《华夏考古》1998年第2期。
[12] 中国社会科学院考古研究所、西藏自治区文物局:《拉萨曲贡》附录九"曲贡遗址制陶工艺实验研究",中国大百科全书出版社,1999年,第260页。
[13] 李文杰:《垣曲商城陶器的制作工艺》,《垣曲商城:1985—1986年度勘察报告》,科学出版社,1996年,第309—315页。
[14] 湖北省文物考古研究所:《盘龙城1963—1994年考古发掘报告》附录九"盘龙城遗址普通陶器、硬陶、釉陶工艺研究",文物出版社,2001年,第608—623页。
[15] 山西大学历史文化学院、山西省考古研究所、大同市博物馆:《大同南郊北魏墓群》,科学出版社,2006年,第511页。
[16] 李文杰、黄素英:《黄河流域新石器时代制陶工艺的成就》,《华夏考古》1993年第3期。
[17] 参见山东博物馆:《大河上下——黄河流域史前陶器展》,文物出版社,2015年。
[18] 李文杰:《长江以南地区古代制陶工艺的成就》,《中国国家博物馆馆藏文物研究丛书·陶器卷》,上海古籍出版社,2015年,第289—308页。
[19] 李文杰:《中国古代的轮轴机械制陶》,《文物春秋》2007年第6期。
[20] 李文杰:《关于快轮制陶的新概念、新判断和新理论》,《文物春秋》2016年第4期。
[21] 李文杰:《中国古代制陶工程技术史》,山西教育出版社,2017年。
[22] 李文杰:《中国古代制陶工艺研究》,科学出版社,1996年。
[23] 李文杰:《中国古代制陶工程技术史》,山西教育出版社,2017年。

# How to Deal with Ten Relationships in Archaeological Techniques of Ceramics

Li Wenjie

(National Museum Of China)

**Abstract:** The archaeological technology of ceramics is a study of ancient pottery techniques and a branch of Chinese archaeology. The ten relationships of ceramics archaeology are: the relationship between clay particle size and plasticity and shrinkage, the relationship between plasticity range and molding method, the relationship between clay soil and the moisture content of the body and the process flow, the relationship between the firing temperature and the hardness of ceramics, the relationship between focus and general, the relationship between microscopic research and macroscopic research, the relationship between physical and logical reasoning and simulation experiments, the relationship between vertical and horizontal research, the relationship between archaeology and other disciplines, and the relationship between goal and path. Since the ten relationships were handled, the archaeological technology of ceramics was finally created.

**Keywords:** Ceramics Archaeology, Ten Relationships

# 周原遗址制陶工艺的初步考察

曾 丽

（宝鸡周原博物院）

**内容摘要**：制陶工艺对考古类型学研究和古代制陶技术传统等方面的研究，皆具有重要意义。本文选取周原遗址出土常见的鬲、簋、豆、罐、盆、瓮六类陶器标本，从观察其制作痕迹入手，进行制陶工艺的考察，并就相关问题作分析讨论，以期引起对周原陶器制作工艺的关注，推动此方面研究的深入进行。

**关键词**：周原遗址；制陶工艺；制作痕迹

陶器是古代人们最普遍使用的生活用器，由于其易破碎，使用寿命较短而更替率高，因此在考古学研究中，常被作为类型学划分及年代推断最活跃的元素。对陶器的类型学划分，以往多以器物形态、纹饰为依据，制作工艺却也是值得充分关注的，其不仅在于类型学研究，而且对于古代制陶技术传统、族群关系等诸多问题的研究皆有重要意义。近年来，这方面的研究被日益重视，并有不少相关成果问世。然而，作为周文化重地的周原，至今尚未见到关于制陶工艺方面的专文发表，不能不说是个缺憾。本文选取周原遗址出土陶器中常见的鬲、簋、豆、罐、盆、瓮六类陶器，在对其制作痕迹进行观察的基础上，进行制陶工艺的综合考察，并就相关问题作初步探讨。

## 一、对六类陶器标本制作痕迹的观察

对器物的器表、内壁和断面所遗留下的制作痕迹进行观察，以作为制作工艺考察的依据。

（一）鬲

周原遗址发掘出土的鬲主要可分为袋足鬲、分裆鬲、联裆鬲，其最明显的区别在于鬲足的制法上。

**1. 袋足鬲**

关于袋足鬲的制作，张天恩先生提出："先模制三个相同的圜底罐（即袋足），再将三罐口部用泥拼粘在一起，然后接上高领和足尖，最后加上耳、錾和附加堆纹等。"[1]

周原遗址齐家村采集到一件鬲模，锥形，鼓腹，中空，素面，推测为制作袋足的模型（图一，1）。以刘家墓地M14出土的一件袋足鬲为例，其裆部可见三个袋足的拼接痕迹，在袋足间贴制泥条，并用绳纹滚压，以加固各袋足间的牢固性（图一，2）。在其领部，也有明显的拼接痕迹（图一，3）。足尖有一足脱落，足尖与袋足相接处凹凸不平，应是为利于拼接而制作的粗糙面（图一，4），在口沿两侧贴饰錾。有的在领与裆之间饰两器耳，多为环形耳，采用按压、拼接的方法制作而成，耳上、下两端饰戳刺纹，起到加固的作用（图一，5）。这证明张天恩先生所言高领袋足鬲的制法是可以认同的。

袋足鬲上的纹饰多为绳纹，其绳纹较浅、细密，在高领与袋足的交界处多饰附加堆纹，附加堆纹的制作多在其上贴制泥条后，再用木棍按压而成（图一，6）。

图一　高领袋足鬲制作痕迹
1.扶风县齐家村采集（1920）　2—4.扶风县刘家村 M40（2157）　5、6.扶风县刘家村 M21（2165）

## 2. 分裆鬲

分裆鬲的制作采用泥条盘筑法制作三足后，将其拼接，用慢轮修整工艺制作口沿及肩部，再将其与三足黏接，可见裆部的裆线位于足与足间的分界线上。多通体施绳纹后，沿外侧绳纹被抹，所饰绳纹方向以三足所在方向施制，形成以三足为中心的纹饰（图二，1）。

## 3. 联裆鬲

联裆鬲多侈口，方唇或圆唇，卷沿或折沿，弧腹，联裆，足根有锥状和柱状，多饰绳纹。

联裆鬲的制法大致可分为两种，其一先采用慢轮修整工艺制作出筒状器身，再将口部与其拼接，下部切割三道，两两边缘捏合，并用泥条在捏合处填补，再用绕绳圆棍按压修整，在鬲足的内侧多可见捏制和绳纹木棍按压的痕迹（图二，3）。其采用通体施纹的方法，再将沿下角绳纹抹去（图二，2）。

西周晚期联裆鬲的足多为柱足，其做法是先制作筒状器身，将口沿与其拼接，再将筒状下部三等分，边沿两两相接，形成三角，再另制三足与腹部三角进行黏接，最后斜削足根，故其裆部较低（图二，5）。柱足多见工具削刮的痕迹，足底削平，年代多为西周中晚期（图二，6）。其饰绳纹或素面，施纹方式为通体施纹，再用工具将沿外侧绳纹刮平修整，腹部多饰弦纹，形成弦断绳纹。有的腹部贴饰有扉棱或者圆形泥片（图二，4）。

图二　分裆鬲、联裆鬲制作痕迹
1. 扶风县采集（2302）　2、3. 扶风县齐家村墓 41D2（1075）　4、5. 扶风县齐家村 M5（0693）　6. 扶风县齐家村 M13（0739）

## （二）簋

周原遗址出土的簋可分为敞口厚唇簋、侈口薄唇簋、敛口簋。

### 1. 敞口厚唇簋

簋盘与簋圈足之间采用拼接的方法制成，在一些簋圈足的拼接处常见明显的刻槽，目的是增加摩擦力，使黏接稳固。在器壁常可见一圈圈细密的轮修痕迹（图三，1）。其口沿截面呈三角形，在其沿外侧黏接一圈泥条，再对其进行修整。施纹工艺以扶风县云塘村遗址 M10 出土的一件簋为例，先在器表通体施绳纹，再在其簋盘上施黑衣，打磨后仅留两周绳纹带，再在其两侧施弦纹，簋圈足在施绳纹后，再进行磨光（图三，2）。

## 2. 侈口薄唇簋

簋盘主要采用口沿与肩部拼接的方法，在簋口沿处有明显的拼接痕迹（图三，3）。簋盘与簋圈足也采用拼接的方法制作而成，在拼接时，先在簋盘底部施绳纹，再将簋盘与簋圈足进行拼接，故在簋圈足底部仍清晰可见绳纹（图三，4），在器表拼接处还可见绳纹按压的痕迹（图三，5）。成型后采用慢轮修整工艺进行修整，也采用磨光技术对器表进行打磨（图三，6）。此型式的簋在盘或圈足处饰弦纹，在器物成形后半干状态下，用尖状工具接触器表，随着慢轮的旋转而产生弦纹，有时因工具偏移而产生弦纹不相连接的情况（图三，7）。

图三 簋的制作痕迹

1. 扶风县齐家村 M11（0648） 2. 扶风县云塘村遗址 M10（0387） 3. 扶风县齐家村 M18（0775） 4. 扶风县齐家村 M19（0796） 5. 扶风县齐家村 M19（0798） 6. 采集标本（2282） 7. 扶风县齐家村 M19（0796） 8. 扶风县庄白村 M8（1409） 9. 扶风县刘家村 M2（1454）

### 3. 敛口簋

在其肩部可见明显的拼接痕迹（图三，8），在簋盘与簋圈足间也使用拼接的方法制作而成。其多采用慢轮修整制作而成。纹饰以弦纹和瓦棱纹为主，以扶风县刘家村 M2 出土的瓦棱纹簋为例，施纹方法为先在器表满饰绳纹，再对其器身贴制一圈圈泥条。先施绳纹增强了泥条与器表黏接的摩擦力，使泥条与器壁黏接牢固。再对泥条进行修整，便形成了瓦棱纹（图三，9；图四，1）。

### （三）豆

周原遗址出土的豆多为泥质灰陶，圆唇、尖圆唇或方唇，弧盘或折盘，豆盘多饰弦纹，豆柄多镂空或饰一圈箍。

豆的成型主要采用泥条盘筑和拼接，盘壁与盘底、豆盘与豆柄、豆柄的上下端用拼接的方法制作成形（图四，2）。一些弧度较小的豆柄的制作采用一次成型的方法，在其内侧可见泥条盘筑和纵向变形的褶皱痕迹，应为用泥条盘筑法制成筒状后，柄部较细，压缩使之内侧变形所致。

豆制作成型后采用慢轮工具进行修整，在扶风县齐家村 M9 出土一件豆的柄部下端有慢轮修整痕迹，但其上部和豆盘均较为粗糙，是一件半成品，其反映了豆在制作成型后进行慢轮修整的过程（图四，3）。有的器物表面有用竹片等光滑工具打磨的痕迹，使器表平整、光滑（图四，4）。

图四 簋、豆的制作痕迹

1. 扶风县刘家村 M2（1454） 2. 扶风县齐家村 M23（0842） 3. 扶风县齐家村 M9（0622） 4. 扶风县云塘村遗址 T4（0222） 5、6. 扶风县召陈村甲区遗址 T143（0523）

豆的饰纹主要为在豆盘的器壁上施弦纹。豆柄上也见有镂孔装饰（图四，5），多为"十"字形，其一边较粗一边较细，是用背粗刃薄的工具在豆柄刻穿所形成的（图四，6）。有的豆柄上的装饰为贴饰一条带状泥条，再进行修整，形成通常所称的"箍"。

（四）罐

周原遗址出土的罐多泥质，少量夹砂。多侈口、圆唇或方唇，卷沿或折沿，溜肩或折肩，弧腹，平底。

罐的成形方法是采用泥条盘筑，在部分罐的器表有泥条拼接不牢而产生的裂痕。在转折弧度较大的部位采用拼接的方法，在罐的截面常可见泥片黏接的痕迹。在一些罐的口部与肩部可见明显的拼接痕迹（图五，4）。颈部还可见褶皱痕迹，因颈部变细捏压而形成。肩部与腹部也采用拼接的方法（图五，1）。罐底也采用拼接的方法将其与器身相接，先制作大于器底的圆饼，再将其黏接于器壁上，并进行修整（图五，2）。有的为了便于加固，在器底壁施以绳纹，以达到加固的目的（图五，5）。

在一些罐的肩部往往附耳，根据其形制将其分为小窄耳和宽大耳。小窄耳的制作方法是先在器壁上穿孔，再将耳的一端做成柱状，将其穿进器壁中，后进行修整，形成榫卯结构（图五，6）。耳的另一端用木棍穿透，使孔更加规整，再用刀具将耳的两侧斜削修整（图五，3）。这种榫卯结构的拼接方法增强了耳的稳固性，在纽形器盖中也较为常见。宽大耳是将耳制成扁状泥条贴于器壁上，再经过按压、施纹使其牢固，形成拱形（图六，1）。

图五　罐的制作痕迹
1.扶风县召陈村甲区遗址 T165（0575）　2.扶风县齐家村 M9（0725）　3.扶风县齐镇村（17ZYIB3H238：9）　4.扶风县齐家村 M4（0683）　5.采集标本（2235）　6.扶风县齐镇村（17ZYIB3H158：123）

在口沿与肩部、肩部与腹部、腹部与器底间的拼接制作完成后，对其进行修整。多采用慢轮修整的方法，在一些罐的器表常遗留有一圈圈细密的轮修痕迹（图六，2）。还采用刮削的方法，在器表可发现有明显的刮削痕迹，为修整器形和将各泥条黏接牢固而进行的（图六，3）。

罐的纹饰丰富，主要有绳纹、弦纹、暗纹、篦纹。绳纹的制作较为普遍，多为通体施纹，除了具有装饰作用以外，更为重要的是使胎体紧密，黏接牢固。在罐的器表往往先通体施以绳纹后，再进行其他装饰。以扶风县刘家村M27出土的一件罐为例，其肩部欲制造磨光效果，先施以绳纹，再对肩部进行打磨，故其肩部可见隐隐约约的绳纹痕迹（图六，4、5）。部分罐的装饰纹样较多，以扶风县云塘村遗址M6出土的一件罐为例，其施纹顺序为，先通体施绳纹，再用尖状工具贴于器表，随着慢轮的旋转，产生弦纹；而后在颈部和肩部用竹子类光滑的工具在半干的陶胎表面打磨，形成磨光效果；最后，用细密的梳状器在坯体未干时施篦纹（图六，6）。

图六　罐的制作痕迹
1. 扶风县刘家村M4（1849）　2. 扶风县齐家村M14（0676）　3. 扶风县齐家村M12（0658）　4、5. 扶风县刘家村M27（1913）
6. 扶风县云塘村遗址M6（0351）

（五）盆

周原遗址出土的盆多侈口，卷沿或折沿，弧腹或斜腹，平底。

盆的成型多采用拼接的方法，口沿与腹部、上腹与下腹部、器身与器底均为拼接成型，如扶风县召陈村T122出土的一件盆（0519），口沿与腹部有脱落痕迹，应为拼接不牢产生的裂缝，在其腹部还可见上、下腹部相拼接而产生的拼接痕迹（图七，1）。在扶风县召陈村甲区遗址T155出土的一件盆（0556）的器底外侧有明显的绳纹按压痕迹，为固定器底与器壁所遗留的痕迹（图七，2）。

盆在制作成型后，多通体施绳纹，有的盆表面有用竹片等光滑的工具打磨的痕迹，使器表光滑。如扶风县齐家村M4出土的一件盆（2528）的肩部就有明显的竹片磨光痕迹（图七，3）。

盆的装饰纹样有绳纹、弦纹、附加堆纹、抹断绳纹和弦断绳纹等。以扶风县刘家村M22出土

图七　盆、瓮的制作痕迹
1. 扶风县召陈村T122（0519）　2. 扶风县召陈村T155（0556）　3. 扶风县齐家村M4（2528）　4. 扶风县刘家村M22（1900）
5—7. 扶风县召陈村T165（0574）　8. 扶风县召陈村T155（0559）　9. 扶风县召陈村T155（0551）

的一件折沿盆（1900）为例，先通体施以绳纹，再对其近底部修整刮抹，上腹部饰多道平行的弦纹，在近口沿处刮削一层，从而形成类似凸起的弦纹。中腹部以尖部圆弧的工具在器表施弦断绳纹（图七，4）。

### （六）瓮

周原遗址出土的瓮有三足瓮、矮直领瓮、斜高领瓮。

三足瓮多宽平折沿、圆唇、敛口、深腹、三足。宽厚口沿的制作多在口沿内侧贴制一圈泥条，再对其沿面进行修整。小三足瓮足的制作多采用模制法，三足制好后将其与器身相拼接（图七，5）。三足瓮多施绳纹，有的在器身施瓦棱纹。以扶风县召陈村T165出土的瓦棱纹三足瓮为例，先在器表施绳纹，使之凹凸不平，以增加黏接力，再贴制泥条，将泥条间的缝隙刮削光滑，形成腹部瓦棱纹的装饰（图七，6、7）。

矮直领瓮，直口，方唇，溜肩，深腹，圜底。其器形较大，应采用泥条盘筑法将各部位分别制作而成，再用拼接工艺将其进行黏接、修整成型。其器表通体施绳纹，再用尖状工具在绳纹上施弦纹，形成弦断绳纹，肩部再施以附加堆纹（图七，8）。

斜高领瓮，侈口，方唇，深腹，平底。器形较大，采用泥条盘筑法将各部位分别制作而成，再用拼接法将口沿与肩部、肩部与上腹部、上腹部与下腹部、下腹部与器底相接。其施纹方式为通体施绳纹，沿下角绳纹多被抹（图七，9）。

## 二、基于陶器制作痕迹的制陶工艺试析

### （一）成型工艺

依前述，对周原遗址陶器的制作工艺综合分析如下。

周原陶器的成型工艺，主要采用泥条盘筑、泥片贴筑、部位黏接、模制成形、轮制等方法。其唇部为圆唇或尖圆唇的器物多为泥条盘筑法制作成型，方唇或厚方唇的器物多在沿内侧贴筑一圈泥条，再用慢轮修整技术进行修整。对于所折弧度较大的部位，多采用部位黏接法，用泥条盘筑或泥片贴筑法分别制作各部位后，用拼接法将其进行黏接，多在口部与肩部、肩部与腹部、器身与器底间进行黏接。黏接时，为增强黏接的稳固性，在黏接面常可见凹槽，以增强黏接的摩擦力。对于袋足鬲、小三足瓮的足部多采用模制法制作而成。对窄小耳和纽形器盖的制作多在器壁上先穿小圆孔，再将耳或纽的一端制成柱状，嵌入圆孔中后，再对其进行修整。周原遗址的陶器虽然普遍经过慢轮修整，但轮制拉坯成型的陶器发现较少，在西周时期其轮制技术并不发达。在偃师二里头、偃师商城、郑州铭功路商代制陶窑场和黄陂盘龙城快轮制陶技术也不发达，普遍呈现退化现象[2]。

### （二）修整工艺

经观察所知，陶器的修整工艺主要有慢轮修整、刮压、打磨等。在鬲、罐、盆、豆、簋、瓮等器物的器表常可见一圈圈细密的轮修痕迹，为慢轮修整而遗留下的痕迹。在安阳殷墟出土的陶器器

表也多有周转的平行细线,且多不规整,应是转盘运作起来不甚灵活所致[3]。在制作较粗糙的陶器上常可见明显的刮压痕迹,为泥条盘筑后使泥条黏接牢固而不断刮压所产生的。在罐的肩部、盆的肩部与腹部、簋的盘部、豆的柄部常可见明显的磨光痕迹,从痕迹的形状看,是用薄而光滑的竹片等工具打磨而成的。

其中,一些器物上的绳纹也起到了重要的修整作用,在一些器物的底部常可见绳纹,其并不是起装饰作用,而是为使胎体紧密所施。在簋的底部常可见绳纹,而其器表多素面或磨光。在罐的器底也常满施绳纹,绳纹多交错(图八,1)。器底绳纹的施制并非为了装饰,而是具有紧致胎体、修整器表的作用。在罐的肩部常隐约可见绳纹的痕迹,为绳纹被抹后所残留的。在器表通体施绳纹后,肩部磨光,故原本的绳纹被抹,但还留有绳纹的痕迹(图八,2),进一步证明先施绳纹并非为了美观,而是为使胎体紧致、加固器壁、修整器表。

(三)施纹技术

周原遗址出土的陶器中较为常见的纹饰有绳纹、弦纹、瓦棱纹、暗纹、篮纹、附加堆纹、凹槽纹、乳钉纹等。在对器物施纹时,常在器物内壁采用陶垫或手垫作为支撑,在陶器内壁常可见有陶垫垫窝痕迹,周原齐家村征集一陶垫(3223),提供了这方面的证据(图八,3)。

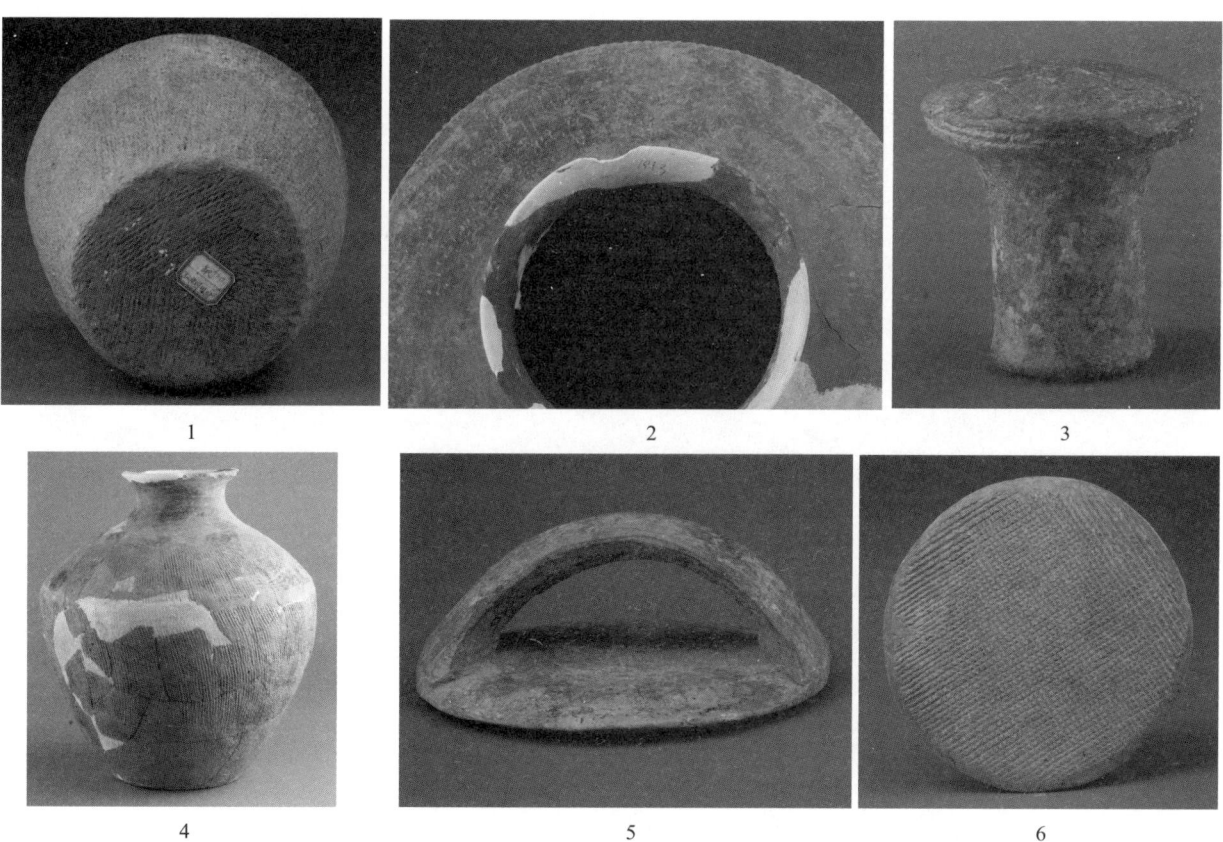

图八 施纹工艺实例及陶拍
1. 扶风县刘家村 M37(2144) 2. 扶风县刘家村 M27(1913) 3. 扶风县齐家村征集(3223) 4. 扶风县齐家村 T1(1087)
5、6. 扶风县召陈村采集(1637)

周原遗址最常见的纹饰是绳纹，为鬲、罐、盆、瓮、甗的主体纹饰。施纹的方式有用木棍滚压和拍印两种。木棍滚压法是在木棍上部缠绕绳子，再在器表滚压，所施绳纹多较连续、舒朗（图八，4）。拍印法即用陶拍在器表拍印，出土的陶拍上所见绳纹，即为明证（图八，5、6）。拍印法制作的绳纹多呈交错状，以绳纹交错为界限，形成一个个拍印单元（图九，1）。另也较常见弦断绳纹和抹断绳纹的做法，弦断绳纹是在施绳纹后，将器物置于轮盘上，用较尖锐的工具置于器表，随着慢轮的旋转，弦纹产生而使绳纹纹路被切断（图九，2），多见于仿铜鬲、罐和盆类器物。抹断绳纹则是在绳纹施制后，用手指抹平一圈的方式形成（图九，3），常见于罐、盆等器物。

弦纹的使用较为广泛，常见于罐、簋、豆、盆、器盖等器类。其制作方法是在陶器半干状态下，采用尖锐的工具置于陶器表面，陶器随着慢轮的旋转而产生弦纹。由于轮盘转动不稳，在一些器表常可见弦纹无法闭合的情况。

瓦棱纹多在瓮、罐、器盖上出现，其制作方法是先施绳纹，后将泥条贴于器壁，再进行纹路处理，先施绳纹是为了增加泥条与器壁间黏接的摩擦力。

暗纹的施纹方法是在陶器半干状态下，用尖端圆滑工具在器表轻微划动以产生纹路，因所划痕迹较浅，若隐若现，故称之为暗纹，多位于罐的肩部，主要流行于西周中晚期（图九，4）。

篦纹是用较细密的梳状工具，类似于篦梳，在器表划制，形成细密的平行线纹，多位于罐、盆、簋等器形上。

附加堆纹的制作是在器表附加泥条，再施以绳纹，用绳纹圆棍或手将其按压形成凹凸状（图九，5），形式多样，效果美观。除了装饰效果外还具有加固的作用，多出现于缸、瓮、罐、盆的口部或肩部。

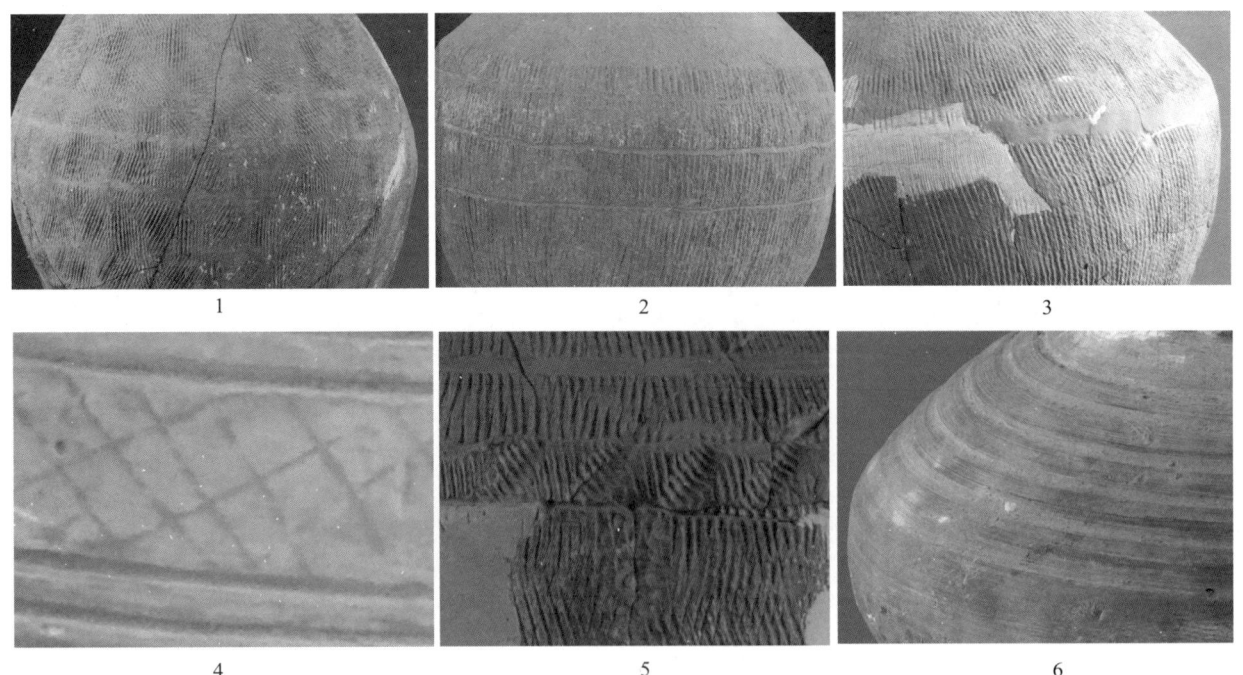

图九　施纹工艺实例

1. 扶风县李家村 H1（1458）　2. 扶风县刘家村 M27（1916）　3. 扶风县齐家村 T1（1087）　4. 扶风县齐家村 M32（0887）
5. 扶风县召陈村 T155（0559）　6. 扶风县云塘村遗址 M10（0380）

凹槽纹是用尖端较宽的工具划以数道等距平行的凹槽，从而形成类似凸弦纹的效果（图九，6），常见于罐的肩部。

乳钉纹是用小泥饼贴于器壁上，流行于西周中晚期。多见于仿铜鬲的腹部或罐的肩部，作为一种装饰。鬲的腹部还常贴饰有扉棱，其制作方法与乳钉纹相似。

## 三、余　言

单就陶器的分期断代而言，其制作工艺所体现的作用一定不可以被忽视，而断代是考古学研究中的首要问题，类型学分析则是实现该目的的有效途径。但由于制作工艺并非像器形、纹饰那样直观，故在类型学分期过程中往往不被受到应有的重视。苏秉琦、殷玮璋先生早已注意到制陶工艺研究的重要性，他们说："（类型学）排比时，除注意器形外，器物的纹饰、色泽以至铭刻的作风等等，都应在考察、比较的范围之内，并要尽可能联系制造工艺。"[4]因此，在对陶器进行类型学分析时，将器形、纹饰作为必要因素的同时，亦应对制陶工艺予以充分关注，以增强类型学分析的科学性。而且，不仅仅是断代方面，制陶工艺于古代陶器制作技术传统、手工业发展水平乃至当时人的族群关系诸方面问题的探讨，都有着重要的作用。

以上对周原制陶工艺的分析，似乎对这一理念的确立提供了实践支撑。例如：周原遗址西周早期豆柄较粗，柄部多饰镂空；西周中期，豆柄变细，多弧盘；西周晚期，豆柄更细，多折盘，盘壁与盘底采用拼接的方法制作而成，豆柄上多贴饰一周带状泥条。再从鬲所施纹饰特点看，先周时期，所施绳纹较粗、浅，沿外侧绳纹清晰。西周早期，绳纹较粗，沿外侧绳纹清晰；西周中期，绳纹略粗，所施绳纹较深，沿外侧绳纹被抹，但绳纹隐约可见，应为直接用手抹平而成；西周晚期，绳纹较细，沿外侧无绳纹，应采用工具在口沿刮削而成，如仿铜鬲。时代特征总趋势为绳纹由粗变细，沿外侧绳纹清晰至模糊，再到无绳纹，体现了施纹工艺的变化。

我们进一步认识到，以遗物为主要研究对象的考古类型学，注重器物的形态演变，而器物形态的背后所反映的是制作者的行为意识，这种行为意识的产生与一个地区的技术传统密切相关。技术传统的形成在商周时期多以继承的形式存在，久而久之便发展为以族群为单位的技术传统。而不同族群的聚集一般有不同的区域，那么，对不同地区制陶工艺的研究，则成为区分不同族群的重要信息途径。

开展周原陶器制作工艺的研究，对探讨周原范围内各族群的关系，无疑有着不可忽略的意义。关于周原遗址的族群构成，马赛先生主张可分为广义的殷移民和周人两类[5]；邹衡、张天恩、雷兴山等先生则对周原遗址内重要遗存的刘家墓地进行研究，提出其考古学文化属刘家文化、族属为姜戎的认识[6]。因此，周原遗址的族群主要可以分为周人、殷移民、姜戎。而在前举陶器鬲、罐、盆、豆、簋、瓮、甗等的制作工艺上，也有这方面的明显反映。

作为周原陶器中典型器类的鬲，据其制作工艺的不同，可分为袋足鬲、分裆鬲、联裆鬲。袋足鬲主要流行于先周—西周早期。而高领袋足鬲属于刘家文化，其族属为姜戎[7]。分裆鬲主要流行于西周早期，其使用者可能是殷移民或与之相关的族群。联裆鬲分为锥状足和柱状足，锥足联裆鬲主要流行于西周中期，柱足联裆鬲的流行时间为西周晚期，其使用者为周人无疑。

当然，制陶工艺所反映的问题远不止这些。

周原作为国内重量级的大遗址，长期以来的考古工作使得陶器的发现无一尽数。近多年的考古研究实践告诉我们，陶器制作工艺研究一定是考古研究中不可忽略的重要方面。而本文对于周原制陶工艺的考察，实在是最初步的工作。这一方面因为自己的能力使然，另一方面由于所掌握的资料有限，因此该篇小文只能算是个尝试，引玉之砖吧。

## 注　释

［1］　张天恩：《高领袋足鬲的研究》，《文物》1989年第6期。

［2］　李文杰：《中国古代制陶工艺研究》，科学出版社，1996年，第182页。

［3］　李济：《殷墟陶器研究》，上海人民出版社，2007年，第157页。

［4］　苏秉琦、殷玮璋：《地层学与器物形态学》，《文物》1982年第4期。

［5］　马赛：《周原遗址西周时期人群构成情况研究——以墓葬材料为中心》，《古代文明（第8卷）》，文物出版社，2010年，第138—162页。

［6］　邹衡：《再论先周文化》，《周秦汉唐考古与文化国际学术会议论文集》，西北大学学报编辑部，1988年；张天恩：《关中商代文化研究》，文物出版社，2004年，第277—317页；雷兴山：《周原遗址刘家墓地分析》，《考古学研究（七）》，科学出版社，2008年，第460—473页。

［7］　陕西周原考古队：《扶风刘家姜戎墓葬发掘简报》，《文物》1984年第7期。

# A Preliminary Study on the Pottery Making Technology of Zhouyuan Site

Zeng Li

(Baoji Zhouyuan Museum)

**Abstract:** Pottery making technology is of great significance not only in the study of archeological typology, but also in the study of ancient pottery making technology tradition. This paper selects six kinds of pottery specimens, which are common found in Zhouyuan site, such as Li, Gui, Dou, can, basin, urn. Starting from the observation of their making traces, this paper makes an investigation on the pottery making process, and makes an analysis and discussion on the relevant issues. In order to attract the attention of Zhouyuan pottery production technology, promote the in-depth study in this area.

**Keywords:** Zhouyuan Site, Pottery Making Technology, Making Trace

# 宝鸡郭家崖秦国墓地（北区）出土人骨研究

赵东月[1]　李　钊[2]　田亚岐[2]　王　颢[3]　穆艾嘉[1]　景雅琴[1]　李翰隆[1]

（1. 西北大学文化遗产学院、西北大学文化遗产研究与保护技术教育部重点实验室
2. 陕西省考古研究院　3. 宝鸡市考古研究所）

**内容摘要**：宝鸡作为秦人向东扩张的关键节点，在秦文化和秦人体质特征研究方面，都具有十分重要的地位。本文对宝鸡郭家崖墓地（北区）出土的31例战国时期秦人标本进行综合研究，包括古人口学分析、颅面部形态观察与测量、肢骨测量与分析、古病理学分析，为研究秦人的体质特征及其变迁、秦人的健康状况及生业模式等，提供了重要的线索。结果表明，郭家崖墓地秦人性别比明显异常，女性远多于男性；颅面形态特征与现代亚洲蒙古人种相似；对肢骨的研究揭示其生业方式可能以农业为主；口腔疾病具有明显的性别差异，脊椎上的病理现象表明郭家崖墓地先民，尤其是女性居民，身体承受着很大的压力，可能承担着繁重的劳动。

**关键词**：战国时期；郭家崖遗址；秦人；人骨

郭家崖墓地（北区）位于陕西省宝鸡市渭滨区高新大道以南，西宝南线以北，中华石鼓园宝鸡青铜器博物院东南1000米处。2017年11月23日—2018年2月10日，为了配合宝鸡市高新区小学新建项目，陕西省考古研究院与宝鸡市考古研究所联合对建设区域进行了抢救性发掘。此次发掘共发现墓葬41座，出土人骨32例；其中战国时期秦墓37座，出土人骨31例；汉代以降墓葬4座，出土人骨1例。

宝鸡作为秦人向东扩张的关键节点，考古学文化遗存非常丰富。与周边地区发现的多属春秋时期的秦人墓地相比，郭家崖墓地不仅规模更大，而且有相对应的居址，这在关中地区秦人考古学研究，尤其是聚落布局研究方面具有十分重要的意义。墓地主要使用年代为战国时期，为探讨秦人由春秋至战国墓葬制度和社会形态的演变，提供了重要的实物资料[1]。对郭家崖（北区）墓地出土人骨的研究，也为我们研究秦人的体质特征及其变迁、秦人的健康状况及生业模式等，提供了重要的线索。

## 一、性别与年龄

郭家崖墓地（北区）出土的31例战国时期秦人标本中，可判断性别的有27例，鉴定率为87.10%，其中男性（含疑似男性）个体10例，女性（含疑似女性）个体17例，男女性别比为58.82（表一）。人口性别比有两种表示方法：一种是男、女两性分别占总人口的百分比，一种是男

性与女性之间的百分比[2]。本文采用的是比较常用的第二种方法，即性别比 = 男性人口数 / 女性人口数 ×100。对现代人口的研究认为，自然出生的人口性别比并不是严格的100，而是在102—107 之间浮动[3]，即每诞生100名女婴，就会诞生102—107名男婴。郭家崖墓地（北区）的性别比为58.82，远远超出了现代社会性别比的变化区间。

表一 郭家崖墓地（北区）战国时期秦人性别年龄分布统计

| 年龄阶段（岁） | 男性 N/（%） | 女性 N/（%） | 性别不明 N/（%） | 合计 N/（%） |
| --- | --- | --- | --- | --- |
| 婴儿期（0—2） | 0（0.00） | 0（0.00） | 0（0.00） | 0（0.000） |
| 幼儿期（3—6） | 0（0.00） | 0（0.00） | 1（33.33） | 1（4.17） |
| 少年期（7—14） | 0（0.00） | 0（0.00） | 1（33.33） | 1（4.17） |
| 青年期（15—23） | 2（25.00） | 1（7.69） | 0（0.00） | 3（12.50） |
| 壮年期（24—35） | 3（37.50） | 4（30.77） | 0（0.00） | 7（29.17） |
| 中年期（36—55） | 3（37.50） | 7（53.85） | 1（33.33） | 11（45.83） |
| 老年期（56—X） | 0（0.00） | 1（7.69） | 0（0.00） | 1（4.17） |
| 合计 | 8（100.00） | 13（100.00） | 3（100.00*） | 24（100.00†） |
| 未成年（年龄不详） | 0 | 0 | 0 | 0 |
| 成年（年龄不详） | 2 | 4 | 1 | 7 |
| 无法判定（年龄不详） | 0 | 0 | 0 | 0 |
| 总计 | 10 | 17 | 4 | 31 |

注：N表示个体数；*表示精确到小数点后两位之后百分比之和为99.99，此处取四舍五入之前百分比之和；†表示精确到小数点后两位之后百分比之和为100.01，此处取四舍五入之前百分比之和

从裴李岗时代到二里头时期，黄河中下游地区古代居民的性别比很高，浮动范围在158.55—200之间，男性个体明显多于女性个体[4]。到了先周及周代，性别比逐渐相对趋于合理，如碾子坡西周晚期组的性别比为103，碾子坡西周组的性别比为109[5]。及至战国时期，秦人遗址出土的人骨又以偏低的性别比为主，如华县东阳遗址秦人性别比为90[6]、临潼湾李组为90[7]、宝鸡建河组为90.91[8]、临潼新丰组为101.05[9]。即使性别比偏低，郭家崖墓地（北区）古代两性居民的比例如此失衡，也不是一种合理的现象。鉴定误差、人骨保存状况的不均衡、特定的埋葬习俗等[10]都有可能造成出土人骨性别比的异常，考虑到战国时代是一个特殊的时期，战争可能也是引起不同人群性别比失衡的一个因素。另外，在郭家崖墓地（北区）的南侧，还有早年发掘的80余座战国时期墓葬（资料暂未发表），如果两片墓地关系密切，那么郭家崖北区墓地的性别比就需要重新讨论了。

可准确估计年龄阶段的个体有24例，鉴定率为77.42%。由图一可以看出，郭家崖墓地（北区）居民主要死亡年龄阶段为中年期，其次为壮年期和青年期，老年期与幼儿期及少年期持平，未见婴儿期个体。幼儿期个体发现于M36的瓮棺之中，是郭家崖墓地（北区）唯一的一座瓮棺葬。另一例未成年个体M38（性别不明，11—12岁）出土于竖穴土坑墓中，推测郭家崖墓地（北区）的瓮棺葬形式可能仅用来埋葬婴幼儿个体，少年个体已按照成年个体的形制来安葬。

在两性差异方面，由于未成年个体未能明确性别，因此没有列入比较范围。女性个体的死亡年龄分布与墓地居民整体死亡年龄分布基本一致，主要死亡年龄阶段为中年期，其次为壮年期，老年期与青年期持平，占比最小。而男性居民的表现则略有不同，主要死亡年龄阶段为中年期和壮年期，其次为青年期，未见老年期个体，并且死于青年期和壮年期的男性个体多于女性。另外，从平均死亡年龄来看，女性个体的平均死亡年龄为40.38岁，男性个体的平均死亡年龄为30.81岁。相对于男性居民，郭家崖墓地（北区）的女性居民有更长的寿命（图二）。

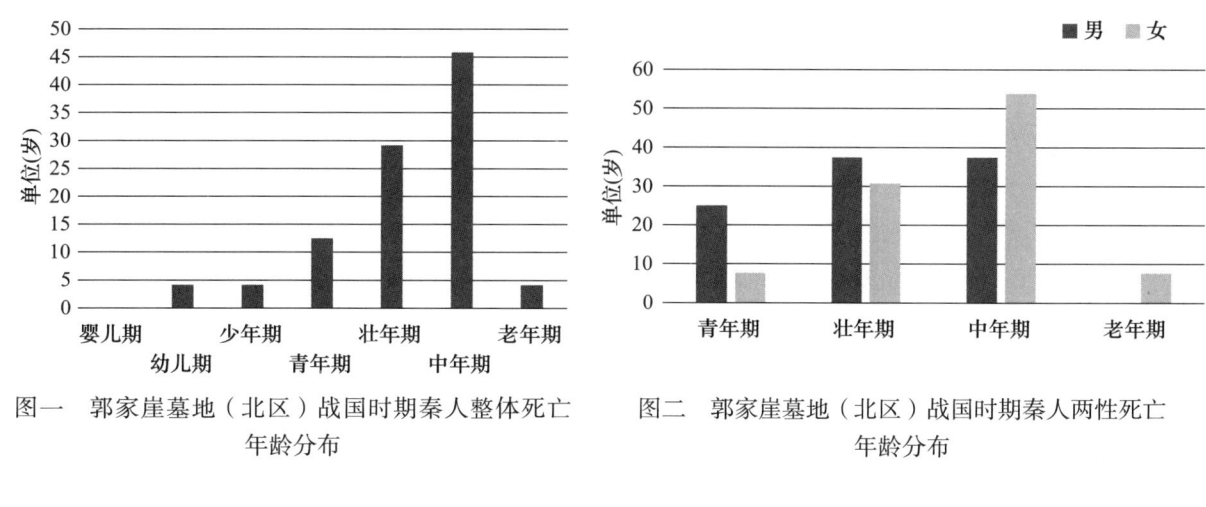

图一　郭家崖墓地（北区）战国时期秦人整体死亡年龄分布

图二　郭家崖墓地（北区）战国时期秦人两性死亡年龄分布

## 二、颅骨观察与测量

由于人骨保存状况较差，仅有2例个体可进行少量颅骨项目的观察。M22，女性，40—45岁，眉弓突度弱，眉弓范围小于二分之一；前额倾斜，无额中缝；鼻根凹陷中等；乳突小；下颌角区平直，无下颌圆枕，非摇椅下颌，颏孔位置在第一前臼齿和第二前臼齿之间（P1P2位），颏型为圆形。M34，女性，27—28岁，颅顶缝前囟段微波型，顶段锯齿型。这两例女性颅骨较弱的眉弓和鼻根凹陷，简单的颅顶缝，表现了亚洲蒙古人种的特征。在颅骨测量方面，M22的最小额宽为92mm，M34的最小额宽为93mm，皆落入亚洲蒙古人种的数值范围之内。

## 三、肢骨测量与分析

郭家崖墓地（北区）出土的战国时期秦人标本，可供测量与分析的肢骨数量很少。其中肱骨8根，属于4例女性个体；胫骨2根，属于2例女性个体；左侧股骨1根，属于M16男性个体。

股骨粗壮指数，顾名思义，反映了股骨的粗壮程度。M16男性个体的左侧股骨粗壮指数为13.03，扁平指数为87.22，属正型，表明该个体股骨上部扁平程度适中。股骨嵴指数为115.77，说明该个体股骨中部厚度大于宽度，股骨嵴发育程度很强。胫骨指数方面，M27女性个体左侧胫骨指数为71.71，M34女性个体左侧胫骨指数为84.10，右侧为82.24，皆为宽胫型。

关于出土人骨标本肢骨的研究数据发表不多，秦人的更是稀少，我们选择一些年代相近或相同的对比组来对郭家崖古代居民的肢骨指数进行分析，包括宝鸡建河组[11]、内蒙古和林格尔新店子组、内蒙古和林格尔将军沟组、内蒙古林西井沟子组、内蒙古凉城饮牛沟组[12]，所选数值皆为左侧（表二）。

表二　两周时期各组居民下肢指数及生业模式对比　　　　　　　　　　（单位：%）

| 项目 | 组别 | | | | | |
|---|---|---|---|---|---|---|
| | 郭家崖组 | 建河组 | 新店子组 | 将军沟组 | 井沟子组 | 饮牛沟组 |
| 股骨粗壮指数（男） | 13.03 | 13.34 | 12.72 | 12.99 | 12.96 | 13.27 |
| 股骨扁平指数（男） | 87.22 | 79.53 | 69.61 | 79.89 | 73.03 | 75.98 |
| 股骨嵴指数（男） | 115.77 | 105.63 | 103.61 | 108.26 | 108.37 | 107.05 |
| 胫骨指数（女） | 77.9 | — | 70.69 | — | — | — |
| 生业模式 | ? | 农牧兼营[13] | 游牧[14] | 农业[15] | 游牧[16] | 农牧兼营[17] |

我们将表二的数据转换为比较直观的散点图，由图三可以看出，郭家崖男性的股骨粗壮指数小于农牧兼营的宝鸡建河组和凉城饮牛沟组，大于游牧的和林格尔新店子组和林西井沟子组，与经营农业的将军沟组最为接近。图四显示郭家崖男性的股骨扁平指数大于其他各对比组，属正型，最接近将军沟组。建河组、将军沟组和饮牛沟组为扁型，新店子组及井沟子组为超扁型，表明游牧人群与农业人群的股骨扁平指数还是有所区别的。各对比组的股骨嵴指数并没有明显的规律性，关于股骨骨干中部形态，郭家崖遗址男性居民相对其他各组男性居民，在矢状方向上更厚一些。郭家崖女性个体的胫骨指数与新店子组皆表现为宽胫型，但郭家崖组女性个体的指数值远大于新店子组，即比新店子组女性居民有更宽的胫骨。

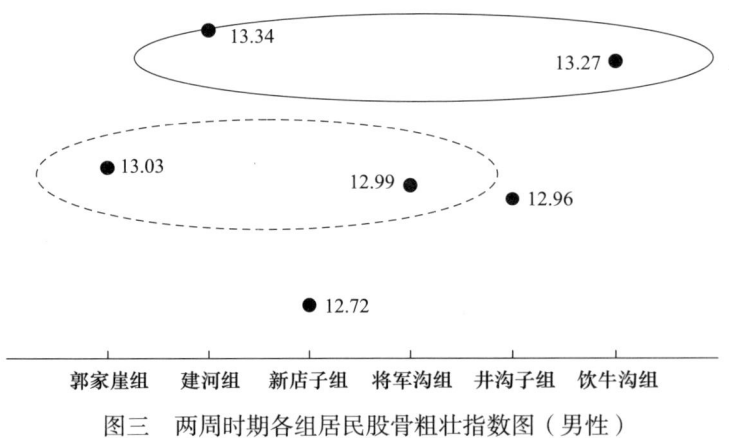

图三　两周时期各组居民股骨粗壮指数图（男性）

关于郭家崖墓地（北区）战国时期秦人的身高，本文主要采用张继宗的计算方法[18]。根据股骨最大长，计算得知M16男性个体的身高为173.15cm。根据肱骨最大长，计算得知4例女性个体的平均身高为152.31cm。相比于同时期华县东阳秦人（男性170.03cm，女性160.55cm）[19]、临潼湾李秦人（男性167.90cm，女性160.85cm）[20]、宝鸡建河秦人（男性166.4cm，女性161.19cm）[21]，男性身高偏高，女性身高偏矮，但男性只有1例个体，可能并不能代表郭家崖墓地（北区）秦人男性的平均身高。

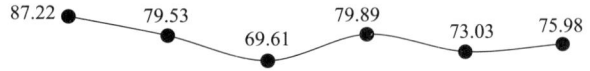

图四 两周时期各组居民股骨扁平指数图（男性）

## 四、疾病与健康

### （一）牙齿疾病

**1. 龋齿**

龋齿可能是古代人群中最常见的牙齿疾病（图五）。郭家崖墓地（北区）出土的秦人标本，患龋牙齿有 7 例，7 颗患龋牙齿中，以下颌牙齿居多，占患病牙齿的 85.71%（6/7）；以后部牙齿为主，前臼齿和臼齿占患病牙齿的 71.43%（5/7），患病前部牙齿皆为犬齿；患龋部位以邻面龋和齿颈龋为主，占 85.71%（6/7），咬合面龋仅有 1 例。

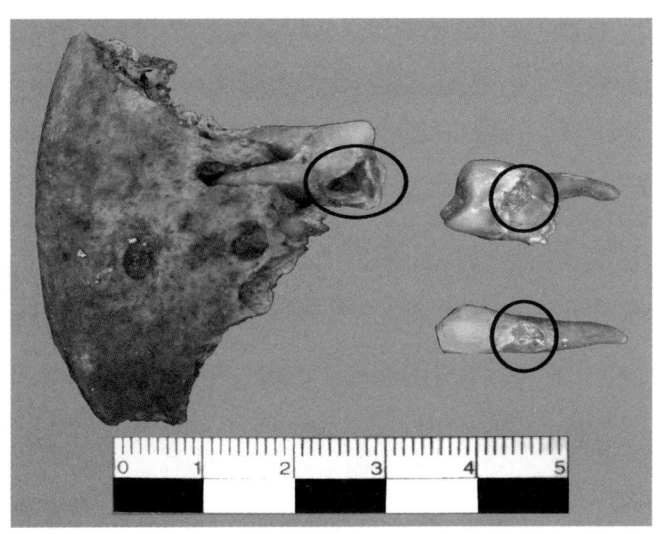

图五 郭家崖墓地（北区）M37 个体龋齿

这 7 颗牙齿属于 4 例个体（表三），郭家崖墓地（北区）古代居民的患龋率为 12.9%（4/31）。考虑到人骨标本的保存状况，有些个体的颅骨和牙齿并未保存下来，按照发现牙齿的个体数量计算，龋齿率上升至 20%（4/20）。相比临潼湾李（9.21%）[22] 和临潼新丰（4.71%）[23]，郭家崖秦人的患龋率较高，但又远低于毛家坪春秋战国时期秦人的患龋率（59.09%）[24]。年代相近的秦人标本患龋率差异如此之大，考虑不同的鉴定标准之外，可能也暗示了不同地区秦人饮食结构及饮食方式的不同。

表三　郭家崖墓地（北区）战国时期秦人标本龋齿情况

| 墓葬编号 | 性别 | 年龄（岁） | 位置 |
| --- | --- | --- | --- |
| M22 | 女 | 40—45 | 左侧下颌第一前臼齿远中面和第二前臼齿近中面皆龋；右侧下颌犬齿远中面浅龋 |
| M27 | 女 | 35—40 | 右侧下颌第二臼齿颊侧中龋 |
| M33 | 女 | 30—35 | 左侧下颌第二臼齿远中邻面龋齿 |
| M37 | 女 | 35—40 | 左侧上颌第二臼齿近中颊侧中龋；右侧下颌犬齿齿颈中龋；右侧下颌第一前臼齿咬合面龋齿 |

在年龄结构方面，患龋居民皆为中年期个体。在性别差异方面，4例患病个体皆为女性，发现牙齿的男性个体有6例，但均未见龋齿。考虑到龋齿的获得与糖分及碳水化合物的摄取有关，患龋率的性别差异反映了两性间的饮食结构差异[25]，郭家崖墓地（北区）战国时期秦人男女两性居民在饮食结构方面可能也并不一致。

### 2. 根尖脓肿

根尖脓肿在考古出土人骨标本中的主要表现为齿槽表面洞或窦的形成，一般与龋齿及牙周病的出现有关[26]。郭家崖墓地（北区）有3例个体发现了根尖脓肿现象：M28，女性，成年，下颌右侧第二臼齿处有齿槽脓肿现象，伴随牙齿生前脱落；M29，女性，成年，下颌左右两侧门齿及犬齿处，伴随牙齿生前脱落；M37，女性，35—40岁，下颌右侧第二前臼齿处，伴有齿冠严重缺失及相邻臼齿龋齿（图六）。

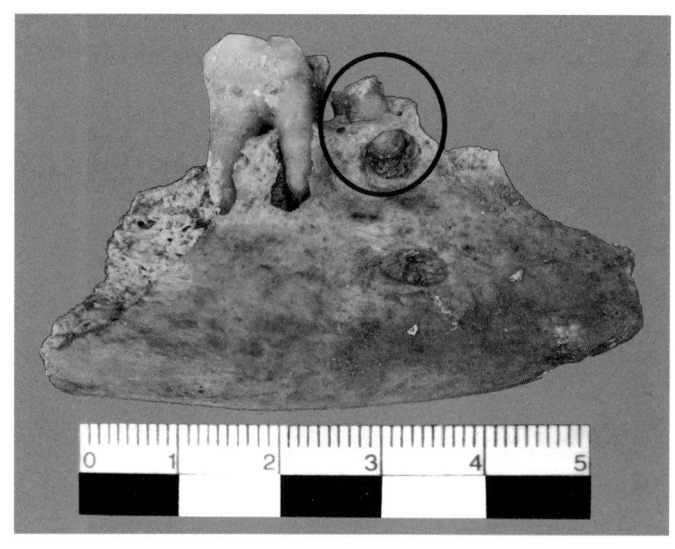

图六　郭家崖墓地（北区）M37个体根尖脓肿

### 3. 牙周病

牙周病的主要表现为齿槽骨质炎症、吸收，齿槽与牙齿釉质结合处的距离增大[27]。郭家崖墓地（北区）有4例个体出现牙周病（表四），皆为女性。其中M9个体年纪较大，牙齿磨耗严重，齿槽与牙齿釉质距离的增大，亦有可能是牙齿深度磨耗的代偿性反应，存疑。

表四　郭家崖墓地（北区）战国时期秦人标本牙周病情况

| 墓葬编号 | 性别 | 年龄（岁） | 描述 |
| --- | --- | --- | --- |
| M7 | 女 | 27—29 | 下颌所有牙齿齿槽 |
| M9 | 女 | 50—60 | 右侧上颌 |
| M27 | 女 | 35—40 | 上颌左侧犬齿、第一前臼齿处 |
| M34 | 女 | 27—28 | 上颌所有牙齿齿槽 |

## 4. 牙齿生前脱落

创伤、长期咀嚼粗糙的食物或者牙齿使用工具化，都会造成牙齿的脱落，但其中最主要的原因还是牙周疾病。目前我们判断牙齿是否生前脱落的一个主要依据是齿槽的愈合与否。

郭家崖墓地（北区）共 6 例个体发现牙齿生前脱落现象（表五），占总人口的 19.35%（6/31），其中女性个体 5 例，男性个体仅 1 例（图七）。牙齿脱落以下颌为主，占脱落个体的 83.33%（5/6），仅 M37 一例个体为上颌，但是不能排除该墓地人骨标本上颌保存状况较差的影响。脱落的牙齿以前臼齿、臼齿等后部牙齿为主，少量个体门齿脱落，M28 更是整个右侧下颌牙齿均生前脱落。

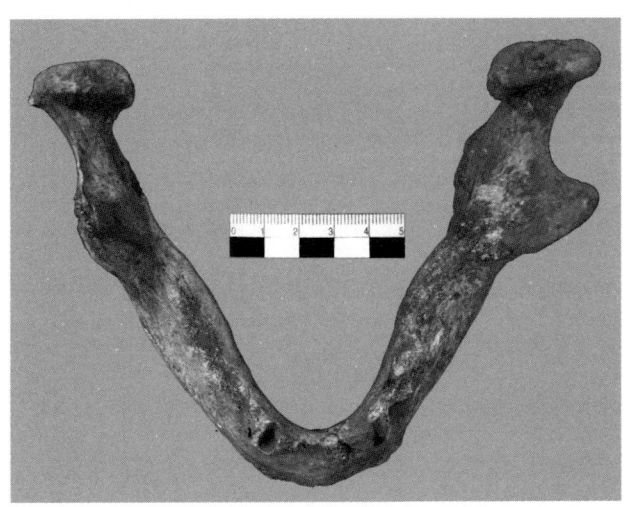

图七　郭家崖墓地（北区）M12 个体生前牙齿脱落

表五　郭家崖墓地（北区）战国时期秦人标本牙齿生前脱落情况

| 墓葬编号 | 性别 | 年龄（岁） | 描述 |
| --- | --- | --- | --- |
| M12 | 男 | 30—35 | 两侧下颌第一前臼齿、第二前臼齿、第一臼齿、第二臼齿，两侧下颌门齿，齿槽完全愈合，生前脱落 |
| M13 | 女 | 30—40 | 左侧下颌第一前臼齿、第二前臼齿、第一臼齿、第二臼齿，齿槽完全愈合，生前脱落 |
| M22 | 女 | 40—45 | 右侧下颌第一臼齿、第二臼齿，下颌左右两侧中门齿及侧门齿，齿槽完全愈合，生前脱落 |
| M28 | 女 | 成年 | 右侧下颌牙齿均已生前脱落 |
| M29 | 女 | 成年 | 下颌左右两侧前臼齿、臼齿齿槽均已愈合，生前脱落 |
| M37 | 女 | 35—40 | 上颌右侧第一臼齿、第二臼齿，齿槽完全闭合，生前脱落 |

### 5. 牙齿釉质发育不全

牙齿釉质发育不全一般表现为齿冠表面线状、点状、沟状的凹陷[28]，代表了个体在牙齿发育过程中的遗传、创伤、营养不良等原因所遭受到的成长压力[29]。郭家崖墓地（北区）居民中发现 4 例牙齿釉质发育不全的个体（表六），在年龄方面，以未成年及青年个体为主，在患病牙齿位置方面，主要以门齿及犬齿等前部牙齿为主（图八）。

表六　郭家崖墓地（北区）战国时期秦人标本牙齿釉质发育不全情况

| 墓葬编号 | 性别 | 年龄（岁） | 位置 |
| --- | --- | --- | --- |
| M6 | 女 | 20—25 | 上、下颌两侧中门齿、侧门齿及犬齿釉质发育不全 |
| M23 | 男 | 14—17 | 下颌左右两侧侧门齿、犬齿、第一前臼齿、第二前臼齿釉质发育不全 |
| M37 | 女 | 35—40 | 右侧上颌右侧犬齿、第一前臼齿釉质发育不全 |
| M38 | ? | 10—12 | 上颌左侧侧门齿、中门齿，上颌右侧犬齿釉质发育不全 |

除了以上的牙齿疾病外，在郭家崖墓地（北区）古代居民的牙齿中，还发现了牙结石现象，比较明显的有 2 例：M7，女，27—29 岁，上颌右侧第一前臼齿、第二前臼齿齿根唇侧牙结石附着，同时该个体伴有牙周炎；M23，男，14—17 岁，下颌左右两侧中门齿、下颌右侧侧门齿及犬齿舌侧结石，上颌两侧中门齿、上颌右侧侧门齿及犬齿颊侧结石。另外，M23 个体下颌右侧中门齿发育异常，有扭转现象（图八）。

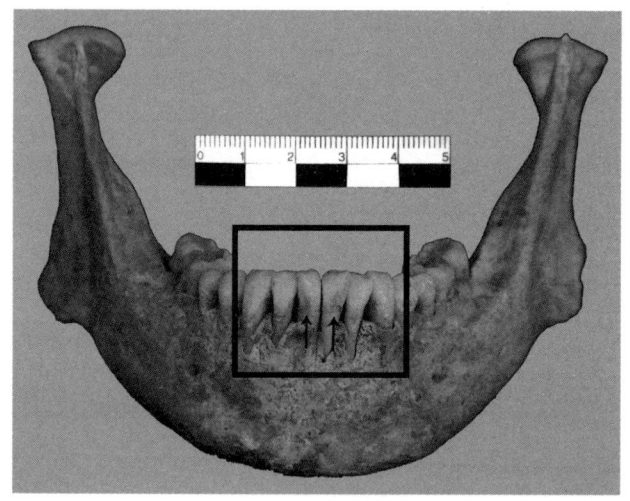

图八　郭家崖墓地 M23（北区）个体下颌门齿齿扭及下颌前部牙齿釉质发育不全

### （二）骨质增生

郭家崖墓地（北区）战国时期居民中，发现骨质增生现象的个体有 8 例（表七），占出土人口的 25.81%（8/31），其中男性 2 例，占患病人口的 25%（2/8）；女性 6 例，占患病人口的 75%（6/8），女性多于男性。年龄方面，在 M11 青年男性个体的胸椎上就已经发现了少量的骨赘，其余基本都属于壮年期和中年期早段个体，相较于现代人群，骨质增生的出现偏年轻化。在发病部位方面，87.5%（7/8）的个体在脊椎上，颈椎、胸椎、腰椎皆有，以腰椎居多（图九、图一〇）。其次发现在足骨第一趾骨上，有1例个体发现在胫骨下端。

表七　郭家崖墓地（北区）战国时期居民骨质增生个体情况

| 墓葬编号 | 性别 | 年龄（岁） | 现象描述 |
| --- | --- | --- | --- |
| M7 | 女 | 27—29 | 3节腰椎上保存有少量骨赘，且发生压缩性骨折 |
| M11 | 男 | 20—23 | 胸椎椎体上有少量骨赘 |
| M12 | 男 | 30—35 | 有7节椎体上下关节面唇样增生；<br>左侧第一近节趾骨近端关节面骨质增生 |
| M13 | 女 | 30—40 | 第3腰椎下关节面，第4腰椎上、下关节面，第5腰椎上关节面皆有骨赘，呈唇样增生 |
| M27 | 女 | 35—40 | 左侧第一远节跖骨近、远端关节骨赘生成；<br>胫骨下端关节内侧骨质增生 |
| M28 | 女 | 成年 | 5节颈椎上伴有少量骨赘；<br>第2、3、4、5腰椎椎体纤维环周缘处有较多骨赘，且4、5椎体上有施莫尔结节 |
| M33 | 女 | 30—35 | 第4腰椎椎体上关节面唇样增生，椎体下关节面左侧骨赘<br>第5腰椎椎体上关节面唇样增生 |
| M37 | 女 | 35—40 | 3节腰椎椎体上关节面骨赘，呈唇样增生 |

图九　郭家崖墓地（北区）M13个体颈椎骨质增生　　图一〇　郭家崖墓地（北区）M33个体腰椎骨质增生

（三）骨膜炎

郭家崖战国时期墓地人骨标本中发现骨膜炎1例，M18，疑似女性，成年个体，在左侧胫骨远端残片上有点状凹陷和条状新骨，发病率仅为3.2%（1/31）。通过对其他同时期秦人标本的观察，骨膜炎的发病率远高于郭家崖古代居民，可能归结于郭家崖墓地（北区）的人骨保存状况，尤其是骨膜炎的易发部位胫骨、股骨的保存较差。

除了上述现象之外，郭家崖墓地（北区）人骨标本中，还发现"骑马人小平面"1例，M20，男性，40—44岁，左侧股骨颈前侧。枢椎和第3颈椎融合1例，M23，男性，14—17岁。动物啃咬痕迹1例，M24，男性，45岁左右，左侧股骨远端部分，我们一般将其称之为假性病理现象。

## 五、小　结

本文对郭家崖（北区）战国时期秦人墓地出土的 31 例人骨进行了初步的人口学分析。性别鉴定率为 87.10%，鉴定率较高，性别比为 58.82，明显异常。年龄鉴定率为 77.42%，主要死亡年龄阶段为中年期，死于青年期和壮年期的男性个体多于女性，并且女性居民的寿命也长于男性。

因人骨保存状况所限，在颅面形态方面，仅有 2 例标本可以进行少量指标的观察和测量，目前也仅能推测郭家崖墓地（北区）居民具有与现代亚洲蒙古人种近似的特征。关于郭家崖北区墓地人群来源及其内部关系，我们还需要使用其他技术手段来对这些问题进行探讨。

郭家崖（北区）墓地的肢骨保存不多，通过对肢骨的测量，计算出郭家崖（北区）墓地古代居民的身高，男性为 173.15cm，女性为 152.31cm，可能是个体较少的缘故，与其他同时期秦人的身高相比有较大偏差。另外，对肢骨形态进行了分析，M16 男性个体的股骨上部扁平度适中，中部扁平程度很弱，其股骨形态与代表游牧人群的和林格尔新店子组、林西井沟子组区别明显。与代表农业人群的和林格尔将军沟组最为相似，与代表农牧兼营人群的宝鸡建河组、凉城饮牛沟组也比较接近，为我们探讨郭家崖北区墓地古代人群的生业模式提供了线索。

郭家崖墓地（北区）古代居民中出现最多的疾病现象是口腔疾病和脊椎关节炎。发现龋齿、牙周病、根尖脓肿的个体全部为女性，牙齿生前脱落和牙齿釉质发育不全也以女性为主，两性差异明显。骨赘尤其是脊椎骨赘的生成以青年期和壮年期个体为主，同时在 M22（女）、M33（女）个体骨骼中发现后纵韧带骨化现象，在 M28（女）腰椎、M34（女）胸椎上发现因承受压力所致的施莫尔结节，M24（男）、M29（女）胸椎椎体有压缩性骨折现象发生。这些过早发生在脊椎上的病理现象，表明郭家崖墓地北区居民身体承受着很大的压力，可能承担着繁重的劳动，从个体的保存状况来看女性居民的表现尤为明显。

附记：本文是陕西省教育厅哲学社会科学重点研究基地项目（17JZ072），国家社会科学基金项目（18CKG027），陕西省社会科学基金项目（2017H001）的项目成果。

## 注　释

[1] 陕西省考古研究院、宝鸡市考古研究所：《宝鸡郭家崖秦国墓地（北区）发掘简报》，《文博》2018 年第 6 期。
[2] 王洪春、张占平、申越魁：《新人口学》，中国对外经济贸易出版社，2002 年，第 193 页。
[3] United Nations. Methods of Appraisal of Quality of Basic Data for Population Estimates, Manual II. New York, 1955: 20.
[4] 王建华：《黄河中下游地区史前人口性别构成研究》，《考古学报》2008 年第 4 期。
[5] 潘其风：《碾子坡遗址墓葬出土人骨的研究》，《南邠州·碾子坡》附录三，世界图书出版公司北京公司，2007 年，第 423—489 页。
[6] 何嘉宁：《陕西华县东阳墓地 2001 年出土周—秦—汉人骨鉴定及研究》，《华县东阳》附录一，科学出版社，2006 年，第 438—461 页。

[7] 高小伟：《临潼湾李2009—2010年出土战国至秦代墓葬人骨研究》，西北大学硕士学位论文，2012年。
[8] 陈靓：《宝鸡建河村墓地人骨的鉴定报告》，《宝鸡建河墓地》附录一，陕西科学技术出版社，2006年，第194—223页。
[9] 邓普迎．：《陕西临潼新丰镇秦文化墓葬人骨研究》，西北大学硕士学位论文，2010年。
[10] 陈铁梅：《中国新石器墓葬成年人骨性比异常的问题》，《考古学报》1990年第4期。
[11] 陈靓：《宝鸡建河村墓地人骨的鉴定报告》，《宝鸡建河墓地》附录一，陕西科学技术出版社，2006年，第194—223页。
[12] 张全超：《内蒙古和林格尔县新店子墓地人骨研究》，科学出版社，2010年，第11页。
[13] 陕西省考古研究所：《宝鸡建河墓地》，陕西科学技术出版社，2006年；凌雪等：《宝鸡建河墓地出土战国时期秦人骨的稳定同位素分析》，《考古与文物》2010年第1期。
[14] 内蒙古文物考古研究所：《内蒙古和林格尔县新店子墓地发掘简报》，《考古》2009年第3期。
[15] 张全超、曹建恩、朱泓：《内蒙古和林格尔县将军沟墓地人骨研究》，《人类学学报》2006年第4期。
[16] 朱泓、张全超：《内蒙古林西县井沟子遗址西区墓地人骨研究》，《人类学学报》2007年第2期。
[17] 内蒙古自治区文物工作队：《凉城饮牛沟墓葬清理简报》，《内蒙古文物考古》1984年；何嘉宁：《内蒙古凉城县饮牛沟墓地1997年发掘出土人骨研究》，《考古》2001年第11期。
[18] 张继宗：《中国汉族女性长骨推断身高的研究》，《人类学学报》2001年第4期；张继宗：《法医人类学基础》，科学出版社，2007年，第381页。
[19] 何嘉宁：《陕西华县东阳墓地2001年出土周—秦—汉人骨鉴定及研究》，《华县东阳》附录一，科学出版社，2006年，第438—461页。本文男性个体采用M.Trotter和G.C.Gleser的计算标准，女性个体采用张继宗的计算标准。
[20] 高小伟：《临潼湾李2009—2010年出土战国至秦代墓葬人骨研究》，西北大学硕士学位论文，2012年，第16页。本文采用张继宗的计算标准。
[21] 陈靓：《宝鸡建河村墓地人骨的鉴定报告》，《宝鸡建河墓地》附录一，陕西科学技术出版社，2006年，第194—223页。关于身高，本文采用张继宗的计算标准。
[22] 高小伟：《临潼湾李2009—2010年出土战国至秦代墓葬人骨研究》，西北大学硕士学位论文，2012年，第18、19页。
[23] 邓普迎：《陕西临潼新丰镇秦文化墓葬人骨研究》，西北大学硕士学位论文，2010年，第33页。
[24] 洪秀媛：《甘谷毛家坪沟东墓葬区出土人骨的研究》，西北大学硕士学位论文，2014年，第15页。
[25] Larsen, Clark Spencer. Behavioral Implication of Temporal Change in Cariogenesis. Journal of Arhaeological Science, 1983, 10(1): 1-8.
[26] 〔英〕夏洛特·罗伯茨等著，张桦译：《疾病考古学》，山东画报出版社，2010年，第76、77页。
[27] 〔英〕夏洛特·罗伯茨等著，张桦译：《疾病考古学》，山东画报出版社，2010年，第80页。
[28] T. D. White, Pieter A. Folkens. The Human Bone Manual. Academic Press, 2005: 329.
[29] 〔英〕夏洛特·罗伯茨等著，张桦译：《疾病考古学》，山东画报出版社，2010年，第82页。

# Analysis of the Human Skeletons of the Qin Dynasty from Guojiaya Graveyard (North District) in Baoji

Zhao Dongyue[1], Li Zhao[2], Tian Yaqi[2], Wang Hao[3], Mu Aijia[1], Jing Yaqin[1], Li Hanlong[1]

(1. School of Cultural Heritage, Northwest University, Key Laboratory of Cultural Heritage Research and Conservation, Ministry of Education, Northwest University  2. Shaanxi Provincial Institute of Archaeology  3. Baoji Insititute of Archaeology)

**Abstract:** Baoji, as a key area of Qin expanding eastward, it is very important in the study of Qin culture and Qin people's physical characteristics. This article conducts a comprehensive study on 31 cases of Qin people from the Warring States period unearthed in the Guojiaya cemetery (North District), Baoji, including paleo-demographic analysis, craniofacial morphological observation and measurement, limb bones measurement and analysis, paleopathological analysis, providing an important clues of Qin folk's physical characteristics and diversification, Qin people's health status and economy mode, etc. The results show that the sex ratio of the Qin people in Guojiaya cemetery is obviously abnormal, and there are far more women than men; the craniofacial morphology is similar to the modern Asian Mongolian race; the study of limb bones reveals that the way of life may be mainly agricultural; oral diseases have obvious gender differences and pathological phenomena on the spine indicate that the ancestors of the Guojiaya cemetery, especially the female residents, are under great pressure and may be under heavy labor.

**Keywords:** Warring States Period, Guojiaya Site, Qin People, Human Skeleton

# 辽宁盖州玄贞观大殿彩画病害调查及保护对策研究

刘 成[1]　徐兴彬[1]　贺 源[1]　孟 丽[2]

（1.西北大学文化遗产学院　2.盖州市公共文化服务中心）

**内容摘要**：作为辽宁盖州地区古建筑彩画的典型代表，玄贞观大殿彩画具有极高的历史、艺术、科学价值。通过现场调查，了解玄贞观大殿彩画的分布情况、保存环境、病害种类、制作工艺等信息，在此基础上，对玄贞观大殿彩画病害成因进行分析，并根据病害类型、病害成因等提出相应的保护修复对策，以期对玄贞观大殿彩画的保护修复工作有所裨益。

**关键词**：玄贞观；彩画；病害调查；保护对策

## 一、引　言

玄贞观（图一）位于辽宁省盖州市红旗大街85号，根据现存资料及修缮碑记信息，其最早的建造年份不晚于大明洪武十五年（1382年），明、清及民国时期又先后经历多次重修。1988年11月，经国家文物局批准，对玄贞观大殿进行了落架维修，1989年10月，对大殿基础向西移位16米，向北移位11米，进行了移位复建，1988年，国务院将其公布为第三批全国重点文物保护单位[1]。

图一　玄贞观大殿

从建筑立面来看，玄贞观大殿为单檐庑殿式建筑，其面阔五间，东西通长 15.3 米，进深三间，通进深 9.7 米。玄贞观大殿彩画分为内檐彩画及外檐彩画两部分，外檐彩画面积约 205 平方米，主要分布在前檐斗拱、撩檐枋、罗汉枋、柱头枋等部位；内檐彩画面积约 1106 平方米，主要分布在斗拱、阑额、梁架、剳牵、穿插枋等部位。其现存彩画总面积约 1300 平方米，彩画内容丰富、形式多样，具有极高的历史、艺术、科学价值。大殿外檐彩画有"博古""二龙戏珠""龙凤呈祥"等图案，大殿内檐彩画为旋子彩画，主要图案有"行龙""麒麟""狮子""蝙蝠""牡丹""海棠""卷云"等[2]。本文拟对玄贞观大殿彩画的保存环境、病害信息、制作工艺等进行现场调查及科学分析，并在此基础上提出相应的保护治理建议，以期为玄贞观大殿彩画的保护治理工作提供依据。

## 二、玄贞观大殿彩画的前期调查及研究

（一）玄贞观大殿彩画保存环境调查

盖州市属暖温带半湿润季风气候区，气候大陆度为 68.5%，属于大陆性气候。但由于其西临渤海辽东湾，境内海岸线长达 45 千米左右，导致其 6—8 月受海洋影响较大，又具有一些海洋性气候特征[3]。全年光照充足，气候温和，四季分明。春季降水量少，风较大，蒸发量大，气候较干燥；夏季温度高，降水量大，湿度也较大；秋季降温较快，昼夜温差加大，降水量也相应减少；冬季北风较多，降水量最少，气候干燥寒冷。

（二）玄贞观大殿彩画制作工艺研究

玄贞观彩画主要结构（图二）由支撑体、地仗层及颜料层构成，其中彩画的支撑体主要为松木，地仗层仅有一层衬底。为了解玄贞观大殿彩画制作所使用的材料，分别从玄贞观大殿内外檐选取地仗样品两个、颜料样品五个进行 X 射线衍射分析。所采取的样品均取自玄贞观大殿内外檐彩画脱落或破损处，具体样品信息及采样位置如表一所示。

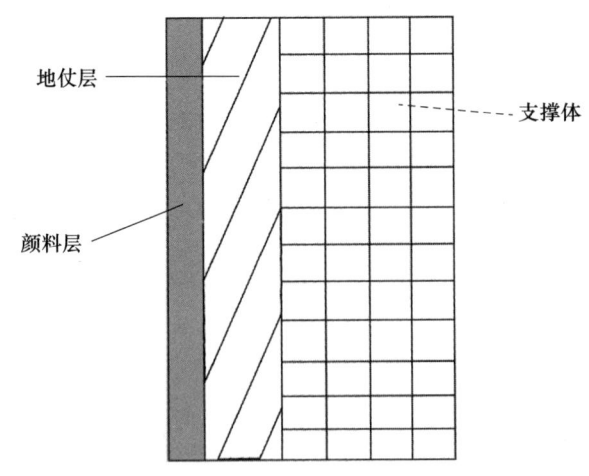

图二　玄贞观大殿彩画结构示意图

表一　玄贞观大殿彩画样品取样信息表

| 编号 | 类别 | 取样位置 |
| --- | --- | --- |
| 1 | 彩画地仗 | 外檐明间东柱头斗拱 |
| 2 | 彩画地仗 | 内檐南墙西次间阑额 |
| 3 | 红色颜料 | 大殿内檐东北转角斗拱 |
| 4 | 黑色颜料 | 大殿内檐东次间阑额 |
| 5 | 黄色颜料 | 大殿内檐东次间阑额 |
| 6 | 蓝色颜料 | 大殿外檐明间撩檐枋 |
| 7 | 绿色颜料 | 大殿外檐西次间补间斗拱 |

本次测试所使用的仪器为日本理学生产的 D/MAX 2600 型粉晶 X 射线衍射仪，测试条件为粉末模式。首先将各样品研磨成细粉，然后取适量样品置于载玻片凹槽按压平实，将载玻片固定于样品舱内进行检测。测试结果及谱图如表二及图三所示。

表二　X 射线衍射分析结果

| 编号 | 主要物相 |
| --- | --- |
| 1 | 石膏、石英、绿泥石、长石、云母石 |
| 2 | 石膏、石英、绿泥石、长石、云母石 |
| 3 | 铅丹、石英、绿泥石、滑石 |
| 4 | 炭黑、石英、石膏、高岭石、滑石 |
| 5 | 铅黄、石英、水白铅矿 |
| 6 | 青金石、石英、滑石、斜绿泥石、石膏、高岭石 |
| 7 | 氯铜矿、石英、石膏、水白铅矿、滑石 |

由 X 射线衍射分析结果可知，玄贞观大殿彩画地仗的主要成分为石膏、石英、绿泥石、长石、云母石等物质。大殿彩画所使用的颜料均为矿物颜料，其中红色颜料为铅丹，黑色颜料为炭黑，黄色颜料为铅黄，蓝色颜料为青金石，绿色颜料为氯铜矿。

（三）玄贞观大殿彩画病害调查及成因分析

根据国家文物局颁布的古代建筑彩画相关行业标准进行现场调查[4]，玄贞观大殿内檐彩画主要存在的病害有积尘、结垢、龟裂、起翘、颜料剥落、金层剥落、地仗脱落、裂隙、粉化、变色、水渍、动物损害（图四）。其中彩画积尘病害较为严重，厚厚的积尘严重遮挡了彩画的原貌。颜料层龟裂、起翘是内檐彩画又一严重病害，如不及时进行治理，龟裂、起翘的彩画进一步恶化，甚至会导致颜料层剥落。大殿木材本身的裂隙导致彩画也产生裂隙，严重影响了彩画的观瞻效果。由于早年间的漏雨，内檐北侧的部分彩画表面残留水渍，因为受到雨水的冲刷，这些彩画

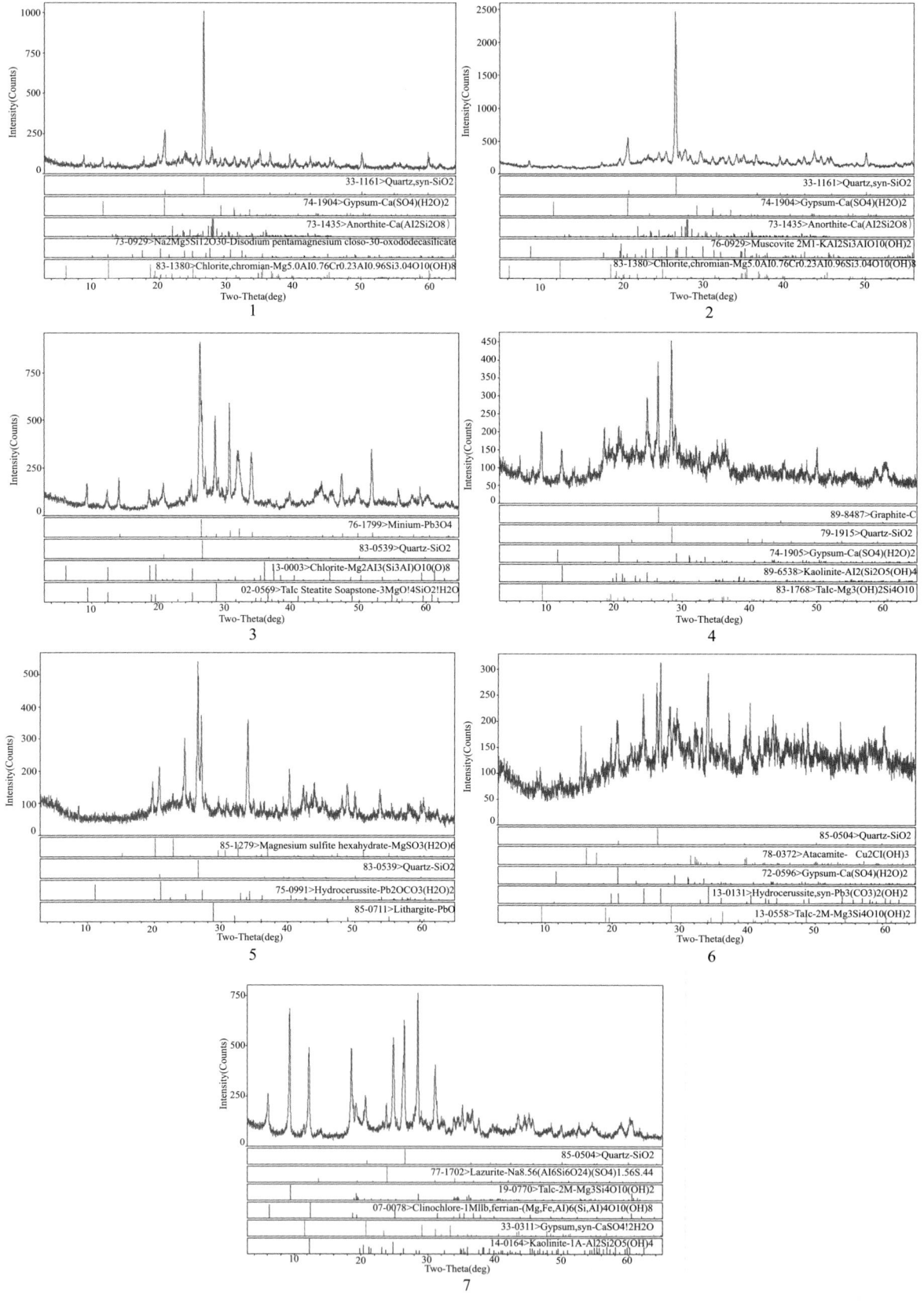

**图三 玄贞观大殿彩画样品 X 射线衍射分析谱图**
1. 外檐地仗  2. 内檐地仗  3. 红色颜料  4. 黑色颜料  5. 黄色颜料  6. 蓝色颜料  7. 绿色颜料

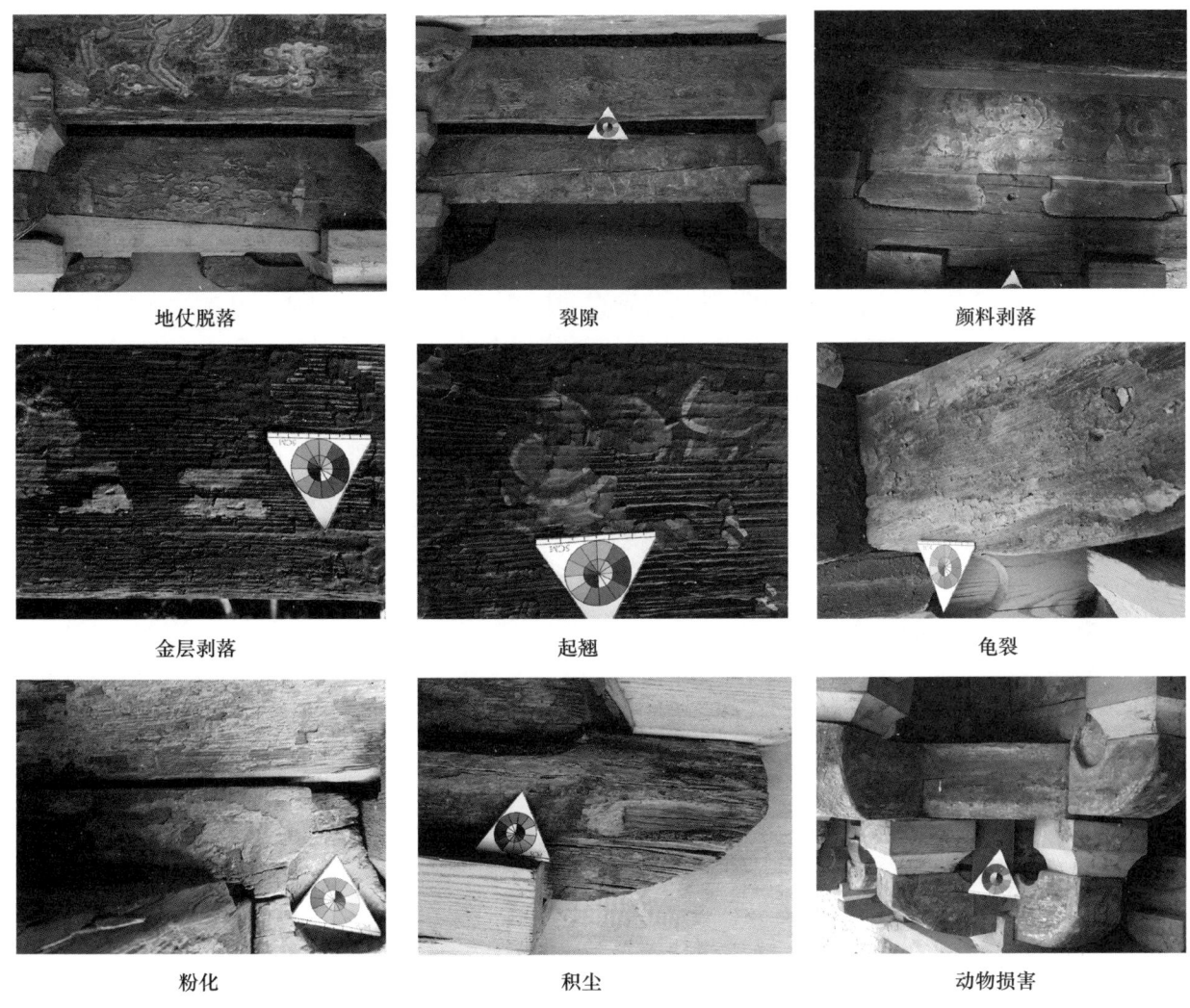

图四 玄贞观大殿彩画部分病害

大都存在颜料脱落、地仗脱落、变色等现象。大殿内檐彩画所受到的动物损害主要来自蜘蛛，蛛网在彩画表面粘连，空气中的灰尘等杂质又与蛛网相结合，不仅遮挡了彩画的画面，更容易诱发起翘、颜料剥落、微生物损害等病害的滋生。大殿外檐彩画主要分布于大殿正面，大殿侧面及背面木构件表面已无彩画，均涂朱红色，应是维修时所做的处理。相比于内檐彩画，外檐处于相对较为开放的环境，积尘、龟裂、起翘、颜料剥落、地仗脱落、裂隙、粉化、动物损害等更为严重。大殿正面受夏季西南风的影响，彩画大面积受损，彩画支撑体、地仗层、颜料层均有各种病害存在。大殿外檐的木构件上可见有鸟粪残留的痕迹，说明大殿外檐彩画所受到的动物损害主要是来自鸟类活动。

根据前人的经验及研究成果[5]，玄贞观大殿彩画主要存在的病害可以分为表面污染物病害、彩画结构性病害、彩画残缺性病害三类。结合现场调查，玄贞观大殿彩画病害的主要成因包括环境影响、动物损害、人类活动、彩画制作材料老化四个方面。

环境对彩画的影响主要体现在温度、降水、风力风向等方面。如玄贞观大殿内檐北侧的彩画，受早年间建筑漏雨的影响，导致彩画被雨水冲刷，产生病害；玄贞观所处的盖州市冬季在零度以下的时间较长,受温差的影响,彩画层、地仗层、木质基层之间由于组成材料不同,热膨胀系数差异较大,产生的温度应力也不同[6],进而使彩画产生龟裂、起翘等病害;盖州市春夏季盛行偏南风、秋冬季盛行偏北风,大风天气多集中于春季,风力最大可达8级,外檐彩画处于相对开放的室外环境,其受大风的影响就较为明显。

动物损害对玄贞观大殿彩画的影响主要为蛛网覆盖、鸟粪。内檐彩画分布位置相对较高,蜘蛛等小生物的活动受其他生物影响较小,蛛网大都覆盖在彩画表面,或在彩画表面形成挂絮;外檐彩画缺少相应的防护装置,在斗拱、梁枋等位置歇息的鸟类产生粪便,零星或块状散落在彩画表面,鸟类排泄物中含有尿酸,易与彩画表面发生化学反应,形成难以去除的痕迹。

大殿内檐横梁、穿插枋等部位的钉子、铁棍,以及大殿外檐斗拱部位的钉子、铁丝等,均是人类活动对彩画造成的破坏,这些破坏对玄贞观大殿彩画造成的损伤是致命的,破坏了彩画画面的完整性。

玄贞观大殿彩画制作材料的老化是玄贞观彩画病害产生的根本原因,受外界环境的影响,彩画各组成材料会发生不同程度的老化现象,如木质基底层开裂糟朽、地仗层与颜料层中的胶结物老化,均会对彩画造成破坏,影响彩画的长期保存。

## 三、玄贞观大殿彩画保护治理对策

根据玄贞观大殿彩画的保存环境调查、制作工艺分析、病害调查、病害成因分析以及现场保护修复试验,建议玄贞观大殿彩画的保护修复处理在坚持"最小干预""不改变文物原状""可逆性"等相关原则的基础上,采取以下一些具体的保护措施。

(一)表面污染物清洗

玄贞观大殿彩画表面污染物主要包括积尘、结垢、动物损害、松油覆盖等几类。

对于积尘类病害,建议使用软毛刷、洗耳球、棉签、2A(去离子水:乙醇=1:1)溶液互相配合清洗。积尘较少部位可使用软毛刷、洗耳球进行清理;积尘较厚部位在使用软毛刷及洗耳球清理之后,可使用棉签蘸取2A溶液进行滚动擦拭,操作时应小心谨慎,避免损伤彩画表面颜料层(图五,1、2)。

结垢类病害可使用棉签蘸取2A溶液对其进行软化处理,待软化完成之后,再使用竹刀轻轻剔除,操作时应避免2A溶液过多,损伤彩画表面,使用竹刀时也应注意用力大小及方向。

动物损害病害主要以鸟粪、蛛网等形式存在,其中蛛网主要分布于内檐彩画,鸟粪主要分布于外檐彩画。对于蛛网,可使用软毛刷、洗耳球进行去除;对于鸟粪,可使用棉签蘸取2A溶液进行软化,然后使用竹刀轻轻剔除(图五,3、4)。

彩画松油覆盖在内外檐均有分布,其中内檐阑额部位的彩画松油覆盖较为严重。对于此类病害,建议使用2A溶液对松油进行软化,待软化完成后再使用竹刀进行剔除(图五,5、6)。

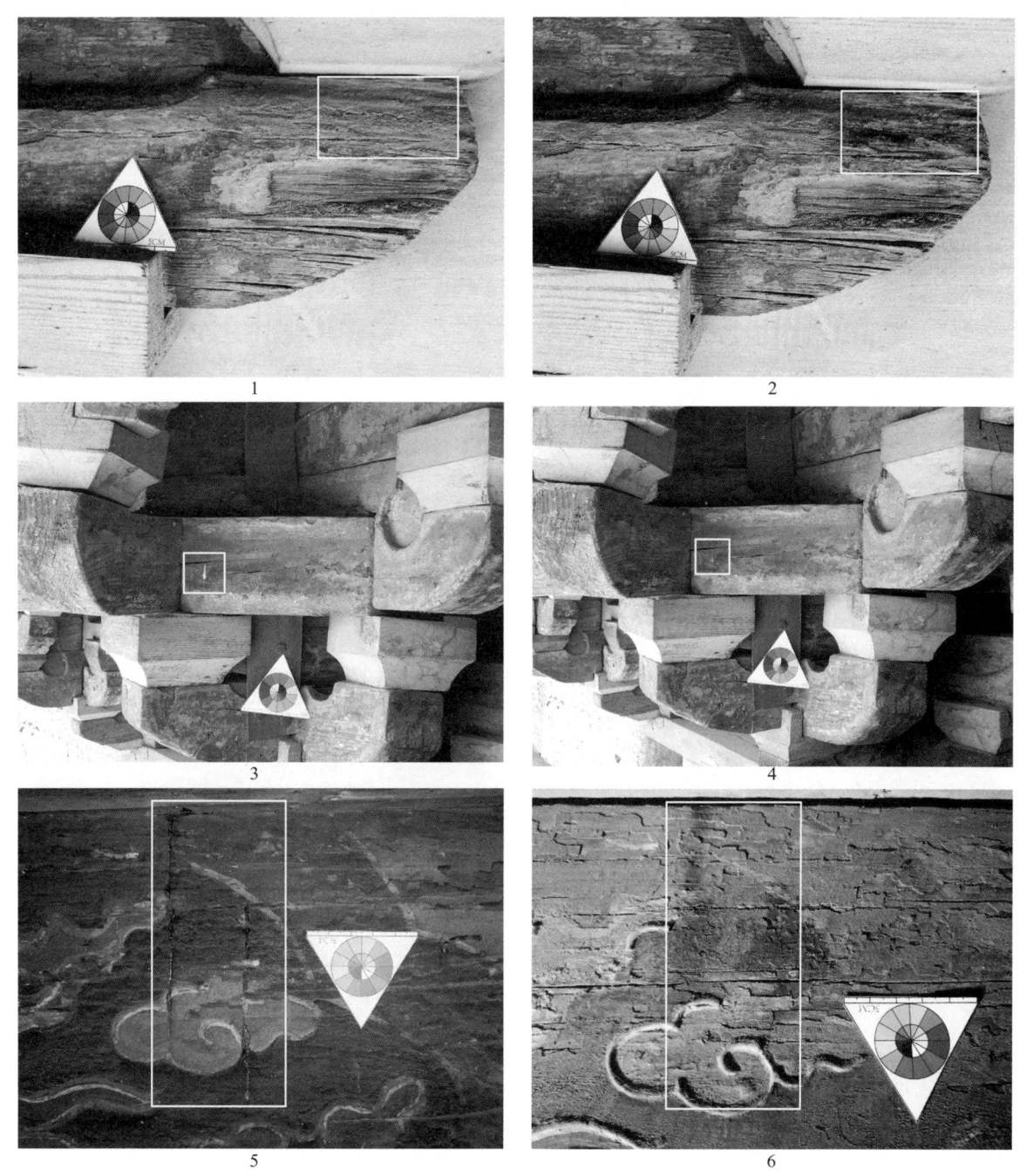

图五 表面污染物清洗前后效果对比
1. 积尘病害清洗前 2. 积尘病害清洗后 3. 鸟粪覆盖清洗前 4. 鸟粪覆盖清洗后 5. 松油覆盖清洗前 6. 松油覆盖清洗后

(二) 彩画结构性病害处理

对于彩画颜料层的龟裂、起翘部位，建议使用3%浓度的丙烯酸乳液进行回贴，回贴前首先使用洗耳球及软毛刷清理待处理部位的积尘，随后使用2A溶液对处理部位进行软化，2A溶液的用量切勿过多，最后再使用注射器将丙烯酸乳液注入颜料层与地仗层的结合部位进行回贴，回贴效果如图六所示。

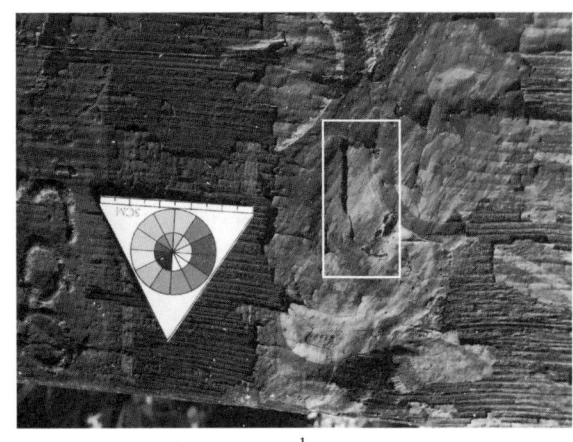 

图六 颜料层起翘病害回贴前后效果对比
1. 起翘病害回贴前　2. 起翘病害回贴后

彩画粉化较严重的部位，可在表面污染物去除之后，使用小喷壶喷涂 2% 浓度的丙烯酸乳液进行渗透加固处理，喷涂后，可使用棉拓包隔一层塑料膜进行按压处理，使粉化部位更为密实，加固效果如图七所示。

图七 颜料层粉化病害加固前后效果对比
1. 粉化病害加固前　2. 粉化病害加固后

对于彩画裂隙病害的处理，首先应清除裂隙内的灰尘等杂质，再根据裂隙的种类对其进行修补，如果是木结构本身的裂隙而导致彩画产生裂隙，可使用乳胶漆、木粉对木材裂隙进行填补，然后使用石膏进行修补平齐。如果仅是彩画地仗层产生的裂隙，则可在进行表面污染物清理之后，直接使用石膏进行修补。必要时，在修补完成后可使用矿物颜料进行协色处理。

（三）彩画残缺性病害修补

对于彩画地仗脱落部位，应按照原材料、原工艺对地仗缺失部位进行补配处理。根据对玄贞观大殿内外檐彩画地仗的 X 射线衍射分析结果，可以确认玄贞观大殿彩画地仗层所使用的主要材料为石膏。因此，建议使用油画刀在地仗脱落部位的木基底层刮一层石膏，并修整平齐。

彩画颜料剥落部位的处理，应根据实际情况选择不同的处理方式。对于局部颜料剥落部位，图案轮廓及颜料信息明显，可对其进行补绘。对于因地仗脱落而造成的颜料剥落，在有据可考的基础上，可根据原材料、原工艺进行补绘，在无确凿依据的情况下，不可对其进行补绘处理。在此类病害修补完成后，为使修补部位和其他部位色泽协调一致，还应对其进行协色处理。

## 四、结　　论

通过现场调查，玄贞观大殿彩画目前主要存在积尘、结垢、龟裂、起翘、颜料剥落、地仗脱落、裂隙、动物损害等多种病害，大殿外檐彩画病害比大殿内檐彩画病害更严重。根据 X 射线衍射分析可知，玄贞观大殿彩画的地仗层制作材料主要为石膏。彩画制作所使用的颜料均为矿物颜料，其中红色颜料为铅丹、黑色颜料为炭黑、黄色颜料为铅黄、蓝色颜料为青金石、绿色颜料为氯铜矿，这些重要信息可为玄贞观大殿彩画的保护修复工作提供参考。结合现场调查，认为玄贞观大殿彩画病害的成因主要包括环境影响、动物损害、人为破坏以及制作材料老化四个方面。根据调查分析，对于玄贞观大殿彩画的保护治理工作，建议从彩画表面污染物清洗、彩画结构性病害处理、彩画残缺性病害修补等方面进行。

### 注　　释

[1] 营口市文化广播电影电视局：《营口文物保护单位名录》，内部刊印，2014年，第7—10页。
[2] 张建妍等：《辽宁省盖州市玄贞观建筑风格探析》，《文物建筑》2018年第1期。
[3] 盖州市地方志办公室：《盖州市志》，辽宁科学技术出版社，2018年，第351—359页。
[4] 国家文物局：《WW/T 0030-2010 古代建筑彩画病害与图示》，中国标准出版社，2010年，第1—4页。
[5] 甄刚、马涛、白崇斌：《古建彩画保护修复技术与方法》，《文博》2015年第4期。
[6] 何秋菊：《文物色彩分析与保护》，燕山出版社，2018年，第153页。

## Research on the Disease Investigation and Protection Countermeasures of the Color Paintings in the Main Temple Hall of Xuanzhen Taoist Temple, Liaoning Province

Liu Cheng[1], Xu Xingbin[1], He Yuan[1], Meng Li[2]

(1. School of Cultural Heritage, Northwest University　2. Gaizhou Public Cultural Service Center)

**Abstract:** As the typical example of ancient architecture color paintings in Gaizhou city, Liaoning province, the color paintings on the beams and brackets in the main temple hall of Xuanzhen Taoist Temple have extremely high historical, artistic and scientific value. Field investigation was carried out to learn about the distribution situation, preservation environment, disease types, and craftsmanship of the color paintings on the beams and brackets in the main temple hall of Xuanzhen Taoist Temple. Based on this, disease causes related to the color paintings were analyzed, and corresponding protection and restoration countermeasures were proposed in accordance with the disease types and disease causes, so as to benefit the conservation and restoration work of the color paintings on the beams and brackets in the main temple hall of Xuanzhen Taoist Temple.

**Keywords:** Xuanzhen Taoist Temple, Color Paintings, Disease Investigation, Protection Countermeasures

# 明代晚期御器厂生产的部限与钦限探究

赵文正　温　睿

（西北大学文化遗产学院）

**内容摘要**：部限与钦限是明代宫廷向御器厂下达生产任务的两种形式。部限由工部负责，较多体现国家的礼法制度；而内官管理的钦限则更多地反映皇帝的个人喜好，产品在器形、纹饰上也灵活多变。这种二元结构的订单模式既保证了宫廷用瓷的供应，又兼顾了皇帝对奇巧产品的需求，使御器厂在较长时间内保持稳定生产。明代晚期，随着该模式带来的订单难度的增加，御器厂积极采取"官搭民烧"的方式，使民窑参与到御瓷生产之中，客观促进了景德镇整体制瓷业的繁荣。本文通过梳理对比文献，尝试明晰部限与钦限的内容并进行比较分析，在此基础之上讨论其背后反映的政治和社会经济问题。

**关键词**：御器厂；部限；钦限；官搭民烧

设立于景德镇的御器厂是明代专门为皇帝生产瓷器的窑厂，它由中央在景德镇建置并下达生产任务，由品官或宦官进行督理，生产原料及劳动力又统一派拨，产品完全由官方垄断。明代景德镇正式开始承担御用瓷器生产任务的时间尚有争议，但到了明代中晚期，窑厂内无疑已具规模；尤其在正德（1491—1521年）之后，御器厂的管理机构由鄱阳县迁至景德镇，正式实现了地方管理部门与生产场所的统一[1]。

御器厂的产品直接服务于皇帝，其订单需求也由宫廷下达，生产样式、数量等均有严格规定，并通过"部限"与"钦限"实现对产品的控制。对于这两种模式，《中国陶瓷史》的解释如下："从宣德年间开始，以工部所属的营缮所臣管理工匠，御器厂在政府系统内应属工部营缮所管辖。每年通过工部颁发的烧造瓷器的额定任务，称为'部限'。但是，在部限以外，往往由于宫廷的需要又临时加派烧造任务，这种额外的加派称为钦限。"[2]万历本《江西省大志·陶书》也有"旧规本厂凡遇部限瓷器，照常烧造不预散窑。惟钦限瓷器数多限逼，一时凑办不及，则分派散窑，择其堪用者凑解。固一时之权法也"[3]的记载。

从文献可以直观看出，明代宫廷以"部限—钦限"的模式向御器厂派发两种不同订单。但对于这两种形式，史料中的记载并不充分，仅凭实物资料又不能明确判断其性质，因而历来相关研究较少。本文将整理分析现有资料，尝试对其进行解释与进一步讨论。

## 一、"部限"与"钦限"的含义试析

明清历史文献中对于御器厂瓷器生产、收贮等情况有一定记录，本文收集部分相关内容列于文末附表（附表一）。其中涉及御器厂的负责部门有工部、礼部、太常寺、光禄寺、内承运库、尚膳监、神宫监等，大致可将其分为两部分：工部、礼部等职官部门，尚膳监、神宫监等内府部门。其中内承运库作为重大府库，属户部管辖[4]，又是宫廷服务机构，执掌宫廷库藏[5]，性质介于两种部门之间。结合附表进一步梳理文献可知，在职官系统中，工部不仅要负责传达上命，下发瓷器生产样式数目；而且需要协调各方，如批复其他部门用瓷需求、运输原料与产品、派拨调遣劳动力、监督生产质量及向上反映民情等，在外廷发挥着主导作用。其他职官部门也各司其职，根据各自实际情况向工部申请烧造并验收管理产品。内府系统在御器厂的生产管理中也发挥着重要作用，宦官任职的内承运库既为国库，又为皇帝私库，收贮各类宫廷用瓷及回青等珍贵原料，同时又具有验收质量、惩处官员等部门职能。此外，尚膳监、神宫监等也负责收贮各自所需的宫廷瓷器；但由于史料中缺乏系统记载，尚不明确内府的具体运行模式。

对于"部限"和"钦限"，从字面意义上讲，"部限"可理解为经工部下达的指令，"钦限"则是更反应皇帝需要的钦定任务。那么就是以工部为主导的职官系统与由宦官执掌的内府系统，以"部限—钦限"的模式实现中央对御器厂生产的控制。至于明末御器厂"部限"与"钦限"各自涉及的具体内容，文献中并未明确说明，但清代御厂（改称"御窑厂"）的运行制度可为我们提供一定参考。根据清宫瓷器档案，清代御用瓷器的生产分为三个部分：大运、传办和进贡。大运瓷器，是御窑厂内"每年按内务府造办处的常额烧造、运交内务府的瓷器"[6]；传办瓷器，是除大运订单之外"由清内廷另行传旨景德镇御窑厂办理烧造运交内府的瓷器"[7]；而进贡瓷器与大运传办均不相同，是为"某一特定节日或盛典所需"[8]而烧造的。清代已将御窑厂的管理全权交予内廷处理，但其生产订单仍基本按照常额订单外加临时用瓷的模式下发，其中的"大运"常额订单与"部限"十分类似，仅仅是管理部门由工部变为了内府造办处；而具有临时性质的"传办"和"进贡"，则与"钦限"相近，均是内府根据皇帝与宫廷需求在额定数目下加派的烧造任务。

根据文献中对明代外廷与内府职责的记载，再结合前人研究，我们可对部限和钦限有更清晰的认识：

部限，即工部考量国家历年所需瓷器数目并结合各部门用瓷实情，向御器厂下达的具有一定周期性的定额订单。

钦限，为内府根据宫廷需要与皇帝需求，不定期加派的瓷器烧造任务，具有很强的临时性。

## 二、御器厂生产的"部限—钦限"模式

部限和钦限各自在所属部门的主导下满足宫廷用瓷的基本需求，"部限—钦限"模式也成为御器厂生产的基本模式。这一模式的形成受到明代宦官政治的影响，是当时宦官对政府运行的干预渗透到瓷器方面的反应，使得本应由职官负责的御器厂生产要经由内外廷双重管理。而正如品官与宦官

在政治上的合作与制衡，御瓷生产的"部限—钦限"模式也受双方势力的影响而存在联系与差别。

部限与钦限的模式本质上服务于皇帝和宫廷，无论是工部从国家层面下达常额任务，还是内府在特定场合特定需求下安排的临时生产，都带有很强的皇帝个人需求倾向。如嘉靖年间（1522—1566年）的瓷器较多有八宝、云鹤等道教因素的纹饰，也出现专门用于道教醮坛祭祀的产品[9]，就与世宗皇帝信奉黄老之道密切相关[10]。而内外廷在协作供应宫廷瓷器的基础之上又各有分工。职官部门有其各自的负责领域，如礼部负责祭祀所需的祭礼器（附表一，8），光禄寺可领用部分膳食用具[11]（附表一，4）。部门考量当年用瓷需求向工部提出申请，经其核查后交由御器厂烧造。这些部门的需求比较稳定，订单也多是相对固定、传统的品种。钦限则由内官统领负责，内官直接服务于皇帝，会根据宫廷用瓷的情况随时下达烧造任务，也会因宫廷重大事件下达一些"急用"命令（附表一，12）。由于内官长时间接触皇帝，更能顺应皇帝的喜好，钦限订单难免会"玲珑奇巧"（附表一，13），器形、纹饰变化也较多。甚至皇帝还会亲自经内官"钦降式样"（附表一，7），可见皇帝在钦限订单的派发中起着实际的决策作用，内府在其中负责协助管理，主要任务还是传达上命并监督运行。随着宦官势力在各朝的变化，"部限—钦限"模式下各部门的职能也会有所交叉。原则上工部掌控着御器厂的运行基础，直接对原料、工匠等问题统一管理，内官系统参与时需要备行工部（附表一，9）。但在实际操作中，尤其当宦官势力较强时，内府可以干预到官样设计、原料采买、工匠招募等方面[12]，工部官员甚至会受到内府的查参（附表一，13），中央派往御器厂的督陶官也存在品官与宦官轮番担任的情况[13]。

部限与钦限的订单具体生产时也有一定区别。《江西省大志》中对嘉靖、隆庆、万历三朝御器厂产品类别及数目有详细记载[14]，但生产任务并非逐年进行，且仅凭记载又难以判别产品性质，故而不能由此对部限及钦限的产品做出精确区分与统计。但结合前文分析，推测部限或许多为祭礼器等常规产品，而钦限更多的是满足皇帝喜好的宫廷日用器等，如此模式既以部限的常规订单保证了国家用瓷的供应，又通过钦限对皇帝所需的新鲜器形、纹饰及时进行补充。在传世品与发掘出土的实物资料中，既有传统的被认为是祭礼器的白釉、黄釉、祭蓝等单色釉瓷器，又有多样的宫廷用瓷，尤其在嘉万年间，宫廷用器造型、纹饰愈趋繁复，对工艺技术要求更高的镂孔装饰和不规则器形（如壁瓶、方盒等）逐渐增多，艳丽的五彩在瓷器装饰上发展兴盛[15]，除常见的年号款外还有书写"辛丑上用"等底款的器皿[16]，这些或许就与钦限的发展密切相关。

对《江西省大志》记载的生产情况进一步统计可以发现，明代晚期嘉隆万三朝御器厂生产数量逐渐增加，生产工艺更趋复杂，时限也比较紧张，且此时在御器厂产品中占据绝大多数的是宫廷日常所需的碟、碗、瓯、盘等物品，考虑到部限相对定额的性质，可以推测是钦限瓷器要求的增多导致明末御器厂的生产任务在不断加重。这一情况促使御器厂逐渐调整生产，在部限瓷器由厂内官窑正常烧造的同时，将部分不能如期完成的钦限订单交付给民窑生产并择优上交，这在客观上促进了厂内生产模式的转变。

## 三、"部限—钦限"模式的影响

"部限—钦限"的系统分工在一定程度上缓和了生产的大批量任务，促使厂内工作有序进行，也客观促进了景德镇当地谋求自身发展，寻找新方法，解决新问题的进程。钦限订单的增加直接促进了"官搭民烧"生产模式的发展：随着生产任务日益加重，分派给民窑的任务也越来越多。地方官员督理陶务时，考虑到实际问题会给民窑一部分赏银，满足其生产的最低成本[17]；厂内对匠役制度进行调整，促进了景德镇工匠制瓷技艺的精进。官民窑合作日益密切，最终"隆、万时厂器，除厂内自烧窑若干座外，余者已散搭民窑烧"[18]，"官搭民烧"逐渐成为一种确定的生产方式[19]。万历晚期之后，御器厂虽然"役亦渐寝"（附表一，11），但中央的用瓷需求并未因此停止，在景德镇明清御窑遗址的考古发掘工作中，在泰昌、天启、崇祯地层内发现有大量水平较高的民窑产品[20]，由于文献中并未记载这一时期的官方生产，推测是民窑完全负责皇帝的用瓷需求。"官搭民烧"的生产方式虽带有一定的强制性与盘剥意味，但也使得民窑不断革新，减少生产成本，争取利益最大化，最终促进了景德镇整体制瓷业的繁荣，景德镇也跻身于当时几个大都会之一[21]。

明末御用瓷器生产任务的"数多限逼"致使烧造难度大大提高。此时的瓷器生产技术不能满足御用式度的所有要求，一些精巧器具据称"精选百中二三"[22]，极难制成；一些特殊品种（如附表一，10中提到的鲜红瓷器）也脱离了当时的生产水平。同时，随着订单要求的提高、生产的复杂化，制瓷的财政问题日益凸显，最初的预算已不能承担渐趋繁重的生产任务，需要增加饶州府甚至周边府县百姓的赋税以供应御器厂生产，订单集中时加赋的频率也会相应上升。再加上自然灾害频仍、宦官苛政，万历二十九年（1601年），景德镇发生民变，民众焚毁器厂、毁坏瓷器，甚至直接导致了此后御器厂生产的停滞[23]。

总之，部限与钦限两大系统各有不同，却又相互支撑，共同承担起了御用瓷器的生产任务。部限与钦限在管理体系、产品结构与生产模式上的不同是治理体系的二元结构直接导致的，是职官与宦官两大政治系统存在的必然反映。这也导致厂内生产缺乏统一管理，运行较为混乱，宦官的弊政也最终导致了御器厂的停产。但不能否认这一模式对御用瓷器生产积极的一面，各部门各司其职，不同任务分订单下达，保证了生产的稳定进行和产品的补充供应。在后期任务紧急时，厂内也通过让民窑参与生产的解决方式，客观促进了官民窑的共同发展与景德镇的繁荣。到了清代，虽仍设有御窑厂，但窑厂仅作为管理场所，御窑厂的生产活动全部交给了民窑完成，也不再有部限、钦限之分，而以大运、传办、进贡代替，明代末期逐渐开始推行的雇役制度、官搭民烧制度在清代被普及利用，更加适应了资本主义萌芽下当地的社会经济发展。因此，明代御器厂的部限与钦限，是当时政治与社会发展的必然结果，是向更完备制度过渡的必然过程，也为探索适应御窑与地方生产的合理模式提供了宝贵经验。

附记：本研究获国家自然科学基金（11575142）和西北大学研究生质量提升工程（YZZ17057）的支持。

## 注　释

[1] 王光尧：《明代宫廷陶瓷史》，紫禁城出版社，2010年，第119页。
[2] 中国硅酸盐协会主编：《中国陶瓷史》，文物出版社，1982年，第363页。

［3］（明）王宗沐纂修，陆万垓增修：《江西省大志》影印明万历二十五年刊本第七卷，成文出版社有限公司，1989年，第19页。

［4］（明）申时行：《明会典》，中华书局，1989年，第220页。

［5］万依主编：《故宫辞典》，文汇出版社，1996年，第131页。

［6］梁淼泰：《清代景德镇大运瓷器的名数》，《南昌大学学报》（人社版）2002年第2期。

［7］梁淼泰：《雍乾时期景德镇传办瓷器的计数》，《南昌大学学报》（人社版）2003年第3期。

［8］梁淼泰：《雍乾时期景德镇传办瓷器的计数》，《南昌大学学报》（人社版）2003年第3期。

［9］景德镇御窑遗址出土嘉靖时期"金箓大醮坛用"款白釉盏残件，内书"茶""酒""枣汤"等，推测为当时道教醮坛祭祀用器。见故宫博物院、景德镇市陶瓷考古研究所：《明代嘉靖隆庆万历御窑瓷器——景德镇御窑遗址出土与故宫博物院藏传世品瓷器对比》，故宫出版社，2018年，第281—283页。

［10］耿宝昌：《明清瓷器鉴定》，紫禁城出版社，1993年，第130页。

［11］光禄寺是与礼部精膳司相关的机构，掌管祭享、筵宴、宫廷膳羞等礼仪场合的具体事务。见万依主编：《故宫辞典》，文汇出版社，1996年，第131页。

［12］彭涛：《明代宦官政治与景德镇的陶政》，《南方文物》2006年第2期。

［13］陈宁、徐波：《明清时期景德镇御窑厂督陶官的文献考察》，《中国陶瓷工业》2011年第4期。

［14］（明）王宗沐纂修，陆万垓增修：《江西省大志》影印明万历二十五年刊本第七卷，成文出版社有限公司，1989年，第33—44页。

［15］故宫博物院、景德镇市陶瓷考古研究所：《明代嘉靖隆庆万历御窑瓷器——景德镇御窑遗址出土与故宫博物院藏传世品瓷器对比》，故宫出版社，2018年，第300—369、630—729页。

［16］耿宝昌：《明清瓷器鉴定》，紫禁城出版社，1993年，第135页。

［17］（明）王宗沐纂修，陆万垓增修：《江西省大志》影印明万历二十五年刊本第七卷，成文出版社有限公司，1989年，第33—44页。

［18］（清）蓝浦、郑廷桂著，连冕编注：《景德镇陶录图说》，山东画报出版社，2004年，第261页。

［19］赵宏：《"官搭民烧"考》，《故宫博物院院刊》1996年第1期。

［20］秦大树、钟燕娣、李慧：《景德镇御窑厂遗址2014年发掘收获与相关问题研究》，《文物》2017年第8期。

［21］万历本《歙志》卷十货殖称"大之而两京，江浙闽广诸省，次之而为苏松淮扬诸府，临清、济宁诸州，仪真、芜湖诸县，瓜洲、景德诸镇"。见（明）谢陛纂，（明）张涛修：《歙志》明万历刻本，国家数字图书馆中华古籍资源库第18册，第2页。

［22］（明）王宗沐纂修，陆万垓增修：《江西省大志》影印明万历二十五年刊本第七卷，成文出版社有限公司，1989年，第48页。

［23］彭涛：《明代宦官政治与景德镇的陶政》，《南方文物》2006年第2期。

### 附表一 明代御器厂生产管理相关史料汇总表

| 编号 | 原文 | 出处 | 作者 | 成书时代 | 涉及部门 | 部门职能 | 涉及内容 | 烧造原因 |
|---|---|---|---|---|---|---|---|---|
| 1 | 每岁内府颁一式度，纪年号于下 | 《五杂俎》 | 谢肇淛 | 万历 | 内府 | 颁布 | 式度 | |
| 2 | 今器贡自京师者，岁从部降式造 | 《江西省大志·陶书》 | 王宗沐 | 嘉靖 | 工部 | 颁布 | 式度 | |
| 3 | 洪武二年定，祭器皆用瓷……十七年饶州府解到烧完……行太常寺收贮……内承运库取用 | 《明会典·器用》 | 申时行 | 万历 | 太常寺，内承运库 | 收贮，取用 | 祭器 | 供应祭祀用瓷 |

续表

| 编号 | 原文 | 出处 | 作者 | 成书时代 | 涉及部门 | 部门职能 | 涉及内容 | 烧造原因 |
|---|---|---|---|---|---|---|---|---|
| 4 | 凡江西烧造金黄并青绿双龙凤等瓷器，送尚膳监供应，其龙凤花素圆扁瓶罐爵盏等器，送内承运库交收，光禄寺领用 | 《明会典·尚膳监用瓷》 | 申时行 | 万历 | 尚膳监；内承运库；光禄寺 | 使用；收贮，领用 | 尚膳监用瓷；光禄寺用瓷 | 供尚膳监、光禄寺使用 |
| 5 | 太庙五享事宜：合用祭器，以下各器据神宫监收贮…… | 《太常续考》 | 太常寺官员 | 崇祯 | 神宫监 | 收贮 | 祭器 | 供应祭祀用瓷 |
| 6 | 回回青一名苏麻离青……收贮内承运库听候江西烧造瓷器领用。如遇该省用缺，移文到部给勘合，沿途应付用过回青，该省巡抚衙门造册缴部 | 《水部备考》 | 周梦旸 | 万历 | 内承运库 | 收贮 | 回青 | |
| 7 | 圣旨：钦降式样花样备行到部覆奉，钦依差人到江西饶州府并行省抚按布政使如数烧造，定限解进。大约每年二运，以五月到十月到部，承行该吏誊写清本，送内承运库交收，原箱原封俱不启动 | 《水部备考》 | 周梦旸 | 万历 | 皇帝；水部（隶属于工部）；内承运库 | 颁布；核查；解运；收贮 | 式度；瓷器 | 钦降式样花样 |
| 8 | 各坛所合用……俱该礼部茶果缺乏先期题行本部转行江西饶州府如法制造解运到部，进呈御览。正数送坛庙附余转送内承运库各收贮备用 | 《水部备考》 | 周梦旸 | 万历 | 礼部；工部；内承运库 | 题送，题准，收贮 | 祭礼器 | 供应坛庙缺乏 |
| 9 | 嘉靖八年，蒙刘太监题行上部，移咨南京工部，照会本布政司答库帖县，将在厂上班人匠，候烧造完日，造册缴部，准正班工匠服役 | 《江西省大志·陶书》 | 王宗沐 | 嘉靖 | 内官；工部（及南京工部） | 题行；管理 | 匠役 | |
| 10 | 隆庆五年都御史徐题称该内承运库太监崔敏题为缺少上用各样瓷器，单开要烧造里外鲜红钟瓯并大小龙缸方盒各项…… | 《江西省大志·料价》 | 陆万垓 | 万历 | 内承运库 | 申请烧造任务 | 皇帝用瓷 | 缺少上用瓷器 |
| 11 | 查江西烧造自万历二十九年，内承运库正派瓷器十五万九千余件，已经运完，所有续派八万余件，除完七运外，只一万余件，所需不多……自是役亦渐寝 | 《明神宗实录》卷四三〇 | | 万历 | 内承运库 | 派发烧造任务 | 瓷器 | 内承运库正派 |
| 12 | 内承运库署库事御马监太监孔成等题为急缺上用各项瓷器等…… | 《江西省大志·料价》 | 陆万垓 | 万历 | 内承运库 | 申请烧造任务 | 皇帝用瓷 | 急缺上用各项瓷器 |
| 13 | 万历十二年三月己亥，工科都给事中王敬民极言磁器烧造之苦与玲珑奇巧之难……甲辰，内运太监孔成验收磁器，查参怠玩官员，上以抚按业已罚治，免再究 | 《明神宗实录》卷一四七 | | 万历 | 工部；内承运库 | 反映民情；验收 | 瓷器 | |

# The Transformation of the Order Mode "Buxian" and "Qinxian" for the Imperial Kiln in the Late Ming Dynasty

Zhao Wenzheng, Wen Rui

(School of Cultural Heritage, Northwest University)

**Abstract:** There were two forms when the royal court released their porcelain production order to Yuqichang(the imperial porcelain factory at Jingdezhen) in Ming dynasty: Buxian and Qinxian. Buxian, which was managed by Gongbu(the Ministry of Works), had more traditionally designed ceramics, while the products of Qinxian were flexible in both shape and decoration to satisfy the emperor's personal preferences. This dual-structure mode not only ensured the supply of imperial porcelain, but also met the emperor's demand for exquisite product. In late Ming dynasty, with increasing difficulty brought by this mode, Yuqichang made the civil kilns participate in the manufacture of imperial porcelain, which had a significant impact on the whole porcelain industry in Jingdezhen. This paper tries to distinguish the content of Buxian and Qinxian, then discusses the political and socio-economic issues reflected by them.

**Keywords:** the Imperial Kiln, Buxian, Qinxian, Production by Civil Kilns in the Name of Imperial Kiln

# 《西部考古》征稿启事

《西部考古》是文化遗产研究与保护技术教育部重点实验室、西北大学丝绸之路文化遗产保护与考古学研究中心、边疆考古与中国文化认同协同创新中心、西北大学唐仲英文化遗产研究与保护技术实验室联合创办的学术刊物，旨在加强与学界同仁的学术交流，促进考古学的学科建设不断发展。

《西部考古》立足中国西部，面向国内外，常设考古调查与发掘、史前与周秦汉唐考古研究、丝绸之路与中外文化交流研究、科技考古与文物保护研究、博物馆与文化遗产研究、经典外文译丛、学术动态等栏目，中、英、日文稿件均可。我们真诚期待历届校友及学界同仁惠赐大作，《西部考古》将在您的呵护和培育下茁壮成长。

自2016年起，《西部考古》由年刊变为半年刊，为保证辑刊编辑工作的顺利进行，现将有关事项说明如下：

一、本刊一律通过 Email 提交电子文本，编辑部电子邮箱：xbkgu@163.com。稿件收到后，编委会即约请相关专家审阅，择优选用，凡采用的稿件一个月之内即回复作者。因本刊人手有限，凡投稿一月之后未收到回复者即视为退稿，请作者自行处理稿件。

二、论文须主题明确，原创性突出。来稿根据研究需要，字数不限。

三、论文所用图片及插图清晰，图号用图一、图二……图一〇、图一一等表示，同一图中的子图号用阿拉伯数字1、2、3等标明；图名及文字说明准确，注明出处；遗址或遗迹类插图的方向及各类插图的比例，依具体研究内容而定，但需统一。投稿时除审稿所需在文章中附插图之外，请单独打包发送一份图片原件，分辨率不低于300dpi。

四、论文注释详尽、准确。著作类包括作者、著作名称、出版社、出版时间、页码；古文献可在作者前加时代，如（汉）司马迁：《史记》，中华书局，1962年，第25—28页；译著可在作者前加国别，如〔英〕柴尔德……论文类包括作者、论文名称、期刊号（来自文集的论文，则要注出文集名称、出版社及出版时间、页码；如果是以书代刊的集刊或辑刊类，也需要注出页码），格式为：×××、×××:《论文名称》,《杂志名称》××××年第×期。来稿请一律采用尾注形式。

五、作者简介需注明性别、单位全称、职称全称。

六、来稿请务必附中文和英文内容摘要、关键词，同时需要提供稿件的题目、作者姓名、工作单位的英文翻译。如稿件为英、日文，其中文内容摘要长度不低于原稿的10%，例如原英文稿10页，中文提要应不少于1页。

七、译文须得到原作者或相关责任者的许可。

八、来稿请务必遵循本刊格式规范，引文正确，中英文摘要齐备，如不遵循本刊规范，将不予处理。

九、遵循学术争鸣原则，尊重作者学术观点，文责自负；但编委会有权对文字内容进行适当修改或提出修改意见，如不同意，投稿时请予声明。

十、《西部考古》一经出版，即向作者寄赠样书 2 册，并付薄酬。

十一、为适应我国信息化建设，扩大本刊及作者知识信息交流渠道，本刊已被《中国学术期刊网络出版总库》及 CNKI 系列数据库收录，其作者文章著作权使用费与本刊稿酬一次性给付。免费提供作者文章引用统计分析资料。如作者不同意文章被收录，请在来稿时向本刊声明，本刊将做适当处理。

未尽事宜，请随时与我们联系，并热诚欢迎您的建议和批评！

地址：西安市碑林区太白北路 229 号西北大学文化遗产学院；邮编：710069

联系人：冉万里　李雨生

Email：xbkgu@163.com

《西部考古》编辑部